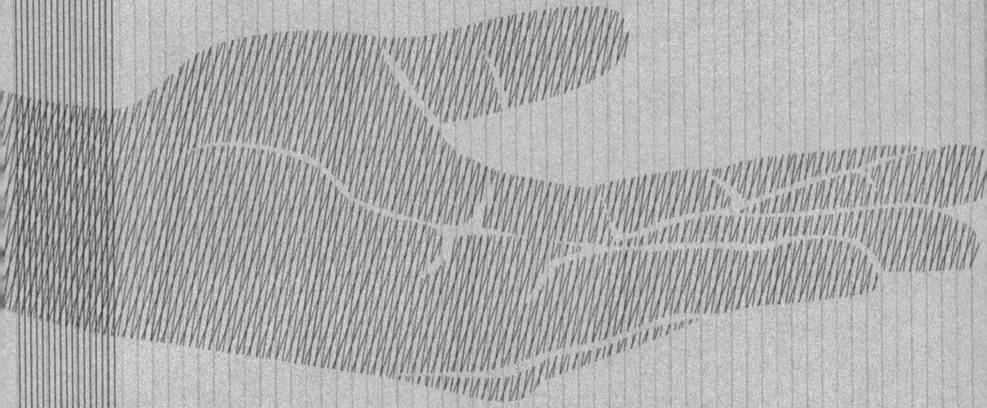

Educomunicação e ecossistemas comunicativos em tempos de convergência midiática

Ofelia Elisa Torres Morales
Colaboração: Chirlei Diana Kohls

Conselho editorial
Dr. Ivo José Both (presidente)
Dr. Alexandre Coutinho Pagliarini
Dr.ª Elena Godoy
Dr. Neri dos Santos
Dr. Ulf Gregor Baranow

Editora-chefe
Lindsay Azambuja

Gerente editorial
Ariadne Nunes Wenger

Assistente editorial
Daniela Viroli Pereira Pinto

Preparação de originais
Palavra Arteira Edição e Revisão de Textos

Edição de texto
Palavra do Editor
Caroline Rabelo Gomes

Projeto gráfico
Laís Galvão

Capa
Luana Machado Amaro (*design*)
as-artmedia, Drazen Zigic e TZIDO SUN/Shutterstock (imagens)

Diagramação
Estúdio Nótua

Equipe de *design*
Débora Gipiela
Luana Machado Amaro

Iconografia
Maria Elisa Sonda
Regina Claudia Cruz Prestes

Dados Internacionais de Catalogação na Publicação (CIP)
(Câmara Brasileira do Livro, SP, Brasil)

Morales, Ofelia Elisa Torres
  Educomunicação e ecossistemas comunicativos em tempos de convergência midiática/Ofelia Elisa Torres Morales; colaboração Chirlei Diana Kohls. Curitiba: Editora InterSaberes, 2022.

  Bibliografia.
  ISBN 978-85-227-0345-6

  1. Aprendizagem 2. Comunicação e educação 3. Conhecimento 4. Declaração Universal dos Direitos Humanos 5. Educação – Aspectos sociais 6. Estatuto da Criança e do Adolescente (ECA) 7. Práticas educacionais 8. Produção audiovisual I. Kohls, Chirlei Diana. II. Título.

21-75769   CDD-371.1022

Índices para catálogo sistemático:
1. Educomunicação 371.1022

Cibele Maria Dias – Bibliotecária – CRB-8/9427

1ª edição, 2022.
Foi feito o depósito legal.

Informamos que é de inteira responsabilidade das autoras a emissão de conceitos.

Nenhuma parte desta publicação poderá ser reproduzida por qualquer meio ou forma sem a prévia autorização da Editora InterSaberes.

A violação dos direitos autorais é crime estabelecido na Lei n. 9.610/1998 e punido pelo art. 184 do Código Penal.

Rua Clara Vendramin, 58 ▪ Mossunguê ▪ CEP 81200-170 ▪ Curitiba ▪ PR ▪ Brasil
Fone: (41) 2106-4170 ▪ www.intersaberes.com ▪ editora@intersaberes.com

Sumário

Prefácio | 11
Apresentação | 15
Como aproveitar ao máximo este livro | 24

1. **Educomunicação: fundamentos epistemológicos, protagonistas e aspectos históricos | 31**
   1.1 A contribuição de Paulo Freire para a educomunicação | 34
   1.2 Natureza da educação e do educador | 41
   1.3 Educomunicação em foco | 45
   1.4 Traços históricos da educomunicação | 64

2. **Educomunicação e ecossistemas comunicativos | 105**
   2.1 Abordagens da educomunicação e suas relações com os ecossistemas comunicativos | 107
   2.2 As múltiplas mediações para pensar práticas educomunicativas | 126

3. **Subjetividades e expressões paradigmáticas: jovens como criadores de conteúdo nas redes sociais digitais | 145**
   3.1 Formação das subjetividades jovens | 147
   3.2 Subjetividades jovens no espaço da educomunicação | 173
   3.3 A cultura da convergência na perspectiva educomunicativa | 178

4. **Caminhos metodológicos: linguagem audiovisual e educomunicação | 195**
   4.1 A construção do pensamento audiovisual e sua linguagem: os pontos de partida | 198

5. **Caminhos metodólogicos: escolhas da pesquisa em educomunicação | 281**
   5.1 A pesquisa em educomunicação | 284
   5.2 Tipos de pesquisa científica | 298

6. **Caminhos metodólogicos: pesquisa e práticas educomunicativas aplicadas aos jovens | 335**
   6.1 Práticas educomunicativas no processo de ensino e aprendizagem da cidadania | 338
   6.2 Olhares, cenários e abordagens regionais | 346
   6.3 Representações midiáticas dos jovens no cenário escolar | 362

Considerações finais | 389
Referências | 405
Apêndices | 445
Respostas | 451
Sobre as autoras | 459

Dedico esta obra a Deus, que, em sua infinita bondade, foi um verdadeiro guia nesta minha caminhada. Minha gratidão a Nossa Senhora Aparecida, protetora em todos os momentos.

É com alegria que dedico este livro e meu agradecimento especial, pela presença, amor e apoio constante, a minha querida família: minha mãe, doutora Eunice, e minha irmã, doutora Ana, que sempre me incentivaram para o estudo e a leitura, com dignidade e sabedoria; e também a meu pai, o engenheiro Wilfredo, e a minha irmã Margarida (in memorian). Gratidão eterna pelo exemplo de vida.

Agradecimentos

Sinto-me honrada com o convite da professora doutora Jandicleide Lopes e da Editora InterSaberes, representada aqui por Daniela Viroli Pereira Pinto, Ariadne Patricia Nunes Wenger e Jassany Gonçalves. A todas meu agradecimento pelo apoio e profissionalismo de sempre.

Meu respeito e minha gratidão ao professor doutor José Manuel Moran Costas, orientador no desenvolvimento do meu mestrado na Escola de Comunicações e Artes da Universidade de São Paulo (ECA-USP), que acolheu meu convite para escrever o prefácio desta obra, abrilhantando-a com seus dizeres. Também agradeço à professora mestre Chirlei Kohls pela sua colaboração com um capítulo deste livro.

Minha gratidão a minha querida prima Zoila Morales, a meu primo Eduardo Morales e a Laertes Ramos, pelo apoio constante neste projeto de vida e pelo incentivo para persistir nesta jornada. Meu obrigado a todos os amigos e familiares em terras brasileiras e peruanas pela amizade e pela solidariedade neste caminho de docência e pesquisa acadêmica.

Minha gratidão ao Colégio San Francisco de Borja (Lima, Peru), escola na qual aprendi e vivi o que é educação. Meu reconhecimento e respeito à Faculdade de Ciências da Comunicação da Universidade de Lima (Lima, Peru), *alma mater* que iluminou meu interesse pela profissão na área do cinema, da televisão e do rádio, e meu agradecimento à América Televisión, na pessoa do senhor Condorcet da Silva Costa e da equipe da emissora (Lima, Peru). Como latino-americana, é uma honra ter sido aluna no mestrado em Rádio e Televisão (1993) e no doutorado em Jornalismo (1999) na Escola de Comunicações e Artes da Universidade de São Paulo (ECA-USP), prestigiada universidade brasileira, *alma mater* que pretendo sempre dignificar com meu trabalho profissional onde quer que esteja. Outrossim, agradeço à Cátedra Unesco de Comunicação para o Desenvolvimento Regional da Universidade Metodista de São Paulo (Umesp), onde realizei meu pós-doutorado em Comunicação, Cidadania e Região (2013). Minha homenagem ao professor doutor José Marques de Melo (*in memorian*), pelos ensinamentos e apoio para ser integrante do Colégio de Brasilianistas da Comunicação (2016), da Sociedade Brasileira de Estudos Interdisciplinares da Comunicação (Intercom).

Meu agradecimento a alunos e ex-alunos, professores, colegas e instituições nas quais realizei atividades de docência universitária, pesquisa, extensão e produção audiovisual, em especial o Instituto Blumenauense de Ensino Superior (Ibes-Sociesc), a Fundação Universidade Regional de Blumenau (Furb), a Universidade do Vale do Itajaí (Univali) e a Universidade Federal do Paraná (UFPR). A todos dedico, com gratidão, este trabalho, com a esperança de ter contribuído como professora para mais um passo no fortalecimento da educomunicação, uma área essencial e imprescindível no cotidiano da sociedade.

Minha gratidão a todos aqueles que colaboraram para a realização deste livro, que traduz uma trajetória de pesquisa na área da comunicação e da educação, a favor da democracia e da cidadania no Brasil, nestes últimos 30 anos.

Prefácio

Educação e comunicação em tempos de transformação profunda

Fico muito feliz, tendo acompanhado a trajetória da Ofelia Elisa Torres Morales por muitos anos, em poder prefaciar este livro tão rico e abrangente, que sintetiza seu percurso como pesquisadora e docente. Ofelia foi minha aluna e orientanda no Mestrado de Rádio e Televisão da Universidade de São Paulo (USP), sempre muito competente como pesquisadora e disposta a colaborar com todos.

Minha formação foi humanística (letras clássicas, filosofia) e também em mídias audiovisuais. Durante meu mestrado na USP, dei aula em várias faculdades de comunicação e participei ativamente de projetos de análise crítica da comunicação, principalmente do Projeto Leitura Crítica da Comunicação (LCC), na Universidade Metodista de São Paulo, em parceria com meu colega Prof.

Ismar Soares. O foco era desenvolver a consciência crítica de estudantes, docentes, famílias e comunidades em relação aos meios de comunicação, principalmente da televisão. Minha tese de doutorado em Ciências da Comunicação, *Educar para a comunicação: análise das experiências latino-americanas de leitura crítica da comunicação*, foi defendida em 1987 (Moran, 1987). Como professor e pesquisador, fui aproximando-me das interfaces entre educação, comunicação e mídias digitais. O Projeto Escola do Futuro da USP – do qual fui um dos fundadores – mostrou-me a urgência de repensar a educação, o currículo, as metodologias, os processos de comunicação e de avaliação. Meu *blog* se chamou inicialmente *Educação Inovadora* e, atualmente, tem o título de *Educação Transformadora* (2021), permanecendo hospedado na Escola de Comunicações e Artes da USP (ECA-USP).

Vejo a educação como um ecossistema complexo, em que todos são participantes ativos, numa perspectiva da escola como comunidade de aprendizagem. Acompanhei com atenção o grupo de docentes-pesquisadores da ECA-USP sobre educomunicação e, embora não tenha participado formalmente, concordo plenamente com a visão da educação como comunicação aberta, participativa, criativa, transformadora, tanto em espaços intencionais-formais escolares como em espaços informais-sociais.

A proposta deste livro é integrar a comunicação às práticas educativas com o intuito de criar estratégias de planejamento e linhas de ação, em cenários de educação formal e informal, favorecendo o processo de ensino-aprendizagem, com perspectivas democráticas e dialógicas na construção de uma sociedade justa e digna. É um livro teórico-prático, de reflexão sobre os conceitos e autores-chave da área e de encaminhamentos para ações concretas dos educomunicadores de forma orgânica e integrada, no interior da escola e na comunidade.

A educação é um campo complexo e abrangente que integra dimensões científicas e técnicas e que precisa do concurso de áreas diferentes do conhecimento, como psicologia, sociologia, história, filosofia, neurociência, entre outras. Este livro analisa as interfaces entre a educação e a comunicação, em que todos são

coparticipantes, produtores de conteúdo e desenvolvedores de projetos num cenário cada vez mais hipermidiático, híbrido e flexível, com especial ênfase para o papel ativo, criativo e empreendedor dos jovens.

Venho acompanhando, vivenciando e pesquisando nestes últimos 30 anos a riqueza de propostas e possibilidades de mesclar espaços, atividades, tempos com presença física e digital, de forma síncrona e assíncrona. Busco também responder – como tantos outros pesquisadores – como a escola pode tornar-se relevante para aprender num mundo tão rápido e desafiador e o que podemos trazer do dinamismo das transformações digitais, econômicas e sociais para o ambiente de ensino e aprendizagem mais formal.

Nos últimos anos e, especialmente, no longo período de confinamento, avançamos muito na percepção e experimentação de que podemos ensinar e aprender de forma muito mais flexível, personalizada, humanizada e colaborativa, em espaços formais e informais. Todos somos comunicadores e produtores de conhecimento, de saberes e de experiências de vida em plataformas digitais e redes sociais, numa perspectiva de transformar as escolas e a sociedade em comunidades de aprendizagem.

A convergência digital exige mudanças muito mais profundas que afetam a escola em todas as suas dimensões: infraestrutura, projeto pedagógico, formação docente, mobilidade. Com o avanço das plataformas digitais e a facilidade de nos vermos de forma síncrona, as possibilidades de combinação, integração e personalização se ampliaram de maneira muito diversificada e intensa. Podemos pensar em modelos ativos predominantemente presenciais, em modelos ativos parcialmente presenciais e digitais e em modelos ativos de ensino e aprendizagem totalmente *on-line*, dependendo das necessidades específicas dos estudantes (crianças, jovens, adultos), das competências a serem trabalhadas em cada etapa e área de conhecimento e do grau de maturidade e autonomia de cada um.

As arquiteturas pedagógicas serão mais flexíveis, abertas, híbridas, personalizadas, ativas e colaborativas, com diferentes combinações, arranjos e adaptações num país com realidades muito desiguais e carências. Os modelos híbridos se combinam, se integram e ganham relevância com o foco na aprendizagem ativa dos estudantes, em que aprendem por descoberta, investigação e resolução de problemas nos espaços escolares e sociais. O ideal é o equilíbrio entre a personalização (mais escolhas do aluno, mais autonomia), a aprendizagem colaborativa (aprendizagem ativa, entre pares, por projetos), a tutoria/mentoria e a avaliação formativa, oferecendo-se as melhores condições de aprendizagem em tempo real (sala de aula, plataformas *on-line*, espaços profissionais) e de forma assíncrona (com itinerários e atividades mais individualizados).

A educação híbrida, ativa, personalizada, flexível e colaborativa traz novas possibilidades de contribuir para transformar a forma de ensinar e de aprender nas escolas e na sociedade. É um processo complexo, ainda muito desigual, com inúmeras contradições estruturais e conjunturais, mas extremamente importante para que cada um consiga avançar no seu ritmo e para que todos aprendam juntos, em todos os espaços, tempos e de múltiplas maneiras. É um caminho sem volta, que tende a se aprofundar em todos os níveis de ensino de agora em diante e que nos traz imensas oportunidades de avançar para termos uma educação mais humana, criativa, de qualidade e para todos ao longo da vida.

José Moran

Professor e pesquisador de projetos inovadores na educação, autor do *blog Educação Transformadora* (2021)

Apresentação

A proposta do livro *Educomunicação e ecossistemas comunicativos em tempos de convergência midiática* surge na complexidade da vivência atual, com desafios e perspectivas de construção de uma sociedade justa e digna. Nesse sentido, a educação tem um papel primordial no desenvolvimento de estratégias educativas que contribuam para um ambiente democrático. A comunicação se junta a esse desafio apontando as possibilidades de ampliar a polifonia em torno de um bem comum, que é a informação aos cidadãos.
Nesse sentido, a educomunicação harmoniza esse conjunto de saberes, da teoria e da prática, unidos no fortalecimento dos deveres e dos direitos relacionados à condição do cidadão, aos direitos humanos e à responsabilidade social. A educomunicação trata, de forma integral, da necessidade de criar estratégias educomunicativas e implementar linhas de ação a favor da cidadania, seja no campo formal, seja no campo informal. Sincronicamente,

a atualidade traz a marca da convergência midiática, que revela a complexidade dos tempos líquidos na formação das subjetividades dos jovens e das diversas populações que formam redes de sociabilidade e compartilham experiências e conhecimentos de maneira colaborativa.

Esse aspecto é favorável para ações educomunicativas, já que proporciona bases para a ampliação da reflexão e do debate sobre essa nova ambiência do cotidiano em constante convergência. Por isso, a presente produção editorial objetiva inter-relacionar a educomunicação com essa ambiência midiática para avaliar como acontece esse processo.

Assim, na primeira parte do livro, os capítulos apresentam uma abordagem teórica. Os dois primeiros capítulos visam mostrar o paradigma da educomunicação e questões teóricas relacionadas para elucidar esse complexo universo educomunicativo. No terceiro capítulo, o objetivo é refletir sobre a formação das subjetividades jovens, dentro e fora da escola, mas com foco na convergência midiática e suas opções teóricas.

Por sua vez, a segunda parte da obra busca revelar, nos últimos capítulos, os caminhos metodológicos referentes à aplicação da educomunicação. O quarto capítulo traz o frescor do audiovisual como forma de compreender a realidade, abordando a gramática audiovisual e seus elementos, assim como experiências na educomunicação. O quinto capítulo enfoca o conhecimento científico, por meio da pesquisa, como transformador da sociedade, considerando-se, conforme essa linha de pensamento, que o planejamento de projetos de pesquisa na área da educomunicação pode contribuir para o cenário estratégico de desenvolvimento do campo teórico dessa área. O sexto capítulo revela os caminhos metodológicos, de forma aplicada, com base na análise de experiências educomunicativas e das reflexões sobre a cotidianidade do universo juvenil.

Mais especificamente, o primeiro capítulo trata de aspectos históricos da educomunicação e dos fundamentos epistemológicos da inter-relação entre comunicação e educação. Os caminhos cruzados da educação e da comunicação representam um percurso com objetivos em comum na busca por uma sociedade justa e digna e no respeito aos deveres e direitos dos cidadãos. O perfil do continente latino-americano em que surgem práticas ligadas aos conceitos de educação e comunicação é o de uma região com uma complexidade cultural que contempla diversos rostos e faces indígenas, quilombolas, entre outros, faces da imigração, traços de vozes de opressão e confronto em tempos de ditadura e de democratização no continente, comportando, nesse sentido, uma identidade de vocação política. A educomunicação, os movimentos sociais e o terceiro setor suscitam ampla reflexão.

A comunicação e a educação são direitos básicos para a democracia e são defendidos na Declaração Universal dos Direitos Humanos, proclamada em 1948 pela Assembleia Geral da Organização das Nações Unidas – ONU (Unicef Brasil, 1948), de significativa relevância para a construção da cidadania numa sociedade digna e justa. Para nos aproximarmos dos contextos sociais e das problemáticas vindas das condições de desigualdade social no Brasil, devemos partir de um paradigma que tente compreender as contradições existentes nas sociedades e, ao mesmo tempo, mergulhe nas diferentes identidades culturais observadas. A efervescência social revela atores sociais engajados na busca pelo bem comum, como as organizações não governamentais (ONGs), os movimentos sociais e diversos outros grupos populares. Os movimentos sociais existem além de suas diversidades e diferenças, as quais os enriquecem como um todo pela sua pluralidade, sendo a base desses movimentos a vocação democrática, voltada para a perspectiva da educação, da comunicação e da cidadania. Ao mesmo tempo, eles são sustentados por toda uma prática que tenta resgatar o sujeito em toda a sua complexidade cultural.

O sujeito está inscrito em processos de ensino-aprendizagem, desenvolvidos na educação formal ou informal, nos diversos campos de atuação, como os contextos escolares, a educação ambiental, a educomunicação, constituindo-se uma base social forte e inegável. A diversidade e as diferenças nutrem as organizações sociais, identificando-se como elementos orgânicos da sociedade. As inter-relações desses grupos sociais implicarão não somente a criação de laços de intercâmbio, mas também o planejamento de trabalhos em conjunto, o estabelecimento de laços de cooperação e solidariedade.

No segundo capítulo, contamos com a colaboração especial e a parceria da jornalista Chirlei Diana Kohls, mestre em comunicação pela Universidade Federal do Paraná (UFPR), que apresenta um denso discurso relacionado à teoria da mediação, com base na perspectiva de Jesús Martín-Barbero. O referido capítulo trata da educomunicação e dos ecossistemas, considerando-se que, para pensar e aprofundar a relação e a interconexão entre educação e comunicação, é preciso entender os atravessamentos dos processos de apropriação e recepção de conteúdo. Entendemos, nesse sentido, a educomunicação como campo da interface, da relação, dos caminhos cruzados, das áreas da comunicação e da educação, que, simultaneamente e cada um a seu modo, educam e comunicam (Soares, 2011). Conforme Martín-Barbero, citado por Soares (2011, p. 43), o "ecossistema comunicativo nesse contexto é definido como o entorno, 'difuso' e 'descentrado', com mistura de linguagens e de saberes que circulam por diversos dispositivos midiáticos interconectados".

O terceiro capítulo aborda assuntos referentes à formação das subjetividades jovens relacionadas à educomunicação. A formação das subjetividades jovens em tempos de convergência midiática está permeada pelas redes de sociabilidade, de compartilhamento das experiências e de conhecimento colaborativo. As subjetividades e as expressões paradigmáticas na perspectiva dos jovens como criadores de conteúdo nas redes sociais digitais (RSD) são reveladoras. O uso significativo das RSD para auxiliar como recurso educomunicativo também potencializa o protagonismo dos jovens, como espaços de expressão, de dúvidas, de intercâmbio de experiências, de afirmação individual e de criação de sua identidade. A escola deve dinamizar o processo de ensino-aprendizagem diante de um jovem que gera conhecimento e percebe o mundo de forma diferenciada. Essa questão implica a avaliação profunda do perfil dos profissionais envolvidos (educadores e comunicadores), desde a configuração de suas matrizes curriculares, para aproximar esses dois mundos numa visão integral dos futuros profissionais, com vistas à realização de trabalhos em comum, até a implementação no currículo escolar de disciplinas que problematizem e viabilizem a compreensão do uso e a apropriação das novas mídias como formas de expressão das subjetividades jovens.

Os caminhos metodológicos foram articulados nos capítulos relacionados aos temas da linguagem audiovisual e da pesquisa, assim como à interação das experiências educomunicativas regionais, por meio dos depoimentos dos jovens, objetivando-se revelar experiências e conceitos que contribuíssem para evidenciar como a educomunicação pode aliar teoria e prática de forma significativa.

Assim, o quarto capítulo focaliza os caminhos metodológicos relacionados à linguagem audiovisual e à educomunicação como eixo para evidenciar o universo imagético com base em sua gramática audiovisual, sua linguagem e seus elementos característicos, bem como o modo de fazer, da concepção à realização, de materiais audiovisuais educomunicativos. É descrito o processo de produção do audiovisual, desde a fase do planejamento ou pré-produção, passando pela produção e realização propriamente dita, até a etapa da edição, da pós-produção e da finalização dos materiais audiovisuais. O objetivo desse capítulo é ilustrar as diversas formas pelas quais a comunicação pode auxiliar na criação, no planejamento e na execução de produções para a educomunicação. Além da construção de roteiros audiovisuais, o capítulo aborda a linguagem audiovisual e seus elementos, assim como traz exemplos que podem auxiliar na realização de futuros conteúdos midiáticos. São apresentados relatos de novas experiências nos campos da realidade virtual (VR) e da realidade aumentada (AR) que focalizam temáticas educativas.

Nesse capítulo, os elementos audiovisuais são examinados a partir do olhar jornalístico, pela sua objetividade e praticidade para o desenvolvimento de discursos educomunicativos. Porém, não se deixa de lado a diversidade de olhares que o audiovisual tem nas faces da ficção e da multiplicidade de nuances da imagética na publicidade e no universo institucional. Nesse sentido, os elementos práticos articulam-se com a teoria, relacionando, de forma específica, as áreas da educação e da comunicação, numa perspectiva integradora.

No quinto capítulo, dedicado aos caminhos metodológicos relacionados à pesquisa em educomunicação, são apresentados conceitos relativos à construção do conhecimento, aos tipos de pesquisa, às formas de abordagens e a outros aspectos de relevância para a indagação científica. O texto enfoca a pesquisa a partir da visão da educomunicação, apresentando vários relatos que evidenciam a articulação entre educação, comunicação e pesquisa e ilustrando cada abordagem com exemplos direcionados para a área educomunicativa. O objetivo não é somente assinalar as correntes e os elementos de pesquisa, mas, sobretudo, relacioná-los no âmbito da educomunicação, de modo a motivar futuros projetos de pesquisa nesse campo do saber.

Nesse sentido, é importante olhar a pesquisa, a partir da sensibilização em face das temáticas sociais, com o rigor científico necessário e, ao mesmo tempo, compreender que o conhecimento é transformador nas sociedades. A história humana registra que o desenvolvimento das sociedades aconteceu, em inúmeras oportunidades, graças ao crescimento da ciência. Por esse motivo, sendo a educomunicação geradora de estratégias e linhas de ação direcionadas para a cidadania, os direitos humanos e a responsabilidade social, é de significativa importância que seja incentivada a realização de projetos de pesquisa nessa esfera. Os resultados advindos das pesquisas serão importantes contribuições para traçar planejamentos e ações educativas, visto que os dados obtidos poderão auxiliar na consecução dos objetivos educomunicativos em termos de eficiência. O capítulo apresenta casos e propostas de pesquisa nas abordagens quantitativas e qualitativas, focalizando assuntos educomunicativos de relevância.

No sexto capítulo, os caminhos metodológicos nos levam para a interpretação aplicada dos elementos desenvolvidos nos capítulos relacionados à linguagem audiovisual e à pesquisa. Por isso, esse capítulo tem duas linhas de reflexão, ambas discutidas de forma integradora, na perspectiva da educomunicação, com base em casos e depoimentos – obtidos preferencialmente na pesquisa qualitativa por meio de grupos de discussão –, revelando nuances, com exemplificações, da inter-relação entre educação e comunicação. Outrossim, são relatadas práticas educomunicativas no processo de ensino e aprendizagem da cidadania, com base em duas experiências no sul e no nordeste do país, nas quais se evidenciam as estratégias utilizadas na abordagem e os olhares regionais vinculados à construção da cidadania com os jovens participantes.

As considerações finais, por sua vez, propõem questionamentos, perspectivas e desafios para a educomunicação no sentido de aliar as trajetórias e as alternativas que a comunicação e a educação propiciam para a formação de uma sociedade justa e digna.

Esta produção editorial tem como intenção integrar a teoria e a prática na visão da educomunicação, de forma a orientar os futuros educomunicadores, contemplando articulações com a prática docente e com as dinâmicas socioculturais, na abordagem da interdisciplinaridade entre diversas áreas do conhecimento, como a educação e a comunicação. Por um lado, a obra revela a importância da pesquisa na educomunicação para o planejamento e a realização de projetos de pesquisa e artigos que possam contribuir para o fortalecimento do arcabouço teórico da área da educomunicação, mirando esse desenvolvimento de forma aplicada. Por outro lado, de forma didática, são apresentados elementos teóricos sobre a linguagem audiovisual, assim como experiências educomunicativas regionais nessa área. A escolha pela linguagem audiovisual deve-se a sua ampla presença, em diversos suportes, na convergência midiática e também à acessibilidade para o planejamento e a realização de materiais educomunicativos.

Este livro foi desenvolvido priorizando-se a metodologia bibliográfica e evidencia a diversidade de perspectivas e exemplificações vinculadas à educomunicação, recorrendo-se a exemplos disponíveis na internet e a outros exemplos midiáticos, todos para uso didático e gratuito.

Esta obra considera o ponto de interseção da educação e da comunicação, a partir do olhar da educomunicação, para assim contribuir para a reflexão e a prática dos educomunicadores em comunidades diversas na busca pela democracia e pela justiça social. Nesse sentido, a comunicação é compreendida como elemento estratégico, tendo em vista que a sociedade precisa apropriar-se das formas democráticas de que dispõe e de sua liberdade de expressão, entendidas como práticas cidadãs ou lugares de fala de cidadania, por meio do audiovisual, por exemplo.

Ofelia Elisa Torres Morales

Autora e Doutora em Jornalismo pela Escola de Comunicações e Artes da Universidade de São Paulo (ECA-USP)"

Como aproveitar ao máximo este livro

Empregamos nesta obra recursos que visam enriquecer seu aprendizado, facilitar a compreensão dos conteúdos e tornar a leitura mais dinâmica. Conheça a seguir cada uma dessas ferramentas e saiba como estão distribuídas no decorrer deste livro para bem aproveitá-las.

Conteúdos do capítulo:
Logo na abertura do capítulo, relacionamos os conteúdos que nele serão abordados.

Após o estudo deste capítulo, você será capaz de:
Antes de iniciarmos nossa abordagem, listamos as habilidades trabalhadas no capítulo e os conhecimentos que você assimilará no decorrer do texto.

na escola [...]" (Soares, 2011, p. 18). A voz da educomunicação reverbera em âmbitos diversificados, como na mídia, nas organizações da sociedade civil, na multiplicidade da capilaridade social, que abrangem também amplos cenários da educação não formal, nos grupos sociais, assim como indivíduos vulneráveis e em situação de risco.

Para saber mais

A palavra *educomunicação* passou a integrar o rol de palavras do Vocabulário Ortográfico da Língua Portuguesa (Volp), que teve sua sexta edição lançada em 19 de julho de 2021 pela Academia Brasileira de Letras (ABL). No comunicado de lançamento, a instituição reafirmou "seu compromisso de cultivo da língua portuguesa na vigência da realidade brasileira. Neste sentido, continuará atualizando o Volp com o propósito de fazer um registro o mais completo possível dos vocábulos de uso comum, além da terminologia técnica e científica, respeitando as Bases do Acordo Ortográfico de 1990" (ABL, 2021a).

> educomunicação
>
> Classe gramatical:
>
> *s.f.*
>
> Palavras relacionadas:
>
> **educomunicador** *adj. s.m.*, **educomunicativo** *adj.* (cultura **educomunicativa**, vivências **educomunicativas**)
>
> Definição:
>
> **1.** Conjunto de conhecimentos e ações que visam desenvolver ecossistemas comunicativos abertos, democráticos e criativos em espaços culturais, midiáticos e educativos formais (escolares), não formais (desenvolvidos por ONGs) e informais (meios de comunicação voltados para a educação), mediados pelas linguagens e recursos da comunicação, das artes e tecnologias da informação, garantindo-se as condições para a aprendizagem e o exercício prático da liberdade de expressão.

Para saber mais

Sugerimos a leitura de diferentes conteúdos digitais e impressos para que você aprofunde sua aprendizagem e siga buscando conhecimento.

sequências, porque o maior número de informações recopiladas no roteiro de gravação facilitará o posterior processo de edição. Por outro lado, todo o material gravado pela equipe de reportagem deve ser visualizado e organizado num roteiro que se identifica como o **espelho da matéria**, o qual deve ter clareza e concisão na abordagem do assunto em questão. No processo de visualização de imagens – também chamado de *decupagem* –, devem ser anotados todos os dados mais importantes das falas dos entrevistados, registrando-se os tempos de duração nas gravações, os detalhes das imagens que vão ilustrar a matéria, entre outras informações. Após essa visualização das imagens e dos depoimentos, a equipe estará pronta para realizar o roteiro informativo. Nesse espelho ou esqueleto da matéria, devem ser identificadas somente informações como os textos, as falas dos entrevistados e respetivos nomes e cargos, as imagens que serão utilizadas, considerando-se a presença do entrevistador, se necessário, os dados como infográficos, além de outros elementos visuais que enriqueçam a matéria.

Preste atenção!

O termo *decupagem* pode assumir diferentes significados conforme a área em que é empregado. No cinema, a decupagem está mais direcionada ao roteiro técnico final, com o objetivo de avaliar as propostas técnicas, como explica Daniel Filho (2001, p. 201): "decupar as cenas do script é fazer um script de filmagem ou plano de filmagem (*shooting script*). Ou seja, é esmiuçar cada cena e cada plano, indicando como serão gravados. O corte de plano, a determinação do que será close, plano geral ou panorâmica deve funcionar organicamente". No jornalismo televisivo, a decupagem é relacionada à minutagem dos materiais gravados – fase prévia fundamental para a posterior pós-produção (edição não linear) desses materiais jornalísticos. Segundo Bistane e Bacellar (2005, p. 132), decupagem é a "descrição por escrito, feita pelo editor de texto, com indicação dos minutos e segundos em que

Preste atenção!

Apresentamos informações complementares a respeito do assunto que está sendo tratado.

na recepção e na discussão desses materiais de apoio pedagógico. Ao mesmo tempo, pelo fato de se tratar de um campo em desenvolvimento, ainda está sendo fortalecido o arcabouço teórico dessa promissora área de estudo.

Como relatado, os materiais audiovisuais realizados em VR e em AR têm potencial significativo como recursos didáticos a serem utilizados no processo de ensino-aprendizagem, dentro ou fora da sala de aula. Duas vertentes são possíveis: 1) a realização e a produção desses materiais; e 2) o uso desses materiais para ajudar na divulgação das atividades educomunicativas planejadas. Os educomunicadores podem utilizar esses recursos que interagem de forma sensorial e imersiva com os participantes e que ampliam a caixa de ressonância desses sujeitos na recepção das produções audiovisuais.

Mãos à obra

Para realizar as atividades propostas, você precisa acessar a câmera de seu celular e ativá-la no modo vídeo e foto. É conveniente que você as realize preferencialmente em companhia de mais uma pessoa.

a. Utilize o celular no modo fotografia, em ambiente interno ou externo. Fotografe uma pessoa nos diversos planos descritos, como PP, PM, PA e PG. Compare o resultado obtido com as informações apresentadas neste capítulo.
b. Utilize o celular no modo como câmera de vídeo, em ambiente interno. A atividade pode ser feita colocando-se a pessoa que está gravando com a câmera do celular dentro de uma sala. Quando uma outra pessoa entra no local, ao abrir a porta, com a câmera se faz uma PAN, acompanhando desde a chegada dessa pessoa até que ela se sente. Lembre-se de que esse movimento deve ser feito de forma lenta para que o espectador possa acompanhar a PAN. Compare o resultado com as informações apresentadas neste capítulo.

Mãos à obra

Nesta seção, propomos atividades práticas com o propósito de estender os conhecimentos assimilados no estudo do capítulo, transpondo os limites da teoria.

Luz, câmera, reflexão!

Esta é uma pausa para a cultura e a reflexão. A temática, o enredo, a ambientação ou as escolhas estéticas dos filmes que indicamos nesta seção permitem ampliar as discussões desenvolvidas ao longo do capítulo.

linguagem de experimentação não somente técnica, mas também estética e formativa-educativa, nas realizações dessa prática educomunicativa. Também se observou uma demanda maior dos jovens para expressar opiniões, principalmente no que se refere à: a) identificação com problemáticas regionais; b) identidade de grupo; e c) motivação para discutir temas polêmicos.

Luz, câmera, reflexão!

Sugerimos que você assista à experiência educomunicativa audiovisual do programa *Tribo Jovem*[2]:
IDEIA EM MOVIMENTO E MÍDIA AUDIOVISUAL. Disponível em: <https://www.youtube.com/channel/UCiQtnAF-GLaH_zG4w-h8dFA>. Acesso em: 26 jun. 2021.

Várias temáticas discutidas nesses materiais educomunicativos podem ser exibidas como apoio audiovisual para o trabalho com algum assunto pedagógico de interesse nos contextos da educação formal ou informal.

Os assuntos dos materiais audiovisuais educomunicativos que integram os programas do *Tribo Jovem* são os seguintes:

- Primeiro emprego
- Primeira habilitação
- Vocação profissional
- Preconceito
- Gravidez na adolescência
- Prevenção de drogas
- Separação dos pais
- Prevenção de dengue e jovens
- Prevenção do aborto e jovens

---
[2] Confira informações e vídeos do projeto *Tribo Jovem* no blog *Ideia em Movimento* no canal do YouTube *Ideia em Movimento e Mídia Audiovisual* <https://ideiaemmovimento.blogspot.com/> <https://www.youtube.com/channel/UCiQtnAF-GLaH_zG4w-h8dFA>, sendo ambos sem fins lucrativos, com objetivos educativos e pedagógicos de divulgação de práticas educomunicativas.

Síntese

É importante motivar os educomunicadores para se apropriarem da comunicação midiática de forma alternativa, juntos a grupos e comunidades envolvidos na busca por uma sociedade com menores índices de desigualdade social. Essa apropriação da comunicação midiática proporciona o fortalecimento e o reconhecimento da educomunicação como ator social.

Neste capítulo, foram apresentados dois projetos educomunicativos que aliaram teoria e prática numa dimensão pedagógica e comunicativa, na área da cidadania e dos direitos humanos, partindo da observação e da análise situacional das regiões em que se desenvolveram. É por isso que em cada região foram adotadas soluções diferenciadas, tendo em vista as problemáticas dessas regiões, respeitando-se sua natureza e suas complexidades. Nesse sentido, foram mostradas estratégias regionais na área da cidadania baseadas na educomunicação, por meio do audiovisual, com pautas temáticas relacionadas. Da mesma forma, a inovação no uso de redes sociais e aplicativos, disponibilizados pela internet, resultou em novos formatos audiovisuais, os quais proporcionam perspectivas e possibilidades na comunicação midiática, tais como materiais educomunicativos que utilizam realidade virtual (VR) e realidade aumentada (AR) vinculadas a projetos pedagógicos educomunicativos.

Também apresentamos análises de diversas opiniões de jovens coletadas por pesquisas qualitativas e quantitativas, para mergulhar no universo desses sujeitos e compreender suas posturas e suas formas de convivência em tempos de convergência midiática. O uso, o consumo e a apropriação da comunicação midiática, tanto nos suportes midiáticos (como televisão, rádio, jornal, cinema) quanto, mais intensamente, nas plataformas disponíveis na internet (como redes sociais e aplicativos acessados em dispositivos móveis), têm significativa repercussão no universo juvenil. A análise advinda das pesquisas realizadas mostra as opiniões dos jovens na diversidade de contextos e relacionamentos nos quais eles desenvolvem suas convivências diárias (na escola, na

Síntese

Ao final de cada capítulo, relacionamos as principais informações nele abordadas a fim de que você avalie as conclusões a que chegou, confirmando-as ou redefinindo-as.

compreendendo que a convergência midiática favoreceu a apropriação dos diversos suportes para a criação de conteúdos educomunicativos e, portanto, integrantes de sua estratégia educomunicativa.

Questões para revisão

1. O que significa pensar e atuar conforme a abordagem da aprendizagem conectada quando se trata da perspectiva da educomunicação?

2. Analise como a formação das subjetividades nos jovens pode contribuir para o processo educomunicativo no contexto das redes sociais digitais (RSD).

3. Assinale V para as afirmativas verdadeiras e F para as falsas:
   ( ) Para Moran (2013), o professor atua também como orientador/mediador da aprendizagem no campo ético, já que ensina a assumir e vivenciar valores construtivos, individual e socialmente.
   ( ) Freire (2000, p. 67) afirma que "se a educação sozinha não transforma a sociedade, sem ela, a sociedade muda".
   ( ) Rosa e Islas (2009) explicam que existem três posturas relacionadas à incorporação das tecnologias da informação e comunicação na prática docente: a de resistência, a de conformismo e a postura mais otimista, a qual mostra que a educação necessita de uma revolução com o uso adequado das tecnologias, de forma dialógica e contínua.

   Agora, assinale a alternativa que apresenta a sequência correta:
   a) V, V, V.
   b) F, F, F.
   c) F, V, V.
   d) V, F, V.
   e) F, V, F.

Questões para revisão

Ao realizar estas atividades, você poderá rever os principais conceitos analisados. Ao final do livro, disponibilizamos as respostas às questões para a verificação de sua aprendizagem.

participantes e praticantes engajados em pesquisas ativas
e autodirigidas".
( ) Jenkins (2009) explica que a cultura da convergência não é
somente relacionada às sofisticadas tecnologias e aos fluxos
dos conteúdos; para ele, a convergência acontece principalmente de forma orgânica nos sujeitos em seus relacionamentos com os outros.

Agora, assinale a alternativa que apresenta a sequência correta:
a) F, F, F.
b) V, V, V.
c) F, V, V.
d) V, F, V.
e) F, V, F.

Questões para reflexão

1. Descreva a relação entre educação e comunicação a partir da ótica da ética e da cidadania, contextualizando-a com as variadas plataformas da comunicação midiática, preferencialmente com as redes sociais digitais (RSD) e os aplicativos de mensagens. Faça um breve comentário sobre essa questão. Depois, apresente suas ideias ao seu grupo de estudos.

2. Relacione os cenários em que os jovens, como criadores de conteúdo, podem expressar-se, considerando as múltiplas RSD. Faça um breve comentário sobre essa questão. Depois, apresente suas ideias ao seu grupo de estudos.

Questões para reflexão

Ao propor estas questões, pretendemos estimular sua reflexão crítica sobre temas que ampliam a discussão dos conteúdos tratados no capítulo, contemplando ideias e experiências que podem ser compartilhadas com seus pares.

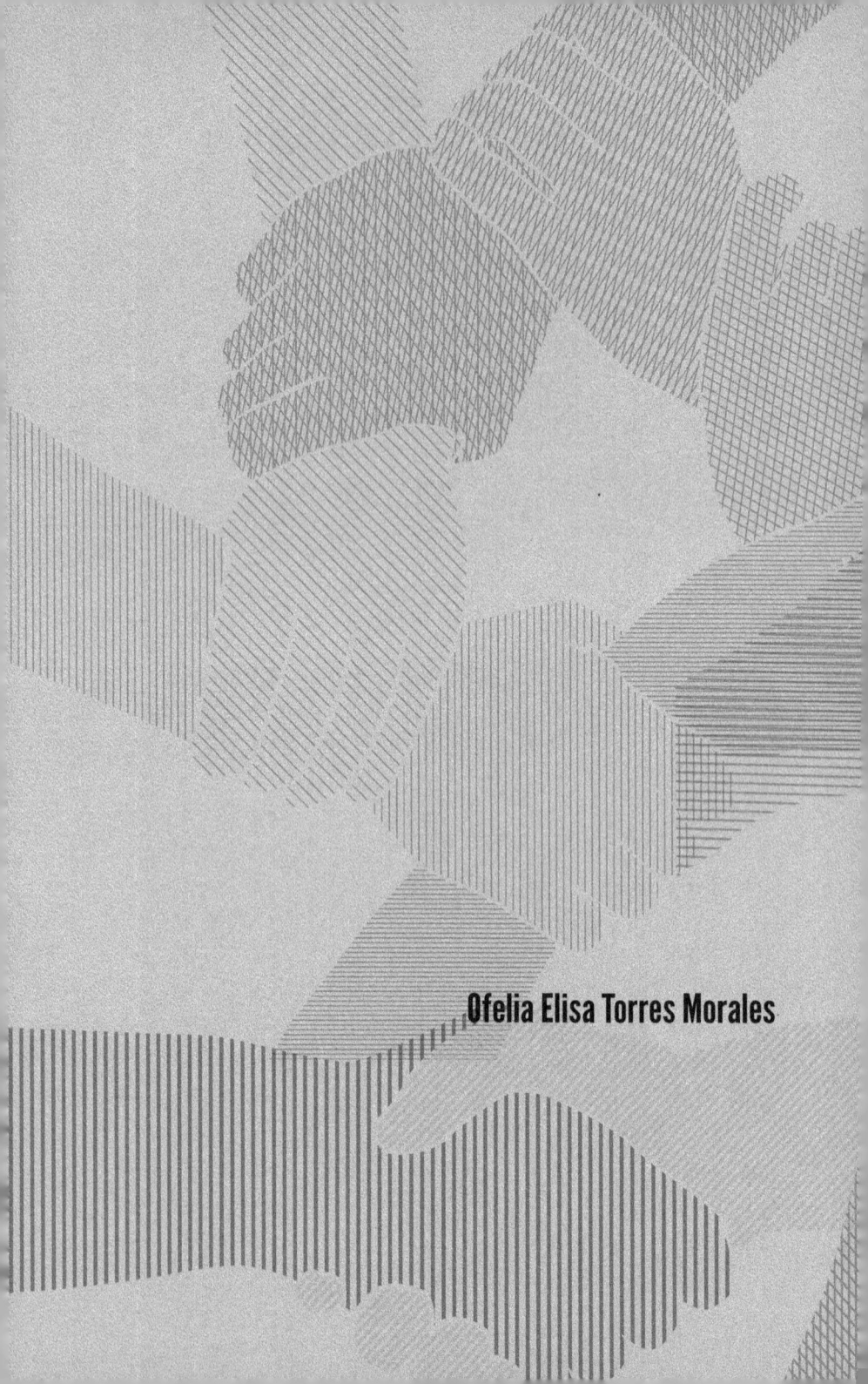
Ofelia Elisa Torres Morales

CAPÍTULO 1

Educomunicação: fundamentos epistemológicos, protagonistas e aspectos históricos

Conteúdos do capítulo:

- Educomunicação.
- Fundamentos epistemológicos da educomunicação.
- Aspectos históricos da educomunicação.
- Protagonistas sociais na educomunicação.
- Natureza dos educomunicadores.
- Educador social na perspectiva da educomunicação.

Após o estudo deste capítulo, você será capaz de:

1. compreender as bases teóricas e os fundamentos epistêmicos relacionados à educação social e à educomunicação e sua relevância na construção da cidadania;
2. identificar aspectos históricos dos caminhos da educomunicação;
3. reconhecer protagonistas sociais na construção da cidadania a partir do olhar da educomunicação.

Neste capítulo, são abordados importantes aspectos da educomunicação, como cerne conceitual da área e os percursos históricos que configuraram essa vertente paradigmática voltada para a cidadania. O principal objetivo da educomunicação é o desenvolvimento da cidadania, dos direitos e dos deveres dos cidadãos como sujeitos plenos numa sociedade mais digna e justa, tendo como fundamento a educação e a comunicação. Com base na leitura de textos de autores como Paulo Freire, Jesús Martín-Barbero e Ismar de Oliveira Soares, entre outros, são apresentadas reflexões na área da educomunicação com o intuito de revelar os fundamentos epistemológicos da inter-relação entre comunicação e educação.

Tomando-se como prerrogativa a educação no sentido conceitual mais amplo, que contempla não somente a educação formal, mas também a educação informal, considera-se o abrangente ecossistema social, ou seja, os diferentes cenários da formação educativa, como a escola, os meios de comunicação, a família, a arte e as culturas diversas, entre outros contextos, como um significativo contraponto na área da educomunicação. Dessa forma, combinando o cenário da educação formal, como a escola, com os cenários informais, o processo de ensino-aprendizagem na diversidade de espaços humanos de convivência, marcados pelo risco e pela vulnerabilidade, assim como pelo encontro e pelo intercâmbio, em tempos de convergências midiáticas e culturais, o texto apresenta um breve percurso histórico com as principais experiências educomunicativas, principalmente, no campo do audiovisual na América Latina, assim como sinaliza traços relacionados aos diversos protagonistas sociais que produzem efervescência no campo social e da educomunicação.

De acordo com o professor Ismar de Oliveira Soares (2011, p. 15), a educomunicação é essencialmente práxis social e campo de interface entre a educação e a comunicação, já que "é um caminho de renovação das práticas sociais que objetivam ampliar as condições de expressão de todos os segmentos humanos, especialmente da infância e da juventude".

1.1 A contribuição de Paulo Freire para a educomunicação

Para o pedagogo, educador e filósofo brasileiro Paulo Freire, a educação contribui para a formação da consciência crítica e o protagonismo do sujeito para assim intervir na sociedade. Contudo, esse processo educativo vai além da educação formal, como a desenvolvida na escola, visto que também acontece na educação informal, que abrange a família, os meios de comunicação, a cultura, as ruas, entre outras circunstâncias de espaço e tempo, nas quais os sujeitos se constituem. Em seu livro *A importância do ato de ler*, Freire (1989, p. 11) afirma que é necessária a compreensão da "inteligência do mundo", ou seja, "a leitura do mundo precede a leitura da palavra".

Aprende-se na interação com o mundo e em relação com os outros sujeitos, na diversidade dos espaços da vida social, sendo que a leitura do mundo favorece a consciência crítica e a compreensão das relações entre os textos e os contextos, o dito e o não dito, nas situações do cotidiano, porém em perspectiva. Dessa forma, a aprendizagem a que se refere Freire traduz uma diferenciação no processo educativo e no ato de ler, no sentido de sensibilizar os sujeitos para ler e entender a realidade ao seu redor, para que eles, depois, possam refletir e agir segundo a compreensão dessa realidade. Isto é, a aprendizagem propiciada pela leitura crítica faculta a abordagem em perspectiva e em inter-relação com os outros (Freire, 1989; Peruzzo, 2017).

Para esse educador brasileiro, o processo de aprendizagem por meio da leitura acontece tomando-se como base a vivência da compreensão profunda da significação das situações, dos objetos, do relatado nos textos, não para a memorização desses textos, mas para a compreensão da situação neles revelada. Com o início nessa dinâmica vivenciada e trabalhada, mediante as situações concretas, é que o sujeito aprendiz poderá, antes de tudo, compreender o relatado. A seguir, ele poderá memorizar e fixar o relato, o objeto ou a situação, dado que não se trata de uma memorização mecânica, mas debatida, vivenciada, propiciando assim a apropriação cognitiva, ou seja, a possibilidade de apreender o conhecimento e dele usufruir (Freire, 1989).

Sobre a leitura de textos longos, Freire afirma que é necessário adentrar no texto, com a explicação e a análise desse texto, para que não se trate de uma leitura mecânica. Ele relata que, às vezes, a insistência na realização de uma enorme quantidade de leituras e inúmeras páginas sem a devida explicação em profundidade "revela uma visão mágica da palavra escrita. Visão que urge ser superada" (Freire, 1989, p. 12). Freire ainda comenta, por exemplo, que o texto *As teses sobre Feuerbach*, de Karl Marx, de 1845, embora sendo de extensão muito curta, encerra um complexo pensamento desse filósofo do materialismo histórico; nesse sentido, o ato de ler acrescenta raciocínios complexos ao tratar de determinado tema que pode se sumarizar em relatos objetivos. O referido texto, apesar de ser curto e objetivo, versa sobre a questão sobre o reconhecimento de que a realidade – o mundo sensível – não pode ser considerada como mero objeto, constituindo-se como fruto da atividade sensível humana, da práxis, ou seja, a própria atividade humana é uma atividade objetiva e, por isso, considera-se o significado da atividade como "revolucionária", de crítica-prática, como prática para mudança (Freire, 1989; Peruzzo, 2017).

A postura de Freire como educador e, portanto, questionador da realidade inspira-se nos dizeres de mudanças e de transformações na busca por uma educação humana e libertária. A pedagogia freiriana tem como objetivo central o conhecimento por meio da práxis e da inter-relação dos sujeitos envolvidos, conhecimento este que, sendo transformador, incentiva a conscientização acerca da realidade. O conhecimento, ao mesmo tempo, é gerador de mudança e, por isso, é revolucionário e transformador. Portanto, o conhecimento é particular e contextualizado historicamente, já que se refera às marcas do tempo em que o sujeito vive, interage e convive com os outros (Peruzzo, 2017).

Como base angular da aprendizagem e, dessa forma, do processo educativo em suas diversas interfaces, a leitura tem significativa importância para a apropriação do sentido. Freire (1989, p. 13) considera a alfabetização "como um ato político e um ato de conhecimento, por isso mesmo, como um ato criador [...] enquanto ato de conhecimento e ato criador, o processo de alfabetização tem, no alfabetizando, o seu sujeito". A relação pedagógica estabelecida entre educador e educando deve ser de diálogo na busca da construção do conhecimento, de forma a configurar-se como uma relação criativa e de responsabilidade única e, ao mesmo tempo, mútua nesse processo de aprendizagem. O sentir de cada sujeito nessa relação educativa tem responsabilidade criativa na determinação dos envolvidos no processo da aprendizagem. Parafraseando os dizeres de Paulo Freire (1989, p. 10), para ler o mundo, é preciso senti-lo para, com base nessa vivência, poder reconstruí-lo, pensá-lo, ressignificá-lo e, portanto, transformá-lo. A educação, alicerçada no processo de alfabetização, nutre-se dessa compreensão do mundo como aproximação à realidade e, portanto, como conhecimento dessa realidade (Altieri, 2012; Freire, 1989; Paulo, 2018; Peruzzo, 2017).

Ao mesmo tempo, a práxis desenvolvida nesse mundo sensível contribui para que os sujeitos se aproximem da realidade por meio de experiências, vivências, relatos e do dinamismo que esse conhecimento traz, sendo, por isso, um complexo e dinâmico processo de apropriação de sentido que permite que seja escrita, lida e reescrita a realidade, mediante a prática consciente. Nas palavras de Freire (1989, p. 13),

> este movimento dinâmico é um dos aspectos centrais, para mim, do processo de alfabetização. Daí que sempre tenha insistido em que as palavras com que organizar o programa de alfabetização deveriam vir do universo vocabular dos grupos populares, expressando a sua real linguagem, os seus anseios, as suas inquietações, as suas reivindicações, os seus sonhos. Deveriam vir carregadas da significação de sua experiência existencial e não da experiência do educador. A pesquisa do que chamava universo vocabular nos dava assim as palavras do Povo, grávidas de mundo. Elas nos vinham através da

leitura do mundo que os grupos populares faziam. Depois, voltavam a eles, inseridas no que chamava e chamo de codificações, que são representações da realidade.

Compreende-se que, para Freire (1989), o mundo é lido e reescrito com base nas experiências e vivências dos sujeitos criadores envolvidos nessa relação pedagógica. Então, a leitura do mundo, aquela que precede à palavra, disponibiliza informação sobre esse mundo sensível, o qual concede poder sobre ele próprio, já que é por meio desse conhecimento que o sujeito pode intervir e transformar essa realidade. Assim, a natureza do processo educativo já acarreta a discussão sobre o poder também revelado mediante a leitura como fermento da aprendizagem.

Freire (1989) considera que a alfabetização é um processo libertador, crítico e que, ao mesmo tempo, nos coloca em inter-relação com outros sujeitos, convivências e diálogos, na construção de subjetividades em interação. Quando pensamos em alfabetização, tomamos como prerrogativa processos de aprendizagem complexos que motivam questionamentos e curiosidade investigativa, visando descobrir o mundo real. Por isso, o processo de alfabetização é permanente no sentido de que abrange diversos ecossistemas, como o comunicacional, uma vez que, quando se fala em apreender, são diversas as variáveis que permeiam o desenvolvimento do conhecimento. Alguns autores partem desse processo de alfabetização e, portanto, de aprendizagem que muito vai contribuir nas práticas educacionais, inclusive nos espaços informais vinculados à cidadania e desenvolvidos pelos educadores sociais nos processos de educomunicação.

Como relembra Alencar (2005), em suas pesquisas e análises sobre a concepção freiriana de pensar a técnica, Freire considera a tecnologia como expressão da criatividade humana para transformar o mundo, também vislumbrando que a tecnologia, ao mesmo tempo, está permeada pela politicidade e pela ideologia, visto que sua natureza não é neutra, é fruto de uma intencionalidade e de uma visão que a sustenta. Freire não era contrário ao uso dos recursos tecnológicos da comunicação na educação, pelo contrário, ele foi favorável à utilização desses meios com rigor metodológico, porém assinalava que a tecnologia implicava uma questão política no sentido de que se deve perguntar por quem e para que ela é utilizada. Por isso, Freire considerava importante que os educadores compreendessem não somente os aparelhos tecnológicos, mas também os motivos da existência destes, muito além de um simples processo de maquinização. Nessa perspectiva, "Quando se diz ao educador como fazer tecnicamente uma mesa e não se discute as dimensões estéticas de como fazê-la, castra-se a capacidade de ele conhecer a curiosidade epistemológica" (Freire; Passeti, 1994-1995, citados por Alencar, 2005, p. 4).

De fato, as considerações de Freire sobre a tecnologia e a educação foram o pontapé inicial para a discussão sobre essa questão e favoreceram que estudiosos retomassem posteriormente essa relação, inclusive com base na perspectiva da comunicação, mais especificamente, da educomunicação. Na atualidade, quando se fala em tecnologias no campo da educomunicação, não se trata somente de técnicas, suportes e processos dos meios de comunicação, em suas diversas plataformas, mas também da complexidade social nos tempos de convergência midiática, tendo em vista que essa cultura da convergência traz diversas implicações, como o conhecimento colaborativo, entre outras questões. Por isso, a visão freiriana marca a pesquisa da área da educomunicação pelo seu pioneirismo em diversos aspectos, entre eles, na tecnologia, pelo fato de ser uma abordagem que se renova e se atualiza no contexto contemporâneo com novas pesquisas, mas sempre referenciando a visão desse importante educador latino-americano.

Além disso, o processo de aprendizagem é complexo e precisa considerar a necessária aproximação com o universo dos sujeitos, sejam individuais, sejam coletivos, para que eles possam debater temas em comum, com base em suas realidades, anseios e expectativas, de modo que sejam alcançadas metas eficientes no campo da apropriação cognitiva. Isso porque, quando se fala em processos educomunicativos, para se obter a consecução dos objetivos de aprendizagem, é necessário haver clareza das alternativas mais adequadas para serem esclarecidos questionamentos; contudo, sempre é conveniente mirar as realidades plurais dos sujeitos envolvidos nesse processo.

No ato de ler – relatos orais, escritos, visuais, hipermidiáticos ou de natureza vivencial – é que surge o processo de informação, compreensão, questionamento, esclarecimento e apropriação dos significados apresentados na leitura. É por esse motivo que a abordagem dialógica e de consciência crítica proposta por Paulo Freire é significativa para a educomunicação, não somente pela proposição de conceitos relevantes para os processos de comunicação popular e comunitária, mas, sobretudo, pela sua abordagem cidadã que abrange variados espaços na busca por uma sociedade digna, justa e democrática (Peruzzo, 2017).

Peruzzo (2017) explica que a consciência crítica que Freire propõe contribui para a formação do senso crítico no sentido do sujeito se consolidar como protagonista de sua história. A vivência do educador brasileiro em tempos de ditadura fez com que ele reagisse e colaborou para a idealização de seu paradigma educacional a partir da procura pela democratização da sociedade e da cultura, tomando o diálogo como referência. Eram tempos em que surgiam como necessidades a problematização e a crítica da realidade, quando, em 1960, o pedagogo desenvolveu um método de alfabetização, com base em uma pedagogia que já indicava caminhos relacionados à importância da conexão entre comunicação e educação.

Freire trouxe essa bagagem como contribuição ao processo de redemocratização brasileira e efervescência latino-americana no sentido de identificar a necessidade de situar o sujeito como protagonista de seu tempo, por meio do questionamento do cotidiano e da inter-relação desse sujeito com os outros. A aproximação à realidade torna-se um conhecimento que a transforma mediante a indagação sobre ela. É por isso que é tão significativa a importância da cultura dos sujeitos como articuladores do conhecimento, do (re)conhecimento e da transformação das sociedades, como sujeitos de forma individual, mas, ao mesmo tempo, como sujeitos de forma coletiva.

Para saber mais

Descubra mais informações sobre o educador Paulo Freire, sua história, seus livros e suas contribuições no site do Instituto Paulo Freire:

INSTITUTO PAULO FREIRE. Disponível em: <https://www.paulofreire.org>. Acesso em: 13 jun. 2021.

Segundo indica Paulo Freire (1967) em seu livro *Educação como prática da liberdade*, o conceito de *relação* se impregna do senso de pluralidade e de criticidade, já que

> para o homem, o mundo é uma realidade objetiva, independente dele, possível de ser conhecida. É fundamental, contudo, partirmos de que o homem, ser de relações e não só de contatos, não apenas está **no** mundo, mas **com** o mundo. Estar **com** o mundo resulta de sua abertura à realidade, que o faz ser o ente de relações que é. (Freire, 1967, p. 39, grifo do original)

Nesse sentido, Freire sinaliza o processo de aprendizagem na identificação e seleção de escolhas por meio da aproximação e da problematização da realidade pelo sujeito. A cognição desenvolve-se mediante o reconhecimento da pluralidade na singularidade de o sujeito ter de escolher entre diversas alternativas e fazer uma opção.

> Há uma pluralidade nas relações do homem com o mundo, na medida em que responde à ampla variedade dos seus desafios. Em que não se esgota num tipo padronizado de resposta. A sua pluralidade não é só em face dos diferentes desafios que partem do seu contexto, mas em face de um mesmo desafio. No jogo constante de suas respostas, altera-se no próprio ato de responder. Organiza-se. Escolhe a melhor resposta. Testa-se. Age. Faz tudo isso com a certeza de quem usa uma ferramenta, com a consciência de quem está diante de algo que o desafia. Nas relações que o homem estabelece com o mundo há, por isso mesmo, uma pluralidade na própria singularidade. E há também uma nota presente de criticidade. A captação que faz dos dados objetivos de sua realidade, como dos laços que prendem um dado a outro, ou um fato a outro, é naturalmente crítica, por isso reflexiva e não reflexa, como seria na esfera dos contatos. (Freire, 1967, p. 39-40)

É possível incentivar propostas de ação com base nas histórias de vida, dos protagonistas, dos saberes e das situações-problema que surgem nas realidades dos espaços em que se quer realizar a educomunicação. A diversidade de cenários culturais já sinaliza abordagens comunicacionais que são possíveis de realizar de acordo com cada contexto vivencial. Freire propõe o levantamento da história da área, por meio de entrevistas e depoimentos desses protagonistas como testemunhos presentes, para então se aplicar o recurso didático escolhido – considerando-se esse material independente do suporte escolhido (sejam eles materiais audiovisuais, sejam eles folhetos impressos, entre outros suportes midiáticos disponíveis na atualidade) (Freire, 1989).

No caso de uma comunidade de pessoas em situação de rua, uma mídia como o rádio pode ser a escolha adequada para que elas possam dar seus depoimentos de vida. Materiais didáticos podem ser criados com base nessas experiências dos sujeitos coletivos não somente para registrá-las, mas também para contribuir com outras experiências de educomunicação, por meio dos relatos, dos anseios, das expectativas e dos interesses dos sujeitos envolvidos. Essa abordagem comunicacional contribuiria para o "direito do povo como sujeito do conhecimento de si mesmo" (Freire, 1989, p. 21), ou seja, o direito de os sujeitos expressarem suas ideias, opiniões, motivações, experiências, dificuldades e anseios.

1.2 Natureza da educação e do educador

Freire alerta sobre o **mito da neutralidade da educação** por reconhecer não somente a **natureza transformadora e geradora** desta, mas também a **natureza política do processo educativo**, ou seja, a postura transformadora que o conhecimento propriamente tem e que o educador compreende como eixo da relação educativa (Freire, 1989).

> Mas se, do ponto de vista crítico, não é possível pensar sequer a educação sem que se pense a questão do poder; se não é possível compreender a educação como uma prática autônoma ou neutra, isto não significa, de modo algum, que a educação sistemática seja uma pura reprodutora da ideologia dominante. (Freire, 1989, p. 16)

A educação tem um papel dinâmico na construção e reconstrução de significados, por meio dessa realidade sensível, fruto da práxis humana. Assim, esse vínculo educativo ultrapassa a neutralidade porque tem como base um posicionamento de transgressão, no sentido de transformação do conhecimento.

A natureza da educação é, pois, política, porém não partidária. Considera-se como política a educação porque ela possibilita escolhas paradigmáticas na libertação pelo conhecimento e nos desafios propostos na relação educativa. Ou seja, tomando como base o cotidiano, os sujeitos educandos podem repensar a sua história, mediante a reflexão de suas diversas realidades, apoiados na consciência crítica, visando a estratégias de intervenção e de transformação. A criticidade dessa consciência indica a necessidade da problematização da vida cotidiana na diversidade de relações entre os sujeitos no contexto do paradigma dialético da mudança social. A problematização atravessa os campos da análise e da compreensão num processo que, ao mesmo tempo, capta e questiona os conteúdos, no afã de aprofundar conhecimentos sobre determinada circunstância.

> Se a educação é esta relação entre sujeitos cognoscentes, mediatizados pelo objeto cognoscível, na qual o educador reconstrói, permanentemente, seu ato de conhecer ela é necessariamente, em consequência, um quefazer problematizador. A tarefa do educador, então, é a de problematizar aos educandos o conteúdo que os mediatiza, e não a de dissertar sobre ele, de dá-lo, de estendê-lo, de entregá-lo, como se se tratasse de algo já feito, elaborado, acabado, terminado. Neste ato de problematizar os educandos, ele se encontra igualmente problematizado. A problematização é a tal ponto dialética, que seria impossível alguém estabelecê-la sem comprometer-se com seu processo. Ninguém, na verdade, problematiza algo a alguém e permanece, ao mesmo tempo, como mero espectador da problematização. (Freire, 1985, p. 56)

Da mesma forma, Paulo Freire recoloca a questão da identidade do professor, que tem sido identificado tradicionalmente como o detentor dos saberes numa visão tradicionalista, geralmente vinculado ao que o autor chama de *educação bancária*, ou seja, aquela que considera o processo educativo como a transmissão do conhecimento, de forma verticalizada e autoritária, numa relação em que o professor repassa seus conteúdos e o aluno os recebe, sem interlocução crítica. Por isso, Freire identifica a importância da relação pedagógica entre educador e educando, por meio da qual se constrói uma educação libertária, humana e democrática. Na pedagogia freiriana, é estabelecida uma relação horizontal, visto que educador e educando aprendem em parceria, sendo uma relação criativa, mas, sobretudo, problematizadora, uma **relação dialógica**. O educador atua como orientador e não como detentor absoluto do conhecimento; não de forma autoritária, mas reconhecendo que, na relação pedagógica, o conhecimento se constrói em interação e é dessa relação dinâmica que surgem os conhecimentos, os quais sempre se renovam dessa forma. (Feitosa, 1999).

Nas palavras de Sonia Couto Feitosa (1999, p. 43),

> Na proposta freiriana o processo educativo está centrado na mediação educador-educando. Parte-se dos saberes dos educandos. Muitas vezes, o educando adulto quando chega à escola acredita não saber nada, pois sua concepção de conhecimento está pautada no saber escolar. Um dos primeiros trabalhos do educador é mostrar ao educando que ele sabe muitas coisas, só que esse conhecimento está desorganizado. À medida que o educador vai relacionando os saberes trazidos pelos educandos com os saberes escolares, o educando vai aumentando sua autoestima, participando mais ativamente do processo. Com isso melhora também a sua participação na sociedade, pois assume um maior protagonismo agindo como sujeito no processo de transformação social.

A sociedade interage de maneira dinâmica e contraditória, sendo a educação a forma mais democrática e crítica de incentivar a participação na construção do conhecimento. Nesse sentido, para Freire (1989), o ato educativo é político porque traz sua marca

de questionamento e conscientização acerca da necessidade de mudança e transformação, não existindo educação neutra.
Para Freire (1989, p. 15),

> Do ponto de vista crítico, é tão impossível negar a natureza política do processo educativo quanto negar o caráter educativo do ato político. Isto não significa, porém, que a natureza política do processo educativo e o caráter educativo do ato político esgotem a compreensão daquele processo e deste ato. Isto significa ser impossível, de um lado, como já salientei, uma educação neutra, que se diga a serviço da humanidade, dos seres humanos em geral; de outro, uma prática política esvaziada de significação educativa. Neste sentido é que todo partido político é sempre educador e, como tal, sua proposta política vai ganhando carne ou não na relação entre os atos de denunciar e de anunciar. Mas é neste sentido também que, tanto no caso do processo educativo quanto no do ato político, uma das questões fundamentais seja a clareza em torno de **a favor de quem e do quê**, portanto **contra quem e contra o quê**, fazemos a educação e de **a favor de quem e do quê**, portanto **contra quem e contra o quê**, desenvolvemos a atividade política. (Freire, 1989, p. 15, grifo do original)

Assim, a educação é transformadora e imprime mudanças na perspectiva de olhar o mundo. Ao mesmo tempo, Freire (2003, p. 32) enfatiza que o educador deve ter a necessidade da pesquisa contínua:

> Não há ensino sem pesquisa e pesquisa sem ensino. Esses que-fazeres se encontram um no corpo do outro. Enquanto ensino continuo buscando, reprocurando. Ensino porque busco, porque indaguei, porque indago e me indago. Pesquiso para constatar, constatando, intervenho, intervindo educo e me educo. Pesquiso para conhecer o que ainda não conheço e comunicar ou anunciar a novidade. (Freire, 2003, p. 32)

A relação da educação com a pesquisa é orgânica, já que as duas áreas lidam com a criação de conhecimento; assim, reverbera na gestão de novos olhares, novas informações, novas descobertas, novas atitudes de vida diante da realidade e, portanto, de significação política e educativa, sendo ambos os campos de natureza transformadora.

1.3 Educomunicação em foco

Conforme o professor Ismar de Oliveira Soares, coordenador do Núcleo de Comunicação e Educação da Universidade de São Paulo (NCE-USP), a educomunicação é definida como

> O conjunto das ações destinadas a ampliar o coeficiente comunicativo das ações educativas, sejam as formais, as não formais e as informais, por meio da ampliação das habilidades de expressão dos membros das comunidades educativas, e de sua competência no manejo das tecnologias da informação, de modo a construir ecossistemas comunicativos abertos e democráticos, garantindo oportunidade de expressão para toda a comunidade. O ecossistema comunicativo designa a organização do ambiente, a disponibilização dos recursos e o conjunto das ações que caracterizam determinado tipo de ação comunicacional. (Soares, 2008, p. 24)

Nesse sentido, a educomunicação traz em seu cerne a vertente democrática e, portanto, de liberdade de expressão e de escolhas. Pode ser conceituada como um conjunto das ações destinadas a

> integrar às práticas educativas o estudo sistemático dos sistemas de comunicação (cumprir o que solicita os PCNs no que diz respeito a observar como os meios de comunicação agem na sociedade e buscar formas de colaborar com nossos alunos para conviverem com eles de forma positiva, sem se deixarem manipular. Esta é a razão de tantas palestras sobre a comunicação e suas linguagens). (Soares, 2004, p. 1)

Os Parâmetros Curriculares Nacionais (PCN) inserem-se na proposta do ensino médio, cuja diretriz está registrada na Lei n. 9.394, de 20 de dezembro de 1996 (Brasil, 1996), atual Lei de Diretrizes e Bases da Educação Nacional (LDBEN), e no Parecer n. 15, de 2 de junho de 1998 (Brasil, 1998), do Conselho Nacional da Educação/Câmara de Educação Básica (CNE/CEB). Eles orientam o cenário escolar contemporâneo e as expectativas na formação dos alunos (Brasil, 2000b). Os PCN, em sua Parte II, dedicada a linguagens, códigos e suas tecnologias, fruto de consultoria de vários especialistas na área da educação – como a saudosa professora doutora Maria Felisminda de Rezende e Fusari, uma das pioneiras no estudo da relação da educação e da comunicação –, visam orientar sobre a necessidade de que as tecnologias da comunicação e da informação sejam abordadas nos currículos do ensino médio no Brasil (Brasil, 2000b). Estas são consideradas formas de linguagem, de articulação de sentidos coletivos e de compartilhamento próprios da sociedade contemporânea, adquirindo, por isso, expressiva importância para a relação de ensino-aprendizagem. Nesse sentido, segundo os PCN,

> As novas tecnologias da comunicação e da informação permeiam o cotidiano, independente do espaço físico, e criam necessidades de vida e convivência que precisam ser analisadas no espaço escolar. A televisão, o rádio, a informática, entre outras, fizeram com que os homens se aproximassem por imagens e sons de mundos antes inimagináveis. Descobertas humanas foram pensadas para o homem e assim devem ser entendidas. Os sistemas tecnológicos, na sociedade contemporânea, fazem parte do mundo produtivo e da prática social de todos os cidadãos, exercendo um poder de onipresença, uma vez que criam formas de organização e transformação de processos e procedimentos. Dos discursos inquietadores ou apologistas sobre as novas tecnologias, a escola deve compreendê-las como atividades humanas e sociais, intrinsecamente ligadas à história das lutas da humanidade para a superação dos limites biológicos e para a criação de um mundo social mais democrático. (Brasil, 2000b, p. 11-12)

Combinando-se as noções de educação e cidadania, as orientações no âmbito da formação escolar indicam a necessidade de discutir conceitos como os de exclusão e inclusão social, os quais se espalham em diversas disciplinas curriculares, e a comunicação pode contribuir para a clareza, a motivação e a discussão dessas temáticas sociais no cenário escolar (Brasil, 2006). Já que a educação possibilita interpretar e representar a realidade, a comunicação auxilia na interpretação e análise dos textos e dos contextos nas diversas áreas, como arte e sociologia, entre outras, ampliando as dimensões de sua compreensão no trabalho com os estudantes. Além disso, torna-se objeto de importante colaboração para os educadores na implementação dos recursos didáticos dos mais diferentes aspectos do conhecimento da realidade a ser abordada, explorando também os recursos disponibilizados pelas novas tecnologias. No campo das artes, por exemplo, podem ser abordados múltiplos usos das linguagens, como as manifestações artísticas, profissionais e cotidianas, para que seja possível a compreensão do significado e o resgate dos processos de produção e recepção dessas linguagens (Brasil, 2006).

Nessa linha de pensamento, Soares (2004, p. 1) acrescenta que a educomunicação deve "criar e fortalecer ecossistemas comunicativos em espaços educativos (o que significa criar e rever as relações de comunicação na escola, entre direção, professores e alunos, bem como da escola para com a comunidade, criando sempre ambientes abertos e democráticos...)".

Dessa forma, é necessário incentivar formas de comunicação dialógica entre os grupos e estar atento a possíveis atitudes autoritárias, visto que elas contradizem as práticas democráticas, as quais nutrem a essência da educomunicação. Salienta Soares (2004, p. 2) que é conveniente "melhorar o coeficiente expressivo e comunicativo das ações educativas", favorecendo o uso dos recursos dos diversos meios de comunicação. Ainda com relação aos procedimentos que as experiências da educomunicação devem observar, Soares (2004, p. 2) afirma que é conveniente "planejar 'conjuntos de ações', no contexto do plano pedagógico das escolas, e não ações isoladas", para assim ultrapassar cenários que tenham práticas autoritárias de comunicação. Por um lado, "todo planejamento deve ser participativo envolvendo todas as pessoas envolvidas como agentes ou beneficiárias das ações", motivando, assim, a formação de equipes integradoras com a comunidade, os professores e os estudantes, favorecendo a elaboração de planos em comum (Soares, 2004, p. 2). Por outro lado, as relações nos processos educomunicativos devem priorizar a dialogicidade e o amplo debate, com o intuito de socializar as informações, com vistas ao fortalecimento da autoestima e da capacidades das pessoas e dos grupos interatuantes nessas experiências.

Soares (2011, p. 67, grifo do original) entende que é necessário desenvolver as competências do educomunicador em três ambiências de ação: "o **magistério** (o professor da área da comunicação), a **consultoria** (o assessor para projetos de comunicação educativa) e a **pesquisa** (analista e sistematizador de experiências em educomunicação)". Desse modo, essas linhas devem orientar as estratégias educomunicativas a serem implementadas. Além disso, e tomando como prerrogativa que as competências são um conjunto de habilidades, as quais sinalizam o cerne de uma especialidade, o autor defende que o perfil do educomunicador deve contar com habilidades orientadas:

> 1) ao planejamento, à gestão e avaliação de programas e projetos na interface comunicação/educação;
>
> 2) ao uso das tecnologias da informação e da comunicação, de forma colaborativa, nos diferentes âmbitos da prática educativa, envolvendo os agentes (formadores e formandos) na arte da produção midiática;
>
> 3) ao assessoramento do sistema de meios de comunicação no que se refere à produção destinada ao âmbito educativo;
>
> 4) ao desenvolvimento de trabalhos de recepção organizada das mensagens midiáticas;
>
> 5) à reflexão e à sistematização de suas próprias experiências na interface comunicação/educação, de forma a garantir a difusão das práticas no novo campo. (Soares, 2011, p. 68)

A integração dessas características irá contribuir com as habilidades do educomunicador, em uma visão que oriente seu planejamento estratégico no desenvolvimento de suas atividades.

Afirma Soares (2011) que a educomunicação articula teoria e práticas para dialogar com o campo da educação. Tomando-se como prerrogativa o diálogo necessário, parte-se de dois axiomas: por um lado, "a educação só é possível enquanto 'ação comunicativa'" (Soares, 2011, p. 17) em virtude da presença da comunicação em diversos modos formativos dos sujeitos; por outro lado, "toda comunicação – enquanto produção simbólica e intercâmbio/

transmissão de sentidos – é, em si, uma ação educativa" (Soares, 2011, p. 17). Segundo o autor,

> uma comunicação essencialmente dialógica e participativa, no espaço do ecossistema comunicativo escolar, mediada pela gestão compartilhada (professor/aluno/comunidade escolar) dos recursos e processos da informação, contribui essencialmente para a prática educativa, cuja especificidade é o aumento imediato do grau de motivação por parte dos estudantes. E para adequado relacionamento no convívio professor/aluno, maximizando as possibilidades de aprendizagem, de tomada de consciência e de mobilização para a ação. A essa precondição e a esse esforço multidisciplinar denominamos educomunicação. (Soares, 2011, p. 17)

Soares (2011) destaca ainda a "educomunicação como campo de interface", uma vez que a educação e a comunicação têm seus caminhos entrecruzados, de forma orgânica e, embora com suas especificidades, existe uma clara interconexão, revelando que, "no confronto ou na cooperação, constroem, um ante o outro, juízos de valor e indicadores de avaliação, permitindo que cada qual se distinga e se afirme socialmente [...] simultaneamente e cada um a seu modo, educam e comunicam" (Soares, 2011, p. 17-18). Por isso, entende-se que a educomunicação não se refere "especificamente à educação formal nem é sinônimo de 'Tecnologias da Educação' [...]" (Soares, 2011, p. 18). Considera-se que, na abordagem da educomunicação, a conceituação vai muito além das tecnologias propriamente ditas, mas Soares (2011, p. 18) salienta que o mais relevante é o "tipo de mediação que elas podem favorecer para ampliar os diálogos sociais e educativos". O autor abrange nesse entorno a pluralidade de vozes e o esforço democrático para a ampliação das possibilidades comunicativas e educativas nas experiências educomunicativas. Ou seja, essas experiências ultrapassam os conceitos das tecnologias da informação e da comunicação, dado que a conceituação da educomunicação carrega em seu cerne conceitos como "democracia, dialogicidade, expressão comunicativa, gestão compartilhada [...] presente onde práticas de comunicação se manifestam com consequências para a vida em sociedade: na família, na escola [...]" (Soares, 2011, p. 18). A voz da educomunicação reverbera em âmbitos diversificados, como na mídia, nas organizações da sociedade civil, na multiplicidade da capilaridade social, que abrangem também amplos cenários da educação não formal, nos grupos sociais, assim como indivíduos vulneráveis e em situação de risco.

Para saber mais

A palavra *educomunicação* passou a integrar o rol de palavras do Vocabulário Ortográfico da Língua Portuguesa (Volp), que teve sua sexta edição lançada em 19 de julho de 2021 pela Academia Brasileira de Letras (ABL). No comunicado de lançamento, a instituição reafirmou "seu compromisso de cultivo da língua portuguesa na vigência da realidade brasileira. Neste sentido, continuará atualizando o Volp com o propósito de fazer um registro o mais completo possível dos vocábulos de uso comum, além da terminologia técnica e científica, respeitando as Bases do Acordo Ortográfico de 1990" (ABL, 2021a).

educomunicação

Classe gramatical:

s.f.

Palavras relacionadas:

educomunicador *adj. s.m.*, **educomunicativo** *adj.* (cultura **educomunicativa**, vivências **educomunicativas**)

Definição:

1. Conjunto de conhecimentos e ações que visam desenvolver ecossistemas comunicativos abertos, democráticos e criativos em espaços culturais, midiáticos e educativos formais (escolares), não formais (desenvolvidos por ONGs) e informais (meios de comunicação voltados para a educação), mediados pelas linguagens e recursos da comunicação, das artes e tecnologias da informação, garantindo-se as condições para a aprendizagem e o exercício prático da liberdade de expressão.

> **2.** Formação e atividade profissional do educomunicador, relacionadas ao estudo e aplicação desses conhecimentos. [...] (ABL, 2021b, grifo do original)

Confira mais informações nos links a seguir:

ABL – Academia Brasileira de Letras. **Academia Brasileira de Letras disponibiliza a 6ª edição do Vocabulário Ortográfico da Língua Portuguesa**. 19 jul. 2021. Disponível em: <https://www.academia.org.br/noticias/academia-brasileira-de-letras-disponibiliza-6a-edicao-do-vocabulario-ortografico-da-lingua>. Acesso em: 20 out. 2021.

ABL – Academia Brasileira de Letras. **educomunicação**. Disponível em: <https://www.academia.org.br/nossa-lingua/nova-palavra/educomunicacao>. Acesso em: 20 out. 2021.

Segundo estudo da Agência de Notícias dos Direitos da Infância (Andi) sobre as organizações da sociedade civil (OSCs),

> O termo, conforme utilizado nos debates atuais sobre o ativismo social, representa uma nova tentativa de designação geral e única para o amplo e variado universo das organizações sociais sem fins lucrativos, formais e informais, distintas do Estado e das empresas, cujo propósito reside na promoção do desenvolvimento da sociedade.
>
> Em sentido amplo, Organizações da Sociedade Civil são todos os tipos de grupos, organizações e instituições "distintas do Estado e das empresas presentes na sociedade, incluindo sindicatos, cooperativas, igrejas, organizações pastorais e ecumênicas, entidades de assistência social, grupos de mídia independente e partidos políticos". (Armani, 2014, citado por Andi, 2014, p. 8)

Saiba mais informações no link indicado a seguir:

ANDI – Agência de Notícias dos Direitos da Infância. **Análise de mídia**: a imprensa brasileira e as organizações da sociedade civil. Brasília, 2014. Disponível em: <http://www.andi.org.br/politicas-de-comunicacao/publicacao/analise-de-midia-a-imprensa-brasileira-e-as-organizacoes-da-soci>. Acesso em: 13 jun. 2021.

Veja também:
ARMANI, D. **Organizações da sociedade civil**: protagonismo e sustentabilidade. Recife: Instituto C&A, 2013. Disponível em: <https://domingosarmani.files.wordpress.com/2009/02/041220133957_osc_protagonismo_sustentabilidade.pdf>. Acesso em: 13 jun. 2021.

1.3.1 Os educadores sociais na perspectiva da educomunicação

A educomunicação é uma área desenvolvida por educadores e comunicadores e tem significativa acolhida pelos educadores sociais na realização de práticas educomunicativas. Existem vários pontos de interseção entre os educomunicadores e os educadores sociais diante da realidade social. Com relação à atuação do educador social, segundo Telles (2011), no Brasil existe o Projeto de Lei n. 5.346-C, de 2009 (Brasil, 2009), que esclareceu o campo de ações desse profissional e suas interfaces nos diferentes ambientes sociais:

> as ações desses profissionais estarão direcionadas para as pessoas e comunidades em situação de risco, violência e exploração física e psicológica. [...] o educador profissional também terá entre suas atribuições a preservação cultural e a promoção de povos e comunidades remanescentes e tradicionais; e de segmentos sociais prejudicados pela exclusão social como mulheres, crianças, adolescentes, negros, indígenas e homossexuais. [...] o projeto faz justiça e traz benefícios aos profissionais que há anos militam junto às pessoas em situação de risco ou vulnerabilidade social, violência e exploração física ou psicológica. (Telles, 2011, p. 1)

Os educadores sociais realizam atividades assistenciais, assim como orientam, auxiliam e guiam práticas sociais relacionadas à educomunicação. Por esse motivo, a área da educação social constitui um campo relacionado aos eixos de intervir, refletir e avaliar, e a educomunicação também pode ser uma das diversas alternativas inseridas nas estratégias de ação, entre outras que se inserem na área da educação social. A interseção entre as competências dos educadores sociais e as dos educomunicadores, prioritariamente, consiste no objetivo de contribuição para a construção da cidadania, bem como o desenvolvimento de atividades com grupos afetados pela desigualdade e exclusão social. O Quadro 1.1, a seguir, que retrata as competências do educador social nos eixos de intervir, refletir e avaliar, esclarece como se caracteriza esse campo de ação da educação social.

Quadro 1.1 – Competências do educador social

Intervir	▪ Atuar diretamente na situação e dar uma resposta para as necessidades servindo de apoio para o caráter pedagógico, social, cultural, e recreativo aos sujeitos, equipes e comunidades compostos por ferramentas sociais, visando melhorar as condições de vida; ▪ Contribuir na averiguação, estudos e avaliações de planejamento de progresso comunitário e social, no reconhecimento de dificuldades em preencher períodos livres e de ensinamentos sobre a preparação deste meio social; ▪ Ter embasamento teórico e experiência prática e desta forma, proporcionar, progredir e apoiar atividades de caráter educativo, cultural e recreativo no preenchimento de períodos livres desde as crianças até os idosos.
Refletir	▪ Instruir a comunidade sobre a necessidade de um trabalho em equipe e um esforço maior dos profissionais da instituição, para que as ações possam abranger de forma eficaz às necessidades do grupo; ▪ Informar, orientar e assessorar, para que a comunidade, familiares ou indivíduo conheçam os serviços e recursos sociais disponibilizados aos interesses dos mesmos; ▪ Estimular e colaborar para atividades de caráter educativo por meio da prática de campanhas, cursos e construção familiar; ▪ Proporcionar, conforme as indicações estabelecidas à junção entre o mecanismo social, família e outras entidades, assim como funções da comunidade, incentivando e colaborando em programas, reuniões, de progresso ou outras ações em crescimento a classe comunitária.

(continua)

(Quadro 1.1 – conclusão)

Avaliar	▪ Saber elaborar seu plano de trabalho, de acompanhamento, avaliação dos casos e por fim, o papel de intervenção educativa refletindo suas ações e relações futuras; ▪ Refletir sobre sua própria prática, ou seja, conhecimento profissional e técnico de suas funções, o conhecimento oferecido a ele como educador e o saber se relacionar com o outro, que permitirá ao profissional a habilidade da interação, necessária nas intervenções de cunho educativo e social; ▪ Promover a igualdade, o respeito entre todos os sujeitos ao seu redor, prestando a devida atenção para a necessidade de cada um detectando e buscando resolução de situações de risco ou exclusão social, respeitando e protegendo os direitos desses sujeitos, a privacidade, a autonomia, prevenindo situações que possam trazer alguma forma de incentivo à exclusão e marginalização.

Fonte: Mezzaroba, 2008, citado por Santos et al., 2017, p. 5-6.

O Quadro 1.1 revela as competências do educador social em três aspectos que são o cerne dessa especialidade: intervir, refletir e avaliar. A observação da realidade ajuda o educador social a fazer um diagnóstico desse cenário para realizar uma intervenção nesse contexto, com prévio planejamento das atividades de acordo com os objetivos específicos que surgiram a partir desse diagnóstico, para posterior avaliação das implementações e caminhos realizados.

Conforme a Asociación Estatal de Educación Social – Asedes (Associação Estadual de Educação Social), a definição da educação social se sustenta num eixo duplo, tomando-se como prerrogativa o direito da cidadania e a profissão de caráter pedagógico (Asedes, 2007, p. 11-12). Para tanto, compreende-se a educação social como

> **Direito** da cidadania que se concreta no reconhecimento de uma **profissão** de **caráter pedagógico**, geradora de **contextos educativos** e **ações mediadoras e formativas**, que são âmbito de competência profissional do educador social, possibilitando:
>
> a) A incorporação do **sujeito da educação** à diversidade das **redes sociais**, entendida como o desenvolvimento da **sociabilidade** e a **circulação social**.

b) **A promoção cultural e social**, compreendida como abertura a novas possibilidades da aquisição de bens culturais, que ampliem as perspectivas educativas, de trabalho, de lazer e participação social. (Asedes, 2007, p. 11-12, tradução nossa, grifo do original)

A formação em educação social motiva o futuro profissional a conhecer e analisar as necessidades e os problemas sociais. É um profissional dinâmico e investigativo porque conhece muitas realidades, grupos e instituições, de forma que uma de suas principais atividades é o diagnóstico desses âmbitos sociais. Por isso, é conveniente que o profissional dessa área obtenha embasamento teórico específico que poderá ajudá-lo a conhecer a realidade social e humana, para que ele possa realizar a reflexão consciente e, assim, fazer as opções mais convenientes no acolhimento de linhas de trabalho no contexto social. Segundo estudos na Espanha e em Portugal, retoma-se o cabedal teórico para analisar questões sobre a natureza dos educadores sociais e as possibilidades de interface com a ambiência da educomunicação. A pesquisadora portuguesa Rute Ricardo (2013) realizou uma importante pesquisa sobre a(s) realidade(s) do educador social, leitura que proporciona amplos contextos para análise. Ricardo (2013, p. 35) resgata a definição da Associação Internacional de Educadores Sociais (Aieji), que se reuniu em Montevidéu, em 2005, para debater sobre a educação social:

> A educação social é uma profissão com grande dinâmica e adaptabilidade, que provém de um conhecimento profissional que não é específico e que tem sido definido por vários campos científicos. É possível referir que a educação possui as suas raízes nas humanidades e que tem como princípio central a perspectiva integradora. Nesse sentido, os principais objetivos da educação social são facilitar a articulação social e impedir a marginalização e a exclusão através de processos de interação social, ou seja, o principal objetivo é alcançar uma cidadania plena para todos os indivíduos. (Aieji, 2005, citada por Ricardo, 2013, p. 35)

No contexto da sociedade contemporânea, a educação social objetiva a defesa do respeito e da dignidade humana em seus diversos cenários, como comunidades e indivíduos em risco e vulnerabilidade; para tanto, nutre-se da diversidade de áreas do conhecimento humano para especificar sua área de atuação. As principais características da educação social são intervir, refletir e avaliar, considerando-se as diferentes realidades sociais, à procura de formas de abordagem para contribuir nos processos de cidadania. Conforme documento da Aieji (2005, p. 3),

> Um objetivo fundamental da educação social é facilitar a articulação social e impedir a marginalização e a exclusão, através de um processo de interação social para apoiar o indivíduo e os grupos de risco em questão, para que possam desenvolver seus próprios recursos em uma comunidade em movimento. Os profissionais da educação social realizam sua atividade e utilizam seu saber para, com proximidade ao usuário, apoiar e potencializar o seu desenvolvimento. A educação social é uma ação intencional. É o resultado de deliberações conscientes que se convertem em um processo planejado e orientado para alcançar seus objetivos. O caráter interventor da educação social significa que, baseando-se nas deliberações dos profissionais, se definem objetivos para o desenvolvimento de outras pessoas e de suas vidas; por esta razão, a profissão se baseia também em um conjunto de valores éticos. O trabalho de educação social é entendido como um processo de ações sociais em relação com os indivíduos e com vários grupos de indivíduos. Os métodos são multidimensionais e incluem: atenção, educação, intervenção, tratamento, desenvolvimento de espaços sociais não excludentes etc. Sua finalidade é a socialização e a cidadania plena para todo o mundo.

Nesse sentido, a educação social utiliza métodos multidimensionais que se integram na consecução dos objetivos específicos da ação socioeducativa compreendida. Essas multidimensões da prática do educador social contemplam a visão macro e micro das dinâmicas dos contextos sociais para o desenvolvimento dos sujeitos e das comunidades em questão, já que essas dimensões se integram e se completam nas dimensões reflexivas, éticas e técnicas no paradigma da educação social. Em outras palavras, o educador social deve motivar "a criação de uma relação educativa que facilite à pessoa ser protagonista de sua própria vida", ou seja, respeitando os processos de crescimento pessoal e das comunidades, visto que tais processos são os protagonistas da ação socioeducativa (Asedes, 2007, p. 25).

A pedra angular da ação socioeducativa é o protagonismo das ações das comunidades e dos indivíduos envolvidos, sendo os educadores sociais aqueles que orientam e guiam essas ações, com base no respeito pelas decisões individuais desses sujeitos. Assim, busca-se o protagonismo dos variados atores, como grupos da terceira idade, grupos que abordam questões de gênero e raciais, pessoas em situação de rua, refugiados e imigrantes, portadores de deficiências, pessoas vulneráveis e em situação de risco, crianças e jovens em casas de acolhimento provisório, comunidades indígenas e quilombolas, grupos de defesa do meio ambiente, da saúde e da cidadania, entre outros. (Asedes, 2007).

Os educadores sociais são profissionais que, com responsabilidade e seriedade, são parceiros nessa caminhada, nas múltiplas e complexas multidimensões, nos caminhos de abordagem e aproximação nessa ação socioeducativa. Por isso, nas ações socioeducativas, devem procurar aproximar-se dessas comunidades e pessoas "favorecendo nelas aqueles processos educativos que lhes permitam um crescimento pessoal positivo e uma integração crítica na comunidade à qual pertencem" (Asedes, 2007, p. 25-26).

A seguir, a Figura 1.1 apresenta os métodos multidimensionais da educação social.

Figura 1.1 – Métodos multidimensionais da educação social

Educação social
↓
- Atenção/cuidado
- Educação (aprendizagem)
- Tratamento
- Intervenção
- Proteção
- Desenvolvimento de espaços sociais não excludentes

Cidadania plena

Fonte: Aieji, 2005, p. 3.

A compreensão do ser humano em sua integralidade faz parte da perspectiva do educador social, devendo-se considerar o respeito às diferenças e ultrapassar os preconceitos e a exclusão de minorias.

> O objetivo da socialização e a cidadania plena para todos também significa que as educadoras e os educadores sociais estão obrigados a identificar e a se opor aos mecanismos de exclusão da sociedade e a comunicar o conhecimento destes mecanismos às administrações competentes. A educação social está baseada na Declaração Universal dos Direitos Humanos da ONU e pressupõe um entendimento fundamental da integridade e do valor de todo ser humano, independente de raça, sexo, idade, crenças e status social, econômico e intelectual. (Aieji, 2005, p. 3)

Ao mesmo tempo, o educador social se situa também diante da necessidade social, já que cada vez mais existe uma demanda por profissionais que se dediquem a "atender às necessidades de coletivos vulneráveis e em risco social" (Losada-Puente; Muñoz-Cantero; Espiñeira-Bellón, 2015, p. 72, tradução nossa).

> O educador ou educadora social formado tem que apoiar a pessoa, individualmente, para alcançar e satisfazer seus desejos e objetivos. Isto implica por exemplo:
>
> - Apoiar as pessoas em seu desenvolvimento para que elas mesmas possam resolver seus próprios problemas, individuais ou compartilhados.
> - Potencializar a habilidade pessoal para decidir por si mesmo/a, adaptar-se e desenvolver-se.
>
> Em termos gerais, os métodos da educação social são múltiplos e podem ser descritos como os esforços que combinam a necessidade dos grupos objeto de atenção com a finalidade do trabalho de educação social. A perspectiva é centrada nos valores e objetivos dos usuários, como a democratização, a autodeterminação e a autonomia. (Aieji, 2005, p. 4)

Nesse sentido, os educadores sociais contribuem para o empoderamento dos indivíduos, no sentido de atuarem nas comunidades e buscarem compreender as "perspectivas, conhecimentos e habilidades" delas, em um processo interpessoal, tomando-se como prerrogativa a capacidade desses educadores sociais de "definir conteúdos, relações, dinâmicas e métodos" (Aieji, 2005, p. 4).

Para saber mais

Segundo Joice Berth (2018, p. 42),

> O empoderamento individual e coletivo são duas faces indissociáveis do mesmo processo, pois o empoderamento individual está fadado ao empoderamento coletivo, uma vez que uma coletividade empoderada não pode ser formada por individualidades e subjetividades que não estejam conscientemente atuantes dentro de processos de empoderamento. É o empoderamento um fato resultante da junção de indivíduos que se reconstroem e descontroem em um processo contínuo que culmina em empoderamento prático da coletividade, tendo como resposta as transformações sociais que serão desfrutadas por todos e todas. Em outras palavras, se o empoderamento no seu sentido mais genuíno, visa a estrada para a contraposição fortalecida ao sistema dominante, a movimentação de indivíduos rumo ao empoderamento é bem-vinda, desde que não se desconecte de sua razão coletiva de ser [...] partindo das reflexões de Paulo Freire, a consciência crítica é condição indissociável do empoderamento.

Para aprofundar seus conhecimentos, consulte os materiais indicados a seguir:

BERTH, J. **Empoderamento**. São Paulo: Pólen, 2018. (Coleção Feminismos Plurais).

UNESCO – Organização das Nações Unidas para a Educação, a Ciência e a Cultura. **Relatório Global de Balanço Intermediário da LIFE 2006-2011**: Seguindo em frente com LIFE, Iniciativa de Alfabetização para o Empoderamento. Brasília: Unesco, 2012. Disponível em: <https://unesdoc.unesco.org/ark:/48223/pf0000215163_por>. Acesso em: 10 fev. 2021.

Acrescenta Ricardo (2013) a conceituação de Pérez Serrano, o qual soma especificações à definição da educação social:

> Pérez Serrano (2010) define educação social como: Aquela ação sistemática e fundamentada, de suporte, mediação e transferência que favorece especificamente o desenvolvimento da sociabilidade do sujeito ao longo de toda a sua vida, circunstâncias e contextos, promovendo a sua autonomia, integração e participação crítica, construtiva e transformadora no marco sociocultural que o envolve, contando em primeiro lugar com os próprios recursos pessoais, tanto do educador como do sujeito e, em segundo lugar, mobilizando todos os recursos socioculturais necessários do ambiente ou criando, por fim, novas alternativas. (Pérez Serrano, 2010, citado por Ricardo, 2013, p. 35)

Para alcançar esses objetivos, existem diversas abordagens sobre as funções do educador social que revelam adequado fazer um acompanhamento das diversas atividades socioeducativas e diante de situações de exclusão social:

> Para Ortega (1999), o educador tem as funções de acompanhar, orientar, incentivar, ajudar, dinamizando e ativando os indivíduos e os grupos. O educador deve ter ainda a função de ajudar o indivíduo a descobrir as suas potencialidades e aptidões. Segundo Nogaro e Cofferri (2010), as funções do educador social podem ser de cariz socioeducativo; dirigidas a problemáticas individuais, familiares ou da comunidade; de informação ou orientação; diagnóstico, elaboração, acompanhamento e avaliação de projetos educativos ou sociais. Este profissional pode ainda atuar em situações de prevenção e detecção de situações problemáticas ou de risco, que possam levar à exclusão social. (Ricardo, 2013, p. 38-9)

Segundo Petrus (1994, citado por Ricardo, 2013, p. 39), as **funções do educador social** podem ser assim sintetizadas:

> 1. Função detectora e de análise dos problemas sociais e as suas respetivas causas;
>
> 2. Função de orientação e relação institucional;
>
> 3. Função de relacionamento e de diálogo com os educadores;
>
> 4. Função reeducativa no seu sentido amplo (não clínica);

5. Função organizativa e participativa da vida quotidiana e comunitária;
6. Função de animação grupal comunitária;
7. Função promotora de atividades socioculturais;
8. Função formativa, informativa e orientadora;
9. Função docente social;
10. Função económico-laboral.

Além dessas funções, Ricardo (2013, p. 39) ressalta que deve ser considerada a variável do "contexto", item relevante para o desenvolvimento das atividades dos educadores, devendo-se avaliar os contextos interno e externo, com o intuito de obter eficiência na avaliação integral da situação. Conforme Ricardo (2013, p. 39-40),

> Romans (2000) defende dois tipos de funções profissionais para o educador social: as funções a desenvolver no meio externo e as funções a desenvolver no meio interno. As primeiras funções dizem respeito àquelas que se realizam da instituição para o exterior e que são dirigidas a problemáticas individuais, à família ou à comunidade em geral. É também importante referir que este trabalho é muitas vezes feito através de funções educativas. Estas funções devem estar relacionadas com um trabalho orientado para as pessoas que estão interessadas, pois requer uma relação mútua de colaboração e envolvimento da pessoa que solicita o serviço; por outro lado, estas funções também devem estar relacionadas com o trabalho da prevenção e que são detectadas muitas situações de risco e é precavida a exclusão de um determinado indivíduo ou grupo.

Nesse sentido, Ricardo (2013, p. 40) acrescenta:

> Segundo Romans (2000), além das funções de carácter educativo que devem estar presentes na comunidade, é possível identificar funções mais específicas como as funções de informação e orientação que visam fundamentalmente detectar e resolver os problemas sociais, promover a participação da comunidade de forma a aumentar a capacidade de inovação e criar projetos comunitários que desenvolvam os indivíduos e a comunidade. Além do envolvimento da comunidade, tudo isto deve ser feito com base num trabalho coordenado e conjunto com outras entidades e redes sociais. Para que se verifique

desenvolvimento comunitário e que este seja eficaz é necessário fazer inicialmente um diagnóstico que permita averiguar a situação econômica, social e geográfica em que se encontra a comunidade.

Ricardo (2013, p. 40) afirma que, tendo em vista os indicadores achados no diagnóstico inicial do contexto social da comunidade, é relevante apoiar e motivar a formação das lideranças locais para que elas auxiliem na dinamização comunitária. Da mesma forma, os educadores sociais expandem suas atividades em uma equipe multidisciplinar, desenvolvendo o planejamento de projetos, diagnósticos e coordenação de atividades e fortalecendo parcerias de trabalho, segundo as características dos contextos sociais em que esses profissionais se inserem. Ricardo (2013, p. 41) destaca ainda que Romans aponta que os educadores sociais desempenham as "funções de gestão" no sentido de "coordenar serviços ou gerir a administração e a economia", conforme as necessidades e prioridades das comunidades.

Ricardo observa que os educadores sociais devem desenvolver uma abordagem com base em competências que vão contribuir no aprimoramento de seu trabalho:

> Segundo Romans (2000), o conceito de competência passa pelo domínio de um determinado conjunto de saberes combinados, coordenados e integrados no exercício profissional, que beneficiam o indivíduo e a sua forma de atuar. Estas competências são o saber, o saber fazer e o saber ser e estar (conhecimento, aptidão e atitude). O saber está ligado ao conhecimento, uma vez que o educador social deve ter bons conhecimentos acerca da sua instituição, do trabalho que desenvolve e da sua profissão; o saber fazer está relacionado com o desempenho das suas funções, isto é, o educador deve ter estratégias e habilidades que permitam uma aplicação correta dos seus conhecimentos; por último o saber ser e estar, diz respeito a um conjunto de relações interativas que se estabelecem nas intervenções educativas. Esta está ligada às habilidades sociais do educador e permite uma relação humana e profissional com os usuários, os colegas e os parceiros sociais. (Ricardo, 2013, p. 42)

Esses saberes sustentam a práxis do educador social com o objetivo de motivar a avaliação dos envolvidos em situação de vulnerabilidade e de risco para caminhos de mudança, se as comunidades ou indivíduos assim o perceberem, numa "introspeção acerca da sua vida e da sua condição humana (pessoal e social) e que mudem esta mesma realidade" (Ricardo, 2013, p. 44). O autor enfatiza que "mais do que ensinar conteúdos, a prática do educador social deve incidir no trabalho junto dos indivíduos e das comunidades, no sentido do desenvolvimento da sua reflexão crítica" (Ricardo, 2013, p. 44).

Para tanto, surgiram esforços, integrados pelo Conselho Geral de Colégios de Educadores e Educadoras Sociais (CGCEES, 2020), assim como pela Asedes, ambos na Espanha, para a criação do Código Deontológico do Educador Social, organizado pela Asedes (2007) em documento oficial, em que se apontam princípios que objetivam a melhoria qualitativa do exercício profissional do educador social. Esse documento valida a abordagem desses princípios deontológicos relacionados ao perfil e às práticas do educador social e que tomam como base a **Declaração Universal dos Direitos Humanos**, de 1948 (Unicef Brasil, 1948).

Princípios deontológicos do educador social

- Respeito aos direitos humanos
- Respeito aos sujeitos da ação socioeducativa
- Justiça social
- Profissionalismo
- Ação socioeducativa
- Autonomia profissional
- Coerência institucional
- Informação responsável e do sigilo
- Solidariedade profissional
- Participação comunitária
- Complementaridade de funções e coordenação

Fonte: Elaborado com base em Asedes, 2007, p. 24-27.

Esses princípios gerais motivam o educador social a manter sua solidariedade profissional, criando, segundo Ricardo (2013, p. 45-46), "postura ativa, construtiva e solidária", respeitando os "valores humanistas e democráticos", os sujeitos da ação socioeducativa e suas necessidades, bem como "a dignidade, a autonomia e a liberdade da pessoa", de modo a incentivar a promoção da comunidade na busca de "soluções locais para combater as necessidades existentes e aumentar sua qualidade de vida". Além disso, busca-se assegurar o sigilo e a confidencialidade em relação aos sujeitos e às comunidades, em coerência com o âmbito do projeto socioeducativo em questão, coordenando-se com responsabilidade e criando-se parcerias de trabalho eficientes, para promover respeito e igualdade social.

1.4 Traços históricos da educomunicação

Os caminhos cruzados da educação e da comunicação representam um percurso com objetivos em comum na procura por uma sociedade justa e digna em relação ao respeito aos deveres e direitos dos cidadãos. O perfil do continente latino-americano, no que concerne ao surgimento de práticas ligadas aos conceitos de educação e comunicação, é o de uma região com uma complexidade cultural que abrange diversas faces indígenas, quilombolas, entre outras, faces da imigração, traços de vozes de opressão e confronto em tempos de ditadura e de democratização no continente, comportando, nesse sentido, uma identidade de vocação política.

O surgimento da relação entre educação e comunicação ocorreu num contexto de efervescência política na América Latina, que vivenciou uma fase de profundas transformações. Diversos protagonistas sociais latino-americanos contribuíram para o desenvolvimento dessas práticas educomunicativas, como a Igreja Católica, com suas ações pastorais e da teologia da libertação, universidades, movimentos populares e sociais, sindicatos, pensadores e intelectuais, entre outros, todos os quais focalizaram inicialmente os caminhos necessários para a ação. Várias experiências educomunicativas surgiram com o apoio de movimentos populares e sociais no redimensionamento do uso dos meios de comunicação na perspectiva da cidadania e da democracia; muitos desses movimentos inseriam-se nos campos da educação popular, da comunicação popular e alternativa. Era a época de pensadores latino-americanos emblemáticos, como o educador brasileiro Paulo Freire, o comunicador argentino-uruguaio Mario Kaplún e o espanhol-colombiano Jesús Martín-Barbero.

Os primeiros relatos, conforme Gottlieb (2010), datam do final dos anos 1950, quando existia o **Cineclubismo da Igreja Católica**, com várias paróquias com salas exibidoras de filmes, espaços em que se discutia a influência do cinema (cine-fórum) nas pessoas. Anos depois, isso deu origem ao movimento de **Leitura Crítica dos Meios de Comunicação (LCC)**, com o intuito de refletir sobre o impacto dos meios de comunicação na sociedade, partindo-se da "**condução de leitura** junto ao leitor, de qualquer faixa etária, para desenvolver percepção crítica" (Gottlieb, 2010, p. 100, grifo nosso), inclusive com roteiros que poderiam ser inseridos na ação pedagógica.

Nas décadas de 1960 e 1970, surgiram na América Latina diversas experiências de democratização da comunicação, sendo esse período de democracia/ditadura bastante difícil para o continente latino-americano, mas, ao mesmo tempo, próspero em termos de propostas alternativas de organização de grupos populares e movimentos sociais. É necessário destacar que, nos tempos da ditadura, os movimentos sociais cessaram oficialmente, porém outros continuaram atuando na clandestinidade. A ferida social advinda da ditadura contextualizou processos de censura e crimes contra a liberdade de expressão, os direitos humanos, entre outros. No entanto, em tempos de resistência, despontaram algumas experiências sociais, populares e alternativas, que tomaram a educação e a comunicação como ações estratégicas que priorizam o uso das mídias comunicacionais (como rádio, vídeos populares, jornais comunitários), com vistas a mudanças para caminhos democráticos na região.

Um ponto de reflexão relacionado ao diagnóstico do contexto social surgiu durante as décadas de 1960 e 1980, quando emergiram diversas experiências de **pesquisa participante** na América Latina, com o intuito de articular grupos marginalizados ou alternativos. Tais experiências "se originam dentro de diversas unidades de ação social que atuam preferencialmente junto a grupos ou comunidades populares", conforme apontam Brandão e Borges (2007, p. 53). Para esses autores, a pesquisa participante tem em seu cerne a realidade social e o engajamento dos grupos aos quais se relaciona:

> Seu ponto de origem deve estar situado em uma perspectiva da realidade social, tomada como uma totalidade em sua estrutura e em sua dinâmica. Ela deve ser pensada como um momento dinâmico de um processo de ação social comunitária. O compromisso social, político e ideológico do(a) investigador(a) é com a comunidade, com as suas causas sociais. Na maior parte dos casos, a pesquisa participante é um momento de trabalhos de educação popular realizados junto com e a serviço das comunidades, grupos e movimentos sociais, em geral, populares. Na pesquisa participante, sempre importa conhecer para formar pessoas motivadas a transformarem os cenários sociais de suas próprias vidas e destinos. As abordagens de pesquisa participativa aspiram a participar de processos mais amplos e contínuos de construção progressiva de um saber mais partilhado, mais abrangente e mais sensível às origens do conhecimento popular. (Brandão; Borges, 2007, p. 51)

O modelo de investigação da **pesquisa participante** – também identificada como *autodiagnóstico, pesquisa participativa, observação participante* – expandiu-se amplamente no continente latino-americano, desenvolvendo-se em momentos históricos significativos relacionados a processos de redemocratização, entre outros. A pesquisa participante nutriu-se da influência das reflexões sobre educação popular e ação educativa de Paulo Freire (Brandão; Borges, 2007; Brandão; Streck, 2006; Costa Júnior, 2012; Paulo, 2018; Peruzzo, 2006; Schmidt, 2006).

Contudo, nessa fase inicial, ainda não se vislumbrava o conceito de *educomunicação* propriamente dito, apesar de se tratar de experiências que já se nutriam dessa essência dialógica e transformadora educomunicativa. Muitas dessas experiências desenvolviam-se fora do espaço escolar, nos grupos alternativos e populares, vários deles vinculados a grupos de resistência política, cultural e social e diversos deles ligados a minorias, como as de gênero, as formadas por crianças e adolescentes, entre outras. O marco dessas experiências educomunicativas foi a luta pelos direitos humanos, pela democracia na procura por uma sociedade digna e justa. Dessa forma, Peruzzo (1999) destaca que muitas dessas experiências educomunicativas aconteceram significativamente nos espaços da educação não formal, nos contextos de sindicatos, igrejas, movimentos populares, associações, ONGs, entre outros.

Foram diversas as experiências de **leitura crítica da comunicação**, nas décadas de 1970 e 1980, que tomavam como referência o questionamento dos grandes grupos de mídia e de suas mensagens midiáticas, tendo em vista o debate acerca da concentração de propriedade dos meios e das possibilidades de manipulação dessas mensagens, na tentativa de busca por espaços alternativos. O livro *Para ler o Pato Donald: comunicação de massa e colonialismo*, de Ariel Dorfman e Armand Mattelart (Dorfman; Mattelart, 1971), é emblemático para se compreender essa época em que já existia uma linha ideológica de contestação expressiva, porém de forma maniqueísta e de caráter panfletário. Os autores escreveram o livro, que foi censurado, numa fase entre democracia e ditadura no Chile, entre Allende e Pinochet (Dorfman; Mattelart, 1971).

A diferença entre as experiências pioneiras nas décadas de 1980 e 1990 e as da atualidade é que, hoje em dia, nos processos de leitura crítica da comunicação, pessoas se reúnem, no formato dos grupos de discussão, para debater e questionar os conteúdos, com base em roteiros de perguntas e reflexões, procurando inter-relacionar os textos e os contextos, o dito e o não dito (oculto) dos conteúdos midiáticos, geralmente, de forma crítica. Essa época conturbada na política latino-americana fermentou algumas ideias, que depois foram aprofundadas, sobre a comunicação vertical – identificada como repressora e autoritária no sentido de que o receptor só recebe a mensagem, sendo que emissor e receptor não fazem parte da mesma comunidade – e a comunicação horizontal – em que receptor e emissor integram um processo no qual poderiam intervir no conteúdo da mensagem, bem como fazer parte do mesmo grupo social –, exemplificada pelos jornais de bairro, pelas rádios comunitárias e pelos vídeos populares, marcas das experiências latino-americanas das décadas dos anos 1970 e 1980. Apesar disso, considera-se que a dificuldade na neutralidade dos posicionamentos nas análises das mensagens midiáticas poderia ter dificultado a objetividade dessas análises; de todo modo, os processos de leitura crítica dos meios, revisada e atualizada, ainda hoje são importantes balizas para reflexões teóricas em estudos e pesquisas sobre educação e comunicação.

Conforme Soares relata (citado por Gottlieb, 2010, p. 101), o projeto LCC, que se iniciou em 1979, em São Paulo, com a União Cristã Brasileira de Comunicação Social (UCBC) e o Serviço à Pastoral da Comunicação, das Edições Paulinas (Sepac-EP), entre outras instituições, desenvolveu publicações sobre essa perspectiva crítica e que poderiam contribuir também de forma ampla com movimentos populares e outros setores da sociedade. Após essa época inicial de contínua avaliação, esse projeto foi aprimorando-se com os questionamentos de seus integrantes, tentando sair do verticalismo do processo, ou seja, aquele baseado na transmissão vertical do saber, e procurando uma relação horizontal no processo de leitura crítica, buscando-se a consciência sobre a relação das pessoas e seu comportamento diante dos meios de comunicação. Houve, então, uma mudança filosófica e política, indo-se ao encontro de processos mais dialógicos. A principal contribuição do projeto LCC foi a ampliação para usos da comunicação alternativa, diante da grande mídia, cabendo ressaltar que "só de 1979 a 1987 foram realizados por todo o país mais de duzentos cursos de LCC, atendendo um público de dez mil agentes pastorais e educadores" (Gottlieb, 2010, p. 102).

> Já em termos metodológicos, a passagem é do método dedutivo para o indutivo, a partir da observação de produtos culturais como novelas, noticiários, artigos de jornais etc. Ainda hoje, fica claro que

> o importante do projeto LCC era a abertura que trazia para o uso alternativo da comunicação social, uma vez que demonstrou o potencial dos recursos de seus veículos para fins comunitários e pastorais. As comunidades que então possuíam programas de rádio ou boletins examinavam seus próprios programas e processos de produção cultural. A meta para onde se apontava era a utopia da comunicação libertadora, isto é, a comunicação democrática e participativa a serviço das classes majoritárias e marginalizadas. (Gottlieb, 2010, p. 102)

Com a chegada da televisão e do vídeo, as análises da LCC focalizaram mais esses meios audiovisuais, assim como o meio radiofônico. Na Terceira Conferência Geral do Episcopado Latino-Americano, realizada em Puebla de Los Angeles, no México, em 1979, gerou-se a Declaração de Puebla, que reafirma a **importância da educação e da comunicação como transmissores de cultura** quando destaca que é necessário "Educar o público receptor para que tenha uma atitude crítica perante o impacto das mensagens ideológicas, culturais e publicitárias que nos bombardeiam continuamente, com o fim de neutralizar os efeitos negativos da manipulação e massificação" (Evangelização..., 1979, p. 265).

Dessa forma, tratava-se dos primórdios do que seria o conceito de *educomunicação*, que, nas palavras de Soares (1988, citado por Gottlieb, 2010, p. 103), trazia o cerne da questão:

> A educação para a comunicação deve oferecer condições para que a comunidade descubra a natureza dos processos de comunicação em que está inserida, ajudando seus membros a desvendar os mecanismos pelos quais a sociedade, ao utilizar os recursos da Comunicação Social, exerce sobre o povo o poder de manipulação. Deve, ainda, favorecer o exercício de práticas comunicacionais democráticas e libertadoras.

Nesse sentido, Soares destacava a necessidade de posicionamento crítico diante dos meios de comunicação dada sua importância no campo do imaginário dos sujeitos na sociedade; por isso, "tratava-se, então, de produzir cultura, produzir bens simbólicos, em vez de neutralizar" (Soares, 1988, citado por Gottlieb, 2010, p. 103).

Era um contexto de discussões e articulações sociais. Assim, nos anos 1980, surgiu um importante movimento social em prol da liberdade de expressão e da democratização da comunicação, questionando a concentração da propriedade da mídia no país e suas implicações em termos de censura e ausência de pluralidade cultural, social e política. Esse movimento reuniu grupos de diversos setores da sociedade, muitos deles advindos de movimentos populares, associações, ONGs, entre outros. Assim, desde 1991, o Fórum Nacional pela Democratização da Comunicação (FNDC) contribuiu para o desenvolvimento da regulamentação da comunicação brasileira, como indica sua atuação nos "trabalhos da Assembleia Nacional Constituinte que preparava a nova Constituição Federal, sendo que em 1988 foi instituído o capítulo V da Carta Magna, com artigos que tratam especificamente da Comunicação" (FNDC, 2021).

Soares (2011) relata que o conceito de *educomunicação* tem seus precedentes desde 1980, quando a Organização das Nações Unidas para a Educação, a Ciência e a Cultura (Unesco) apoiou vários gestores culturais que referiam práticas que relacionavam educação e comunicação. Na Europa, surgiu a **media education**, também identificada como **educação para a recepção crítica dos meios de comunicação**, sendo nomeada na Espanha como **educación en medios** e, nos Estados Unidos, como **media literacy**. Ou seja, estabeleceram-se mundialmente várias linhas ou correntes de estudo que abordavam a relação da educação e da comunicação, com características singulares, mas com muitos eixos em comum, identificadas com as particularidades das pesquisas nessas regiões. Na atualidade, segundo Soares (2011), além dos Estados Unidos, existem experiências internacionais na Itália, em Portugal, na Espanha, na França e na Inglaterra que tomam como base a **educomunicação**. Esta se pauta no diálogo dos sujeitos com o intuito de mudança dos ecossistemas, numa visão transformadora, sendo fundamental a contribuição do educador Paulo Freire, conforme destacamos anteriormente, no processo de definição desse conceito. Desse modo, a educomunicação revigoriza a necessidade do diálogo – que é uma contribuição freiriana essencial –, mediante a criação de ambientes educomunicativos, inseridos na perspectiva dialógica e midiática a favor da cidadania e da democracia.

Soares (2011) registra que, no Brasil, as experiências pioneiras relacionando educação e comunicação surgiram na década de 1980, com ações desenvolvidas pela UCBC, como a LCC, com contribuições de pesquisadores da Escola de Comunicações e Artes da Universidade de São Paulo (ECA-USP) e do Instituto Metodista de Ensino Superior de São Bernardo do Campo (hoje Umesp). Importantes pesquisadores dessas instituições lideraram essas investigações, articulações, publicações e ações a favor da educomunicação, como Attílio Hartmann, José Manuel Moran Costas, Pedro Gilberto Gomes, Joana Puntel, João Luis van Tilburg e Ismar de Oliveira Soares, todos voltados para o campo da comunicação e da educação. Assim, o termo *leitura crítica da comunicação* influenciou inicialmente a Lei n. 9.394/1996 (LDBEN) e, apesar de não constar na versão final dessa lei, essa temática sinalizou percursos nos PCN na incorporação da comunicação nos currículos escolares (Soares, 2011). É emblemático o pioneiro estudo de José Manuel Moran Costas, *Como ver televisão*, que apresentou abordagens exemplificadas sobre roteiros de leitura crítica da comunicação (Moran, 1991).

O comunicador Mario Kaplún (2011) e outros grupos latino-americanos, vinculados a instituições como a Organização Católica Latino-Americana e Caribenha de Comunicação (Oclacc), identificaram esses processos de relacionamento entre educação e comunicação no continente latino-americano, principalmente na década de 1980, a partir da ótica da educação popular e da comunicação popular e alternativa, associada a conceitos como democracia, dialogicidade e transformação. Nessa fase, sinalizava-se a relação que os sujeitos estabeleciam com os meios de comunicação no sentido de evidenciar como os receptores se articulavam, reagiam e se organizavam ao ressignificar os conteúdos midiáticos (Soares, 2011).

1.4.1 A contribuição do Núcleo de Comunicação e Educação da Universidade de São Paulo (NCE-USP)

É importante destacar que o professor Ismar de Oliveira Soares tem emblemática atuação no desenvolvimento da educomunicação, liderando pioneiramente, desde 1996, o Núcleo de Comunicação e Educação da Universidade de São Paulo (NCE-USP) e promovendo variados eventos nacionais e internacionais relacionados à área, além de ser motivador e incentivador de diversas experiências educomunicativas. Da mesma forma, Soares "ressemantizou, em 1999, após pesquisa realizada junto a uma amostragem latino-americana, o neologismo Educomunicação para designar um campo emergente de intervenção social na interface comunicação/educação" (USP, 2021) e promoveu o desenvolvimento do campo teórico relacionado à educomunicação. Soares (2011) identifica em seus estudos que as experiências educomunicativas surgem na América Latina com sua pujança, sendo a educomunicação reconhecida como uma prática latino-americana, inclusive reafirmada pela Unesco, que já utilizava termos como *media education* ou *educação para a mídia*, quando se referia à *media literacy* nos anos 1980.

O relevante trabalho do pesquisador Ismar Soares inclui sua opção pelos recursos comunicacionais como o rádio, no Projeto Educom.rádio, realizado em 2001 (Soares, 2011), com a formação de 11 mil professores e alunos de 455 escolas da rede municipal de ensino de São Paulo. Em 2006, esse projeto expandiu-se para outras regiões do Brasil, abrangendo a comunidade, junto a professores e estudantes, num projeto de aprendizagem integrador de escola e sociedade. O autor liderou também o Projeto Educom. TV, realizado em 2002 (Soares, 2011), primeiro curso pela internet da USP, tendo formado 2 mil professores do Estado de São Paulo, na proposta do uso da linguagem audiovisual na escola, a partir da perspectiva educomunicativa. Essas experiências têm destaque histórico na educomunicação, já que sedimentaram não somente práticas, mas também recursos sob sua supervisão. Em 2006, Soares orientou o curso Mídias na Educação, com o apoio do Ministério da Educação (MEC), o qual facilitou a formação de professores e cursistas em nível de especialização e extensão. Em 2011, implementou a Licenciatura em Educomunicação na ECA-USP, sendo o coordenador pedagógico do curso e tendo percurso frutífero com expressivo número de alunos e de produções teóricas e com a criação de inúmeros projetos educomunicativos que surgiram como favorável caixa de ressonância (Soares, 2011). Variados eventos e associações vinculados à educomunicação foram apoiados pelo professor Soares, o qual, junto à equipe de pesquisadores, professores e alunos, contribuiu para o crescimento e a relevância dessa área.

1.4.2 Associação Brasileira de Pesquisadores e Profissionais da Educomunicação (ABPEducom)

Segundo registra o estatuto da Associação Brasileira de Pesquisadores e Profissionais da Educomunicação (ABPEducom), ela foi fundada em 2012. Trata-se de uma associação sem fins lucrativos que tem caráter educativo, científico-cultural e interdisciplinar e atuação em âmbito nacional, com o intuito de reunir profissionais e pesquisadores da educomunicação, sendo fruto de intercâmbio de ideias e trabalhos de reuniões e colóquios de professores realizados anteriormente (ABPEducom, 2021).
Os objetivos da ABPEducom são:

> 1. Promover a circulação de conhecimento interdisciplinar no âmbito das relações científicas, institucionais e culturais acerca do campo da Educomunicação;
>
> 2. Contribuir para a formação continuada de quadros intelectuais e profissionais de excelência no âmbito de estudos e práticas da Educomunicação;

3. Organizar eventos científicos periódicos. Manter intercâmbio com organismos congêneres, em nível regional, nacional e mundial;

4. Editar e publicar obras de caráter científico, tecnológico, cultural e artístico na área de Educomunicação;

5. Conceder prêmios a pesquisadores, autores, artistas e técnicos em concursos e festivais de Educomunicação produzidos e realizados no Brasil. (ABPEducom, 2021).

A ABPEducom tem repercussão nacional importante, realizando reuniões anuais, eventos de capacitação, desenvolvimento de publicações, assessoria de projetos, grupos de estudo e intercâmbio de ideias e experiências com vistas ao fortalecimento desse campo educomunicativo; também fomenta o acompanhamento epistemológico, de modo a contribuir para a consolidação dessa área (ABPEducom, 2021).

1.4.3 A trajetória do sujeito audiovisual na América Latina e sua relação histórica com a educomunicação

Um dos principais movimentos que utilizaram a linguagem audiovisual como paradigma de sua identidade na busca da cidadania, a partir da perspectiva da educação e da comunicação, foi o movimento de vídeo popular e alternativo que efervesceu na América Latina. O movimento de vídeo latino-americano refere-se às práticas comunicacionais dos setores populares desenvolvidas na conceituação da comunicação popular e no âmbito da democratização das comunicações que se desenvolveu nos anos 1980 e 1990. O registro desse período histórico poderá exemplificar experiências midiáticas vinculadas aos espaços populares, sociais e alternativos que, em sua maioria, foram vocacionados aos direitos humanos, à cidadania, à democracia, aliando a educação e a comunicação, em contextos fora do cenário escolar, mas de vinculação orgânica a processos de efervescência social.

Segundo Santoro (1989), o vídeo popular corresponde à produção de vídeos por grupos vinculados a movimentos, instituições e grupos independentes sob a ótica da cidadania, surgindo não somente sob o impacto da tecnologia, mas como necessidade dos povos de expressar-se, de conhecer-se, de construir a própria imagem e de fortalecer sua identidade. Os traços distintivos do movimento de vídeo latino-americano são a ampla base social que o sustentou e a intensa diversificação em gêneros e tipos de produção em relação ao usuário.

Uma das marcas do vídeo popular foi o protagonismo popular, no sentido de revelar identidades plurais desses setores populares, como grupos indígenas, grupos sindicais e eclesiais, de jovens, de mulheres, entre outros. Além disso, a intermitência e a irrupção de novos grupos de vídeo que conviveram com grupos sólidos e experientes implicaram diferentes estágios de desenvolvimento e crescimento, até sua finalização e integração em outros movimentos comunitários, sendo que esses grupos se adaptaram às novas tecnologias que se seguiram, como a chegada da televisão a cabo, entre outros avanços. Porém, o registro histórico dessas experiências é significativo, já que elas representam rostos da diversidade na América Latina por meio das linguagens midiáticas, mais especificamente das linguagens audiovisuais, indo ao encontro de projetos de educação e comunicação em prol da cidadania.

De acordo com os documentos de diversos eventos do movimento de vídeo popular, em 1992, embora um número significativo de países tenha contado com associações regionais e estaduais cada vez mais organizadas, como no caso de Argentina, Honduras e Peru, em poucos países havia estruturas nacionais, como foram os casos da Bolívia, do Brasil, de Cuba e do Uruguai. Em outros países, como Colômbia ou México, existiram somente interlocutores que estavam tentando articular os grupos de vídeo em seus países. É importante destacar que o Brasil fundou, em 1984, a primeira associação nacional de vídeo latino-americano, a Associação Brasileira de Vídeo Popular, com sede em São Paulo, uma estrutura que objetivou intercâmbio de informações, cursos de capacitação aos videastas, divulgação de vídeos entre os movimentos populares e, até mesmo, discussão sobre direitos autorais, entre outros aspectos (Morales, 1993).

Apesar da existência dessas articulações, o confronto diante da globalização do espaço audiovisual era, e continua sendo, desigual. Por isso, tornou-se necessário consolidar o movimento de vídeo latino-americano, criando-se mecanismos de fortalecimento desde as bases na construção dessa experiência cidadã. O vídeo popular é entendido como uma ferramenta inserida num processo integral de comunicação, numa estratégia comunicativa e educativa, num processo organizativo popular para a mudança; por essa razão, ele é problematizador, motivador e desafiante.

Os antecedentes do vídeo na América Latina são encontrados nas experiências de contracultura ocorridas a partir do Movimento de 68 na Europa, no Canadá e nos Estados Unidos da América. Como relata Stangelaar (1985), o vídeo converteu-se em testemunha dos acontecimentos, registrando o movimento estudantil e as greves de 1969; além disso, pela primeira vez as câmeras não foram operadas pelos profissionais da comunicação, mas pelos próprios protagonistas da greve: os operários. Foi naquela época que surgiram as denominações *televisão guerrilha* e *televisão comunitária e alternativa* em referência a esses fenômenos.

Machado (2010) explica que, no campo da arte alternativa, surgiram experiências de videoarte, como as de Nam June Paik, nos Estados Unidos, considerado o pai dessa tendência, que contou com representantes de sucesso, como Jean-Luc Godard, na França.

Stangelaar (1985) considerava que a revolução do vídeo poderia "devolver a palavra ao povo", centralizando a ênfase mais no poder do vídeo como instrumento. Naquela época, acreditava-se na revolução a partir do vídeo, isto é, era suficiente "ter uma ideia na cabeça e uma câmera na mão", parafraseando os dizeres do cineasta brasileiro Glauber Rocha, figura-chave do Cinema Novo, que publicou o ensaio *A estética da fome* (1965), no qual defendia que o cinema realizado no Terceiro Mundo deveria ser um reflexo de sua realidade pobre (Bueno, 2014, p. 506). Glauber concebeu **um cinema engajado na realidade do país e voltado para a transformação da sociedade.** Seguindo essa linha de pensamento, os grupos de vídeo tinham uma postura que se concentrava, geralmente, na simples instrumentalização do vídeo como meio. Entretanto, a experiência mostra que as práticas midiáticas vinculadas à linguagem audiovisual precisariam de amplo planejamento em sua produção e difusão, opondo-se, assim, ao imediatismo próprio das fases iniciais dessas experiências com vídeo no continente latino-americano.

Nessa pioneira pesquisa de Stangelaar (1985), o autor relatou que a tecnologia do vídeo entrou na América Latina a partir de 1981 e 1982, sendo o Brasil o primeiro a ter o mercado videográfico oficial; na maioria dos casos, o vídeo foi introduzido como pirataria, de forma ilegal. Stangelaar (1985, p. 59) também destacou as potencialidades interativas que o vídeo conferiu aos projetos alternativos, nos quais o vídeo alternativo implementava-se como "um meio de ação para informar, mobilizar e organizar um diálogo sociocultural e político entre diversos setores". Vários dos grupos de vídeo latino-americanos, sob a inspiração de Paulo Freire, perceberam que era crucial a importância do diálogo e da comunicação, pelo fato de favorecer a interação social, política e cultural, uma vez que se tratava de período de ditadura em vários países da região. A acelerada expansão da tecnologia inovou o espaço audiovisual no início da década de 1980, porém o que diferenciou radicalmente os grupos de vídeo latino-americano de seus antecessores europeus foi a base social e sua aproximação ao movimento social que sustentava organicamente suas atividades.

A pesquisa de O'Sullivan-Ryan (1985) salientou o uso do vídeo nos movimentos populares como instrumento de expressão da cultura alternativa desses movimentos, em lugar da representada nos meios massivos; constatou também que a Igreja Católica enfatizou a utilização dos meios comunitários, como no caso do vídeo, nos processos de educação e evangelização.

Formaram-se em toda a região latino-americana grupos de vídeo isolados caracterizados pela sua significativa fragmentação e pelo desconhecimento uns dos outros, sendo as realizações do vídeo nessa etapa introdutória essencialmente de registro e denúncia. Uma característica comum em vários países latino-americanos foi a época de processos de democratização e crise econômica, etapa na qual fermentou o movimento de vídeo. Caso especial foi o Chile, pois as experiências de vídeo se desenvolveram em nítido contexto de ditadura, constituindo um movimento com posicionamento alternativo e de confrontação, como o emblemático grupo chileno Teleanálisis, que marcou com suas incursões em estudos de recepção e grupos de discussão.

Santoro (1989) conta que o vídeo latino-americano explodiu com as lutas populares, retomando espaços e discussões que estavam presentes no início do movimento do Novo Cinema Latino-Americano, bem como o crescente interesse pela democratização dos meios de comunicação, surgido nos anos 1980, e as discussões sobre a Nova Ordem Mundial da Comunicação e da Informação (Nomic), com o apoio da Igreja Católica, de entidades acadêmicas, sindicatos, entre outros. O movimento de vídeo na América Latina confirmou sua vocação democrática e sua diversificação significativa como expressão de sua identidade.

A pesquisadora e autora deste livro foi integrante desse movimento de vídeo popular na América Latina e por isso teve a oportunidade de resgatar essas experiências a partir do olhar vivo nesses grupos, relatos e diagnósticos (Morales, 1993). Nos diversos documentos de eventos como os de Montevidéu, Santiago, Qosqo, entre outros, afirma-se que o que fortalece esse movimento é precisamente sua diversificação, sua pluralidade e sua busca criativa, inserindo-se numa perspectiva estratégica de mudança e aprofundamento dos processos democráticos do continente. O movimento de vídeo popular latino-americano reafirmou em seus múltiplos eventos sua clara vocação democrática, a valorização da pluralidade e a diversificação do movimento, além da contribuição à democratização das comunicações e ao impulsionamento de políticas nacionais de comunicação.

Com relação aos gêneros, as práticas definiam-se como vídeo-produto e vídeo-processo, os quais retratam duas perspectivas de abordagem na realização e produção dos audiovisuais. O vídeo-produto centrava-se no produto em si mesmo, geralmente feito por realizadores vocacionados às ações sociais junto aos movimentos sociais e populares. Já o vídeo-processo priorizava os olhares constituídos a partir dos próprios movimentos, os quais se capacitavam na área audiovisual, aprendendo em oficinas diversas noções de linguagem audiovisual com grupos de vídeo popular; nesse caso, os próprios grupos realizavam e produziam seus materiais em vídeo. Nesse contexto, o movimento de vídeo popular se fortaleceu e se ampliou em vários países da América Latina, revelando as diversas faces democráticas e de luta pela justiça social.

1.4.4 Os protagonistas sociais como sujeitos na cena da educomunicação

Para nos aproximarmos dos contextos sociais e das problemáticas vindas das condições de desigualdade social no Brasil e em vários países da América Latina, devemos partir de um paradigma que busque compreender as contradições existentes nas sociedades e, ao mesmo tempo, mergulhe nas identidades culturais que existem cotidianamente. Nessa perspectiva, o contexto teórico que perpassa nossas reflexões considera o pensamento de Jesús Martín-Barbero como eixo principal, visto que, após quase três décadas das argumentações propostas por esse autor, suas reflexões estão presentes e atualizadas quando confrontadas com a realidade atual. Compreendemos que o arcabouço teórico e o pioneirismo de Martín-Barbero, ao tratar da complexidade social, servem de inspiração para vários pesquisadores atuais, os quais reverberam e atualizam o pensamento desse autor com diversificadas temáticas, como a dos sujeitos em situações de conflito social.

Da mesma forma, o paradigma educacional de Paulo Freire é seminal para vários estudos contemporâneos que articulam as relações entre educação e comunicação, inserindo, até mesmo, novas leituras do discurso freiriano e assuntos atuais, como as novas tecnologias e as mídias interativas, e oferecendo sustentação teórica para vários princípios da própria área da educomunicação. Nesse sentido, os estudos sustentados pelo paradigma de Paulo

Freire continuam efervescentes para as práticas sociais diante das problemáticas vivenciadas por populações como moradores de rua, imigrantes e refugiados, entre outras, dado que proporciona pontos de compreensão na abordagem e sensibilidade social na construção de sociedades democráticas e pautadas na dignidade humana e na justiça social.

Por isso, autores latino-americanos como Martín-Barbero e, em especial, o brasileiro Paulo Freire, mesmo que distantes na linha do tempo, exerceram um pioneirismo inabalável em sua aproximação com a educação, a comunicação e os caminhos da cultura e, portanto, instauraram relevante paradigma para a observação social e que se revitaliza e se atualiza constantemente. Seus conceitos e abordagens marcaram pioneiramente o caminho de cognição das relações entre educação, comunicação e cidadania, sendo contribuições teóricas que permanecem atuais diante da realidade social contemporânea.

É necessário destacar que as proposições de Martín-Barbero podem nutrir os caminhos dos educadores sociais, em especial dos educomunicadores, porque elas abordam, de forma orgânica, a complexidade dos sujeitos sociais com base nas múltiplas mediações vivenciadas. Em outras palavras, o receptor da comunicação ressignifica a realidade midiática a partir da (re)apropriação de sua cotidianidade e de seus valores. Por esse motivo, percorremos algumas conceituações e a trajetória teórica de Martín-Barbero no intuito de revelar seus pensamentos tão próximos ao entendimento da educação e da comunicação a partir da cultura, na visão da cidadania e dos direitos humanos, e que continuam presentes e vitais (Martín-Barbero, 2004, 2009b).

As considerações de Martín-Barbero fornecem orientações-guia para os educadores sociais e, em especial, para os educomunicadores, pois contribuem no sentido de revelar que os receptores das mensagens da comunicação acolhem e recriam essas mensagens a partir dos próprios valores. O sujeito receptor da comunicação é complexo em suas decisões e escolhas diante das mensagens midiáticas, já que é um sujeito que recria com base nas inúmeras **mediações** que configuram suas vivências, as quais proporcionam possibilidades de autonomia na escolha desses sujeitos receptores midiáticos (Martín-Barbero, 2004, 2009b).

O paradigma advindo dos pensamentos de Martín-Barbero, ao pensar a comunicação a partir da cultura, reconhece as mediações como eixos de valoração dos sujeitos, como a família, a escola, os meios de comunicação e os contextos social, político e cultural. Dessa maneira, as mediações contribuem para a ressignificação dos sentidos e, assim, os sujeitos criam/recriam suas escolhas diante das mensagens midiáticas. Essa abordagem traz para os educomunicadores importante contribuição porque oferece uma perspectiva ampla e, ao mesmo tempo, particular e complexa sobre os sujeitos envolvidos no processo comunicativo, propiciando possibilidades de dialogar midiaticamente de forma mais eficiente (Martín-Barbero, 2004, 2009b).

Nesse sentido, Martín-Barbero (2009b, p. 16) afirma que a aproximação com a pluralidade do **popular** implica contextualizá-la na problemática das culturas populares e na gestação dos movimentos populares latino-americanos, como espaço político e, fundamentalmente, como espaço cultural: "o popular não fala unicamente das culturas camponesas ou indígenas, mas também dessa trama espessa de mestiçagens", deformações e apropriações de que estão feitas as práticas e expressões urbanas, desde o massivo. Entende-se por *apropriação* a atividade do sujeito ao assumir sua especificidade e sua complexidade cultural, com competência criativa e com capacidade de fazer cultura. (Martín-Barbero, 2009b).

Nessa recontextualização da cultura, Martín-Barbero (1987, p. 73) compreende que as noções sobre o popular sinalizam a existência de diversos modos de culturas populares, inclusive do conceito de *massivo* como uma dessas formas de existência do popular: ou seja, essa recomposição do contexto cultural refere--se, principalmente, à existência de mediações e matrizes culturais – "de classe, de território, de etnia, de religião, de sexo, de idade" – e "operações – de réplica, de rejeição, de assimilação ou reestruturação". Martín-Barbero (1987, p. 69-73) comenta ainda que essas mediações não são somente simples denúncia ou réplica: essas mediações, que atuam como elementos culturais de inter-relação e articulação e que atravessam o popular, convertem-se em geradores de novos espaços de convivência com potencialidades de desenvolvimento e inauguram circuitos para a apropriação e a produção coletiva de comunicação, como no que se reconhece como experiências de comunicação popular.

Assim, é preciso falar do massivo que atravessa também a conformação do popular. Martín-Barbero (1990) refere-se lucidamente às "indústrias culturais, as quais estão reorganizando as identidades coletivas, as formas de diferenciação simbólica, ao produzirem hibridações novas que deixam caducas as demarcações entre o culto e o popular, o tradicional e o moderno, o próprio e o alheio". Contudo, "ao mesmo tempo que os meios massivos mesclam, hibridam, também separam, isto é, aprofundam e reforçam as divisões sociais, refazem as exclusões que vêm da estrutura social e política, legitimando-as culturalmente", fenômeno chamado de *fragmentação do espaço*. Fragmentação e dissolução do espaço são encontradas em variadas formas, na *fragmentação do público* "pela multiplicidade dos canais de comunicação", na segmentação do consumo produzida por meio da especialização individualizada que permite ao usuário somente consumir a informação de interesse (Martín-Barbero, 1990, p. 9).

Os meios massivos também geraram culturas não ligadas à *memória territorial* (cultura baseada em língua ou território). Trata-se de "culturas da imagem e da música, por meio tanto da televisão quanto do vídeo, e que ultrapassam essa delimitação, produzindo comunidades culturais novas", exemplificadas na cultura dos jovens, responsáveis pela "existência de novas formas de operar e perceber a identidade" na diversidade (Martín-Barbero, 1990, p. 9).

Nesse sentido, devemos perceber que a hegemonia (re)significa "os conhecimentos e os hábitos de cada povo", subordinando-o aos interesses dela, "o que implica pensar a interação entre as mensagens hegemônicas e os códigos perceptivos de cada povo, a experiência diferenciada que, por meio de fragmentações e deslocamentos, refaz e recria permanentemente a heterogeneidade cultural" com base em sua realidade concreta. Por esses motivos, é preciso desenvolver "tudo aquilo que signifique cultura viva, cotidiana, capaz de gerar identidade" – o que, na maioria das vezes, está fora da cultura oficial ou "séria", mas que está se criando no cotidiano (Martín-Barbero, 1990, p. 10 e p. 13).

Em vários países latino-americanos, o cotidiano está atravessado por crise econômica, social e política, criando diferenciações marcantes na sociedade; além disso, a corrupção tem se tornado endêmica em vários desses países.

Essa diferenciação implica desigualdade social, uma vez que significa marginalização social, crise econômica e exclusão das decisões políticas. Assim, Martín-Barbero (1990) assinala que deve ser reconhecido todo aquele conjunto de reivindicações e "propostas culturais que vêm da sociedade civil, da multiplicidade de suas instituições", com base no que se produz na cultura cotidiana. Nesse sentido, é necessário "apoiar toda prática e todo movimento cultural que fortaleçam o tecido social, que estimulem as formas de encontro e o reconhecimento comunitário, não tanto para relembrar o passado", mas para possibilitar experiências coletivas que se contraponham à fragmentação e ao isolamento das pessoas e que, ao contrário, incentivem o sentido de grupo e de convivência social (Martín-Barbero 1990, p.13).

Martín-Barbero (1990, p. 13, tradução nossa) afirma que "uma comunicação que estimule a apropriação do 'mundo' cultural de parte do leitor, do ouvinte, do espectador estará ao mesmo tempo incentivando a competência criativa, sua vontade e sua capacidade de fazer cultura, estará ajudando a apagar a distância entre criadores e consumidores".

O Brasil é definitivamente o produto original da mescla, convivência ou interdependência de várias raças e numerosas tradições culturais que sobrevivem até hoje, reestruturadas. É um país complexo e heterogêneo, multiétnico e plural culturalmente. Na atualidade, a mudança social a partir do cotidiano está criando uma identidade diferente, não estática, mas em processo efervescente e dinâmico em que o novo ator social vai conquistando seu espaço. Nos chamados *tempos líquidos*, conforme o paradigma de Bauman (2007a), são cada vez mais intensos os fluxos migratórios internos e externos, inclusive com refugiados, originando-se, assim, protestos de alguns países em torno do que é aceito como movimento de acolhida da população externa e não nativa. Diante da complexidade social, é conveniente repensar o progresso a partir da crise e da sobrevivência em virtude do significativo número do desemprego atualmente no país.

Sobre os fluxos migratórios foram aprovados acordos, como o Pacto Global para os Refugiados, adotado em Marrocos, ratificado na Assembleia Geral das Nações Unidas (AGNU), em 10 de dezembro de 2018 (ONU News, 2018). Esse pacto global "procura promover a resposta internacional adequada aos fluxos em massa e situações prolongadas de refugiados. 'Fortalecerá a assistência e a proteção dos 25 milhões de refugiados identificados no mundo'" (Observador, 2018). Da mesma forma, o Pacto Global para uma Migração Segura, Ordenada e Regular (GCM, na sigla em inglês), assinado pela ONU a partir de documento de 2016, foi adotado por 193 integrantes dessa entidade, os quais "concordaram que **proteger aqueles forçados a fugir e apoiar países que os abrigam são responsabilidades internacionais compartilhadas que devem ser sustentadas da forma mais igualitária e previsível**" (ACNUR, 2021a, grifo do original). Esse pacto tem procurado auxiliar a gestão internacional no que se refere aos crescentes fluxos migratórios, gerando polêmica pela situação de alto risco de vulnerabilidade dos migrantes em suas trajetórias.

Ainda nessa linha de pensamento, cabe destacar que existe um impacto crescente também nas populações formadas por pessoas em situação de rua, sobretudo diante da desigualdade social observada atualmente no Brasil, sendo esses grupos constituídos por diversas idades e gêneros. Esses sujeitos são mais vulneráveis e, por isso, precisam de apoio e assistência social. As causas são diversas para que uma pessoa se encontre em situação de rua, entre as quais estão falta de trabalho e emprego e doenças como alcoolismo e drogas; contudo, uma das causas mais expressivas são os problemas familiares, de forma que essas pessoas se afastam de seus lares e de suas famílias. Muitas das vezes, os moradores de rua apresentam-se como invisíveis para a sociedade e para a mídia, que nem sempre reconhece a complexa problemática social manifestada por essa população expressivamente vulnerável. Para o atendimento das necessidades desses indivíduos, é conveniente o acompanhamento de equipe multidisciplinar, formada por psicólogos, assistentes sociais, educadores sociais, educomunicadores, enfermeiros, médicos, entre outros profissionais especializados para compreender esse contexto e poder reavivar alternativas construtivas para esses grupos.

Igualmente, existem populações vulneráveis que vivem na extrema pobreza, com riscos à saúde, inclusive no tocante à amamentação infantil e à faixa etária da terceira idade, o que se agravou a partir de março de 2020, quando surgiu o primeiro caso no Brasil da doença causada pelo novo coronavírus (Brasil, 2021). Todos esses segmentos se enquadram em políticas públicas, mais especificamente da área da saúde. Vale destacar que a incorporação dos educadores sociais e, mais especificamente, dos educomunicadores nas ações de ajuda humanitária é relevante, já que a contribuição desses profissionais é importante para a cidadania dessas pessoas.

Essa realidade complexa é a que devemos enfrentar e compreender para repensarmos a questão da educação e da comunicação, considerando-se, principalmente, os direitos e deveres dos cidadãos. A importância da comunicação se constrói no contexto estratégico inserido num projeto histórico maior de mudança e libertação para uma ordem social mais legítima. Nesse sentido, a comunicação é articuladora e lugar de encontro e diálogo entre os diferentes atores na sociedade, numa perspectiva estratégica de mudança. Entende-se por *estratégia* a valorização do planejamento para a consecução dos objetivos traçados, isto é, a definição de um plano com um objetivo geral, dividido em estágios coerentes, de forma a alcançar seu princípio fundamental. A necessidade de uma estratégia implicará a resolução de pontos de controvérsia, assim como a definição dos objetivos. Traçar estratégias significa não caminhar às cegas, otimizando-se o processo. A concretização de uma estratégia ampla deve valorizar a comunicação de forma abrangente, pelas suas características e potencialidades.

Assim, falar de estratégias de comunicação requer a identificação dos atores e da relação dos interlocutores. Definem-se os atores sociais como sujeitos políticos que tornam possível o conflito, muito além do discurso partidário. Touraine (1989) afirma que a heteronomia como dependência não significa a ausência dos atores sociais. Esses atores, embora sejam fracos ou desarticulados, representam capacidade de ação e seu fortalecimento depende da transformação das demandas sociais em ação política.

Os espaços das relações entre os atores sociais manifestam os conflitos e as tensões internas que vivenciam as sociedades, no caso da América Latina, em crise. Martín-Barbero (1990) afirma que "toda identidade e todo sujeito social se constrói na relação, e não há afirmação duradoura do próprio sem reconhecimento do diferente" (Martín-Barbero, 1990, p. 15, tradução nossa). Comunicar é fazer o possível para que que **um** reconheça os **outros**, com base no respeito à diferença e assim ultrapassando os guetos ou grupos fechados, de forma a constituir grupos organizados e articulados com objetivos em comum.

Martín-Barbero (1990) entende que o receptor da comunicação não é simplesmente o ponto final do processo comunicativo; o que se observa é

> a operação da apropriação, isto é, a ativação da competência cultural das pessoas, a socialização da experiência criativa, e o **reconhecimento** das diferenças, do que fazem os outros, as outras classes, as outras etnias, os outros povos, as outras gerações, ou seja, a afirmação de uma identidade que se fortalece e se recria na comunicação – encontro e conflito – com o outro. (Martín-Barbero, 1990, p. 11, tradução nossa, grifo do original)

Comunicar é tornar possível o reconhecimento do direito dos sujeitos de serem diferentes e se reconhecerem como únicos nessas diferenças; assim, reconhecer significa interpelar, questionar sobre a forma específica do ser e da existência. É por esse motivo que falar de comunicação considerando-se a cultura significa transformar-se em mediador dessas experiências de reconhecimento comunitário e solidário e do direito de viver e pensar diferente, processo no qual os sujeitos possam reconhecer a si mesmos, conforme o pensamento de Martín-Barbero (1990, p. 15, tradução nossa): "a cultura é o espaço de produção e recriação do sentido do social, em que a ordem e as desordens sociais se voltam significativas".

Por esses motivos, é conveniente destacar que, em virtude da alta concentração dos meios de comunicação em pequenos grupos de poder, é preciso propor o desafio de gerar maior participação e acesso da sociedade civil ao direito inato que lhe cabe, ou seja, o direito de ser informada e de informar, amparados os cidadãos na Constituição brasileira de 1988, que, em seu art. 222, refere-se à questão da propriedade de empresa jornalística e de radiodifusão sonora e de sons e imagens, entre outras questões sobre a comunicação no país (Brasil, 1988). Assim, quando se trata da necessidade de democratização da comunicação, é fundamental que os meios estejam ao alcance da população e que sirvam como ferramentas de resgate cultural das sociedades plurais. Entende-se por *democratização da comunicação* não somente a democratização da propriedade, a posse e a utilização dos meios de comunicação social, mas o processo em que os indivíduos se convertem em sujeitos ativos e não em simples objetos de comunicação. Sendo a comunicação um bem democrático e um direito de todos os cidadãos, o indivíduo participará da vida social proporcionalmente à quantidade e à qualidade das informações de que dispõe e à possibilidade de acesso às informações nas quais possa intervir como produtor de saber, independentemente de seu estrato social.

Desse modo, a questão da democratização das comunicações implica a ampliação das margens reais da democracia nas sociedades. Ou seja, a democratização das comunicações implica a democracia e vice-versa, existindo um vínculo de reciprocidade entre elas. No continente latino-americano, diverso e heterogêneo, os protagonistas na procura pela democracia são vozes múltiplas e específicas. Viver em democracia significa a articulação de diversidades plurais e complexas. E é nesse contexto que os movimentos sociais e populares, assim como o terceiro setor, colaboram a favor de processos democráticos.

> Movimentos populares são manifestações e organizações constituídas com objetivos explícitos de promover a conscientização, a organização e a ação de segmentos das classes subalternas visando satisfazer seus interesses e necessidades, como os de melhorar o nível

de vida, através do acesso às condições de produção e de consumo de bens de uso coletivo e individual; promover o desenvolvimento educativo-cultural da pessoa; contribuir para a preservação ou recuperação do meio ambiente; assegurar a garantia de poder exercer os direitos de participação política na sociedade e assim por diante. Em última instância, pretendem ampliar a conquista de direitos de cidadania, não somente para pessoas individualmente, mas para o conjunto de segmentos excluídos da população. (Peruzzo, 2007, p. 2)

Para saber mais

Veja mais sobre apropriação da palavra e participação em movimentos populares em:

ALFARO, R. M. Participación: para que? Un enfoque político de la participación en comunicación popular. **Diálogos de la Comunicación**, Lima, n. 22, p. 59-78, nov. 1988. Disponível em: <http://www.bantaba.ehu.es/sociedad/scont/com/txts/alfaro2>. Acesso em: 15 fev. 2019.

A educomunicação vinculada aos direitos humanos está presente tanto nos espaços formais, como o cenário escolar, de forma transversal nos currículos, quanto nos espaços não formais, como nas ONGs.

> As ONGs não são um fenômeno recente. A expressão foi criada pela ONU na década de 40 para designar entidades não oficiais que recebiam ajuda financeira de órgãos públicos para executar projetos de interesse social dentro de uma filosofia de trabalho denominada 'desenvolvimento de comunidade'. [...] Nos anos 90, as ONGs ganham grande representatividade na sociedade. [...] A esfera básica de atuação das ONGs sempre foi a da sociedade civil. [...] O campo de atuação das ONGs tem sido o do assistencialismo, por meio da filantropia; o do desenvolvimento, por meio de programas de cooperação internacional, entre ONGs e agências de fomento, públicas e privadas; e o campo da cidadania, por meio de ONGs criadas a partir de movimentos sociais que lutam por direitos sociais. (Gohn, 1997, citado por Peruzzo, 1999, p. 213)

A democracia se constrói por meio de um constante processo de reavaliação e reformulação de práticas em que se procurem respostas à realidade em constante mutação. Sem dúvida, a integração e a ação concreta dos movimentos sociais e das organizações do terceiro setor na luta por condições mais justas e democráticas confirmam a vinculação do processo de comunicação com o projeto político das classes subalternas, sujeitos privilegiados da mudança social.

> Tratamos da educomunicação forjada em outro lugar, no âmbito da educação informal, mais precisamente a que ocorre no contexto de organização e ação das organizações e movimentos populares e ONGs – Organizações não Governamentais, no âmbito do terceiro setor, quando as pessoas se mobilizam, se organizam ou se envolvem em organizações já existentes para assegurar a observância dos direitos fundamentais da pessoa humana e/ou para tratar de temáticas sociais mais amplas, que dizem respeito ao conjunto da sociedade, como, por exemplo, questões relativas à ecologia, à construção da paz e da própria vida no planeta. Nas últimas décadas, manifestações de tal ordem, ocorridas em nível da sociedade civil, vêm revelando a existência de uma comunicação diferenciada, a partir dos envolvimentos acima referidos, principalmente aqueles gerados no seio das camadas subalternas da população, ou a elas ligados de modo orgânico. (Peruzzo, 1999, p. 206)

Essa participação não pode ser reduzida aos aspectos marginais, devendo efetivar-se na produção e na distribuição de mensagens, no planejamento e na tomada de decisões relacionados às políticas de comunicação, por exemplo. Faz-se necessário um aprofundamento do processo democrático no sentido de que a população tenha seus direitos ampliados, não somente no que se refere ao acesso aos meios, às concessões dos meios de comunicação, conforme rege o art. 222 da Constituição, mas, sobretudo, no que concerne à apropriação e à circulação de ideias, opiniões, saberes e pensamentos dos grupos sociais, a partir de olhares plurais.

> As pessoas, ao participarem de uma práxis cotidiana voltada para os interesses e necessidades dos próprios grupos a que pertencem ou ao participarem de organizações e movimentos comprometidos com interesses sociais mais amplos, acabam inseridas num processo de educação informal que contribui para a elaboração-reelaboração das culturas populares e formação para a cidadania. (Peruzzo, 1999, p. 206)

Desde os anos 1980, já existiam experiências alternativas de comunicação, em virtude da influência da obra realizada por Paulo Freire no Brasil e no Chile; eram grupos que trabalhavam com jornais, rádios e vídeos, por exemplo, ainda nos tempos das ditaduras latino-americanas. Esses grupos fortaleciam os movimentos sociais e populares na região, por meio de sindicatos, igrejas, grupos de indígenas, grupos de mulheres e grupos ambientalistas.

Há grupos de comunicação ligados às periferias que são pequenos grupos de vídeo popular, rádios populares, entre outros, e que têm destaque nas diferentes regiões. Entende-se por *vídeo* não somente a tecnologia de gravação e de forma de linguagem audiovisual. O movimento de vídeo latino-americano dos anos 1980 e 1990 se refere às práticas comunicacionais dos setores populares desenvolvidas na concepção e no âmbito da democratização da comunicação[1]. O vídeo popular é a prática comunicativa que se apropria do vídeo inserido num processo que considera tanto a experiência e a cultura cotidianas como a perspectiva dos setores populares[2]. Por isso, falar de estratégias de comunicação implica a identificação dos atores ou protagonistas, da relação dos interlocutores. Conforme destacamos anteriormente, entende-se por *estratégia* a valorização do planejamento para a consecução dos objetivos traçados, isto é, a otimização do processo.

---

[1] Em Lima, Peru, o Instituto para América Latina (Ipal), surgido em 1983, sob a direção do jornalista e pesquisador peruano Rafael Roncagliolo, dedicava-se ao estudo das novas tecnologias e políticas culturais, da cultura transnacional e da cultura popular, assim como de questões culturais e comunicacionais nos contextos latino-americanos, de políticas da comunicação. Além disso, manteve um centro de pesquisas e acervo de significativa importância na região (Marques de Melo, 1991).

[2] Destacamos os dizeres do produtor audiovisual argentino Octavio Getino, em 1989: "Não há em primeira instância meios alternativos, mas projetos políticos alternativos" (Getino, citado por Santoro, 1989, p. 83-89).

Para que os atores sociais consigam integrar-se num movimento social, é necessário não somente que eles se organizem, mas que eles se inter-relacionem com os outros atores na sociedade, visando a um projeto social. Somente na inter-relação é possível que um movimento se defina como movimento social. O movimento precisa estabelecer relações múltiplas com os outros atores/protagonistas da sociedade para se reconhecer e ser reconhecido, para a ação e a intervenção na realidade social. Nesse sentido, o educador social se nutre do estudo dessas realidades sociais para avaliar as estratégias e as ações educomunicativas possíveis de serem implementadas.

De acordo com Soares (1991), a constituição do movimento social se dá quando ele se propõe organizadamente a provocar mudanças na sociedade, incentivando condições mais democráticas de vida. Por meio de organização se podem provocar mudanças. Porém, para concretizar essas mudanças, é preciso que haja reconhecimentos múltiplos que as garantam. Esse reconhecimento ocorre por meio dos múltiplos atores presentes e que propõem alternativas fora das maneiras tradicionais.

A definição do projeto social também implica a determinação de uma série de relações a serem estabelecidas e a identificação dos cenários da sociedade para que se consiga o reconhecimento dos atores sociais, ou seja, reconhecimentos múltiplos. As diversas relações entre seus integrantes, com a sociedade em geral, incluídos o Estado, os meios de comunicação, as universidades, as igrejas, entre outros, evidenciam a identificação do papel de cada ator social e das possibilidades de parcerias como parte da compreensão dos reconhecimentos múltiplos gerados nessas inter-relações. Essas relações implicam não somente a criação de laços de intercâmbio, mas também o planejamento de trabalhos em conjunto, laços de cooperação e solidariedade.

Defendemos que a questão da identidade dos movimentos sociais é essencial, particularmente para os educadores sociais e para os educomunicadores, na expectativa de compreender essas identidades. Só se reconhecendo como atores na inter-relação com os outros atores sociais é que os movimentos afirmarão suas possibilidades de serem atores na mudança social. Para a definição da identidade dos movimentos sociais, é necessário ter em vista os seguintes aspectos: 1) é preciso conhecer-se, isto é, considerar a sistematização do conhecimento gerado pela prática dos próprios grupos integrantes dos movimentos como forma de reconhecer sua identidade, respondendo à pergunta fundamental "Quem somos?"; com esse objetivo é conveniente a realização de pesquisas com abordagem quantitativa e qualitativa para indicar qual é o perfil da situação e de seu contexto; 2) para desenvolver a autonomia e a independência do movimento, a questão do financiamento se apresenta crucial e, portanto, deve-se incentivar a criação de mecanismos de autossustentação, de autofinanciamento, configurando-se estruturas coletivas de autogestão; 3) com relação aos outros, é essencial incentivar trabalhos em parceria para superar dificuldades e fortalecer laços de comunicação e cooperação.

Essa estratégia deve prever um projeto social a ser desenvolvido, fortalecendo as experiências comunicativas em nível micro com os diversos setores, sendo necessário pensar de forma abrangente, indo ao espaço massivo nas experiências ao nível macro, para obter o reconhecimento da sociedade em geral. Dessa forma, valoriza-se a articulação do micro com o macro, observando-se que ambas as experiências têm suas especificidades, dificuldades e contribuições. Essa articulação tem repercussão nas estratégias sociais e educomunicativas que os educadores sociais e os educomunicadores, mais especificamente, devem avaliar nos diagnósticos iniciais das realidades nas quais pretendem realizar ações, intervenções e atividades, tanto socioeducativas como educomunicativas.

Além disso, os movimentos sociais existem além de suas diversidades e diferenças, características que enriquecem os movimentos como um todo pela pluralidade de sua existência, tendo como base sua vocação democrática voltada à perspectiva da educação, da comunicação e da cidadania. Ao mesmo tempo, os movimentos sociais são expressão da organização da sociedade civil e são sustentados por toda uma prática que tenta resgatar o sujeito em toda a sua complexidade cultural. Isso porque, por um lado, os próprios sujeitos estão inscritos em processos de ensino-aprendizagem, sejam formas de educação formal, sejam formas de educação informal, nos diversos campos de atuação, como os contextos escolares, a educação ambiental, a educomunicação, disponibilizando-se a esses movimentos uma base social forte e inegável.

> É no âmbito da educação informal que estaremos enfocando a questão das relações entre comunicação e educação no processo de conquista de cidadania, porém, não a partir do papel da mídia, mas da comunicação que surge em consequência da práxis nos movimentos populares, comunitários e das demais organizações que tenham como estratégia a consecução dos interesses coletivos.
>
> Quando falamos em movimentos populares estamos nos referindo ao conjunto de organizações das classes subalternas que são constituídas com objetivos explícitos de tentarem obter um melhor nível de vida através do acesso a bens de consumo individual e coletivo, da garantia da satisfação dos direitos básicos de sobrevivência e dos direitos de participação política na sociedade, como, por exemplo, os serviços de atendimento à doença, a escola em bairros recém-formados, moradia, reforma agrária etc. (Peruzzo, 1999, p. 212)

Por outro lado, no interior do próprio processo surgem contradições e desafios. Às vezes, pelo ativismo e pela concepção tradicional do social, desvirtua-se o papel dos meios de comunicação, diminuindo-os ou atribuindo-lhes excessiva importância, numa atitude verticalista e paternalista, em que somente se devem "transferir" conhecimentos, sendo esquecida a complexidade do processo comunicativo. Um projeto social consistente deveria reavaliar constantemente o lugar estratégico que a comunicação tem nos processos de organização dos movimentos sociais. Portanto, o projeto social é assunto de interesse dos educadores sociais e dos educomunicadores em razão do desenvolvimento das atividades desses profissionais nessas conjunturas sociais.

Ainda segundo as reflexões de Peruzzo (1999, p. 211), ao tratar de educação para a cidadania nos movimentos sociais,

> Educação significa educar para a sociedade. É a socialização do patrimônio de conhecimento acumulado, o saber sobre os meios de obter o conhecimento e as formas de convivência social. É também educar para a convivência social e a cidadania, para a tomada de consciência e o exercício dos direitos e deveres do cidadão.

Os movimentos sociais existem a partir de suas diversificações e diferenças, por meio das quais eles se nutrem e se enriquecem como elementos orgânicos da sociedade. Com relação à apropriação dos meios de comunicação a favor da educação, formal ou informal, as potencialidades são enormes não somente pela sua abrangência e amplo espectro, como também pelo fato de que existe a capacidade de efervescência de diálogos múltiplos. A possibilidade das pessoas de representar suas vidas com capacidade de participação e diálogo, inclusive se apropriando de meios e formas de comunicação, é significativa para a construção da cidadania. Dessa forma, os educadores sociais e os educomunicadores podem auxiliar dialogicamente os sujeitos no campo social de mudanças e da formação de consciências críticas, diante da identificação de assuntos de interesse cidadão. Assumir essa pluralidade, essa diversificação significa estar transformando, em profundidade, a concepção do político, do cultural e do processo de comunicação, construindo uma nova concepção do trabalho com os meios de comunicação, como os meios audiovisuais.

A importância do diálogo, a partir do encontro, das situações, oportuniza o processo pedagógico, favorecendo a construção da educação em contextos democráticos. Temas específicos, de uma realidade local e regional, por exemplo, podem suscitar tópicos de realidades mais amplas, das realidades nacionais ou internacionais, para discussão e avaliação. Esses cenários são parte do universo dos educadores sociais, os quais devem avaliar essas realidades com o intuito de traçar um planejamento e ações estratégicas a serem realizadas, porém respeitando a pluralidade desses contextos complexos. Essa problematização da realidade possibilita o reconhecimento dessas questões, para que então, a partir daí, seja possível apreender essas problemáticas sociais. A defesa dos direitos e da recuperação da identidade relaciona-se a processos educativos nos quais o reconhecimento ao outro é de fundamental importância e faz-se necessária a conscientização sobre diversos problemas, como a biodiversidade e a sustentabilidade ambiental. O desenvolvimento da consciência está vinculado à prática dos sujeitos, porém, na atualidade, existe uma identidade individualista, o que dificulta ações cooperativas e de solidariedade. Os processos educativos disponibilizam informações aos sujeitos, que, assim, podem conhecer seus direitos e deveres na sociedade. A educação não formal, além do cenário escolar, acontece nos diversos setores sociais, como nas ONGs ou nas OSCs.

Por fim, para possibilitar a compreensão das políticas públicas e da cidadania no âmbito da educomunicação, é importante considerar algumas conceituações sobre esse assunto. A princípio, duas questões se apresentam como pontos fundamentais para a identificação das políticas públicas: o problema público e a política pública. O professor de políticas públicas Leonardo Secchi (2018) explica que o **problema público** é alguma carência ou excesso que existe na sociedade, uma espécie de doença do organismo social, da sociedade como um todo. Por sua vez, a **política pública** é o tratamento a essa doença, uma tentativa de intervenção para promover a redução de um problema público, por meio de várias formas, como a implementação de impostos, entre outras alternativas. A política pública é uma diretriz voltada para a resolução de um problema público. Entende-se, então, que a palavra *política* é sinônimo de *diretriz*: a política pública é direcionada para resolver um problema público.

Secchi (2018) sinaliza que a política pública não é só papel do Estado. Existem decisões multicêntricas com variados protagonistas, como a sociedade e o mercado, ou seja, diversos atores sociais fazem política pública. Um dos principais instrumentos para a implementação das políticas públicas são as leis. Um projeto de lei é uma das formas de realizar a política pública, mas há outras formas, tais como leis de responsabilidade fiscal, de licitações, de resíduos sólidos, assim como campanhas de agasalho, de vacinação, de doação de órgãos de aleitamento materno. Identifica-se, então, que todas essas campanhas também se inserem no campo das políticas públicas, provenientes da diversidade dos atores sociais. Isso porque as campanhas são formas de estimular o comportamento da cidadania para diminuir alguma escassez ou algum excesso para resolver um problema público.

Ainda conforme Secchi (2018), as premiações igualmente auxiliam nessa instrumentalização das políticas públicas. Por exemplo, o caso de prêmios para melhores processos, maior eficiência e velocidade no campo do judiciário contribui para essa instrumentalização porque quer tratar um problema público para resolver a morosidade nos procedimentos de resolução. O autor também destaca a criação de multas, taxas e impostos para que os sujeitos parem, ou diminuam, algum comportamento, como no caso do uso do bafômetro, para coibir comportamentos nocivos como a ingestão de álcool ao dirigir, ou do registro de pontuação na carteira de habilitação. Considera Secchi (2018) que as políticas públicas são diretrizes para enfrentamento de algum problema público, com vistas a uma resolução mediante diversas formas de tratamento e abordagem.

1.4.5 Declaração Universal dos Direitos Humanos

Outra estratégia pública internacional a favor dos direitos humanos e da cidadania são os plenários abrangentes de países que decidem sobre questões fundamentais para o desenvolvimento mundial. A comunicação e a educação são direitos básicos para a democracia, defendidos na Declaração Universal dos Direitos Humanos (Unicef Brasil, 1948), tendo significativa relevância para a construção da cidadania numa sociedade digna e justa. Essa declaração foi "Adotada e proclamada pela Assembleia Geral das Nações Unidas (resolução 217 A III) em 10 de dezembro 1948" (Unicef Brasil, 1948) e inspirou vários documentos, como Constituições de diversos países ao redor do mundo, sendo um marco significativo dos direitos humanos.

Para saber mais

O canal da ONU Brasil no YouTube disponibiliza vários vídeos sobre a Declaração Universal dos Direitos Humanos, além de outros conteúdos interessantes. Acesse:

ONU Brasil – Organização das Nações Unidas. Disponível em: <https://www.youtube.com/c/ONUBrasilOficial/search>. Acesso em: 13 jun. 2021.

Conforme explica Peruzzo (1999, p. 210), com relação à cidadania, cabe ressaltar:

> Primeiro: o cidadão tem direitos e deveres. A participação política, a responsabilidade pelo conjunto da coletividade, o cumprimento das normas de interesse público, são deveres, por exemplo. Segundo: cidadania é histórica. Varia no tempo e no espaço, varia conforme o período histórico e o contexto vivido. Portanto, cabe sempre perguntar quem pode exercer plenamente a cidadania. Terceiro: cidadania é sempre uma conquista do povo. A ampliação dos direitos de cidadania depende da "capacidade política" dos cidadãos, da qualidade participativa desenvolvida. Quarto: as formas de participação decorrem do tipo de sociedade política em que se vive. Quinto: cidadania não se encerra nas suas dimensões da liberdade individual e participação política, mas inclui os direitos sociais e coletivos.

A dinâmica de diversas mediações sociais revela a cidadania, a qual se refere a deveres e direitos dos cidadãos na sociedade para que possam ter um desenvolvimento igualitário em termos de oportunidades para uma sociedade mais justa e digna. A contribuição da educação é relevante para diminuir as desigualdades sociais e a discriminação. Porém, a conquista da cidadania constitui-se em uma luta constante, já que ainda não existe igualdade de direitos e plena liberdade (ONU Brasil, 2015). Ao mesmo tempo, existem temáticas vinculadas ao meio ambiente e à sustentabilidade, à migração e à condição dos refugiados, à terceira idade, entre outras, que são de expressiva relevância para o desenvolvimento sustentável da humanidade, na construção da cidadania, da paz e da justiça social.

Assim, a Agenda 2030 para o Desenvolvimento Sustentável (Pnud; Ipea, 2021) surge a partir da reunião de representantes da ONU, em setembro de 2015, na qual se definiu um "plano de ação para erradicar a pobreza, proteger o planeta e garantir que as pessoas alcancem a paz e a prosperidade", sinalizando-se **17 Objetivos de Desenvolvimento Sustentável** (ODS) (Menezes, 2018; ONU News, 2018).

A seguir, a Figura 1.2 ilustra a Agenda 2030 para o desenvolvimento sustentável.

Figura 1.2 – Agenda 2030 para o Desenvolvimento Sustentável

Fonte: ONU Brasil, 2021.

1.4.6 Estatuto da Criança e do Adolescente (ECA)

A Lei n. 8.069, de 13 de julho de 1990 (Brasil, 1990), que instituiu o Estatuto da Criança e do Adolescente (ECA) no Brasil, representa um avanço nas leis do país, apoiando essa faixa etária com deveres, direitos e princípios, no sentido de garantir a proteção aos direitos fundamentais de crianças e adolescentes, entre os quais se incluem os de educação e saúde, os direitos de terem uma família e de serem integrantes de uma comunidade, bem como o direito ao lazer. Em termos do conjunto de leis, o ECA retomou as bases sinalizadas pela Convenção sobre os Direitos da Criança, aprovada pela ONU em 1989, tendo sido considerado exemplo na América Latina em relação à inclusão da temática sobre adolescentes e crianças na agenda pública de temas de interesse nacional (Unicef Brasil, 2021).

A partir da instituição do ECA, foram estabelecidos princípios e leis que consideram as crianças e os adolescentes sujeitos de direitos, caracterizados como seres em formação. Sendo eles seres em desenvolvimento, as crianças e os adolescentes têm direitos e deveres específicos em relação à sua idade, como direitos jurídicos, que objetivam protegê-los de violência física, como exemplifica o art. 18-A do ECA: "direito de ser educados e cuidados sem o uso de castigo físico ou de tratamento cruel ou degradante, como formas de correção, disciplinas, educação ou qualquer outro pretexto".

Além disso, esse documento reforçou que crianças e adolescentes não podem mais ser tratados como "menores", e sim como pessoas com direitos e deveres. O ECA considera que a idade entre 12 e 18 anos está dentro dos limites de responsabilização de criminalidade e oferece alternativas para essa faixa etária em situação de vulnerabilidade e risco de vida, incluindo também a possibilidade de intervenção do Conselho Tutelar da localidade, assim como a aplicação de medidas socioeducativas.

Síntese

A educomunicação tem uma perspectiva orgânica na construção da cidadania, no sentido de implementar práticas educomunicativas que informam, esclarecem e contribuem para a conscientização das diversas comunidades a favor da democracia. A desigualdade social, o combate à fome e à pobreza, a falta de trabalho e emprego são questões que precisam de ações educativas para ultrapassar a injustiça social que o continente latino-americano vivência. Os caminhos da educomunicação assinalam estratégias baseadas na educação e na comunicação em prol da cidadania para toda a sociedade.

A educação é um direito de todos, como determina a Constituição de 1988 em seu art. 205: "A educação, direito de todos e dever do Estado e da família, será promovida e incentivada com a colaboração da sociedade, visando ao pleno desenvolvimento da pessoa, seu preparo para o exercício da cidadania e sua qualificação para o trabalho" (Brasil, 1988).

Nesse sentido, a educomunicação está em direta relação com a consecução dos objetivos elencados pela própria Constituição do país, visto que favorece, por meio de suas estratégias a favor da cidadania, múltiplos saberes e fazeres na construção de uma sociedade democrática, justa e digna. É um longo percurso, porém, neste capítulo, já assinalamos alguns dos caminhos trilhados pela educomunicação de forma histórica, assim como os fundamentos epistemológicos do relacionamento da educação e da comunicação com o intuito de valorizar a cidadania. A trajetória da educomunicação revela os caminhos necessários para a busca da dialogicidade proposta por Freire, no sentido de fortalecer a abordagem cidadã no processo de ensino-aprendizagem.

Questões para revisão

1. Descreva as funções do educador social.

2. Analise e explique a afirmação de Soares (2011, p. 17): "toda comunicação – enquanto produção simbólica e intercâmbio/transmissão de sentidos – é, em si, uma ação educativa".

3. O que estabelece o art. 19 da Declaração Universal dos Direitos Humanos (Unicef Brasil, 1948)?
    a) Que todo ser humano tem liberdade de locomoção, mas não tem direito à saúde.
    b) Que todos os seres humanos nascem livres e iguais em dignidade e direitos e devem agir em relação uns aos outros com espírito de fraternidade.

c) Que todo ser humano tem liberdade de opinião e de expressão, incluindo a liberdade de procurar, receber e transmitir informações e ideias.
d) Que todo ser humano tem direito à saúde, porém não tem direito à segurança.
e) Que todo ser humano tem direito à liberdade de pensamento, consciência e religião.

4. O que determina o art. 53 do Estatuto da Criança e do Adolescente (ECA) – Lei n. 8.069/1990?
a) As crianças e os adolescentes têm direitos jurídicos específicos segundo seu gênero.
b) As crianças e os adolescentes têm direito de serem educados com uso de castigo físico como forma de correção.
c) A idade entre 12 e 16 anos está dentro dos limites de responsabilização de criminalidade para crianças e adolescentes.
d) As crianças e os adolescentes têm direito à educação, visando ao pleno desenvolvimento de sua pessoa, ao preparo para o exercício da cidadania e à qualificação para o trabalho.
e) As crianças e os adolescentes têm direitos jurídicos que visam protegê-los de violência física.

5. O que afirma Soares (2011, p. 67) sobre a necessidade de desenvolver as competências do educomunicador em três ambiências de ação?
a) Soares afirma que é necessário desenvolver as competências do educomunicador em três ambiências de ação, que são os cenários da dramaturgia, da educação artística e da engenharia de produção.
b) Soares afirma que é necessário desenvolver as competências do educomunicador em três ambiências de ação, que são o magistério (o professor da área de comunicação), a consultoria (o assessor para projetos de comunicação educativa) e a pesquisa (analista e sistematizador de experiências em educomunicação).

c) Soares afirma que é necessário desenvolver as competências do educomunicador em três ambiências de ação, que são os direitos jurídicos, o apoio à discriminação dos sujeitos e a censura como projeto político.
d) Soares afirma que é necessário desenvolver as competências do educomunicador em três ambiências de ação, que são as campanhas publicitárias, o marco jurídico da legislação sobre as concessões e a tecnologia da informação.
e) Soares afirma que é necessário desenvolver as competências do educomunicador em três ambiências de ação, que são os estudos sobre demografia, economia e legislação da tecnologia da informação.

Questões para reflexão

1. Selecione três artigos da Declaração Universal dos Direitos Humanos (Unicef Brasil, 1948) e procure compreendê-los com base na perspectiva da educomunicação. Faça um breve comentário sobre cada artigo escolhido. Depois, apresente suas ideias ao seu grupo de estudos.

2. Escolha um artigo do Estatuto da Criança e do Adolescente (ECA) – Lei n. 8.069/1990 – e avalie um caso relacionado ao universo da infância e da juventude. Faça um breve comentário sobre o artigo selecionado. Depois, apresente suas ideias ao seu grupo de estudos.

3. Escolha três temáticas da Agenda 2030 para o Desenvolvimento Sustentável, sinalizada pela Organização de Nações Unidas (ONU Brasil, 2015), e identifique as possibilidades de sua repercussão em práticas educomunicativas a serem desenvolvidas em sua comunidade. Faça um breve comentário sobre cada temática ecolhida. Depois, apresente suas conclusões ao seu grupo de estudos.

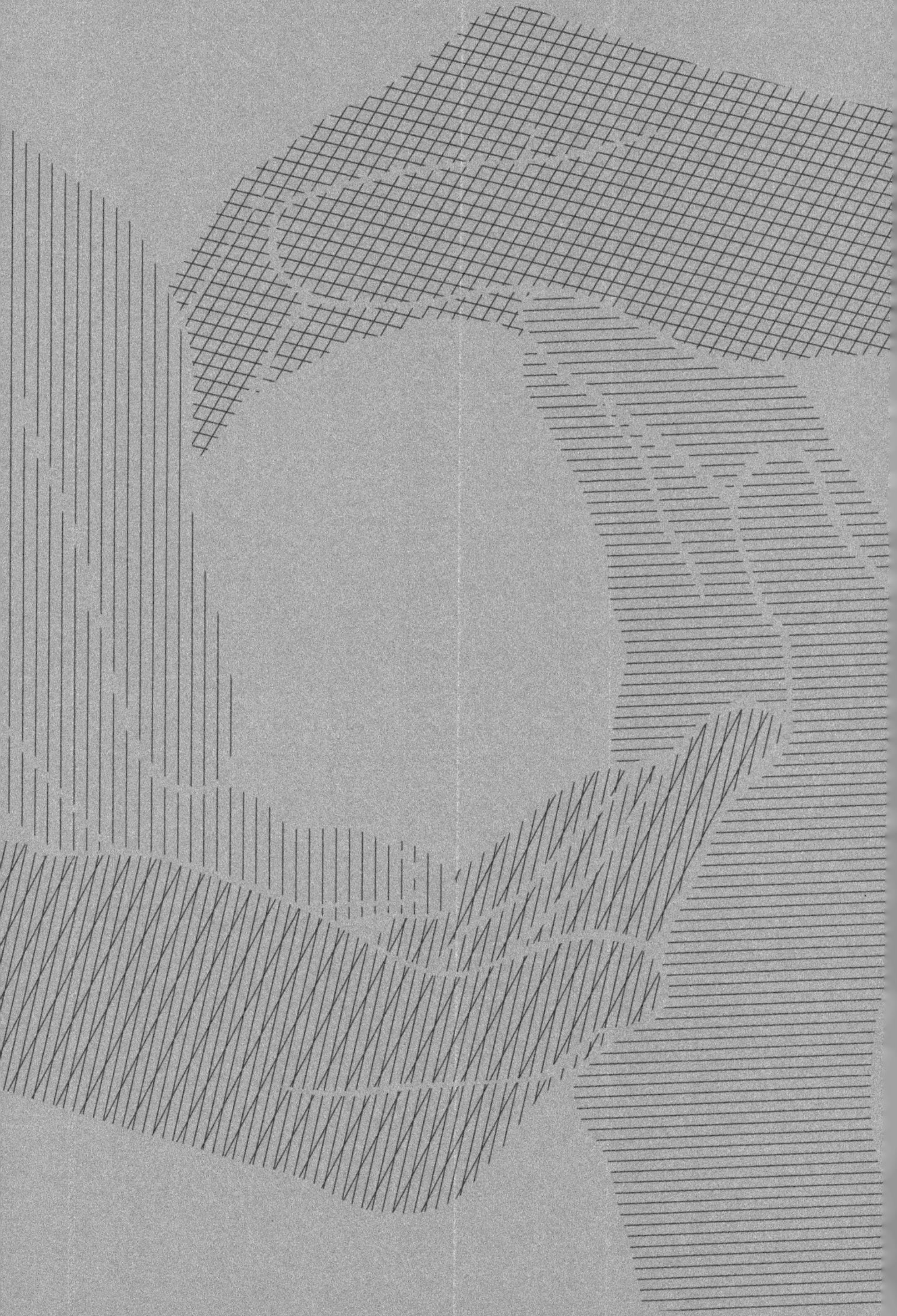

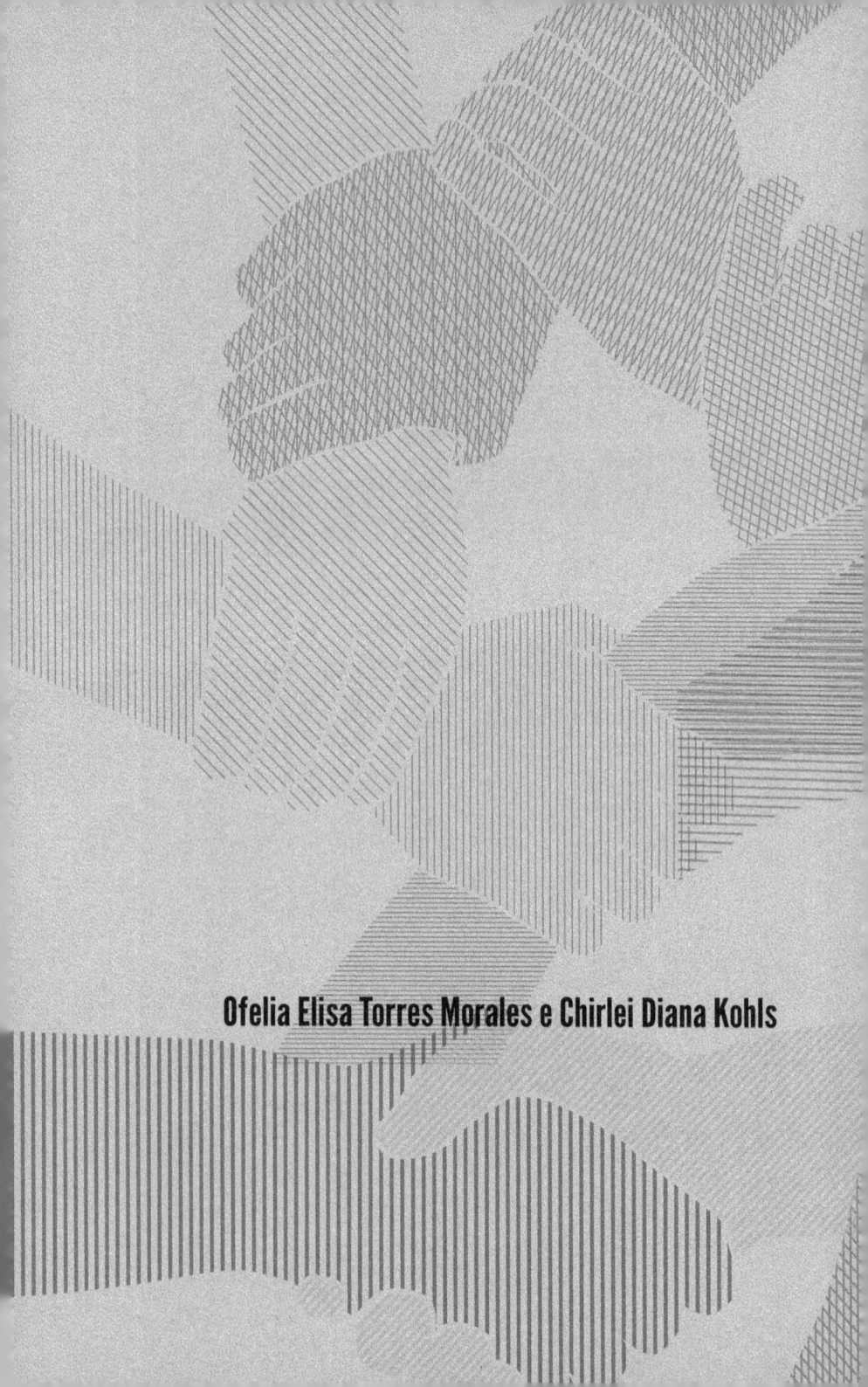

Ofelia Elisa Torres Morales e Chirlei Diana Kohls

CAPÍTULO 2

Educomunicação e ecossistemas comunicativos

Conteúdos do capítulo:

- Educomunicação e práticas sociais.
- Educomunicação como campo de interface.
- Ecossistemas comunicativos.
- Ecossistema comunicativo no contexto escolar.
- Mediações e práticas educomunicativas.
- Mediações comunicativas da cultura.

Após o estudo deste capítulo, você será capaz de:

1. compreender os conceitos de educomunicação, ecossistemas comunicativos e mediações;
2. entender as práticas educomunicativas de maneira holística, com base na relação delas com as mediações, atravessadas pela comunicação, pela cultura e pela política;
3. compreender o lugar dos indivíduos em diferentes contextos socioculturais e a inserção da tecnologia nesse cenário, tendo em vista múltiplas mediações.

Este capítulo apresenta abordagens teóricas sobre a educomunicação e os ecossistemas comunicativos com base na perspectiva das mediações proposta por Jesús Martín-Barbero, que chama a atenção para a necessidade de se pensar a comunicação a partir da cultura. As mediações, que atravessam a complexidade das relações dos indivíduos diante de sistemas sociais e dos meios de comunicação, ajudam, assim, os educadores sociais a refletir sobre suas práticas educomunicativas, possibilitando que entendam os contextos socioculturais e suas implicações para os diversos públicos. Na atualidade, com os altos índices de desigualdade social observados no Brasil, é pertinente rever essas questões sob o olhar das diferenças, da vulnerabilidade e do risco de vida, assim como sob outros aspectos da vida contemporânea. Diversos autores que serão mencionados neste capítulo oferecem contribuições para a reflexão sobre a forma como os ecossistemas comunicativos se inter-relacionam em tempos de convergência midiática.

2.1 Abordagens da educomunicação e suas relações com os ecossistemas comunicativos

A educomunicação indica trajetórias de práticas sociais que ampliam as condições de expressão de vários segmentos, como crianças e jovens. Em 1990, foram ditadas as diretrizes para o ensino médio propostas na Lei n. 9.394, de 20 de dezembro de 1996 (Brasil, 1996) – Lei de Diretrizes e Bases da Educação Nacional (LDBEN) –, de modo a integrar a ótica interdisciplinar, tomando-se como base três áreas do conhecimento: 1) linguagens, códigos e suas tecnologias; 2) ciências humanas e suas tecnologias; 3) ciências da natureza, matemática e suas tecnologias (Soares,

2011). Toma-se como prerrogativa que a "produção contemporânea é essencialmente simbólica e o convívio social requer o domínio das linguagens como instrumentos de comunicação e negociação dos sentidos" (Soares, 2011, p. 16). A Lei n. 9.394/1996, que teve alguns de seus itens alterados anos depois de sua implementação, estabelece que as áreas do conhecimento especificadas na Base Nacional Comum Curricular (BNCC) e nas diretrizes do Conselho Nacional de Educação (CNE) são as seguintes:

> Art. 35-A. A Base Nacional Comum Curricular definirá direitos e objetivos de aprendizagem do ensino médio, conforme diretrizes do Conselho Nacional de Educação, nas seguintes áreas do conhecimento: (Incluído pela Lei nº 13.415, de 2017)
>
> I – linguagens e suas tecnologias; (Incluído pela Lei nº 13.415, de 2017)
>
> II – matemática e suas tecnologias; (Incluído pela Lei nº 13.415, de 2017)
>
> III – ciências da natureza e suas tecnologias;(Incluído pela Lei nº 13.415, de 2017)
>
> IV – ciências humanas e sociais aplicadas. (Incluído pela Lei nº 13.415, de 2017). [...] (Brasil, 1996)

As áreas citadas são especificadas nos Parâmetros Curriculares Nacionais (PCN), que se constituem em diretrizes de orientação pedagógica para os educadores no contexto de uma sociedade múltipla e complexa (Brasil, 1997, p. 13).

Esse documento sinaliza que os estudantes vivem inseridos em práticas sociais e envolvidos por diversos processos comunicativos, possíveis pelas formas de linguagem, o que proporciona capacidade de participação social e cidadania.

Por isso, os processos comunicacionais, na diversidade de suas linguagens, fortalecem a participação dos sujeitos na comunidade social. Soares (2011, p. 17) define a educomunicação com base em dois axiomas: o da "ação comunicativa", a qual está presente em todos os fenômenos de formação dos sujeitos, e o da "ação educativa", que indica que toda comunicação é em si formativa e pedagógica. Ao relembrar as interpretações do educador Paulo Freire, esse autor explica que diversos padrões de comunicação estabeleceriam resultados educativos diferentes, se comparadas a "educação bancária" e a "educação dialógica", por exemplo. Soares (2011, p. 17) defende que

> uma comunicação essencialmente dialógica e participativa, no espaço do ecossistema comunicativo escolar, mediada pela gestão compartilhada (professor/aluno/comunidade escolar) dos recursos e processos da informação, contribui essencialmente para a prática educativa, cuja especificidade é o aumento imediato do grau de motivação por parte dos estudantes, e para o adequado relacionamento no convívio professor/aluno, maximizando as possibilidades de aprendizagem, de tomada e consciência e de mobilização para a ação. A essa precondição e a esse esforço multidisciplinar denominamos educomunicação.

Considera Soares (2011, p. 18) que a educomunicação é o campo da interface, da relação, dos caminhos cruzados dessas áreas, ou seja, "os campos da comunicação e da educação, simultaneamente e cada um a seu modo, educam e comunicam". É nesse sentido relacional que a educomunicação está presente em diferentes ambiências da prática educativa, como na escola, no terceiro setor, na família, nas empresas e nos múltiplos contextos em que a convivência implica práticas comunicativas e educativas. Isso abrange não somente a educação formal, institucionalizada, por exemplo, na escola, mas também a educação informal, favorecida pelos meios de comunicação e pelas tecnologias vinculadas pela convergência midiática, como no caso das plataformas móveis e da internet.

Conforme Soares (2011) destaca, no campo da educação formal existe a necessidade de pensar a relação da educomunicação na escola, superando-se os reducionismos de percepção que podem contrapor ou aliar a mídia e a educação, tomando-se como base três dimensões:

> 1º No **âmbito da gestão escolar**, convidando a escola a identificar e, se necessário, a rever as práticas comunicativas que caracterizam e norteiam as relações entre a direção, os professores e os alunos no ambiente educativo. 2º No **âmbito disciplinar**, sugerindo que a comunicação, enquanto linguagem, processo e produto cultural (seus

sistemas, linguagens e tecnologias), se transforme em conteúdo disciplinar, isto é, em objeto específico do currículo no âmbito da área "Linguagens, Códigos e suas Tecnologias" (este é o foco disciplinar dos programas internacionalmente conhecidos como *media education, media literacy, educación en* médios). 3º No **âmbito transdisciplinar**, propondo que os educandos se apoderem das linguagens midiáticas, ao fazer uso coletivo e solidário dos recursos da comunicação tanto para aprofundar seus conhecimentos quanto para desenhar estratégias de transformação das condições de vida à sua volta, mediante projetos educomunicativos legitimados por criatividade e coerência epistemológica. (Soares, 2011, p. 19, grifo do original)

Incluem-se nesse aspecto atividades extraclasse, exercícios práticos, como oficinas educomunicativas, e mobilizações, como "socialização das experiências vivenciadas", em forma de seminários, encontros, entre outras atividades que combinem formação e comunicação (Soares, 2011, p. 19).

Sobre a formação do professor-educomunicador, Soares (2011, p. 19) considera necessário que os docentes aprimorem seus conhecimentos na área da educomunicação, não simplesmente entrando no mundo das tecnologias, mas também como conhecedores da cultura midiática, assim contribuindo para a proposta educomunicativa transformadora, dialógica e cidadã no contexto escolar. Nesse sentido, o Ministério da Educação tem, por diversas vezes, apoiado essa capacitação em cursos, como o Mídias na Educação; igualmente, algumas universidades promovem cursos e colóquios e oferecem cursos de Licenciatura em Educomunicação. Além disso, como parte das políticas públicas no setor educativo no país, existem núcleos de apoio em pesquisas nos diversos estados brasileiros sobre a temática de formação do educomunicador, seguindo a perspectiva de consolidação da educomunicação como área estratégica educacional (Soares, 2011).

O conceito de *educomunicação*, cunhado em 1999 no Núcleo de Comunicação e Educação da Universidade de São Paulo (NCE-USP), liderado pelo professor Ismar de Oliveira Soares, tomou como base a pesquisa realizada em diversos programas e projetos latino-americanos para analisar a relação entre comunicação e educação, entre outras investigações conduzidas posteriormente e de forma constante (Soares, 2000). As investigações do NCE identificaram que a área das ciências humanas percebia um campo emergente do saber, gerando a própria metalinguagem, a qual propiciava significados para o reconhecimento da condição de um "objeto interdisciplinar de conhecimento" (Soares, 2011, p. 35): a educomunicação, que configurava perspectivas teórico-metodológicas específicas, sob a ótica da transformação social. Isso porque as ações evidenciadas pelo NCE não eram isoladas, mas de natureza diversa, porém organizadas com intencionalidade comunicativa.

Assim, o campo da educacomunicação é entendido como

> O conjunto das ações voltadas ao planejamento e implementação de práticas destinadas a criar e desenvolver ecossistemas comunicativos abertos e criativos em espaços educativos, garantindo, desta forma, crescentes possibilidades de expressão a todos os membros das comunidades educativas. (Soares, 2011, p. 36)

Soares (2011) destaca a relevância da "gestão" envolvida na definição da educomunicação, porque ele traz a marca do conceito de *ecossistema comunicativo*, definido como "as teias de relações das pessoas que convivem nos espaços onde esses conjuntos de ações são implementados" (Soares, 2011, p. 37).

Ressalta Soares (2011, p. 37) que

> É para criar e desenvolver ecossistemas comunicativos que o educomunicador trabalha, qualificando suas ações como:
> a. inclusivas (nenhum membro da comunidade pode sentir-se fora do processo);
> b. democráticas (reconhecendo fundamentalmente a igualdade radical entre as pessoas envolvidas);
> c. midiáticas (valorizando as mediações possibilitadas pelos recursos da informação);
> d. criativas (sintonizadas com toda forma de manifestação da cultura local).

Por isso, a "educomunicação – enquanto teia de relações (ecossistema) inclusivas, democráticas, midiáticas e criativas – não emerge

espontaneamente num dado ambiente. Precisa ser construída intencionalmente" (Soares, 2011, p. 37).
Ainda de acordo com Soares (2011, p. 37),

> A construção desse novo "ecossistema" requer, portanto, uma racionalidade estruturante: exige clareza conceitual, planejamento, acompanhamento e avaliação. [...] uma pedagogia de projetos voltada para a dialogicidade educomunicativa, em condições de prever formação teórica e prática para que as novas gerações tenham condições não apenas de ler criticamente o mundo dos meios de comunicação, mas, também, de promover as próprias formas de expressão a partir da tradição latino-americana, construindo espaços de cidadania pelo uso comunitário e participativo dos recursos da comunicação e da informação.

Martín-Barbero (citado por Soares, 2011, p. 43) considera que o ecossistema comunicativo é o entorno, difuso e descentrado. É difuso pelo fato de ser uma "mistura de linguagens e de saberes que circulam por diversos dispositivos midiáticos intrinsecamente interconectados" (Soares, 2011, p. 43) e é descentrado "porque os dispositivos midiáticos que o conformam vão além dos meios que tradicionalmente vêm servindo à educação, a saber: escola e livros" (Soares, 2011, p. 43).

Para Martín-Barbero (citado por Soares, 2011), o ecossistema comunicativo propõe à escola o desafio de não simplesmente promover a apropriação de dispositivos tecnológicos, sinalizando o surgimento de um contexto cultural novo. O autor afirma que os ecossistemas comunicativos se referem a um sistema complexo e dinâmico, constituído por um "conjunto de linguagens, escritas, representações e narrativas que alteram a percepção" (Martín-Barbero, citado por Soares, 2011, p. 44).

Soares (2011, p. 44) acrescenta à definição (proposta por Martín-Barbero) do ecossistema comunicativo como processo em construção a ideia de que se trata de "um sistema complexo, dinâmico e aberto, conformado como um espaço de convivência e de ação comunicativa integrada". Por isso, Soares (2011, p. 44) define a educomunicação como "um conjunto de ações inerentes ao planejamento, implementação e avaliação de processos, programas e produtos destinados a criar e a fortalecer ecossistemas comunicativos".

Uma palavra que ajuda a entender o conceito de ecossistema comunicativo é *relação*: na imensa rede de interconexões, em diversos contextos, como família, comunidade e escola, as pessoas vivem em relação umas com as outras. Seguindo essa linha de pensamento, podemos entender que "todas as formas de relacionamento com regras determinadas e rigorosamente seguidas acabam por conformar um tipo definido de ecossistema comunicativo" (Soares, 2011, p. 45).

A educomunicação favorece a apropriação da mídia, o que pode ocorrer inicialmente por meio da leitura crítica da mídia, mas também mediante a produção dos meios, para criar projetos de interesse da comunidade na diversidade dos conteúdos nas disciplinas da escola.

Conforme Soares (2011, p. 45),

> um ambiente escolar educomunicativo caracteriza-se, justamente, pela opção de seus construtores pela abertura à participação, garantindo não apenas a boa convivência entre as pessoas (direção-docentes-estudantes), mas, simultaneamente, um efetivo diálogo sobre as práticas educativas (interdisciplinaridade, multidisciplinaridade, pedagogia de projetos), elementos que conformam a "pedagogia da comunicação".

Um ecossistema comunicativo no contexto escolar consiste em um de projeto educativo que objetiva "a qualidade dos relacionamentos, associada à busca por resultados mensuráveis, estabelecidos a partir de uma proposta comunicativa negociada no âmbito da comunidade educativa" (Soares, 2011, p. 45). Assim, no contexto escolar,

> A educomunicação, enquanto eixo transversal ao currículo, traz, portanto, para o Ensino Médio, a perspectiva da educação para a vida, do sabor da convivência, da construção da democracia, da valorização dos sujeitos, da criatividade, da capacidade de identificar para que serve o conjunto dos conhecimentos específicos compartilhados na grade curricular. (Soares, 2011, p. 45)

Entende-se, então, que a concepção da educomunicação aqui enfocada combina o contexto de convivência relacional com metas e uso de tecnologias, numa perspectiva humana, pedagógica e comunicativa, de natureza participativa e dialógica.
De acordo com Freire (1983, p. 17),

> os objetos, os fatos, os acontecimentos, não são presenças isoladas. Um fato está sempre em relação com outro, claro ou oculto. Na percepção da presença de um fato está incluída a percepção de suas relações com outros. São uma só percepção. Por isto, a forma de perceber os fatos não é diferente da maneira de relacioná-los com outros, encontrando-se condicionadas pela realidade concreta, cultural, em que se acham os homens.

Para o desenvolvimento do agir educomunicativo no contexto escolar, as chamadas *áreas de intervenção* são práticas educomunicativas, ou seja, ações em que os sujeitos sociais podem vir a ter reflexões sobre as relações que estabelecem no cenário da educação. Soares (2011, p. 47-48) identifica seis "áreas de intervenção", as quais contribuem nessa relação entre educação e comunicação: 1) área da educação para a comunicação (implementação de programas de recepção); 2) área da expressão comunicativa por meio das artes (arte-educação); 3) área da mediação tecnológica na educação (uso das tecnologias da informação e comunicação na visão de apropriação dos recursos técnicos); 4) área da pedagogia da comunicação (cotidiano da didática, docente e estudante desenvolvendo projetos em conjunto); 5) área da gestão da comunicação (educador gestor); 6) área da reflexão epistemológica (sistematização de experiências e pesquisas).
Martín-Barbero (2017, p. 14, tradução nossa) lembra a reflexão de Walter Benjamin no livro *Ensaios sobre Bertolt Brecht*: "em vez de se perguntar qual é o espaço da obra diante das relações de produção de uma época [...] eu proponho uma questão: qual é o seu lugar nessas relações?". Seguindo essa linha de pensamento, Martín-Barbero explica que esse deslocamento da abordagem das relações de produção para a dos processos de construção da obra e, mais especificamente, com ênfase em sua natureza

transformadora nas relações sociais é relevante. O foco do olhar muda para as relações entre os sujeitos envolvidos, sendo um espaço dotado de significados particulares nas inter-relações, partindo dos sujeitos. Nesse sentido, Martín-Barbero (1996, p. 12, tradução nossa, grifo do original) afirma que

> O cerne da questão é como inserir a escola num **ecossistema comunicativo**, que é ao mesmo tempo experiência cultural, contexto informacional e espaço educacional difuso e descentralizado. E como continuar sendo nesse novo cenário o **lugar** onde o processo de aprender mantenha seu **encanto**: ao mesmo tempo rito de iniciação nos segredos do saber e desenvolvimento do rigor do pensar, da análise e a crítica, sem que o segundo tenha como consequência em desistir da fruição de criar.

Assim, Martín-Barbero redireciona a questão do relacionamento entre educação e comunicação para indagar que tipo de educação se insere no cenário dos meios e dos desafios contemporâneos da inclusão escolar para mais cidadãos.

Martín-Barbero (2011, 2017) relata seu encontro com os dizeres do chileno Martín Hopenhayn, que já destacava a importância de "uma educação expandida pelo ecossistema comunicativo reorganizando o lugar da escola a partir de três objetivos: formar recursos humanos, construir cidadãos e desenvolver sujeitos autônomos" (Martín-Barbero, 2017, p. 14, tradução nossa). Martín-Barbero resgata, com base nesse autor, a ideia de que a escola deve assumir os desafios que as inovações tecnoprodutivas apresentam aos cidadãos em termos de novas linguagens e novos saberes. Além disso, aponta a necessidade da construção de cidadãos a partir de um olhar crítico e questionador para que a educação possa renovar a cultura política, gerando sociabilidades para a convivência entre os sujeitos. Acrescenta ainda que o reconhecimento da educação como prioridade à cidadania deve contribuir para o desenvolvimento de sujeitos com autonomia em suas tomadas de decisão (Martín-Barbero, 2017). Para o autor, a educação é pedra angular na busca dos princípios democráticos e no desenvolvimento de sujeitos autônomos, uma vez que

> construção de cidadãos significa que a educação tem de ensinar as pessoas a ler o mundo de maneira cidadã.
>
> A educação tem de ajudar a criar nos jovens uma mentalidade crítica, questionadora, desajustadora da inércia na qual as pessoas vivem, desajustadora da acomodação na riqueza e da resignação na pobreza. (Martín-Barbero, 2011, p. 133-134)

Tendo isso em vista Martín-Barbero retoma suas reflexões no sentido de tentar compreender as subjetividades dos jovens em relação às instituições, sejam elas políticas, sejam elas partidárias, entre outros discursos que reforçam as desigualdades, indo ao encontro do sentido da democracia: "a transferência do sentido da democracia desde o campo da política até o campo do social responde aos seus medos e desejos: a saúde, o emprego, a sexualidade [...] A democracia precisa falar em outras línguas: a do corpo, a saúde, o sexo, a subjetividade e o parceiro" (Martín-Barbero, 2017, p. 16, tradução nossa).

Martín-Barbero afirma a importância do senso de pertencer a um grupo e do sentido de reconhecimento entre os sujeitos e, assim, compreende que "ser cidadão tem menos a ver com votar e muito mais com ser capaz de associar-se com os vizinhos do bairro para reclamar direitos, fazer demandas e defender seus próprios estilos de vida" (Martín-Barbero, 2017, p. 16, tradução nossa). Portanto, a construção das subjetividades se constrói também em relação aos outros, devendo-se considerar que, em relação ao sujeito,

> [o] mapa de referências de sua identidade já não é um só, os referentes de seus modos de pertencimento são múltiplos e, portanto, é um sujeito que se identifica a partir de diferentes âmbitos, com diferentes espaços, trabalhos, gostos, estilos de vida. Hoje nos deparamos com um sujeito muito mais frágil, mais quebrado e, entretanto, paradoxalmente muito mais obrigado a se assumir, a se responsabilizar por si mesmo, em um mundo onde as certezas tanto no plano do saber como no plano ético ou político são cada vez menores. (Martín-Barbero, 2014, p. 131)

Para Martín-Barbero (2017, p. 17, tradução nossa), os sujeitos devem ser pensados em sua identidade construída, não "de dentro para fora", mas, pelo contrário, "de fora para dentro", ou seja, a formação de um sujeito terá maior densidade quando levadas em conta suas interações com outros sujeitos. No caso dos jovens, por exemplo, esses relacionamentos passam pelas mediações tecnológicas, no sentido de se estabelecerem interações com outras pessoas, e "é nessa rede de interações que as mediações tecnológicas revelam seu potencial", existindo uma tendência dos jovens à introspecção[1] e ao isolamento (Martín-Barbero, 2017, p. 17, tradução nossa). Mais especificamente, o autor considera que

> a mediação tecnológica da comunicação deixou de ser simplesmente instrumental para converter-se em estrutural. Foi o antropólogo André Leroi-Gourhan quem usou pela primeira vez a palavra tecnicidade para denominar a técnica que faz sistema com todas as outras relações, como as relações de parentesco ou as que entrelaçam os mitos com os ritos, e vice-versa.
>
> É assim que a tecnologia hoje remete, muito mais que à novidade de uns aparelhos, a novas formas de percepção e de linguagem, a novas sensibilidades e escritas. E a questão da técnica torna-se cada dia mais crucial na medida em que a diversidade cultural das técnicas, persistentemente testemunhadas pelos antropólogos, confronta-se hoje com uma tecnicidade-mundo que opera como ligação universal no global. (Martín-Barbero, 2017, p. 19, tradução nossa)

Essa produção simbólica atinge também os sujeitos e os laços que os vinculam. "Estamos então não diante de simples avatares da tecnicidade que atingem não somente as estruturas da economia, senão também as estratégicas dinâmicas da cultura e as mudanças de direção que perturbam a vida política" (Martín-Barbero, 2017, p. 19, tradução nossa). A tecnicidade acarreta essa inovação nas diversas esferas da vivência da sociedade contemporânea. A interação dos meios de comunicação num ambiente de

---

[1] Ou, em outras palavras, ao que poderia levar, nos atuais tempos da convergência, ao conceito de "individualismo em rede" identificado por Recuero (2009, p. 142), quando assinala que "o papel do indivíduo na construção de sua própria rede social é preponderante. Na rede, o ator determina com quem irá interagir e com quem irá constituir laços sociais".

convergência midiática, por exemplo, é uma variante tecnológica, contudo está determinando mudanças também nas formas de as pessoas se relacionarem, interagirem e compartilharem informações, dados e experiências de vida.

> É por isso que a reflexão sobre os novos sentidos de pertinência em tempos de globalização traz ao primeiro plano a paradoxal relação entre o que a mutação tecnológica está passando a significar em termos culturais e o processo inverso que atravessa a política. Enquanto a tecnologia, que durante séculos foi tida como um simples instrumento, tornou-se razão, e na dimensão constitutiva das mudanças socioculturais, a política sofreu o processo inverso: o da "perda de densidade simbólica" (Paul Ricoeur), que é a perda de sua capacidade de nos convocar e nos manter juntos. (Martín-Barbero, 2017, p. 20, tradução nossa)

Martín-Barbero afirma que essa mutação tecnológica impactou "nossa experiência do tempo, já que acaba com a concepção moderna-hegemônica de um tempo em sequência linear ininterrompida" (Martín-Barbero, 2017, p. 20, tradução nossa). Dessa forma, o aqui e agora deve ser repensado em tempos de convergência midiática. A convivência com essa noção de incertezas é marca dos tempos contemporâneos. Aliás, pensar em termos dos 24/7, ou seja, 24 horas por dia, 7 dias por semana, já revela essa constante impermanência na experiência líquida e ubíqua, ou seja, a compreensão da realidade em qualquer momento e em qualquer espaço, na incerteza constante da vida atual, na simultaneidade (no espaço) e no imediatismo (no tempo), como nos explicam Bauman (2007a, 2007b) e Santaella (2007, 2013).

Com base nas reflexões de Martín-Barbero (2017, p. 20-21), entendemos que a memória nos leva até tempos imóveis, fixos, nos quais se retratam histórias e relatos. No entanto, em tempos de convergência midiática, a memória se atualiza constantemente, e as lembranças deste aqui e agora acompanham os sujeitos em todo lugar e tempo. Para acessarmos a memória do instante anterior, do minuto anterior, teríamos de nos apropriar dos chamados *talismãs contemporâneos*, exemplarmente como os dispositivos móveis, os *smartphones* ou celulares. No cenário das convergências midiáticas, é por meio deles – desses talismãs móveis – que os sujeitos podem interagir com outros sujeitos, de forma ubíqua e constante (ou seja, em qualquer espaço e tempo). Da mesma forma, o sujeito também pode interagir consigo mesmo como parte integrante de um complexo sistema relacional de múltiplas identidades e tempos, como ilustram os relacionamentos nas redes sociais digitais. O tempo é não linear e está em constante movimento, incerto e impreciso; é por isso que as experiências vivenciadas têm repercussão nos sujeitos, surgindo novas formas de se relacionar com os outros sujeitos, assim como novos relatos e nova reconstrução das memórias deles. Ao mesmo tempo, "as mediações são datadas sempre em tempo e espaço, são contingentes e podem se alterar, modificar-se, dada uma nova relação ou configuração tempo-espacial" (Leite et al., 2006, p. 120).

Desse modo, com base nos dizeres de Martín-Barbero (2017, p. 23, tradução nossa), surge a discussão acerca do "saber mosaico, feito de objetos móveis e fronteiras difusas, de intertextualidades e bricolagens. Se já não se escreve ou se lê como antes é porque tampouco se pode ver ou representar como antes". Isso se refere não somente ao fato tecnológico, mas sobretudo às práticas sociais e culturais envolvidas nesse processo.

> O **lugar** da cultura na sociedade muda quando a mediação tecnológica da comunicação deixa de ser meramente instrumental para espessar-se, adensar-se e converter-se em estrutural. Pois a tecnologia remete hoje não à novidade de uns aparatos, mas sim a novos modos de **percepção** e de **linguagem**, a novas sensibilidades e escrituras. [...] O que a trama comunicativa da revolução tecnológica introduz em nossas sociedades não é, pois, tanto uma quantidade inusitada de novas máquinas, mas um novo modo de relação entre os processos simbólicos – que constituem o cultural – e as formas de produção e distribuição de bens e serviços. A "sociedade da informação" não é, então, apenas aquela em que a matéria-prima mais cara é o conhecimento, mas também aquela em que o desenvolvimento econômico, social e político se encontra intimamente ligado à inovação, que é o novo nome da criatividade e da invenção. (Martín-Barbero, 2014, p. 79, grifo do original)

Por exemplo, Martín-Barbero identifica a visualidade como elemento que marca a vida contemporânea, aliando-se, dessa forma, a tecnicidade e a cultura, relacionando-se os conteúdos imagéticos numa ambiência hipermidiática, ou o que ele reconhece como *hipertexto*, isto é, as imagens ultrapassaram os entornos tecnológicos, sendo reconhecidas em contextos familiares, de criação e compartilhamento de conhecimentos.

Além disso, quanto aos conhecimentos colaborativos, Lévy (1999, p. 131) fala em *inteligência coletiva* e questiona:

> A inteligência coletiva constitui mais um campo de problemas do que soluções [...] Desejamos que cada rede dê à luz um "grande animal" coletivo? Ou o objetivo é ao contrário, valorizar as contribuições pessoais de cada e colocar os recursos dos grupos a serviço dos indivíduos? A inteligência coletiva é um modo de coordenação eficaz na qual cada um pode considerar-se como um centro? Ou, então, desejamos subordinar os indivíduos a um organismo que os ultrapassa? O coletivo inteligente é dinâmico, autônomo, emergente, fractal? Ou é definido e controlado por uma instância que se sobrepõe a ele? Cada um dentre nós se torna uma espécie de neurônio de um mega-cérebro planetário ou então desejamos constituir uma multiplicidade de comunidades virtuais nas quais cérebros nômades se associam para produzir e compartilhar sentido? Essas alternativas, que só coincidem parcialmente, definem algumas das linhas de fratura que recortam por dentro o projeto e a prática da inteligência coletiva.

Nesse sentido, o conhecimento colaborativo traz como marca o compartilhamento de sentidos, e cada interação completa uma unidade ampla de significado, de diferentes saberes e fazeres. Com a instantaneidade favorecida pela convergência midiática, múltiplos dados reverberam no sistema planetário, criando sentidos plurais e coletivos de sentidos. Nessa "ecologia de saberes", Lévy (1993, p. 135) destaca a ecologia cognitiva e afirma que

> a inteligência ou a cognição são o resultado de redes complexas onde interagem um grande número de atores humanos, biológicos e técnicos. Não sou "eu" que sou inteligente, mas "eu" com o grupo humano do qual sou membro, com minha língua, com toda uma herança de métodos e tecnologias intelectuais (dentre as quais, o uso da escrita).

Ou seja, o conhecimento é específico, mas também é colaborativo, relacional, se entendido como compartilhamento de saberes, da herança cultural e, também, sincrética e técnica: "A ecologia cognitiva é o estudo das dimensões técnicas e coletivas da cognição" (Lévy, 1993, p. 137). Para o autor, "as técnicas agem, portanto, **diretamente** sobre a ecologia cognitiva, na medida em que transformam a configuração da rede metassocial, em que cimentam novos agenciamentos entre grupos humanos e multiplicidades naturais [...]" (Lévy, 1993, p. 144-145, grifo do original). Essas inter-relações proporcionam a expansão de significados coletivos de forma plural e abrangente.

A técnica é formada por vários elementos que revelam sua concretude conceitual, já que "os dispositivos materiais são formas de memória. Inteligência, conceitos e até mesmo visão do mundo não se encontram apenas congelados nas línguas, encontram-se também cristalizados nos instrumentos de trabalho, nas máquinas, nos métodos" (Lévy, 1993, p. 145). É por isso que Lévy afirma sobre

> o princípio da multiplicidade conectada: uma tecnologia intelectual irá sempre conter muitas outras. É o sistema formado por estas múltiplas tecnologias que precisamos levar em conta [...]. Não satisfeitos em combinar várias tecnologias que se transformam e se redefinem mutuamente, os dispositivos técnicos de comunicação criam redes. Cada nova conexão contribui para modificar os usos e significações sociais de uma dada técnica. (Lévy, 1993, p. 145-146)

As dimensões técnicas e coletivas da cognição reveladas por Lévy sobre a ecologia cognitiva indicam que

> Só é possível pensar dentro de um coletivo. [...] Interações complicadas entre homens e coisas são movidas por projetos, dotadas de sensibilidade, de memória, de julgamento. Elas mesmas fragmentadas e múltiplas, as subjetividades individuais misturam-se às dos grupos e das instituições. Elas compõem as macrossubjetividades móveis das culturas que as alimentam em retorno. (Lévy, 1993, p. 149)

As formas de compreensão da realidade sensível se atualizam de modo que não se realiza a leitura do mundo como antigamente, não somente em consequência das novas tecnologias, mas também pelas novas formas de conhecimento e interpretação dessas realidades. Por isso, é necessário pensar a imagem com base em sua configuração sociotécnica, tendo em vista que, na contemporaneidade, a visualidade cultural tem a ambiência tecnológica como elemento inovador e que impacta o processamento das informações (Martín-Barbero, 2017).

Martín-Barbero (2017, p. 26, tradução nossa) afirma que é

> a partir do surgimento de um novo paradigma de pensamento que se refaz as relações entre a ordem do discursivo (a lógica) e do visível (a forma), da inteligibilidade e da sensibilidade. O novo estatuto cognitivo da imagem se produz a partir de sua informatização [...].

Retomando os dizeres de Martín-Barbero (2017), entendemos que a geração atual nasce nessa ambiência em que a imagem é uma mediação pela qual flui a informação sobre os outros, pela sua complexidade cognitiva constituída por linguagens, fragmentações e a ubiquidade que caracteriza o audiovisual em tempos de convergência midiática e, ao mesmo tempo, pela sua empatia com a cultura tecnológica. É por isso que o cenário escolar deve se aproximar do cotidiano dos jovens estudantes por meio de suas linguagens e de seus hábitos, reconhecendo a imersão dessa vivência juvenil na cultura tecnológica que tem nos conceitos hipermidiáticos e do audiovisual a marca de sua inovação. A escola deve reconhecer que os jovens alunos vivem e convivem na ambiência de instantaneidade e ubiquidade proporcionada pela cultura tecnológica contemporânea, a qual facilita o acesso a uma diversidade de recursos midiáticos que contribuem nos processos de ensino e aprendizagem.

> Refletir sobre o lugar social da escola, hoje, exige pensá-la como uma instituição inserida numa sociedade democrática, plural, globalizada e entrecortada por práticas de consumo que constantemente deslocam as identidades de seus diversos atores a cada nova mudança patrocinada pela tecnologia. Perceber essas questões como

> mediações que constituem o ambiente escolar contemporâneo é exercitar o olhar crítico comprometido com a chegada destes tempos pós-modernos. Com isso, parece hora de elaborar estratégias de aprendizagem que permitam fazer da escola um lugar de comunicação, de troca de sentidos, de construção permanente de identidades, tendo em vista as diferenças aí existentes e as mediações que se colocam hegemônicas em um tempo e espaço atualizados e contemporâneos. (Leite et al., 2006, p. 138)

O desafio contemporâneo em termos de recursos no processo de ensino-aprendizagem é não se centrar somente na escrita, mas tomar em conta os recursos disponibilizados pela ambiência hipermidiática, fortemente baseada no audiovisual, recursos estes que comportam as características de interatividade, mobilidade e outras que mudam o contexto pedagógico. Esse aspecto não somente retoma processos não lineares da estruturação do pensamento, mas, ao mesmo tempo, propicia aspectos colaborativos na criação do conhecimento.

A leitura é base para o desenvolvimento cognitivo, porém os recursos ampliaram-se para além do livro como suporte, indo ao encontro de outros modos – cada vez mais interativos – de acessar as informações, que acarretam formas de leitura ampliadas, partindo-se de conceitos-chaves que abrem inúmeras outras camadas e dimensões de conhecimentos. As inovações tecnológicas são cada vez mais sofisticadas e, assim, favorecem a pluralidade e a heterogeneidade dos relatos em termos de suportes midiáticos.

Salientamos que as questões técnicas são importantes, traduzidas nas diversas formas comunicacionais existentes. Cada conteúdo pode ser divulgado em diversos suportes midiáticos nas redes sociais digitais, como livros, vídeos, músicas, desenhos, fotografias, blogues, *podcasts*, entre outras várias formas de divulgação. O mais importante é identificar quais temáticas ficam mais claras e em quais meios, para assim potencializar sua eficiência no processo pedagógico. Ou seja, é conveniente identificar características de cada suporte midiático para verificar qual suporte pode se adequar melhor para que se alcancem os objetivos pedagógicos.

Segundo Martín-Barbero (2017, p. 29), é necessário reconhecer a tecnicidade midiática, vista como dimensão estratégica da cultura que possibilitará a inserção da escola nos atuais processos de mudança, numa sociedade em que a construção do conhecimento é colaborativa e em que as identidades dos sujeitos se configuram em um ambiente de fluidez comunicacional. O compartilhamento de ideias, opiniões e informações é instantâneo, no estilo 24/7, ou seja, 24 horas, 7 dias por semana, o que significa dizer que o ser humano está sempre em interação pessoal e midiática, mediante o encontro "olho no olho", mas também no mundo virtual, que se confunde cada vez mais com o cotidiano real.

> Se no contexto moderno citamos a linearidade, a racionalidade, a promessa do futuro e o tempo cronológico, nesta nova sociedade pós-moderna podemos falar da emoção, do viver o hoje e da temporalidade como características das práticas que nele se desenvolvem. Novas tecnologias trazem a possibilidade da utilização da imagem e do som como maneira de expressar a emoção na mesma velocidade das redes de computador. Novas identidades podem ser criadas e desenvolvidas nesse ambiente virtual e o tempo cronológico do relógio passa a ter seu significado reduzido, porém não totalmente descaracterizado, ante a temporalidade difusa da experiência do viver. (Leite et al., 2006, p. 135)

A reorganização dos saberes e dos fluxos cognitivos em ambiências midiáticas de convergências possibilita que o conhecimento seja colaborativo e interativo. Por esse motivo, a educação, desenvolvida em cenários escolares ou fora da escola, deve usufruir das capacidades plenas que os diversos meios de comunicação e tecnologias da informática e da comunicação (televisão, vídeo, computador, internet, multimídia, entre outros) oferecem, superando-se a visão instrumentalista desses meios e indo ao encontro de suas potencialidades midiáticas. O conhecimento, nos tempos atuais, desenvolve-se de forma dinâmica, complexa e interativa. As informações são compartilhadas, circulam, acrescentam, mas também servem como pontapé para intercâmbios, trabalhos em comum, projetos e outras atividades efetuadas na sociedade. A criatividade também segue esse percurso colaborativo e de compartilhamento. Por sua vez, todo esse processo repercute igualmente na elaboração dos produtos midiáticos, em especial dos audiovisuais e dos hipermidiáticos. Passa-se de um pensamento linear e sequencial para a construção de um outro não linear, o qual, por meio das conexões e das inter--relações, incentiva múltiplos percursos na construção de pensamentos. Nesse contexto, a visualidade, mediante imagens fixas ou em movimento, na multiplicidade de dispositivos midiáticos, forma parte dessa tecnicidade midiática como mediação da cultura contemporânea.

Na compreensão dos dizeres de Martín-Barbero (2017), essas transformações midiáticas, se utilizadas com criatividade e, ao mesmo tempo, de forma crítica, contribuem para que o educador não seja apenas retransmissor de conhecimentos, e sim provocador de problemas, incentivador de questionamentos e, no compartilhamento de soluções e propostas de projetos e parcerias, motivador de experiências e de diálogo.

> É nesse novo espaço comunicacional, já não mais tecido de encontros e multidões, mas de conexões, fluxos e redes, onde emergem novas "formas de estar juntos" e outros dispositivos de percepção mediados, num primeiro momento, pela televisão, depois, pelo computador e, logo, pela imbricação entre televisão e internet em uma acelerada aliança entre velocidades audiovisuais e informacionais. (Martín-Barbero, 2014, p. 133)

O objetivo é desenvolver sujeitos autônomos e conscientes. Martín-Barbero (2017) sinaliza que a educação inserida pelo ecossistema comunicativo deve considerar os objetivos de formar recursos humanos, construir cidadãos e desenvolver sujeitos autônomos. Isso porque, segundo esse autor, a escola deve aproximar-se das transformações das ambiências em que os jovens convivem.

2.2 As múltiplas mediações para pensar práticas educomunicativas[2]

Para pensar e aprofundar a relação e a interconexão entre educação e comunicação, é preciso entender os atravessamentos dos processos de apropriação e recepção de conteúdo. Cada indivíduo, inserido em um contexto sociocultural específico, tem maneiras individuais e, ao mesmo tempo, coletivas de interpretar informações. Nesse sentido, é importante compreender o conceito de *mediações*. Quando se trata de educomunicação, deve ficar claro que as mediações que permeiam a vida cotidiana de cada um que participa do processo de aprendizagem tornam-se fundamentais para as práticas educomunicativas. São conexões entre a forma de ensinar por parte dos educadores sociais, nesse caso, e a forma de perceber o conteúdo e as interações propostas.

Vamos, então, aprofundar o estudo desse conceito para ajudar educadores sociais a pensar suas práticas comunicativas, entendendo os contextos socioculturais e suas implicações para os diversos públicos. Quando são estimuladas ações e práticas educomunicativas, seja em escolas, seja em comunidades ou organizações e espaços variados, é necessário que o educador social compreenda que múltiplas mediações estão atravessadas nos processos comunicativos das rotinas das pessoas em diferentes situações e instituições sociais.

Para colaborar nessa análise, vamos examinar as propostas de Jesús Martín-Barbero acerca do assunto. Nas publicações desse autor, percebemos que o conceito de mediações não apresenta uma única definição (Lopes, 2014). Em *Dos meios às mediações*, obra seminal de 1987, Martín-Barbero aponta que "o campo daquilo que denominamos *mediações* é constituído pelos dispositivos

---

[2] O aprofundamento do conceito de *mediações* é feito com base na discussão proposta em Kohls (2017), Capítulo 3.

por meio dos quais a hegemonia transforma por dentro o sentido do trabalho e da vida da comunidade" (Martín-Barbero, 2009b, p. 265, grifo do original). Mais adiante, o autor afirma que "propomos partir das **mediações**, isto é, dos lugares dos quais provêm as construções que delimitam e configuram a materialidade social e a expressividade cultural da televisão" (Martín-Barbero, 2009b, p. 294, grifo do original). Em *Ofício de cartógrafo*, obra publicada em 2004, o autor discute a reconfiguração das mediações "nas quais se constituem seus novos modos de interpelação dos sujeitos e de representação dos vínculos que unem a sociedade" (Martín-Barbero, 2004, p. 225).

Dessa maneira, é possível notar que a definição do que seriam as mediações atravessa a complexidade das relações dos indivíduos diante de sistemas sociais e dos meios de comunicação. Podemos também fazer a conexão entre os conteúdos e as formas de aprendizagem de práticas educomunicativas. Percorrendo a trajetória das mediações proposta por Martín-Barbero, Maria Immacolata Vassallo de Lopes explica que "a **mediação** pode ser pensada como uma espécie de estrutura incrustada nas práticas sociais e na vida cotidiana das pessoas que, ao realizar-se através dessas práticas, traduz-se em **múltiplas mediações**" (Lopes, 2014, p. 68, grifo do original).

Desde a publicação de *Dos meios às mediações*, em 1987, Martín-Barbero apresenta proposições de investigações, desenhando um mapa que represente as mediações tendo em vista a comunicação, a cultura e a política. Para exemplificar, indicamos três mapas apontados pelo autor, com modificações a partir da proposta inicial: o primeiro, de 1987 (Martín-Barbero, 1987), reflete as mediações culturais da comunicação; o segundo, de 1998 (Martín-Barbero, 2009b), apresenta as mediações comunicativas da cultura; o terceiro, de 2009 (Martín-Barbero, 2009a), discute as mediações a partir de mutações culturais.

É por isso também que o conceito de mediações não tem uma definição única (Lopes, 2014) e se move de acordo com as mudanças socioculturais, especialmente na América Latina, foco das investigações do autor. Isso, porém, sem perder a centralidade de seu sentido: sinteticamente, atravessando as formas comunicativas da sociedade, conforme pode ser visto nas citações apontadas anteriormente.

Relacionando essa conceituação à educomunicação, concordamos com Citelli (2015, p. 65) quando afirma que "o processo de midiatização circula por sujeitos, grupos, instituições, ajudando a compor modos de vida, manifestações afetivas, formas de cultura, expectativas sociais etc.". Nesse sentido, o autor defende que os discursos que circularão nos ambientes escolares são crescentemente os da comunicação, como os veiculados por jornal, rádio, televisão, computador, celular e *tablets*. As mediações surgem, assim, com o entendimento de elementos multidirecionais e multidimensionais.

> Ademais, os mediadores individuais (gênero, idade, diferenças cognitivas); situacionais (cenários históricos, econômicos, políticos); institucionais (regras, normas, jogos de poder); culturais (os modos de produzir significados e valores da sociedade); etc.; terminam por modalizar, mobilizar, interferir, recortar, limitar, ampliar a relação dos coenunciadores com as linguagens e seus dispositivos midiáticos, permitindo que os significados ganhem diferentes orientações. (Citelli, 2015, p. 67)

Ao direcionar a discussão para a internet, podemos observar novas formas de sensibilidade, novas formas de estar juntos e os usos sociais dos meios (Martín-Barbero, 2004), o "que também pode ser visto numa reformulação dos padrões de convivência urbanos e consequente redefinição do senso de pertencimento e identidade, por exemplo, em comunidades transnacionais e desterritorializadas" (Canclini, 2015, p. 48). É o que, segundo Castells (2003), alguns chamam de *privatização da sociabilidade*, que é a construção de laços eletivos entre pessoas na internet: "esta formação de redes pessoais é o que a Internet permite desenvolver mais fortemente" (Castells, 2003, p. 274).

Dito isso, vamos aprofundar o entendimento das mediações considerando os mapas de 1998 e 2009, de Martín-Barbero, visto que discutem a base da comunicação, da cultura e da política e o processo de transformação relacionado aos ecossistemas comunicativos. Cabe lembrar que podemos interligar cada mediação com as práticas educomunicativas e suas articulações nos variados espaços em que podem ser integradas.

No prefácio à quinta edição espanhola, publicada em 1998, de *Dos meios às mediações*, Martín-Barbero (2009b, p. 12) defende que é preciso "continuar o esforço por desentranhar a cada dia mais a complexa trama de mediações que a relação comunicação/cultura/política articula" e inverte o olhar das **mediações culturais da comunicação**, proposto no primeiro mapa de 1987, para as **mediações comunicativas da cultura**. Desenha, assim, "um novo mapa das mediações, das novas complexidades nas relações constitutivas entre comunicação, cultura e política" (Martín-Barbero, 2009b, p. 15).

Confira o mapa das mediações comunicativas da cultura, de 1998, na Figura 2.1, a seguir.

Figura 2.1 – Mapa das mediações comunicativas da cultura (1998)

```
                    LÓGICAS DE
                    PRODUÇÃO
        institucionalidade      tecnicidade

                    COMUNICAÇÃO
    MATRIZES        CULTURA         FORMATOS
    CULTURAIS       POLÍTICA        INDUSTRIAIS

        sociabilidade          ritualidade
                    COMPETÊNCIAS
                    DE RECEPÇÃO
                    (CONSUMO)
```

Fonte: Martín-Barbero, 2009b, p. 16.

Em estudo sobre mediações no consumo midiático de jovens, Kohls (2017, p. 47) esclarece:

> No segundo mapa das mediações, que continua se movendo entre o eixo diacrônico ou de longa duração entre as matrizes culturais e

formatos industriais, e o eixo sincrônico entre lógicas de produção e competências de recepção ou consumo, Martín-Barbero (2009a) explica que as relações entre matrizes culturais e lógicas de produção encontram-se mediadas por diferentes regimes de institucionalidade, enquanto as relações entre matrizes culturais e competências de recepção ou consumo estão mediadas por diversas formas de socialidade. E ainda entre as lógicas de produção e os formatos industriais medeiam as tecnicidades e entre os formatos industriais e as competências de recepção ou consumo, as ritualidades.

Nessa concepção, a **socialidade** "dá nome à trama de relações cotidianas que tecem os homens ao se juntar, e nas quais se ancoram os processos primários de interpelação e constituição dos sujeitos e identidades" (Martín-Barbero, 2004, p. 230). Kohls (2017, p. 48) aponta que "a socialidade reflete, então, as formas comunicativas e trocas cotidianas dos indivíduos considerando suas matrizes culturais, o que atravessa diversas competências de recepção".

Por sua vez, a mediação de **institucionalidade**

> afeta especialmente a regulação de discursos, que por parte do Estado buscam dar estabilidade à ordem constituída, e por parte dos cidadãos buscam defender seus direitos e fazer-se reconhecer (Martín-Barbero, 2009a). [...] Dessa maneira, a mediação de institucionalidade está imbricada nas lógicas de produção dos meios e nas matrizes culturais dos indivíduos, permeando a vida cotidiana. (Kohls, 2017, p. 48)

Já a mediação de **tecnicidade** "nomeia então o que na sociedade não é só da ordem do instrumento, mas também da ordem da sedimentação de saberes e da constituição das práticas" (Martín-Barbero, 2004, p. 235). Nesse sentido, Kohls (2017, p. 48) afirma que

> Nesse atravessamento da técnica na comunicação e vice-versa atrelado à ordem do instrumento, de saberes e da constituição das práticas, a tecnicidade é ao mesmo tempo possibilidade e limitação. Possibilidade quando agrega o instrumento com os saberes refletindo na constituição de práticas, e limitação quando o mesmo instrumento estabelece determinadas práticas.

A mediação de **ritualidade**, que está entre os formatos industriais e as competências de recepção, "é o que na comunicação há de permanente reconstrução do nexo simbólico: ao mesmo tempo repetição e inovação, âncora na memória e horizonte aberto" (Martín-Barbero, 2004, p. 231). Essa mediação "pode ser vista numa regulação tanto dos usos sociais dos meios, por exemplo, na inserção dos meios na vida cotidiana, quanto do discurso dos meios, como em sua organização a partir de 'respostas' sociais" (Kohls, 2017, p. 49).

Abordadas essas mediações, Martín-Barbero aponta a proposta desse mapa:

> O que busco com esse mapa é reconhecer que os meios de comunicação constituem hoje espaços-chave de condensação e intersecção de múltiplas redes de poder e de produção intelectual, mas também alertar, ao mesmo tempo, contra o **pensamento único** que legitima a ideia de que a tecnologia é hoje o "grande mediador" entre as pessoas e o mundo, quando o que a tecnologia medeia hoje, de modo mais intenso e acelerado, é a transformação da sociedade em mercado, e deste em principal agenciador da mundialização (em seus muitos e contrapostos sentidos). (Martín-Barbero, 2009b, p. 20, grifo do original).

Percorrendo os mapas propostos pelo autor, Kohls (2017, p. 49, grifo do original) pontua que,

> Ao abordar as mediações comunicativas da cultura e o lugar da comunicação e da cultura em Ofício de cartógrafo, de 2004, o autor retoma as discussões propostas no prefácio à quinta edição espanhola de Dos meios às mediações e defende que foi crucial reterritorializar a comunicação nos anos 1990 "então como movimento que atravessa e desloca a cultura" (MARTÍN-BARBERO, 2004, p. 228). Para ele, "o **lugar** da cultura na sociedade muda quando a mediação tecnológica da comunicação deixa de ser meramente instrumental para se converter em estrutural" (MARTÍN-BARBERO, 2004, p. 228, grifo do autor) com novos modos de percepção e de linguagem e novas sensibilidades e escritas. "E o lugar da cultura na sociedade muda também quando os processos de globalização econômica e informacional reativam a questão das identidades culturais – étnicas, raciais, locais, regionais [...]" (MARTÍN-BARBERO, 2004, p. 229).

Nesse sentido, Lopes (2014, p. 70) analisa que "o segundo mapa é do fim dos anos 1990, quando [...] fica evidente que a teoria das mediações ultrapassava a configuração de uma teoria da recepção e alcançava a proposta de uma teoria da comunicação". A circularidade das mediações nesse mapa mostra a comunicação perpassada em distintas dimensões da cultura e política da sociedade, invertendo o olhar "para ver a complexa teia de múltiplas mediações" (Lopes; Orofino, 2014, p. 369).

Sobre a passagem do modelo de mediações, a professora Nilda Jacks (2008, p. 25, grifo do original) esclarece que

> A passagem do modelo das **mediações culturais da comunicação** para o das **mediações comunicativas da cultura** recoloca a necessidade formal de trabalhar os meios e todos os recursos que os rodeiam de forma mais enfática para entender a cultura contemporânea, sem deixar, entretanto, de considerar todos os elementos da estrutura sociocultural que configuram a relação das pessoas com os meios de comunicação.

Para o autor do mapa, a mudança foi "reconhecer que a comunicação estava mediando todos os lados e as formas da vida cultural e social dos povos" (Martín-Barbero, 2009c, p. 153). Kohls (2017, p. 51) continua a discussão sobre as mediações com base no autor, que leva em conta a transformação da comunicação:

> A transformação ocorrida "muito maior do que estamos pensando na comunicação" (MARTÍN-BARBERO, 2009b, p. 15) levou o autor a redesenhar o mapa das mediações, em 2009, a partir das mutações culturais. Citando o filósofo Javier Echeverría, que fala sobre a habitação do ser humano de um entorno natural durante milhares de séculos, Martín-Barbero (2009b) comenta que a partir desse entorno o ser humano sobreviveu e passou de nômade a sedentário. Depois de outros milhares de séculos, ainda conforme o autor, criou a cidade, que desde suas formas mais primitivas é o lugar das instituições políticas e culturais. "Esse é o segundo entorno, urbano, ligado às instituições da família, do trabalho, da religião, da política. Hoje estamos assistindo à emergência de um novo entorno que se chama tecnocomunicativo" (MARTÍN-BARBERO, 2009b, p. 15).

Kohls (2017, p. 51) acrescenta que "esse terceiro entorno, o novo ecossistema, em que vivemos hoje representa uma mudança do tempo e de todo o contexto sociocultural. [...] O novo ecossistema está representado no mais recente mapa das mediações do autor, que traz as categorias migrações, tempos, fluxos e espaços". Nesse sentido, Martín-Barbero (2009a, p. 15) explica que "eu não posso ligar o computador sem saber que sou visto. [...] É um mundo onde somos vistos e vemos. E vemos ativamente. Produzimos visibilidade. Construímos visibilidade para nós e outros".

Confira o mapa das mediações para investigar as mutações culturais, proposto em 2009, na Figura 2.2, a seguir.

Figura 2.2 – **Mapa das mediações para investigar as mutações culturais (2009)**

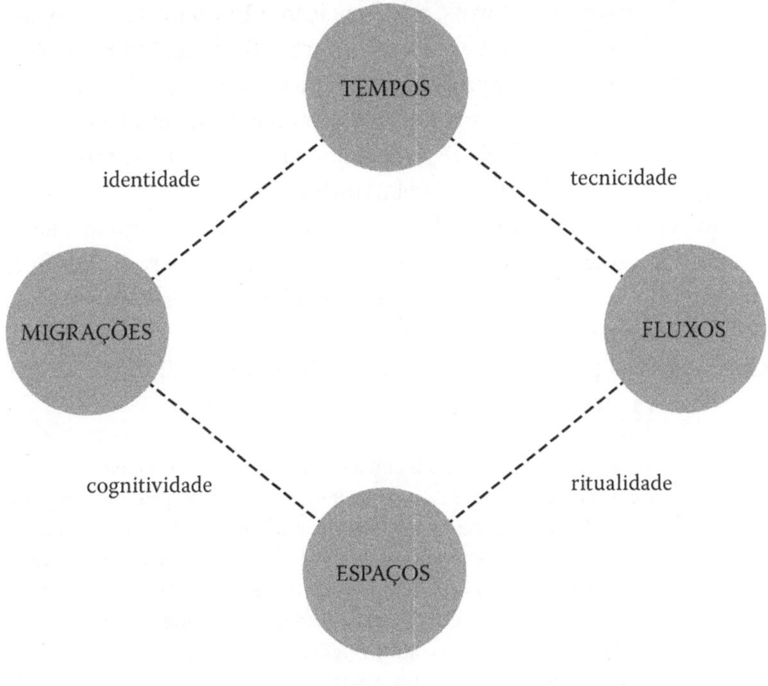

```
                    TEMPOS

         identidade         tecnicidade

   MIGRAÇÕES                       FLUXOS

         cognitividade      ritualidade

                    ESPAÇOS
```

Fonte: Martín-Barbero, 2009a, p. 12.

Kohls (2017, p. 51) argumenta, com base em outros autores, que

> O terceiro mapa considera um novo ecossistema comunicativo e "esboçando apenas os traços mais grossos, esse mapa vincula os anteriores à investigação das mutações culturais contemporâneas, cujos eixos são a temporalidade/formas de espaço e mobilidade/fluxos" (LOPES, 2014, p. 72). A temporalidade remete à crise e confusão da experiência dos tempos, a espacialidade se refere a múltiplos espaços, a mobilidade relaciona o trânsito incessante de navegações virtuais e os fluxos consideram a informação, imagens, linguagens e escrituras virtuais (LOPES, 2014). Diante das mutações culturais, as mediações passam a ser, para Martín-Barbero, transformação do tempo e transformação do espaço a partir dos grandes eixos de migrações e fluxos de imagens.

"De um lado, grandes migrações de população, como jamais visto. De outro, os fluxos virtuais. Temos que pensá-los conjuntamente. Os fluxos de imagens, a informação, vão do norte ao sul, as migrações vão do sul ao norte" (Martín-Barbero, 2009a, p. 14). Além disso, há a compressão do tempo e do espaço e "é aí que eu recomponho as duas mediações fundamentais hoje: a identidade e a tecnicidade [...]. Eu ligo tecnicidade ao que está se movendo na direção da identidade" (Martín-Barbero, 2009a, p. 14). "O autor exemplifica afirmando que é impressionante a quantidade de adolescentes que inventam um personagem para si mesmos, citando uma pesquisa que fez em Guadalajara sobre o acesso de adolescentes à Internet" (Kohls, 2017, p. 52).

Com base nas propostas de Martín-Barbero, Kohls (2017, p. 52-53) observa que

> podemos pensar que a tecnicidade medeia a vida cotidiana a partir das possibilidades dos meios, com um tempo comprimido pelo próprio fluxo de imagens e textos no ecossistema. A identidade, estando entre as migrações e os tempos e ao lado da tecnicidade, se constitui nas relações sociais da "mobilidade física" e a partir da transformação do tempo modelada pela tecnicidade. A ritualidade, entre fluxos e espaços e ao lado de cognitividade, medeia as apropriações daquilo que circula no ecossistema a partir de espaços virtuais ou não. Entre as migrações e os espaços, a cognitividade pode ser relacionada à mediação da comunicação a partir das percepções de cada sujeito estando num contexto de mobilidades e transformações do espaço.

A autora Veneza Mayora Ronsini, ao articular os dois mapas de Martín-Barbero, acredita que

> identidades e cognitividades podem ser noções embutidas tanto na mediação da socialidade quanto da ritualidade e o conceito de tecnicidade adquire um novo estatuto para além de mediar a relação entre as lógicas da produção e formatos industriais. Por sua centralidade na organização social, ela percorre o circuito inteiro, modelando a ritualidade, a socialidade e a institucionalidade, vale dizer, modela todas as relações porque se define como o estatuto social da técnica. Portanto, a tecnicidade pode ser compreendida em sentido estrito, como o aspecto textual, narrativo ou discursivo da mídia que funciona como organizador perceptivo. (Ronsini, 2010, p. 7)

Com essas abordagens, "entendemos as mediações como um atravessamento de todas as formas comunicativas e relações de uma sociedade que se constitui por sistemas complexos que agregam diferentes esferas e formada por indivíduos carregados de valores e identidades construídos a partir de experiências em contextos sociais distintos" (Kohls, 2017, p. 53).

Outras reflexões surgem com base na discussão de Martín-Barbero (2009a) sobre as mediações. Uma delas é a proposta das mediações múltiplas de Guillermo Orozco Gómez (1994). Ao definir o que entende por *mediações*, o autor contextualiza o conceito com fundamento em Martín-Barbero e propõe que, em um esforço de resgatar a mediação para a recepção televisiva, seja compreendida "como um processo estruturante que configura e reconfigura tanto a interação dos membros da audiência com os meios quanto a criação por eles do sentido dessa interação" (Orozco Gómez, 1994, p. 74, tradução nossa). Orozco Gómez aprofunda o conceito de mediação "a partir da dimensão pedagógica ao forjar a ideia de que ser audiência tem uma dimensão educativa intrínseca" (Peres-Neto, 2014, p. 359). Essa dimensão educativa intrínseca pode ser entendida com base nas percepções criadas pelos conteúdos televisivos e no contexto no qual a audiência está inserida. Dessa maneira, "a interação TV-audiência surge como um processo complexo, multidimensional e multidirecional que envolve vários momentos, cenários e negociações que vão além da tela da TV" (Orozco Gómez, 1994, p. 73, tradução nossa).

Kohls (2017, p. 55) aponta que "Orozco considera o contexto social no qual os indivíduos estão inseridos, as identidades, instituições a que pertencem, movimentos que participam, entre outros, como mediações que interferem na interação com os meios". Para Orozco Gómez, citado por Kohls (2017, p. 56),

> Etnia, gênero, identidade do público, as instituições sociais a que pertence e movimentos e organizações cidadãs em que participa também são mediações que moldam o resultado de suas interações com a mídia. Os mesmos meios e suas características intrínsecas, determinações políticas e econômicas, suas lógicas de produção e transmissão, as suas lealdades e estilos, são uma mediação. Assim como são as mesmas audiências, sempre localizadas, tanto como membros de uma cultura e de várias comunidades de interpretação, quanto como indivíduos com um desenvolvimento específico, repertórios, mentalidades e scripts para a ação social. (OROZCO GÓMEZ, 1997, p. 28, tradução nossa).

Kohls (2017, p. 57-58) aponta que

> o autor sugere quatro grupos de mediações, para integrar as múltiplas mediações que formam a interação TV-audiência, entendendo que a cultura permeia todas elas (OROZCO GÓMEZ, 1994). Os quatro grupos são: mediação individual, mediação situacional, mediação institucional e mediação tecnológica ou videotecnológica.

A **mediação individual** surge do sujeito, "seja como um indivíduo com um desenvolvimento cognitivo e emocional específico, seja como um sujeito social, membro de uma cultura; em ambas as situações, a 'agência' sujeito social-individual é desenvolvida em diferentes cenários" (Orozco Gómez, 1994, p. 75, tradução nossa). Segundo Kohls (2017, p. 58), "Orozco cita o gênero, a idade e a etnicidade como fontes de mediação da mediação individual. Podemos entender ainda que essa mediação permeia as experiências e subjetividade de cada sujeito no contexto no qual está inserido".

Na **mediação situacional**, "cada cenário inclui possibilidades e limitações para o processo de recepção televisiva tanto no nível espacial quanto no nível da possível interação da teleaudiência" (Orozco Gómez, 1994, p. 78, tradução nossa). "A mediação situacional, conforme o autor, pode ocorrer quando se assiste televisão sozinho(a) ou acompanhado(a) e nos cenários específicos em que os membros da audiência interagem, como a escola, a rua, as reuniões com amigos, o lugar de trabalho, a igreja, entre outros" (Kohls, 2017, p. 58).

Quanto à **mediação institucional**, Kohls (2017, p. 58-59) assim a caracteriza:

> Ao expor a mediação institucional, Orozco afirma que a audiência é muitas coisas ao mesmo tempo, participando de diversas instituições sociais. Ele exemplifica os adolescentes que são um segmento específico de audiência da TV e ao mesmo tempo são membros de uma família, são estudantes e participam de outras instituições sociais como clubes esportivos, de bairros, de festas. O autor aponta ainda que, para implementar sua mediação, as instituições sociais utilizam vários recursos. [...] O poder, as regras e os procedimentos de negociação das instituições sociais podem abarcar possibilidades e limitações quanto à apropriação de conteúdos dos meios, por exemplo.

Conforme Kohls (2017, p. 59, grifo nosso), "A **mediação tecnológica** ou **videotecnológica**, por sua vez, para Orozco, traz a televisão como instituição social que não apenas reproduz outras mediações institucionais, mas produz sua própria mediação, utilizando recursos para impô-la sobre a audiência".

Mesmo sendo estruturadas no contexto da relação da audiência com a televisão, as múltiplas mediações e os principais grupos propostos por Orozco Gómez podem ser pensados em relação a todos os meios, bem como na educomunicação, quando os indivíduos se apropriam de conteúdos também com os atravessamentos das mediações.

Outras pesquisas mostram o atravessamento das mediações no consumo midiático de jovens, por exemplo. Ao estudar dois grupos de jovens inseridos em contextos socioculturais distintos, Kohls

(2017, p. 125) constatou "que as mediações atravessam intensamente o consumo midiático dos jovens, traduzindo tanto possibilidades quanto limitações na relação com os meios, bem como permeando as apropriações dos conteúdos midiáticos". A autora explica que "Um dos grupos analisados era composto de jovens evangélicos e outro, de jovens em conflito com a lei e os resultados ainda apontaram que em alguns casos há sobreposição de mediações atravessando o consumo midiático dos jovens, o que reforça a intensidade de múltiplas mediações interferindo" (Kohls, 2017, p. 126). O estudo ainda aponta que a família, a religião e a classe também "moldam" a relação dos sujeitos pesquisados com os meios e a apropriação de conteúdos:

> No caso dos evangélicos, por exemplo, quando assistem à televisão muitas vezes apenas porque a família assiste e quando julgam que alguns conteúdos "não são de Deus". No caso dos jovens em conflito com a lei, aos fins de semana a família circunda o consumo midiático deles, reunindo-se em torno da televisão para acompanhar jogos de futebol e a classe aparece como limitadora para o consumo de Netflix e uso de celular, por exemplo. (Kohls, 2017, p. 126)

Direcionando o olhar diretamente para a educomunicação, podemos pensar na mediação individual considerando os aspectos coginitivos de cada participante das práticas comunicativas e na mediação situacional tendo em vista os espaços em que ocorrem a troca e a relação da comunicação com a educação. Quando pensamos na mediação institucional ou de institucionalidade proposta por Martín-Barbero e Orozco Gómez, podemos pensar nas regras e nos recursos de funcionamento de instituições escolares, por exemplo. Essa mediação de institucionalidade implica possibilidades de inserir práticas educomunicativas de acordo com a realidade de cada instituição. Dessa forma, atravessa diretamente todo o processo de educomunicação e a interação de educadores sociais e seu público.

Outra mediação que intensamente e crescentemente interfere nas práticas educomunicativas é a tecnicidade ou mediação tecnológica, abordada tanto por Martín-Barbero quanto por Orozco

Gómez. É a tecnicidade que aponta possibilidades de ensino-aprendizagem por meio de ferramentas da tecnologia, que também apresenta limitações e pode ser articulada com outros formatos. Importante reforçar que as múltiplas mediações atravessam todo o processo educomunicativo e os indivíduos e instituições envolvidos. Citamos alguns exemplos com base nas reflexões teóricas e conceituações propostas para ilustrar de que maneira ocorrem essas implicações.

Síntese

Com a compreensão das mediações e seu atravessamento na relação dos indivíduos com os meios de comunicação, bem como com conteúdos midiáticos e a apropriação de informações, os educadores sociais podem planejar e efetivar práticas e ações educomunicativas com mais assertividade. Esse processo pode gerar resultados mais consistentes, que consideram a educomunicação a partir do lugar dos sujeitos, de sua vida cotidiana e de sua relação com os meios de comunicação.

Uma compreensão holística de processos comunicativos e de educação qualifica a atuação de educadores sociais quando se trata de educomunicação e ecossistemas comunicativos. Para isso, é necessário entender antes o conceito e a prática da educomunicação e dos ecossistemas comunicativos, abordados no início deste capítulo.

Questões para revisão

1. Conforme discutimos neste capítulo, quando são estimuladas ações e práticas educomunicativas, seja em escolas, seja em comunidades ou organizações e espaços variados, é necessário que o educador social entenda que múltiplas mediações estão atravessadas nos processos comunicativos das rotinas das pessoas em diferentes situações e instituições sociais. Nesse sentido, é **incorreto** afirmar:

a) O campo daquilo que denominamos *mediações* é constituído pelos dispositivos por meio dos quais a hegemonia transforma por dentro o sentido do trabalho e da vida da comunidade.
b) Desde a publicação de *Dos meios às mediações*, em 1987, Martín-Barbero apresenta proposições de investigações, desenhando um mapa que represente as mediações tendo em vista a comunicação, a cultura e a política.
c) O conceito de mediações tem uma definição única, considerando-se questões socioculturais que não sofrem mudanças, especialmente na América Latina, foco da investigação de Martín-Barbero.
d) Na mediação situacional, cada cenário inclui possibilidades e limitações para o processo de recepção televisiva tanto no nível espacial quanto no nível da possível interação da teleaudiência.
e) As múltiplas mediações e os principais grupos propostos por Orozco Gómez podem ser pensados em relação a todos os meios, bem como na educomunicação.

2. De que forma as múltiplas mediações podem atravessar a educomunicação? Argumente e exemplifique.

3. Como o processo de midiatização está presente nos ambientes escolares quando pensamos no entrelaçamento da comunicação e com a educação?

4. Avalie as afirmativas a seguir e, depois, assinale a alternativa correta:
   I) Orozco Gómez aprofunda o conceito de mediação a partir da dimensão pedagógica ao forjar a ideia de que ser audiência tem uma dimensão educativa intrínseca.
   II) É a tecnicidade que aponta possibilidades de ensino-aprendizagem por meio de ferramentas da tecnologia, que também apresenta limitações e pode ser articulada com outros formatos.

III) Direcionando o olhar diretamente para a educomunicação, podemos pensar na mediação individual considerando os espaços em que ocorrem a troca e a relação da comunicação com a educação.
a) Apenas as afirmativas I e II são verdadeiras.
b) Apenas as afirmativas II e III são verdadeiras.
c) Apenas as afirmativas I e III são verdadeiras.
d) Todas as afirmativas são verdadeiras.
e) Todas as afirmativas são falsas.

5. Considerando a discussão proposta ao longo do capítulo em relação à internet, analise as afirmativas a seguir e, depois, assinale a alternativa que apresenta a sequência correta:

( ) Podemos observar as mesmas formas de sensibilidade, as mesmas formas de estar juntos e, por isso, os usos sociais dos meios.

( ) Isso também pode ser visto numa reformulação dos padrões de convivência urbanos e na consequente redefinição do senso de pertencimento e identidade, por exemplo, em comunidades transnacionais e desterritorializadas.

( ) É o que alguns chamam de *privatização da sociabilidade*, que é a construção de laços eletivos entre pessoas na internet.

( ) A formação de redes pessoais é o que a internet possibilita desenvolver mais fortemente.

a) V, V, F, F.
b) F, V, V, F.
c) F, F, V, F.
d) F, V, V, V.
e) V, F, F, F.

Questões para reflexão

1. De que maneira a educação e a comunicação se relacionam e o que é necessário compreender para elucidar esse processo?

2. Como as mediações ajudam os educadores sociais a refletir sobre suas práticas educomunicativas?

3. Qual é o atravessamento da identidade e do pertencimento no processo de educomunicação?

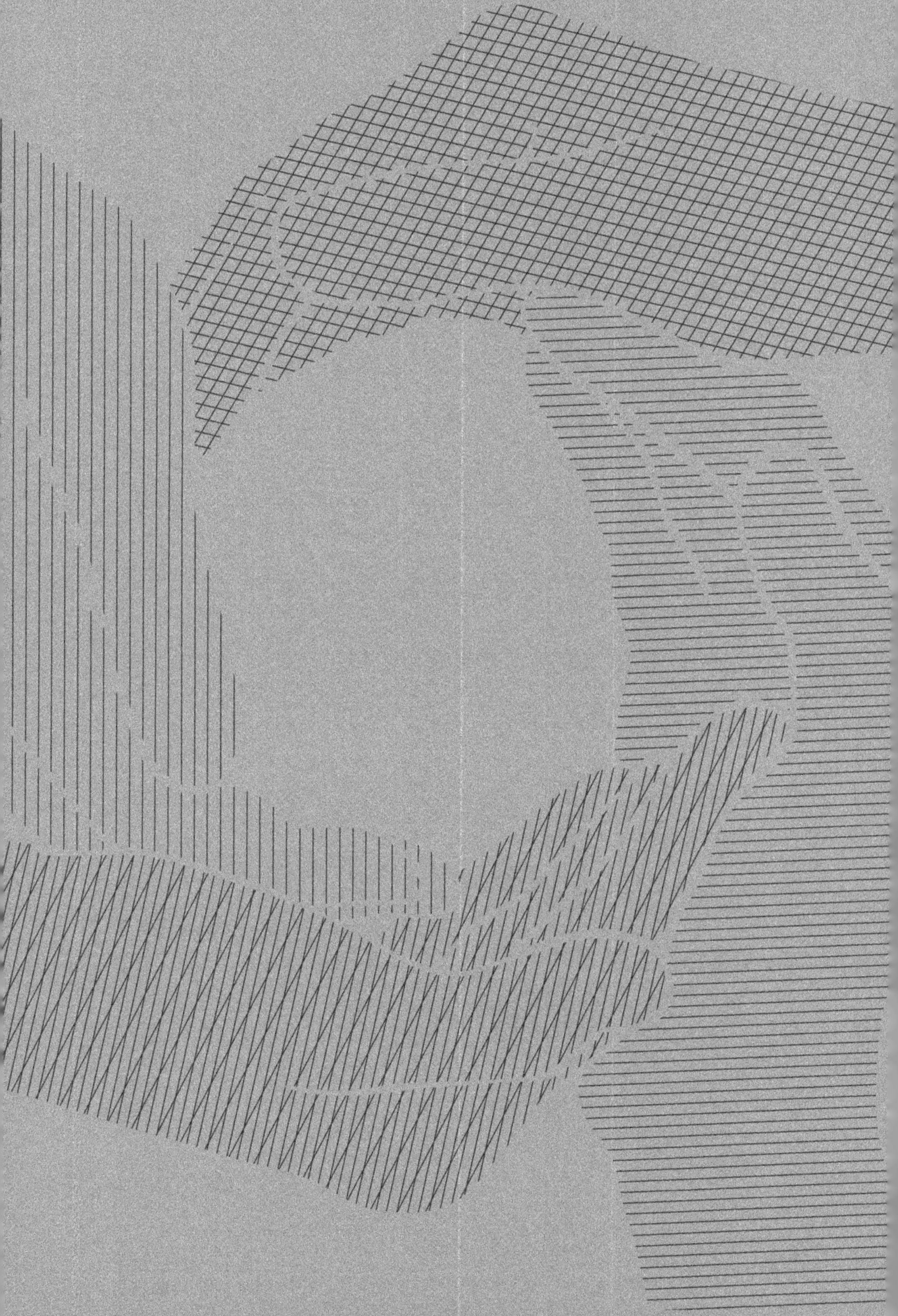

Ofelia Elisa Torres Morales

Subjetividades e expressões paradigmáticas: jovens como criadores de conteúdo nas redes sociais digitais

CAPÍTULO 3

Conteúdos do capítulo:

- Formação das subjetividades.
- Subjetividades jovens no espaço escolar.
- Cultura da convergência na perspectiva da educomunicação.
- Redes sociais digitais e subjetividades.
- Ação educomunicativa e ética.
- Acesso às plataformas midiáticas.

Após o estudo deste capítulo, você será capaz de:

1. analisar as possibilidades que os contextos tecnológicos e da comunicação proporcionam para o desenvolvimento das relações de interatividade e sociabilidade da população jovem;
2. compreender a formação das subjetividades dos jovens no espaço escolar em tempos de convergência midiática;
3. refletir sobre pesquisas e dados relacionados ao acesso a diversas plataformas midiáticas.

Este capítulo propõe reflexões que indicam que os modos de se pensar a comunicação estão mudando. Os jovens compreendem e apreendem o mundo com base em uma visão colaborativa e de compartilhamento, gerada na educação informal por intermédio dos meios de comunicação. A subjetividade dos jovens está sendo recriada nesse panorama plural e midiático, oportunizando maciçamente sua expressão nas novas mídias, nos diversos suportes de distribuição imagéticos, impressos, sonoros e hipermidiáticos disponibilizados pela internet. A cultura da mobilidade manifesta mudanças e lugares novos na percepção dos jovens sobre a formação de sua opinião.

Instituições como a escola e os movimentos sociais, entre outros, devem se integrar e se atualizar diante dessas novas mídias, utilizando-se de recursos que dinamizem o processo de ensino-aprendizagem e a formação de senso crítico diante de um jovem que gera conhecimento e percebe o mundo e as informações de maneira diferenciada. O jovem se apresenta, então, como criador de conteúdos, sejam eles audiovisuais, sejam eles textos, potencializando sua marca autoral e sua expressão. A educomunicação deve buscar compreender a relação que os sujeitos estabelecem nesse cotidiano virtual e real, interagindo como criadores de conteúdo e de meios de expressão de forma horizontal, de modo a favorecer o desenvolvimento desse processo na perspectiva educomunicativa.

3.1 Formação das subjetividades jovens

O contexto contemporâneo proporciona possibilidades de formação de subjetividades dos jovens no paradigma das convergências midiáticas, constituindo-se um cenário com acesso amplo a informações e ao conhecimento, assim como a redes de sociabilidade, por meio das mediações tecnológicas da comunicação, o que tem repercussão nas novas formas desenvolvidas no processo de ensino-aprendizagem. Portanto, é conveniente que os futuros profissionais da educomunicação possam compreender a formação das subjetividades jovens nesse contexto, já que assim será possível traçar estratégias educomunicativas relacionadas aos jovens no cenário escolar, abrangendo-se também outros grupos comunitários. O marco teórico aqui apresentado sinaliza pontos de destaque sobre a ambiência da cultura convergente, que, com certeza, atravessa a sociedade como um todo, visto que somos seres em constante inter-relação e comunicação, independentemente de quais sejam a área de atuação e as cenas cotidianas.

É importante salientar que as diversas plataformas midiáticas mudam rapidamente em termos de tecnologia, interatividade e possibilidades. Por isso, é preciso conhecer essas novas formas de comunicação que propiciam a aproximação das pessoas, assim como a proposta pedagógica que será desenvolvida com esses grupos prioritários. A comunicação não deve ser vista de uma maneira utilitária, pois sua potencialidade de expressão oferece ampla diversidade de meios para a reflexão e a divulgação de informações e conhecimentos. Ao mesmo tempo, deve ser avaliada a estratégia pedagógica mais adequada e sua relação com a comunicação. É por esse motivo que é relevante para a educomunicação conhecer os cenários envolvidos na formação das subjetividades jovens que são revelados neste capítulo, devendo-se considerar, porém, que a formação de subjetividades pode estender-se para o panorama teórico geral na configuração de outros grupos.

Os jovens estão em processo de formação e de construção de sua identidade mediante o reconhecimento de sua subjetividade. É em relação ao outro que o jovem se enxerga, na percepção de igualdades e diferenças. Nessa linha de pensamento, Almeida e Petraglia (citados por Lorieri, 2008, p. 76) entendem o conceito de subjetividade como

> sistema organizador do mundo interno e do mundo externo do sujeito, construído nas relações interpessoais e por sua influência. Ela se manifesta na singularidade e na peculiaridade de cada um, podendo

ser conhecida ou desconhecida. Esta subjetividade permite ou obstrui o desenvolvimento e o crescimento pessoal. Impede ou resgata lembranças do passado que se mostram e interferem no presente.

A formação das subjetividades e dos ecossistemas comunicativos, especificamente, considera a contemporaneidade do conhecimento colaborativo, lugar de encontro de várias outras subjetividades para o compartilhamento de saberes.

No mundo virtual, os jovens inserem-se em *sites* da internet, criam e recriam material audiovisual, assim como compartilham ideias e fatos do dia a dia nas redes sociais digitais (RSD), focalizados tanto no texto quanto em fotos, como no caso do microblog Twitter e do fotográfico Instagram, ambos identificados como diários virtuais atualizados constantemente, podendo-se citar ainda o estilo diarístico do Facebook. Conforme Recuero (2009, p. 102), as RSD permitem: "i) a construção de uma persona através de um perfil ou página pessoal; ii) a interação através de comentários; iii) a exposição pública da rede social de cada ator". Dessa forma, os jovens vão criando conteúdo e, ao mesmo tempo, suas identidades em relação aos outros. Segundo Stern (citado por Stern; Willis, 2009, p. 262), "Como a busca por uma identidade coerente constitui uma das tarefas principais da adolescência, sustenta-se que a internet pode realmente auxiliar a facilitar a autorreflexão, a experimentação da identidade e a autoexposição de forma saudável".

As RSD podem ser alternativas na produção de conteúdo, no sentido de que os jovens podem expressar suas opiniões, seus sentimentos e suas experiências de vida. Isso revela a crescente apropriação das novas mídias, em especial dos diários virtuais, em suas múltiplas formas, como parte do universo de expressão em jovens. Esse intercâmbio de ideias auxilia na configuração de identidades jovens. Nesse sentido, Rocha (citado por Amaral; Recuero; Montardo, 2009, p. 34) considera o blogue "como um espaço de expressão dos sentimentos, que poderia ser percebido como outra forma de constituição da personalização. Blogs, assim, não são apenas ferramentas caracterizadas pelo seu produto: são formas de publicação apropriadas pelos seus usuários como formas de expressão".

Dessa forma, as RSD, exemplificadas em diversos formatos de diários virtuais, empregados por significativo número de jovens e adolescentes, tornam-se espaço de expressão com elementos característicos, os quais definem quem é o escritor das mensagens e o que pode ou não ser revelado.

Ser integrante e ser colaborativo são características que marcam a configuração da realidade adolescente em formação nas comunidades virtuais, em que se compartilham objetivos e interesses. Nesse sentido, retomamos o paradigma do "pensamento complexo" analisado por Edgar Morin (citado por Lorieri, 2008, p. 77) para compreender que essas identidades se constroem com base nas subjetividades individuais, mas relacionadas com os outros:

> nossa subjetividade é algo construído, construído por cada um de nós e ao mesmo tempo por influências poderosas do meio em que vivemos: ou dito de outro modo, nas inter-relações nas quais estamos enredados desde que nascemos. Enredados, isto é, postos numa rede complexa de relações. É nesta rede que construímos a morada/abrigo ou o espaço/moradia de nós mesmos com tudo o que nos afeta e de onde também afetamos o que e a quem nos cerca. Afetamos incluindo e excluindo o que de fora nos vem e pelo que nos deixamos afetar ao mesmo tempo.

Da mesma forma, os cenários não são únicos, mas móveis (Castells, 2008), por isso líquidos, como bem aponta Bauman (2007a, p. 7), que define os "tempos líquidos", na sociedade pós-moderna contemporânea, como

> A passagem da fase "sólida" da modernidade para a "líquida" – ou seja, para uma condição em que as organizações sociais (estruturas que limitam as escolhas individuais, instituições que asseguram a repetição de rotinas, padrões de comportamento aceitável) não podem mais manter sua forma por muito tempo (nem se espera que o façam), pois se decompõem e se dissolvem mais rápido que o tempo que leva para moldá-las e, uma vez reorganizadas, para que se estabeleçam.

A presença do sujeito é pulverizada em cenários individualistas e tempos não lineares, isto é, tempos nos quais se realizam diversas atividades no mesmo momento. Assim, com relação ao conceito

de identidade, vale destacar as considerações de Bauman (citado por Livingstone; Sefton-Green, 2016), que define a identidade não como um conceito estável e contínuo, mas, pelo contrário, que se caracteriza pela fluidez e pela mudança no processo de ser e se tornar nos atuais tempos líquidos, considerando-se as múltiplas esferas da vida cotidiana em que os jovens circulam. Por isso, ainda segundo Bauman (citado por Livingstone; Sefton-Green, 2016, p. 34, tradução nossa), "'Individualização' consiste em transformar a 'identidade' humana de uma 'realidade' em uma 'tarefa', já que, em vez de herdar identidades fixas com base em funções sociais ou de emprego, as pessoas agora precisam trabalhar para se diferenciarem e se conectarem simultaneamente".
Retomamos aqui a relevância da interpretação da realidade e dos modos de ser, na busca por compreender o mundo e na formação dessas subjetividades. A construção dessa identidade ocorre cada vez mais por esse contato com comunidades sociais criadas na internet com subjetividades de outros, porém com objetivos compartilhados.

> Significativamente, os indivíduos não podem se dar ao luxo de serem passivos, porque as instituições estáveis e as comunidades tradicionais que antes proporcionavam seu bem-estar estão em retirada, removendo garantias vitalícias e redes de segurança. Ao se retirarem, os indivíduos devem assumir a responsabilidade de gerenciar seus próprios futuros incertos. Enquanto os indivíduos desfrutam de algumas novas liberdades, a própria escolha se tornou onerosa – tanto no processo de escolha quanto em suas consequências, já que o custo dos erros também recai sobre os indivíduos. O que antes era dado agora é visto como uma escolha; casar-se ou não, ter filhos ou não, viver em um país ou outro – não há como evitar tais escolhas. (Livingstone; Sefton-Green, 2016, p. 24, tradução nossa)

A experiência cotidiana traz seus desafios para os jovens, pois sua personalidade está em processo de construção e, portanto, com dúvidas e incertezas. A sociedade nos tempos líquidos predispõe uma atitude individualista, reforçada pela sensação de liberdade de escolha.

Como Zygmunt Bauman coloca, "A modernidade substitui o determinismo da posição social pela autodeterminação compulsiva e obrigatória". Para deixar claro esse ponto, ele adverte: "Não se engane: agora, como antes, a individualização é um destino, não uma escolha". Ao enfrentarmos nosso destino – a necessidade de escolher e arcar com todas as consequências –, estamos por nossa conta, pois as redes tradicionais de suporte não são mais confiáveis ou sempre presentes". (Bauman, 2002, citado por Livingstone; Sefton-Green, 2016, p. 24, tradução nossa)

A busca pela própria identidade é uma característica presente na construção dessas subjetividades jovens, razão pela qual a ambiência das RSD pode "auxiliar a facilitar autorreflexão, a experimentação da identidade e a autoexposição de forma saudável" (Stern, citado por Stern; Willis, 2009, p. 262). Por exemplo, o relacionamento entre o *youtuber* e o espectador de seu canal no YouTube é uma relação de mão dupla. A questão é como se dá o processo de autoria do jovem *youtuber* e se ele deve adaptar-se ao seu público-alvo ou deve escrever de acordo as próprias perspectivas (Miller, 2016). Por isso, e ainda na perspectiva de Morin, relacionada ao pensamento complexo, cabe observar que nossa subjetividade é construída e em construção: "contrariamente aos dois dogmas em oposição – para um o sujeito é nada; para o outro, o sujeito é tudo –, o sujeito oscila entre o tudo e o nada. Eu sou tudo para mim, não serei nada no Universo". (Morin, 2002, citado por Lorieri, 2008, p. 77). Esse relacionamento entre o jovem criador de conteúdo e si mesmo e, ainda, com o espectador-leitor-internauta permite que esse jovem possa expressar seus pensamentos, suas expectativas e dificuldades, recompondo sua identidade adolescente em formação e, portanto, em constante mutação.

Nesse sentido, à formação da subjetividade, concebida como um espaço entre o ser e o ter sido, acrescenta-se o fato de os jovens ainda estarem em pleno processo de mudanças físicas, pessoais e emocionais. Os espaços disponibilizados pelas RSD como Twitter ou Instagram, por exemplo, potencializam o protagonismo dos jovens e as expressões de suas subjetividades:

> Quando têm um espaço virtual para se expressar [...] as garotas contam histórias que são muito pessoais, íntimas e imediatas. Elas constroem uma identidade *on-line* com base em uma narrativa sobre quem elas são e quem gostariam de vir a ser. Suas narrativas destacam sua vida emocional e relacional, mais do que a sua conexão com um contexto social maior (político, econômico, etc.). Elas contam histórias de si mesmas, de personalidades em desenvolvimento, de solidão e depressão, de desapontamento com a realidade, mas também de esperança quanto ao amor e ao seu futuro. (Stern, citado por Mazzarella, 2009, p. 262)

Isso possibilita aos jovens a oportunidade de expressão e experimentação de sentimentos de liberdade, inclusive para tratar temáticas polêmicas que não abordariam de forma pessoal: "no tempo do ensino médio, a dor vem do sentimento de estar sozinho com os próprios impulsos estúpidos e autodestrutivos. Com tantos adolescentes desnudando as suas vulnerabilidades, existe o potencial para romper com o isolamento" (Nussbaum, citado por Stern; Willis, 2009, p. 263).

A relação dos jovens com suas RSD favorece a expressão de histórias de vida, desejos, sonhos, expectativas e dificuldades, retomando-se o conceito do diário pessoal como confidente, porém desta vez de um diário virtual exposto de forma ampla, no sentido de reforçar sua existência local neste mundo global ou, até mesmo, de mostrar uma personalidade que nem sempre é real, mas é a representação de sua expectativa. A exposição dos jovens mediante a apropriação do discurso na internet revela seu anseio de afirmação de sua existência pessoal, de deixar sua marca ou identidade nesse espaço virtual, enfim, de mostrar sua subjetividade para os outros.

> Os grupos formados por integrantes que não se conhecem muito bem, mas estão conectados porque possuem algum ponto em comum – como trabalho, vizinhança ou colégio –, são importantes para ampliar a visão de mundo e as oportunidades, principalmente para as classes menos abastadas. "Ao acessar uma rede social existe a possibilidade de se estabelecer conexões com pessoas de universos diferentes, observa o educador [Eduardo Santos Junqueira]. "Apesar de não ser uma amizade tradicional, essa relação pode gerar capital

social e possibilitar o contato com novas ideias, difundindo experiências e referências." Em outras palavras, rompe a bolha de restritos grupos de amizade. (França, 2018, p. 88-89).

As RSD proporcionam formas de relacionamentos, de inter-relações e diálogos, externos ao circuito hegemônico. O pesquisador Henry Jenkins (2009) explica que a cultura da convergência não é somente relacionada às sofisticadas tecnologias e aos fluxos dos conteúdos; para ele, a convergência acontece principalmente de forma orgânica nos sujeitos em seus relacionamentos com os outros. Essa é a marca do conhecimento colaborativo, que se fortaleceu nessa cultura convergente, reforçando, assim, as novas formas de se inter-relacionar.

A combinação de diferentes imagens, fixas ou em movimento, a partir de fotos e vídeos já existentes na internet sinaliza a apropriação de conteúdos imagéticos pelos usuários, numa espécie de "remix" ou (re)combinação dos elementos comunicativos existentes nas redes, gerando uma nova forma de expressão. Como criadores de conteúdos nas plataformas hipermidiáticas, os jovens se expressam em múltiplas RSD de variadas formas. O uso de aplicativos e outras ferramentas dessas redes configura um panorama da convergência midiática cada vez mais interativo.

Os aplicativos de mensagens, como o WhatsApp, utilizam majoritariamente símbolos imagéticos, como desenhos ou *emojis*, "figurinhas" e *stickers*, que trazem marcas de subjetividade e de expressão de emoções que revelam a identidade dos grupos de conversa e ultrapassam a simples exposição objetiva de um desenho qualquer. Esses desenhos se constituem de ilustrações, fotografias e infográficos que, quando combinados, criam uma identidade visual emocional muito expressiva, fortalecendo as comunidades que são ativas nos grupos desses aplicativos. Desse modo, a convergência midiática acolhe essas novas linguagens, as quais surgiram a partir dos próprios usuários, em sua interação e nos diálogos, propiciando que eles se inter--relacionem, se comuniquem e troquem informações, reforçando os laços sociais entre os integrantes da rede. Esses símbolos imagéticos sintetizam emoções e informações entre os usuários desses aplicativos, imprimindo agilidade na comunicação, o que corresponde a uma das principais características que a convergência midiática proporciona, que é o imediatismo, contexto no qual "o tempo urge". É tudo muito rápido, volátil e ubíquo, características estas que têm repercussão nos relacionamentos nessas RSD.

Ao mesmo tempo, os grupos nos aplicativos de mensagens atuam segundo os objetivos de cada comunidade, além de terem capacidade de ampla reverberação de suas mensagens, sendo conveniente, portanto, que haja tarefas de moderação e critérios éticos na formação e replicação de seus conteúdos. O uso dos celulares pode contribuir na expansão de conteúdos relevantes para a sociedade em geral, como informações de interesse geral, alertas ou serviços, os quais podem alcançar amplos setores, de forma simultânea, e viralizar no universo da comunicação midiática, tanto na internet quanto nos diversos meios da imprensa. Isso propicia aos educomunicadores a possibilidade de repercutir mensagens educomunicativas de maneira ampliada.

Outrossim, é importante destacar que, assim como a apropriação no uso e consumo das RSD é positiva, considerando-se as possibilidades na perspectiva educativa, de compartilhamento e de conhecimento colaborativo, em contrapartida, também existe a necessidade de rever questões de prevenção no sentido de possíveis abusos e perigos a que os jovens estejam expostos em razão da natureza da internet.

> Saber o que fazemos com as redes sociais digitais é fundamental, porém, mais importante ainda é saber o que as redes estão fazendo conosco. O que estão fazendo com a nossa subjetividade e sociabilidade, com a nossa memória, com os nossos anseios e desejos, o que estão fazendo com nossos modos de receber informação, de nos darmos conta dos fatos, de adquirir conhecimento, de perceber e representar o mundo, enfim, o que estão fazendo com os nossos processos de aprendizagem e, possivelmente, com as nossas maneiras de ensinar e educar. (Santaella, 2013, p. 112)

Nesse panorama, cada vez mais os jovens experimentam a vida por meio das possibilidades tecnológicas, as quais favorecem formas de relacionamento diferenciadas e novas formas de expressão nas RSD. Ao falarem de si mesmas, as pessoas criam uma história, construindo assim "uma espécie de narrativa multimídia e instantânea sobre suas próprias vidas, presentes e passadas" (Sued, 2010, citado por Santaella, 2013, p. 318), dessa forma realizando a construção do seu "eu".

Santaella (2013), ao comentar sobre a vida ubíqua nas redes sociais, afirma que a vida transcorre entre na cotidianidade concreta e a simultaneidade, no uso constante e contínuo das RSD, como o Facebook, com inserções de mensagens nessa rede enquanto o cotidiano vai acontecendo. É nessa dinâmica ubíqua – ou seja, a vida que transcorre entre a cotidianidade concreta e virtual –, de forma simultânea, que se construem as subjetividades dos jovens no sentido de constituição de identidade e alteridade. Nessas RSD, compartilham-se e comentam-se ideias e opiniões, e as interações com os outros têm significativa relevância na construção do "eu" como sujeitos em relação. Seguindo essa linha de pensamento, Sued (2010, citado por Santaella, 2013, p. 317) define o Facebook como "um espaço emergente da convergência de meios de comunicação preexistentes, culturas colaborativas e audiências participativas". Essa cultura participativa refere-se não somente à acolhida dos dados compartilhados pelas RSD, por exemplo, mas também à apropriação e produção de novos conteúdos pelos usuários.

> Subjetividades são, assim, transformadas de um estado de passividade, isolamento e silêncio para uma forma de subjetividade ativa. A participação nessas redes reforça também a criação de uma identidade digital, inclusive estimula a possibilidade de assumir várias identidades ou papéis para o exercício da fantasia, imaginação e de novos tipos de narrativas ou ficções. É normal que os usuários passem a conviver com a presença digital das pessoas a partir desses contextos. (Santaella, 2013, p. 115)

Para Recuero (2009, p. 103), essas RSD seguem padrões de identidade, de laços sociais e de capital social muito semelhantes, ou seja, é relevante "o modo como permitem a visibilidade e a articulação das redes sociais, a manutenção dos laços sociais estabelecidos no espaço *off-line*". As RSD oferecem novos padrões de relacionamentos sociais, criando espaços de interação em que "o papel do indivíduo na construção de sua própria rede social é preponderante. Na rede, o ator determina com quem irá interagir e com quem irá construir laços sociais" (Recuero, 2009, p. 142). Essas relações sociais complexas e esses laços se fortalecem em virtude do "capital social de rede", que diz respeito à capacidade que a rede propicia, como no caso do "sentimento de estar conectado" (Recuero, 2009, p. 143), isto é, de compartilhamento e de pertencimento a uma rede social.

Os compartilhamentos de fotos, vídeos e outras informações pessoais nas redes revelam crescentemente que "os adolescentes usam a internet para experimentar suas identidades [...] está mudando a forma como os adolescentes comunicam entre si suas identidades" (Strasburger; Wilson; Jordan, 2011, p. 35). Esses processos de compartilhamento de experiências de vida, de forma contínua e constante, reverberam em processos colaborativos de cognição – quando o saber de um membro do grupo agrega conhecimentos e conexões para os outros –, integrando-se no conhecimento colaborativo, já que, "nessa cultura participativa, a capacidade de interagir tanto com pessoas quanto com computadores pode expandir as nossas capacidades mentais" (Jenkins, citado por Tapscott, 2010, p. 141).

> Em primeiro lugar, construo meu eu para o outro. No Facebook não há autismo: um perfil sem amigos seria invisível. Em segundo lugar, para ser eu, também tenho que ser outro: comento para que me comentem, olho para que me olhem. Em terceiro lugar, o outro constrói meu eu: comenta no meu mural, etiqueta-me em fotos, posta fotos no meu perfil, elege, ou não, mostrar-me e mostrar-se, mostrando-me. (Sued, citado por Santaella, 2013, p. 213)

Ou seja, essa construção de subjetividades jovens se dá em inter-relação com as interações com os outros participantes da rede social. Segundo Santaella (2013, p. 316),

> Além de favorecer a circulação, as mídias sociais abrem espaço para a criação de ambientes de convivência instantânea entre as pessoas. Instauraram, assim, uma cultura participativa, onde cada um conta e todos colaboram, portanto, uma cultura integrativa, assimilativa, cultura da convivência que evolui de acordo com as exigências impostas pelo uso dos participantes.

A cultura participativa está relacionada com as possibilidades de que, além de acolherem conteúdos midiáticos, as pessoas os produzam nessas RSD. Conforme estudo realizado por Juliano Spyer,

> as mídias sociais criaram formas mais flexíveis de comunicação. Se, antes, as relações eram privadas – uma mensagem endereçada a um destinatário – ou públicas, postadas nas páginas abertas das redes sociais, agora se tornou possível ter um modelo híbrido, de relativa privacidade dentro de um grupo controlado por um ou mais moderadores. No período analisado, plataformas mais públicas, como as *timelines* do Facebook, por exemplo, mostraram-se conservadoras, com as pessoas evitando assuntos políticos. Em mídias mais exclusivas, como o WhatsApp, essa função foi mais exercida, justamente pela possibilidade de manter a discussão dentro de um grupo cuidadosamente constituído. (França, 2018, p. 89)

Como indica França (2018), essas considerações estão contempladas no estudo internacional do *Why We Post*, desenvolvido pela University College London (UCL), no Reino Unido, em 2016, que também abrangeu o Brasil e outros países, para avaliar a relação das pessoas com as RSD sob o olhar da antropologia. Da mesma forma, a pesquisa de pós-doutorado de Patricia do Prado Ferreira, a *A apropriação política após os movimentos das ruas: retóricas do discurso sócio-político-digital*, desenvolvida entre 2016 e 2019 com o apoio da Fundação de Amparo à Pesquisa do Estado de São Paulo (Fapesp), apresenta importantes observações sobre o assunto com base na psicologia clínica (Instituto de Psicologia da Universidade de São Paulo – IP-USP).

Ainda nesse sentido, a cultura participativa predispõe para a criação de comunidades e a expressão de uma polifonia de vozes. Essa prática de participação nas RSD apoia-se na construção do relacionamento discursivo que se compõe nessa cultura participativa. É a interatividade que confere a essas mensagens a característica de gerar um discurso polifônico e social, configurando-se "a criação de links com seus congêneres, num movimento de construção de comunidades de informação, que se retroalimentam, checam e comparam dados e interpretações, produzindo a multivocalidade" (Palacios, citado por Ribas, 2007, p. 161).

Por um lado, a apreensão do mundo passa pelo reconhecimento da relação intertextual entre os discursos, sejam eles midiáticos, sejam eles vivenciais, isto é, o dia a dia dos jovens e a multiplicidade de oportunidades de expressão por meio das RSD. Trata-se da construção de significados e conhecimentos por meio da relação com outros discursos, de seu uso, consumo e apropriação na formação de sentidos mediante a intertextualidade: "A experiência textual e a experiência social são diferentes, mas possuem conexões. As competências e os repertórios discursivos que estão envolvidos na construção dos significados se sobrepõem e se informam mutuamente" (Fiske, citado por Orofino, 2005, p. 87).

Por outro lado, no âmbito da interatividade disponibilizada por várias RSD, o jovem tem acesso a possibilidades de leitura e escrita que ultrapassam o formato linear, geralmente ofertado na esfera curricular escolar. As novas mídias disponibilizam vantagens, visto que podem trazer como valor agregado ao processo de ensino-aprendizagem a interatividade e a expansão discursiva em formatos não lineares interligados e, portanto, de conhecimento que se alimenta e retroalimenta de forma infinita, em níveis cada vez mais complexos e específicos. Nesse sentido, a existência do hipertexto como elemento relacional a outros elos ou conceitos (*links*) estimula a capacidade de leitura e coautoria na abordagem dos textos na internet, facilitando a configuração de um hiperleitor:

> Autores como Landow (1997) e Bolter (2001) imaginam uma geração de *wreaders* [*writer* (aquele que escreve)] + *reader* [(aquele que lê)]

> muito mais participantes da relação com o texto, porque conseguem adicionar *links*, comentários e, eventualmente, conseguem corrigir, expandir, apagar o texto, interagindo com o(s) autor(es) do hipertexto, em um tipo de intervenção considerado impossível no nível do impresso. Segundo Bolter, quando se permite ao leitor a possibilidade de modificar tais estruturas textuais, também se lhe atribui uma responsabilidade que é a de autor. (Komesu, 2005, p. 105)

A relação que se estabelece entre o jovem e os discursos midiáticos nas novas mídias possibilita que ele seja coautor do texto, muitas vezes completamente diferente do proposto pelo autor desse texto. O hipertexto como elemento característico da linguagem da internet disponibiliza ao jovem internauta essa possibilidade, inclusive nas distintas RSD pelas quais ele navega na rede, assim como na autoração de suas próprias redes sociais digitais, com textos ou elementos audiovisuais, como fotografias e vídeos. Para Marcuschi (citado por Komesu, 2005, p. 106),

> Na realidade, com o hipertexto, tem-se a impressão de uma autoria coletiva ou de uma espécie de coautoria. A leitura se torna simultaneamente uma escritura, já que o autor não controla mais o fluxo da informação. O leitor determina não só a ordem da leitura, mas o conteúdo a ser lido. Embora o leitor usuário do hipertexto (o hipernavegador) não escreva o texto no sentido tradicional do termo, ele determina o formato da versão final de seu texto, que pode ser muito diversa daquela proposta pelo autor.

A pesquisadora Betina von Staa (2021) destaca sete motivos pelos quais um professor deveria criar um diário virtual nas RSD, o qual poderia ser aplicado às suas múltiplas faces na internet, mais direcionadas ao visual (Instagram e YouTube) ou ao escrito (Twitter e Facebook), por exemplo. Entre esses motivos, salienta-se o fato de aproximar professor e alunos, estabelecendo uma relação de mão dupla, permitindo não somente a reflexão sobre as colocações nos textos ou *posts*, mediante os comentários de alunos, colegas e interessados na temática proposta, como também a ampliação da aula por meio de conteúdos interativos e motivando a participação e a interatividade dos envolvidos.

Contudo, apesar do potencial oferecido pela internet na época do conhecimento colaborativo, a escola como instituição de ensino nem sempre usufrui desse contexto midiático tão próximo dos jovens.

> A educação escolar anda em descompasso com uma sociedade marcada pelas tecnologias. Em um mundo da multimídia, invadido por sons e imagens, estáticas e, principalmente, em movimento, com cores em profusão, a escola insiste nas monotonias da cor do quadro de giz e da voz do professor. Em suma, continuamos, em pleno século XXI, a fazer uma educação do século XIX. (Marinho et al., 2009, p. 2)

Esse engessamento da instituição escolar não permite que o aluno crie uma relação orgânica com os conteúdos programáticos, assim como causa um distanciamento com o professor que leciona a disciplina. Esse relacionamento fica fragilizado e distante pela ausência de experiências compartilhadas e colaborativas, as quais são emblemáticas do mundo da internet. Apesar de existirem alguns projetos que viabilizam às escolas brasileiras a implementação das novas tecnologias, ainda se constitui em um desafio para a escola e seus protagonistas resgatar o tempo perdido e atualizar-se.

> Existem três posturas a respeito da incorporação das tecnologias da informação e comunicação na prática docente. A primeira é de resistência, associada ao medo, ao desconhecido, ao receio de fazer um mau papel frente aos alunos – os verdadeiros especialistas em tecnologias. A segunda é a postura de conformismo, segundo a qual os professores aceitam se atualizar sob a alegação de que não lhes resta outra alternativa. E a terceira é a mais otimista, que mostra que a educação necessita de uma revolução com o uso adequado das tecnologias de forma dialógica e contínua. (Rosa; Islas, 2009, p. 169)

É preciso destacar que o reflexo da convergência midiática aponta que existem também riscos no processo de ensino-aprendizagem que se utiliza das novas tecnologias, no sentido de que a instantaneidade e a simultaneidade em que os jovens aprendem podem significar uma superficialidade das informações intercambiadas entre os integrantes da rede social digital, gerando uma cultura descartável pela falta de profundidade dos conteúdos midiáticos relacionados ao ensino, por exemplo. Apesar das possibilidades favoráveis que esses cenários tecnológicos proporcionam para o processo educativo, ainda há muito a pesquisar sobre as repercussões que a convergência midiática tem entre os integrantes do universo juvenil, visto que o fenômeno é muito recente. Existem, sim, evidências relatadas pelos jovens – os quais utilizam maciçamente as RSD – em relação à presença de aspectos psicológicos perturbadores, como ansiedade, compulsão e depressão, vinculados ao uso dessas redes, de aplicativos de mensagens e outros tipos de comunicação proporcionados pela internet; no entanto, ainda há muito a desbravar em futuras pesquisas sobre a relação entre a saúde e a adversidade ocasionada por esse universo de convergência.

Por um lado, os educomunicadores devem desenvolver a capacidade de interagir com os jovens, procurando caminhos metodológicos para incentivar nos estudantes uma consciência cidadã e responsável numa compreensão integral da vida cotidiana. Por outro lado, essa compreensão deve ser consciente dos impactos e das repercussões advindas da complexa atividade midiática. Essa relação de mão dupla, de professores e alunos, deve contemplar o aspecto ético nesse processo de ensino-aprendizagem, considerado como consciência e responsabilidade cidadã. É preciso igualmente aprofundar os conhecimentos sobre a formação das subjetividades jovens para poder se aproximar da juventude de forma dialógica e colaborativa.

> O que a tecnologia traz hoje é integração de todos os espaços e tempos. O ensinar e aprender acontece numa interligação simbiótica, profunda, constante entre o que chamamos mundo físico e mundo digital. Não são dois mundos ou espaços, mas um espaço estendido, uma sala de aula ampliada, que se mescla, hibridiza constantemente. Por isso a educação formal é cada vez mais *blended*, misturada, híbrida, porque não acontece só no espaço físico da sala de aula, mas nos múltiplos espaços do cotidiano, que incluem os digitais. O professor precisa seguir comunicando-se face a face com os alunos, mas também digitalmente, com as tecnologias móveis, equilibrando a interação com todos e com cada um. (Moran, 2015, p. 16)

Os jovens vivenciam seu cotidiano em esferas diversas, como a escola, a família, os amigos, entre outras, muito além das redes de sociabilidade proporcionadas pela convergência; no entanto, os universos disponibilizados pela internet já se integraram na rotina de vida desses jovens. Considera-se que os contextos tecnológicos fazem parte do dia a dia dos jovens e que os dispositivos usados nesses meios poderiam vir a contribuir no processo de ensino-aprendizagem. Entretanto, é relevante discernir que ainda há muito a ser pesquisado para evidenciar em quais situações, temáticas e graus os dispositivos midiáticos podem, de fato, auxiliar na apropriação cognitiva dos jovens.
Segundo Santos (2003a, p. 21),

> Eu penso que a educação devia ser uma criação constante de subjetividades paradigmáticas, porque para criar subjetividades subparadigmáticas não é preciso escola para coisa nenhuma; para isso basta deixar andar as crianças por aí, aprendem mais fora das escolas do que nas escolas até porque na escola têm que desaprender muitas coisas.

Diante desse cenário, os educadores são os mediadores nesse processo de ensino-aprendizagem, uma vez que acompanham essas mudanças tecnológicas e os modos como os jovens se apropriam delas. Com relação à presença dos dispositivos móveis na escola, apesar de suas características de mobilidade e ubiquidade, ainda não há estudos que comprovem, com exatidão, os graus de engajamento e empatia dos jovens para processos de cognição. O crescente número de dados pode criar o caos informativo e, por isso, é imprescindível a mediação de professores, educadores e orientadores para poder filtrar as informações e promover a eficiência escolar na proposta em questão. Esse papel é assim descrito por Moran (2013, p. 30-31):

> O docente como orientador/mediador de aprendizagem. [...] Orientador/mediador intelectual – Informa, ajuda a escolher as informações mais importantes, trabalha para que elas se tornem significativas para os alunos, permitindo que eles as compreendam, avaliem conceitual e eticamente-, reelaborem-nas e adaptem-nas aos seus contextos pessoais. Ajuda a ampliar o grau de compreensão de tudo, a integrá-lo em novas sínteses provisórias.

É necessário compreender que a formação de opinião por parte dos jovens é um processo constante em razão do desenvolvimento da maturidade deles, sendo mais um ingrediente a ser analisado quando são planejadas atividades educativas, em espaços tanto formais quanto informais, já que o contexto tecnológico está fortemente presente na vida cotidiana dos jovens – fora ou dentro da escola. Por isso, as plataformas disponibilizadas pela internet encontram maior receptividade; contudo, no contexto de aprendizagem, é conveniente que os educadores/docentes/orientadores/mediadores criem linhas estratégicas de ação, com atividades organizadas, de forma planejada, com objetivos específicos em relação aos conteúdos que devem ser socializados, na busca por eficiência nas propostas educativas.

Nesse sentido, a professora Mariazinha Rezende e Fusari destaca a importante relação entre educação e comunicação:

> Somos sujeitos comunicadores enraizados historicamente num contexto sociocultural. É a partir desse nosso existir que elaboramos nossas autorias comunicacionais em diferentes graus e modos de consciência, de saber, de atuação como pessoas, ao mesmo tempo, emissoras e recebedoras, nas tramas do processo comunicacional de cultura. (Fusari, citada por Belloni, 2009, p. 13)

Vale destacar que o uso dos recursos tecnológicos oferecidos pela internet pode auxiliar na relação de construção do conhecimento, que implica não somente a aceitação de conceitos, mas também a interpretação das informações com visão crítica, criando-se novos conhecimentos. Então, a relação de ensino-aprendizagem implica, para os aprendizes, um processo – não somente interiorização dos conteúdos, mas (re)construção, avaliação, interpretação e construção de novos significados. A apropriação cognitiva é um processo complexo e, por esse motivo, não é conveniente supervalorizar a presença dos recursos tecnológicos, a qual, de fato, é relevante para essa relação de ensino-aprendizagem, sendo essencial que o plano estratégico educativo seja realizado pelos educadores/orientadores pedagógicos, como no caso dos educadores sociais, mais especificamente dos educomunicadores, porque assim haverá um planejamento eficiente e objetivo.

Existem inúmeras experiências que evidenciam as amplas possibilidades oferecidas pelos recursos e dispositivos tecnológicos e da comunicação a partir da perspectiva educativa, como no caso da utilização de rádio, televisão, cinema, RSD e outros meios disponibilizados pela internet, em tempo de convergência midiática. Estudos sinalizam análises relacionadas ao uso das variadas mídias em sala de aula, como a televisão, o cinema, o rádio, a internet, entre outras, contribuindo na compreensão dessa área (Napolitano, 2003; Consani, 2007). Essas leituras podem auxiliar no posterior planejamento e criação de materiais da comunicação midiática, em uma visão estratégica da educomunicação e, mais recentemente, em projetos de realidade virtual (*virtual reality* – RV) e realidade aumentada (*augmented reality* – AR), com características imersivas que favorecem uma aproximação aos conteúdos educativos[1]. Todas essas experiências configuram-se como expressões exitosas de uma longa trajetória histórica e social da parceria entre educação e comunicação.

Entretanto, a missão dos educadores, na perspectiva da mediação e da orientação, é essencial nesse processo de ensino-aprendizagem, pois eles devem criar as estratégias que guiam os caminhos para a consecução dos objetivos necessários em termos educativos. A escola é um lugar de conflito e dialética no sentido de que a construção do conhecimento deve ser livre, debatida, aberta a reconstruções e interpretações e, nesse sentido, coordenadores, orientadores pedagógicos, professores e educadores são um ponto de destaque no planejamento e no encaminhamento dos saberes acadêmicos nos diversos contextos de ensino-aprendizagem.

Nesse complexo processo, o papel dos educadores é primordial no planejamento dessa estratégia educativa e cognitiva. Como afirma Freire (2000, p. 67), "Se a educação sozinha não transforma a sociedade, sem ela, tampouco, a sociedade muda". O educador social tem responsabilidades ainda mais abrangentes e estratégicas ao interagir nos campos da educação, do acolhimento e da responsabilidade social, entre outras questões. No caso

---

1   Essas experiências serão tratadas no Capítulo 4 deste livro.

específico do educomunicador, ele deve conhecer os diversos cenários midiáticos existentes para, assim, incentivar e realizar análises críticas sobre a comunicação em seus diversos suportes de distribuição, assim como apropriar-se das possibilidades oferecidas pelos recursos tecnológicos e comunicacionais existentes, objetivando liderar estratégias de ação como a produção de materiais educomunicativos em parceria com os participantes.

É recente também o uso dessas inovações tecnológicas para auxiliar nas atividades de ensino, sendo necessária a fluidez do tempo para poder incorporar alternativas viáveis de adaptação e apropriação das possibilidades que essas inovações têm no cenário educativo. As políticas públicas direcionadas para instituições de ensino e os jovens devem contemplar as subjetividades geradas nesse universo da convergência, tornando, ao mesmo tempo, a escola um espaço mais prazeroso de ser e de conviver e criando condições de engajamento dos jovens para aprender.

Apesar das transformações no mundo globalizado, digital e binário, ainda são necessárias políticas públicas no setor da educação que fortaleçam, numa visão integral da escola, a inclusão da comunicação digital nos projetos de ensino-aprendizagem. Isso será favorável para que jovens e adolescentes vivenciem a escola mais próxima de seus universos e cotidianos, possibilitando a disposição à permanência na escola e contribuindo, assim, para a diminuição da evasão escolar. Nesse sentido, estudos revelam uma defasagem relacionada à motivação dos jovens na continuação de sua trajetória escolar, e a inclusão digital poderia ser elemento motivador para atrair o aluno para esse espaço: "o número de jovens que não fazem nada tem crescido. O jovem quer internet. E deixam uma mensagem bem clara: 'essa escola que está aí não me interessa'. [...] É preciso fazer políticas de atração do jovem à escola" (Menezes, 2007).

Além disso, os dados da pesquisa *Síntese de indicadores sociais*, que contém dados do Instituto Brasileiro de Geografia e Estatística (IBGE), baseados na Pesquisa Nacional por Amostra de Domicílios (Pnad) de 2012, "mostram que o número de jovens de 15 a 29 anos que não estudava nem trabalhava chegou a 9,6 milhões no País no ano passado, isto é, uma em cada cinco pessoas da respectiva faixa etária. O número [...] representa 19,6% da população de 15 a 29 anos" (Andrade, 2013).

A "geração nem-nem", ou seja, jovens que nem estudam nem trabalham, também teve visibilidade nas narrativas seriadas televisivas, como a telenovela *Geração Brasil* (Rede Globo, 2014), na qual se reforçava a importância de os jovens aprenderem programação e questões sobre internet, entre outras temáticas.

Segundo dados da Pesquisa Nacional por Amostra de Domicílios Contínua (Pnad Contínua), realizada pelo IBGE, "Em 2017, das 48,5 milhões de pessoas com 15 a 29 anos de idade, 23,0% (11,2 milhões) não trabalhavam nem estudavam ou se qualificavam, contra 21,9% em 2016. De um ano para o outro, esse contingente cresceu 5,9%, o que equivale a mais 619 mil pessoas nessa condição" (Agência IBGE Notícias, 2018a).

Ademais, apesar das amplas possibilidades que as plataformas hipermidiáticas oferecem, é relevante destacar que ainda existem regiões no país que não contam com acesso à internet, o que evidencia a necessidade de políticas públicas nas áreas da educação e da comunicação para auxiliar na reversão desse processo de desigualdade em relação a esse acesso. É conveniente impulsionar centros digitais nas comunidades, bem como fortalecer a mediação e a orientação dessas atividades nos diversos cursos técnicos relacionados.

A preocupação com esses assuntos desde já indica uma perspectiva ética vinculada à educomunicação porque se analisa o mapa das possibilidades e necessidades que devem ser contempladas para o desenvolvimento de estratégias educomunicativas, tanto em projetos quanto em pesquisas e ações educomunicativas, em diversos contextos, grupos e comunidades. Conforme relata Chaui (2000, p. 433), os agentes precisam ser conscientes sobre o que é correto e o que não é, considerando-se que "consciência e responsabilidade são condições indispensáveis da vida ética" nas deliberações diante de uma ação. A relação educação-comunicação, pela ótica da ética e da cidadania, é geradora de aproximação com realidades, subjetividades e expectativas das pessoas, com vistas não somente à sensibilização social, mas à formação de uma sociedade justa e digna.

> O campo ético é, assim, constituído pelos valores e pelas obrigações que formam o conteúdo das condutas morais, isto é, as virtudes. Estas são realizadas pelo sujeito moral, principal constituinte da existência ética. [...] O sujeito ético ou moral, isto é, a pessoa, só pode existir se preencher as seguintes condições: ser consciente de si e dos outros [...] ser dotado de vontade [...] ser responsável, isto é, reconhecer-se como autor da ação, avaliar os efeitos e consequências dela sobre si e sobre os outros; ser livre [...] autônomo [...]. (Chaui, 2000, p. 434)

Nesse sentido, é importante indagar por que a ética é importante para a educomunicação no sentido de sua contribuição para o agir educomunicativo diante de assuntos de relevância social e, muitas vezes, de polêmica e de confronto, principalmente quando se trata de situações de desigualdade social em detrimento da construção de uma sociedade digna, com paz e justiça para todos. Contextos em que prevalece a violência, física, simbólica ou psicológica, em sua diversidade de faces, como violência contra a mulher, preconceito contra grupos ou *bullying* na escola, são contextos que não contribuem para a ética e a vida em paz e igualdade na sociedade.

> O campo ético é, portanto, constituído por dois polos internamente relacionados: o agente ou sujeito moral e os valores morais ou virtudes éticas. Do ponto de vista do agente ou sujeito moral, a ética faz uma exigência essencial, qual seja, a diferença entre passividade e atividade. [...] Do ponto de vista dos valores, a ética exprime a maneira como a cultura e a sociedade definem para si mesmas o que julgam ser a violência e o crime, o mal e o vício e, como contrapartida, o que consideram ser o bem e a virtude. (Chaui, 2000, p. 434)

No agir educomunicativo, a responsabilidade desse fazer também inclui a compreensão de como se constroem as subjetividades das pessoas, num tempo específico como o atual, em que as novas formas de se comunicar, baseadas na mediação tecnológica da comunicação, criaram redes de sociabilidade e compartilhamento de conhecimentos com significativo impacto na vida das pessoas. A importância da questão ética para a área da educomunicação se sustenta pelo compromisso e pela identidade profissional que têm os educomunicadores, os educadores sociais e os profissionais das áreas relacionadas. Destacamos que o respeito e o acolhimento das comunidades vulneráveis e em situação de risco são integrantes da visão e do paradigma ético que os educadores sociais têm como identidade profissional e em sua abordagem de acolhida, de auxílio social e em prol dos mais desfavorecidos.

A formação das subjetividades das pessoas na atualidade traz a marca dos tempos líquidos em suas múltiplas faces, conforme relatado por Bauman (2007a, 2007b), razão pela qual há a necessidade de um contínuo questionamento do que é ético ou precisa ser readequado nesse cenário convergente.

> Por realizar-se como relação intersubjetiva e social, a ética não é alheia ou indiferente às condições históricas e políticas, econômicas e culturais da ação moral. Consequentemente, embora toda ética seja universal do ponto de vista da sociedade que a institui (universal porque seus valores são obrigatórios para todos os seus membros), está em relação com o tempo e a História, transformando-se para responder a exigências novas da sociedade e da Cultura, pois somos seres históricos e culturais e nossa ação se desenrola no tempo. (Chaui, 2000, p. 435)

Dessa forma, de acordo com os pressupostos de Martín-Barbero (2017), é possível identificar que o contexto histórico, cultural e social tem repercussão na formação das subjetividades das pessoas, visto que a mediação ética, ou seja, o contexto ético em que acontece a experiência vivencial, se transforma nesse acompanhamento educativo cotidiano. A ética é um critério imprescindível para a formação dos educadores, uma vez que que proporciona referências e valores que vão orientar seu posicionamento no processo de ensino-aprendizagem. Conforme Moran (2013), o professor atua também como orientador/mediador da aprendizagem no campo ético:

> Orientador ético – Ensina a assumir e vivenciar valores construtivos, individual e socialmente. Cada um dos professores colabora com um pequeno espaço, uma pedra na construção dinâmica do "mosaico" sensorial-intelectual-emocional-ético de cada aluno. Este vai organizando continuamente seu quadro referencial de valores, ideias, atitudes, tendo por base alguns eixos fundamentais comuns como a liberdade, a cooperação, a integração pessoal. Um bom educador faz a diferença. (Moran, 2013, p. 31)

Seguindo essa linha de pensamento, podemos entender que é necessária uma reavaliação do atual processo de ensino-aprendizagem nas escolas, com o objetivo de poder compreender as subjetividades dos jovens, mediada pela escola informal ampliada não somente pelos meios de comunicação tradicionais como também pelas novas mídias disponibilizadas pela internet.

> A implementação das novas tecnologias na educação está criando espaço de apropriação significativa das mesmas. As escolas estão sendo providas de equipamentos de informática, mas sem uma capacitação de docentes ou com capacitação somente para professores de áreas muito específicas, em que a utilização da informática só era dada como uma disciplina. (Rosa; Islas, 2009, p. 169)

As novas mídias podem potencializar a relação de ensino-aprendizagem por meio do intercâmbio de informações e conceitos, num ambiente que é mediatizado pela questão técnica, mas que viabiliza o encontro pedagógico de forma natural, além da sala de aula, possibilitando um relacionamento próximo entre os protagonistas do processo educativo. Nesse contexto, existem possibilidades de se pensar coletivamente, na construção do discurso e do conhecimento colaborativos. Além da motivação, faz-se necessário que a escola se atualize diante da nova configuração do jovem não somente diante das novas tecnologias, mas, sobretudo, em face das atuais preocupações e interesses dos jovens.

Da mesma forma, Miller (2016) destaca como as RSD estão reformulando as relações entre os sujeitos envolvidos no processo de ensino-aprendizagem, mediante a abordagem de temas impactados pela mídia social, como intimidade e conflito, vigilância e engajamento, bem como mediando a compreensão do dever, já que "todos eles destacam importantes dimensões sociais da aprendizagem, cada vez mais conduzidas através do espaço *on-line*" (Miller, 2016, p. 70, tradução nossa). As RSD proporcionam aos jovens um relacionamento de compreensão e apreensão dos conhecimentos por meio de relacionamentos individuais/coletivos, de interdependência e colaborativos. Esse relacionamento repercute na aprendizagem mais lúdica e, ao mesmo tempo, contribui para o desenvolvimento de habilidades cognitivas de comunicação e compreensão (Miller, 2016). Estudos de Lange e Wesch com jovens e o uso do YouTube e de blogues em vídeo têm revelado características do chamado "conceito de 'aprendizagem conectada', que enfatiza uma interatividade continuada e um aprendizado 'ativo', [...] a vanguarda da teoria educacional" (Miller, 2016, p. 71, tradução nossa). Em outras palavras, destaca-se a interatividade como elemento de predisposição para o aprendizado e do desenvolvimento das habilidades e conhecimentos obtidos nesse processo de ensino-aprendizagem.

A **aprendizagem conectada** traz em seu cerne o registro de que "os jovens podem não apenas acessar uma riqueza de conhecimentos *on-line*, mas também ser realizadores, criadores, participantes e praticantes engajados em pesquisas ativas e autodirigidas" (Ito et al., 2013, p. 2, tradução nossa). Ao mesmo tempo, a aprendizagem conectada revela a preocupação de que a educação formal dos jovens nem sempre está vinculada à vida cotidiana deles, assim como evidencia a relevância da diversidade de formas de interatividade favoráveis para a aprendizagem ativa. Ela é abrangente em sua perspectiva, não sendo restrita ao cenário escolar – compreende o sujeito de maneira integral, em sua totalidade vivencial.

> A aprendizagem conectada é uma abordagem para tratar da desigualdade na educação por meio de formas voltadas para uma sociedade em rede. Ela procura alavancar o potencial da mídia digital para expandir o acesso ao aprendizado socialmente incorporado, motivado por interesses e orientado para oportunidades educacionais, econômicas ou políticas. (Ito et al., 2013, p. 2, tradução nossa)

Nessa perspectiva, a aprendizagem conectada propõe a criação de contextos de aprendizagem entre os interesses pessoais dos jovens, as relações sociais em seus grupos de interação (também identificadas como a "cultura de pares") e suas expectativas em relação a projetos de vida, projetos acadêmicos e até mesmo de ativismo político, o que vai contribuir para que os jovens tracem suas trajetórias de vida. Cabe observar que a formação de grupos interatuantes com objetivos e interesses compartilhados é um dos contextos em que esse processo cognitivo e cultural acontece de forma crescente (Ito et al., 2013, p. 74).

> O modelo de aprendizagem conectada postula que, concentrando a atenção educacional nos vínculos entre as diferentes esferas da aprendizagem – cultura de pares, interesses e disciplinas acadêmicas –, podemos apoiar melhor a aprendizagem orientada a interesses e significativa de maneira a tirar proveito do potencial democratizante das redes digitais e dos recursos *on-line*. (Ito et al., 2013, p. 87, tradução nossa)

Ainda conforme Ito et al. (2013), uma das principais linhas de ação dessa proposta de aprendizagem conectada destaca que, se o tema for de significativo "interesse" pessoal, ele será eixo motivador e favorável para a aprendizagem conectada, que alcançará maior eficiência. Da mesma forma, a aprendizagem conectada considera que as novas mídias podem promover engajamento e autoexpressão no processo educativo, visto que as "tecnologias interativas, imersivas e personalizadas fornecem *feedback* responsivo, apoiam uma diversidade de estilos de aprendizagem e alfabetização e aceleram o aprendizado de acordo com as necessidades individuais" (Ito et al., 2013, p. 12, tradução nossa).

Nesse sentido, a criação de conteúdo no mundo virtual alcança as esferas do mundo jovem, favorecendo que os adolescentes sejam protagonistas da criação de seus materiais comunicacionais, deslocando o eixo de produção e autoria para os próprios jovens na diversidade das RSD. Muitas vezes, a geração desses conteúdos é facilitada pela divulgação de diversos *softwares* livres de criação como programas de edição não linear, no caso de vídeos e de edição de áudio na criação de *podcasts*.

3.2 Subjetividades jovens no espaço da educomunicação

Como forma de interpretar o mundo na inter-relação entre os conhecimentos, a subjetividade cria alterações nos jovens, que apreendem o mundo mediante o compartilhamento de experiências na internet e o pensamento colaborativo. A construção da identidade da juventude atual se dá no contato com comunidades sociais criadas na internet, com subjetividades de outros, porém com objetivos comuns. O uso significativo das RSD para auxiliar como recurso educomunicativo também potencializa o protagonismo dos jovens, sendo essas redes consideradas espaços de expressão, de dúvidas, de intercâmbio de experiências, de afirmação individual e de criação da identidade jovem.

A escola deve dinamizar o processo de ensino-aprendizagem diante de um jovem que gera conhecimento e percebe o mundo de forma diferenciada. Essa questão implica a avaliação profunda do perfil dos profissionais envolvidos (educadores e comunicadores), desde a configuração de suas matrizes curriculares, para aproximar esses dois mundos numa visão integral dos futuros profissionais, tendo em vista trabalhos em comum, assim como a implementação no currículo escolar de disciplinas que problematizem e viabilizem a compreensão do uso e da apropriação das novas mídias como formas de expressão das subjetividades jovens.

A interatividade favorece a presença maciça e o protagonismo dos internautas na internet, uma vez que os jovens estão cada vez mais próximos dessa realidade de autoria e coautoria de conteúdos digitais. Nesse sentido, "*Blogs*, se observados enquanto artefatos culturais, podem revelar diferentes ideias de por que as pessoas blogam e quais são os motivos do meio – ciberespaço – que eles herdaram" (Shah, citado por Amaral; Recuero; Montardo, 2009,

p. 31). Compreendem-se as diversas plataformas da internet na diversidade das RSD – blogues, dispositivos visuais (Instagram, YouTube) ou textuais (Facebook, Twitter), entre outros – como artefatos culturais. Isso porque se configuram não só como canais de comunicação, mas, sobretudo, como manifestação dos contextos sócio-históricos de seus interlocutores. O artefato cultural é definido como

> **um repositório vivo de significados compartilhados produzido por uma comunidade de ideias.** [...] um símbolo de comunhão. [...] Um artefato cultural se torna infinitamente mutável e gera muitas autoreferências e narrativas mutuamente definidoras mais do que cria uma narrativa mestra linear. [...] [sua legitimação se dá] pelas práticas vividas das pessoas que os criaram. (Shah, citado por Amaral; Recuero; Montardo, 2009, p. 31, grifo do original)

O uso da internet favoreceu a produção colaborativa, nos caminhos da divulgação e da experimentação de conteúdos, propiciando comunidades virtuais nas quais se compartilham diversos interesses. Por um lado, esse contexto estimulou a criação de *edublogs* – isto é, artefatos culturais especificamente direcionados ao auxílio didático no universo escolar –, os quais colaboram na elaboração de saberes e, ao mesmo tempo, revelam a identidade dos estudantes envolvidos nesse processo de aprendizagem. Por outro lado, os educadores podem traçar estratégias de orientação e guia, assim como fomentar uma atitude crítica dos alunos diante dos conteúdos midiáticos ampliados pela internet, dinamizando esse processo. Experiências espanholas relacionadas aos *edublogs* (blogues para educação) registram a contribuição dessa produção para a leitura e a escrita dos estudantes, os quais, ao mesmo tempo que se informam e constroem conhecimentos, exteriorizam as próprias identidades, acompanhados da ajuda do professor orientador e mediador, que guia essa aprendizagem e leitura hipermidiática, incentivando uma atitude crítica na apropriação dessas informações (Medina, 2008). O uso dos *edublogs* pelos professores pode reforçar as atividades didáticas no desenvolvimento das aulas, visto que é possível articular as partes teórica e prática com o intuito de fomentar uma atitude crítica dos alunos, ou seja,

> que a parte teórica da disciplina respalde, no possível, seus conteúdos teóricos e, ao mesmo tempo, facilite um espaço de debate público em dobro, por um lado na sala de aula e por outro lado na mesma rede através dos *weblogs*, acessíveis a todos os internautas, que podem deixar suas contribuições por meio de comentários em cada entrada. (Medina, 2008, p. 141, tradução nossa)

Nesse processo, o jovem torna-se criador de conteúdos e gerador de conhecimentos, percebendo o mundo e as informações de forma diferenciada mediante essas novas tecnologias. Os educadores e os comunicadores devem recriar sua identidade diante dessa realidade contemporânea, atualizando-se e adaptando-se a ela para compreender a construção das subjetividades dos jovens aprendizes. Nesse sentido, pensar a cidadania no contexto das novas mídias significa (re)pensar como se (re)constroem as subjetividades do jovem no uso, no consumo e, sobretudo, na apropriação e criação de conteúdo midiático na contemporaneidade.

A internet oferece aos jovens diversas formas de relacionamento e expressão, assim como possibilita a criação e a divulgação de conhecimentos:

> é a rede no tempo de uma Sociedade da Autoria, onde cada internauta se torna, além de (co)autor ou (co)produtor, distribuidor de conteúdos, compartilhando a sua produção com os demais indivíduos imersos em uma *cibercultura*. O internauta deixa de ser apenas um leitor isolado ou tão somente um coletor de informações. Ele agora passa a colaborar na criação de grandes repositórios de informações; torna-se também semeador e contribuindo para que uma riqueza cognitiva se estabeleça e se expanda em um espaço cujo acesso é amplo, em tese possível a todos [...] é a "web da leitura/escrita" [*read/write Web*]. (Marinho et al., 2009, p. 7)

A autoria colaborativa consolida-se como espaço de criatividade e compartilhamento de interesses de grupos com objetivos comuns. Nessa linha de pensamento, Berners-Lee (citado por Mota, 2009, p. 28) se centra "na interação e na comunicação entre as

pessoas, na colaboração, na criatividade e na produção dos conteúdos, não no aparato tecnológico que lhe subjaz". A produção colaborativa é a principal característica da internet, pois propicia a geração de conhecimentos e a divulgação de informações no processo de escrita coletiva.
Segundo Barreiro, Moreira e Araújo (2018, p. 1),

> a produção colaborativa de um texto é um passo importante para a disseminação da cooperação na internet. Uma vez que o indivíduo aprende a criar um texto coletivamente, saberá também participar, interagindo com outros usuários na criação de quaisquer outras atividades presenciais ou a distância. Percebe-se, neste momento, um senso de colaboração, que é demonstrado através da tomada de decisões e o respeito pelo outro, mesmo nas suas diferenças. A percepção colaborativa do usuário está diretamente ligada a participação em socializar as suas ideias a um tema específico, e indiretamente induz a uma pesquisa individual ou uma autorreflexão destas ideias.

Por esse motivo, é de significativa importância que a instituição escolar e seus protagonistas, especialmente o corpo docente e os gestores, compreendam que a identidade do adolescente contemporâneo passa por esses novos contextos de socialização, compartilhamento de informações e novas formas de pensamento e construção de conhecimentos.
A construção do conhecimento de maneira compartilhada por todos os integrantes da sociedade – também identificado como *conhecimento colaborativo* – revela que, no processo educativo, se estabelece uma relação de mão dupla:

> entendendo o processo de ensino-aprendizagem como uma experiência comunitária e intersubjetiva, baseada numa multiplicidade de interações individuais que se estabelecem num marco complexo e descentralizado – e que é a forma pela qual, desde milênios, se tem desenvolvido a maior parte da produção cultural humana –, devemos convir que, nessa imaginária tribo, todos podemos ser, potencialmente, alunos e professores. (Rodríguez, 2008, p. 165, tradução nossa)

Além disso, acrescenta-se a cultura midiática que está presente na educação informal desses estudantes fora do espaço escolar. Os meios de comunicação fazem parte da vida dos jovens, sendo uma "escola paralela", segundo indica um estudo pioneiro realizado por Moran, o qual apontava o significativo tempo de assistir à televisão por parte de crianças e adolescentes: "É sua primeira escola. Quando chega aos bancos escolares, já está acostumada a esta linguagem ágil e sedutora. E a escola não consegue chegar perto dessa forma de contar. A criança julga-a a partir do aprendizado na televisão" (Moran, citado por Orofino, 2005, p. 51-52).

Da mesma forma, atualmente as novas mídias e suas possibilidades marcam presença maciça na vida dos jovens. Portanto, faz-se necessário rever a qualidade do vínculo pedagógico que se estabelece entre a instituição escolar, os professores e os jovens estudantes, ou seja, indagar "o que ocorre nas nossas instituições ante a erupção dos novos espaços gerados pelas ferramentas de informática, como são utilizadas, como lhes dão significado e sentido, e os imaginários que se articulam e as práticas que se geram em torno delas" (Rosa; Islas, 2009, p. 170).

As redes sociais criadas no mundo virtual permitem que o conteúdo possa servir como material de informação. A possibilidade de publicar opiniões e informações, além da multimidialidade presente nos blogues, por meio de vídeos ou de arquivos de áudio, confere a essas redes um potencial significativo como ferramenta de auxílio na aprendizagem dos alunos. Além disso, pesquisas sinalizam que a tendência mundial é a diminuição no uso do *e-mail* pelos jovens diante da crescente utilização de redes sociais como o Facebook ou o Instagram. O tempo nas redes sociais é maior do que o utilizado no uso do correio eletrônico, o que sinaliza claramente uma mudança de atitude do internauta brasileiro, anunciando-se a potencialidade das redes sociais de estabelecer relacionamentos entre os jovens, na construção de comunidades virtuais.

Nesse sentido, a interatividade proporcionada pelos conteúdos midiáticos disponíveis na internet favorece formas de autoria e expressão por parte dos múltiplos protagonistas na relação de intercâmbio dialógico, cada um deles revelando suas subjetividades, formas de ver e compreender o mundo e, no caso dos jovens, mostrando suas identidades em formação e a percepção em relação a si mesmos. Nesse contexto, os professores precisam se aproximar desse processo de subjetivação jovem e, para isso, é importante que a formação dos educadores seja direcionada para o universo dessa população no uso dos meios de comunicação, diante das transformações da convergência midiática, com vistas a aprofundar a compreensão do vínculo pedagógico estabelecido.

3.3 A cultura da convergência na perspectiva educomunicativa

A cultura contemporânea, conforme Bauman (2007a, 2007b), considerada como **cultura líquida**, apresenta como marcas significativas a interatividade e a mobilidade na formação das subjetividades. Nessa abordagem, o tempo e o espaço estão inseridos na perspectiva da interação, da conexão e de laços de sociabilidade em rede, em constante transformação. É nesse cenário que os jovens vivenciam seu cotidiano, sempre conectados e interligados em redes, por meio dos dispositivos móveis, em qualquer tempo e lugar. Além de considerar a família, a escola, entre outras mediações, Martín-Barbero (2017, p. 19, tradução nossa) assinala que "a mediação tecnológica da comunicação deixou de ser simplesmente instrumental para converter-se em estrutural". Essas mediações tecnológicas, que fazem parte da rotina diária dos jovens nessa ambiência convergente, devem ser analisadas quando se trata desses jovens no cenário escolar.

A mediação tecnológica – ou contexto tecnológico – acontece na experiência vivencial dos jovens em relação com seu cotidiano nos diversos contextos, considerando-se que *mediação* é "o elemento que constitui e direciona o sentido de uma relação" (Leite et al., 2006, p. 123), isto é, os diversos contextos nos quais os jovens estudantes convivem: o relacionamento com as mídias, a família e a escola.

Seria impossível delimitar tudo aquilo que pode ou não mediar uma relação. Só é possível identificar as mediações, de fato, no momento que a relação se estabelece e nela se evidencia um conflito, a diferença. É preciso considerar também que em uma mesma relação podem atuar inúmeras mediações. (Leite et al., 2006, p. 123)

Os jovens estão inseridos num contexto escolar específico e, assim, recriam as representações sociais[2]. Trata-se de período em que se observam formas diferenciadas como mediação[3] nas "relações contemporâneas cotidianas" e "nas relações escolares e educacionais".

Perceber o ambiente social e histórico como um elemento de mediação constante e relevante nas relações estabelecidas na dinâmica da vida cotidiana perpassa a compreensão de que a cada época há um conjunto de ideias e comportamentos dominantes ou hegemônicos que determina aquilo que é aceito socialmente como a conduta padrão ou normal. (Leite et al., 2006, p. 123)

Essas mediações estão inseridas num espaço e num tempo, no caso, pós-moderno, num paradigma "líquido". Nesse contexto, a educação ocorre não somente no cenário escolar formal, mas na informalidade, numa espécie de mosaico de saberes advindos dos meios de comunicação tradicionais, como a televisão e a imprensa, e também das novas mídias, inseridos no mundo da internet e dos dispositivos móveis.

As novas tecnologias usadas pelas pessoas trouxeram consigo novos campos, práticas sociais e mediações, além de novos veículos

---

2 O psicólogo social Serge Moscovici indica que "as representações sociais não são apenas 'opiniões sobre' ou 'imagens de', mas teorias coletivas sobre o real, sistemas que têm uma lógica e uma linguagem particulares, uma estrutura de implicações baseada em valores e conceitos, e que 'determinam o campo das comunicações possíveis, dos valores ou das ideias compartilhadas pelos grupos e regem, subsequentemente, as condutas desejáveis ou admitidas'" (Alves-Mazzotti, 2008, p. 22-23).

3 Segue-se o conceito de *mediações* cunhado por Jesús Martín-Barbero, em referência a espaços socioculturais (família, escola, meios de comunicação, entre outros), por meio dos quais os jovens se aproximam do mundo e o leem (Leite et al., 2006).

de interseção dessas mesmas práticas. Nesse contexto, a televisão, como agente de mediação, foi um marco como um novo espaço, servindo-se da imagem, do som e do texto conjuntamente. A tecnologia de que a televisão faz uso caracteriza-se pela possibilidade de "conversar" com uma enorme massa social e ao mesmo tempo aplicar linguagens originais de expressão. (Leite et al., 2006, p. 132-133)

Da mesma forma que aconteceu com a televisão, o contexto tecnológico, no qual a internet e as novas mídias estão inseridas, oferece a oportunidade de os jovens se manifestarem por meio de diversas práticas sociais. O tempo moderno norteou-se pela linearidade, sustentado pela cultura oral e escrita. Em contraposição, o tempo pós-moderno toma como base a não linearidade, o audiovisual (Leite et al., 2006) e o hipermidiático como contextos tecnológicos, em tempo e espaços líquidos.

As práticas escolares devem ser percebidas nesse paradigma da pós-modernidade e da *cultura da convergência*, termo definido por Jenkins (2009, p. 29), o qual considera a convergência como aliada das transformações – tecnológicas mercadológicas, culturais e sociais. A cultura da convergência representa uma transformação cultural: "A convergência não ocorre por meio de aparelhos, por mais sofisticados que venham a ser. A convergência ocorre dentro dos cérebros [...] individuais e em suas interações sociais com outros" (Jenkins, 2009, p. 30).

Tomando-se como prerrogativa a cultura líquida, que indica o relacionamento do tempo (simultaneidade) e do espaço (ubiquidade) – em outras palavras, em todo momento e em qualquer lugar –, cabe reafirmar as considerações de Castells (2008, p. 448, tradução nossa) quando revela que, em nossa convivência com os outros, "somos nós e nossas redes", como evidência da convergência midiática. Os dispositivos móveis propiciam que o ser humano não esteja sozinho, mas sempre com a possibilidade de interagir com outros, simultaneamente.

Nesse sentido, a prática social tem a visualidade como forma de compreensão e de apropriação do mundo para os sujeitos e, assim, de apreensão do universo ao seu redor. A **"sociedade multitela"**, assim considerada por Pinto (citado por Rivoltella, 2012, p. 41), refere-se à "multiplicidade dos espaços de ver", por intermédio do meio televisivo, de dispositivos móveis, da internet, de videogames, entre outros, na era da convergência tecnológica, por meio da experiência cotidiana.

A seguir, o Quadro 3.1 apresenta as dimensões da sociedade multitela.

Quadro 3.1 – As dimensões da sociedade multitela

Dimensões	Sociedade tradicional	Sociedade multitela
Ver	Durável Variável Isolável	Intermitente Móvel Interativo
Saber	Arquivado Monovisivo	Distribuído Multiacesso
Habitar	Lugar físico	Lugar social

Fonte: Rivoltella, 2012, p. 44.

As dimensões da sociedade multitela, apresentadas no Quadro 3.1, permitem analisá-la numa "perspectiva decisivamente mais experiencial" (Rivotella, 2012, p. 44). As múltiplas janelas não se referem somente a questões técnicas (diferenças de telas de televisão, de celular, de cinema), mas, sobretudo, a essa nova forma de ver, que ressignifica as formas como os sujeitos se apropriam do saber. Essa capacidade de ver, ou seja, a lógica da visão, indica a escolha do que mira o olhar de modo interativo, entre o que o sujeito vê e o que quer ver. Esse saber, ou a lógica da apropriação dos significados, é compartilhado e infinito em seu acesso. Por fim, as pessoas se inter-relacionam não em um espaço físico, mas em um lugar social criado por meio do compartilhamento de vivências e experiências e, por isso, trata-se de um habitar "social" (Rivoltella, 2012, p. 42-43). Assim, é conveniente que a escola cada vez mais procure se aproximar do universo dos jovens estudantes e da multiplicidade de mediações em que eles se inter-relacionam.

Recentemente, em março de 2020, instalou-se no Brasil a pandemia de covid-19, causada pelo coronavírus, que mudou a face mundial pelo significativo risco de contaminação e pela letalidade gerada pela doença. Entre múltiplas repercussões na saúde, na política e na economia advindas do coronavírus, uma das que marcaram a pandemia foi a necessidade de uso de máscaras, isolamento e distanciamento social, com o intuito de preservar vidas até a disponibilização de uma vacina. Os relacionamentos sociais mudaram; o fato de as pessoas terem de ficar em suas casas, sem poder sair de seus lares por causa do risco de contágio foi uma mudança radical na forma de se comunicar, já que não era possível se relacionar de forma presencial. Locais de encontro como escolas, *shoppings* e igrejas foram fechados para evitar aglomerações. Nesse contexto, o uso dos dispositivos móveis auxiliou nas relações interpessoais, uma vez que muitos contatos foram realizados por meio dos aplicativos de mensagens dos celulares e das RSD:

> no cenário atual das telecomunicações, grande parte do acesso à rede é realizado por meio de celulares. Segundo a pesquisa TIC Domicílios 2018, lançada em meados de 2019, 85% dos usuários de internet das classes D e E acessam a rede exclusivamente pelo celular. Dois por cento, apenas pelo computador, e 13% se conectam tanto pelo aparelho móvel quanto pelo computador. (ICICT Fiocruz, 2020)

No âmbito da saúde, pesquisadores da Fundação Oswaldo Cruz (Fiocruz) destacaram que o celular foi uma das principais vias de serviços de informação para a sociedade em geral, possibilitando a divulgação de fatos, o alerta sobre as formas de prevenção da doença, o acompanhamento atualizado dos dados, entre outros, para o esclarecimento da população. O uso dos celulares e da internet favoreceu a caixa de ressonância das informações sobre o coronavírus:

> Além das informações sobre como se prevenir, muitas vezes é por meio da internet que a população descobre o que fazer em casos de suspeita de estar com a Covid-19, e também sobre a oferta dos serviços de saúde em suas localidades. [...] O Portal Fiocruz, que reúne

> uma seção especial com perguntas e respostas e diversos conteúdos informativos à população, tem 70% de seus acessos realizados a partir de aparelhos celulares. Além disso, o Ministério da Saúde lançou aplicativo sobre o coronavírus, para celular, com dicas de prevenção e um número de whatsapp para contato. (ICICT Fiocruz, 2020)

No que diz respeito à área da educação, as escolas e as universidades tiveram de fechar, e muitas das atividades escolares foram feitas pelos professores na ambiência da educação a distância; assim, muitos dos docentes prepararam seus materiais educativos, como vídeos, textos, *links* e planos de aula, utilizando-se das potencialidades que as plataformas da internet ofereceram. Até mesmo os aplicativos de mensagens se destacaram para aproximar pais, mães e professores a fim de esclarecer dúvidas sobre as aulas dos alunos durante a pandemia, assim como para aproximar alunos e professores.

Uma pesquisa desenvolvida pelo Instituto Península (2020b) tomou como prerrogativa que existem mais de 48 milhões de alunos na rede básica brasileira e mais de 2,2 milhões de professores e estimou que 58% dos domicílios brasileiros não contam com computadores e que 33% não dispõem de internet. Para a pesquisa, foram coletadas 2.400 respostas de professores e professoras da educação básica de todo o Brasil, da educação infantil ao ensino médio, contemplando-se diferentes modalidades (por exemplo, ensino de jovens e adultos – EJA) em instituições públicas de ensino no país.

A implementação de ações de ensino remoto é um avanço na experimentação na área da educação em tempos de pandemia, porém ainda não se sabe sua eficiência em termos pedagógicos no processo de ensino-aprendizagem. Destacamos, ainda, que ensino remoto não é educação a distância, visto que esta última tem metodologias, concepção de interatividade e materiais específicos. O contexto da educação diante da pandemia de covid-19, além da suspensão das aulas, motivou a implementação de várias ações pelas redes de ensino federal, estadual e municipal, nos diversos estados brasileiros (Educação e Coronavírus, 2021), as quais deverão ser avaliadas somente após a pandemia. Algumas dessas ações contaram com o apoio de aulas pela televisão educativa dos estados, videoaulas, conteúdos impressos, uso de aplicativos, entre outros. Em vários casos, os próprios professores enfrentaram desafios e prepararam eles mesmos seus materiais, gravando videoaulas em suas casas e divulgando os materiais em plataformas como o YouTube. Houve esforço e colaboração de professores, pais e alunos durante esse período de pandemia. O impacto e a eficiência pedagógica do ensino remoto ainda deverão ser avaliados com atenção, porém desde já essas experiências vão contribuir para a discussão sobre o uso das tecnologias da comunicação na área da educação.

A pesquisa do Instituto Península (2020a) sobre o cenário dos professores durante o contexto do ensino remoto na pandemia de coronavírus apontou vários achados: 83,4% dos professores revelaram que não se sentem preparados para o ensino remoto; 88% indicaram que nunca tinham dado aula remota antes da pandemia; 99% declararam que usam o celular para trabalhar; 90% possuem *notebook*, e 46%, *desktop*. Da mesma forma, os professores foram questionados sobre os canais mais utilizados por eles para obter informações confiáveis. Foram obtidas as seguintes respostas: internet (por exemplo, portais de notícia), 79%; televisão, 76%; mídias sociais, 40%; aplicativos de mensagens, 33%; *e-mail*, 19% (Instituto Península, 2020b).

Nessa pesquisa, o Instituto Península revelou ainda que os professores sentem preocupação com a própria saúde mental e gostariam de ter suporte emocional e psicológico: "Observamos que diante dessas **mudanças e incertezas**, associadas às **restrições de mobilidade da população**, as demandas e expectativas que recaem sobre as **professoras e professores aumentaram ainda mais**, trazendo junto com elas sentimentos como **medo, ansiedade e insegurança**" (Instituto Península, 2020b, p. 6, grifo do original).

Nessa ambiência, percebe-se que a convergência midiática ocorre nas diversas faces da vida e do processo de ensino-aprendizagem, atingindo não somente os jovens estudantes, mas também professores, gestores e, de forma geral, todo o cenário do ensino no país. Por isso, a perspectiva da educomunicação deve igualmente se aprofundar em relação a contribuições, desafios e dificuldades que as novas plataformas midiáticas oferecem no sentido de planejamento, gestão e ações educomunicativas eficientes na consecução dos objetivos educomunicativos.

3.3.1 Acesso às plataformas midiáticas

Segundo Smith e Anderson (2018), pesquisas do Pew Research Center destacaram que a faixa etária de 18 a 24 anos, em 2018, vinha tendo cada vez mais acesso às diversas plataformas midiáticas. O perfil desses jovens em relação ao consumo dos meios de comunicação mudou quando comparado com o das gerações anteriores. As novas tecnologias possibilitaram a realização simultânea de diferentes atividades. Uma pesquisa realizada em 2014 e 2015 com jovens norte-americanos pela Pew Research Center mostrou que

> Mais notavelmente, a propriedade de *smartphones* tornou-se um elemento quase onipresente na vida adolescente: 95% dos adolescentes agora relatam ter um *smartphone* ou acesso a um. Essas conexões móveis, por sua vez, alimentam atividades *on-line* mais persistentes: 45% dos adolescentes agora dizem que estão *on-line* em uma base quase constante. (Anderson; Jiang, 2018, tradução nossa)

A expansão do acesso aos dispositivos móveis oferece aos jovens a possibilidade de criação de conteúdo, considerando-se as ferramentas disponibilizadas na internet, as quais favorecem que os adolescentes consigam expressar sua opinião num fórum aberto.

> Hoje 64,7% da população brasileira acima de 10 anos está conectada à internet, segundo a última Pesquisa por Amostra Nacional de Domicílios Contínua (PNAD). E 62% têm um smartphone, de acordo com estudo do Google Consumer Barometer, de 2017. Houve um boom de conectividade via celular nos últimos seis anos – em 2012, apenas 14% dos brasileiros possuíam telefones desse tipo. (França, 2018, p. 86)

Já em 2018, um estudo realizado pela Pew Research Center (Anderson; Jiang, 2018) mostrou que o uso das RSD por jovens de 13 a 17 anos aumentou significativamente e de forma constante – fato apontado por 51% desses usuários –, sendo focalizados mais os hábitos nesse uso e apropriação das plataformas midiáticas disponibilizadas por essas RSD.

A convivência simultânea dos meios em várias janelas midiáticas oferece uma experiência aos jovens que não foi vivenciada pela geração dos pais deles. Várias pesquisas registram o crescente consumo pelos jovens da internet, cada vez mais por meio dos dispositivos móveis, se comparados com a televisão, o rádio e os jornais impressos, e muitas das informações e até mesmo programas televisivos também são divulgados geralmente por aplicativos das próprias emissoras e jornais (Cetic.br, 2018).

Para conhecer as pesquisas relacionadas ao acesso da população brasileira às diversas plataformas midiáticas, recomendamos a leitura dos dados do IBGE. Há vários *sites* que interatuam com a sociedade e disponibilizam dados de censos e pesquisas constantes acerca da população brasileira. Um desses *sites* é o IBGE Educa, que oferece informações específicas para crianças, jovens e professores de forma objetiva e clara: "O IBGEeduca é o portal do IBGE voltado para a educação: com conteúdos atualizados e lúdicos sobre o Brasil" (IBGE Educa, 2021), disponível na internet no seguinte endereço eletrônico: <https://educa.ibge.gov.br>.

Ainda com relação aos dados sobre consumo de televisão, internet e celular, o IBGE desenvolveu a Pnad Contínua, que trata do tópico Acesso à Internet e à Televisão e Posse de Telefone Móvel Celular para Uso Pessoal, nos anos de 2016 e 2019 (IBGE, 2018, 2021), com o tema complementar Tecnologia da Informação e Comunicação – TIC. A análise e interpretação desses dados foram publicadas em 2018 e 2021, respectivamente.

Para saber mais

As tabelas de resultados, as notas técnicas e demais informações sobre a pesquisa encontram-se disponíveis no portal do IBGE na internet, no seguinte endereço:

IBGE – Instituto Brasileiro de Geografia e Estatística. **PNAD Contínua**: Pesquisa Nacional por Amostra de Domicílios Contínua. Disponível em: <https://www.ibge.gov.br/estatisticas/multidominio/condicoes-de-vida-desigualdade-e-pobreza/17270-pnad-continua.html?=&t=o-que-e>. Acesso em: 26 jun. 2021.

Os dados do IBGE com relação ao uso da internet por estudantes da rede pública e da rede privada e por não estudantes podem ser observados na Tabela 3.1, a seguir.

Tabela 3.1 – Percentual de pessoas que utilizaram a internet, na população de 10 anos ou mais idade, por sexo, segundo a condição de estudante e a rede de ensino que frequentavam – Brasil, 4º trimestre de 2016

Condição de estudantes e rede de ensino que frequentavam	Percentual de pessoas que utilizaram a internet, no período de referência dos últimos três meses, na população de 10 anos ou mais de idade (%)		
	Total	Homens	Mulheres
Total	**64,7**	**63,8**	**65,5**
Estudantes	81,2	79,4	82,9
Rede pública	75,0	73,3	76,7
Rede privada	97,4	97,3	97,5
Não estudantes	60,4	59,6	61,1

Fonte: IBGE, 2018, p. 30.

Como indicado na tabela, 97,4% dos alunos da rede privada de ensino tinham acesso à internet, índice que cai para 75% entre os alunos da rede pública. Esses níveis de acesso são significativos e apontam caminhos para o planejamento estratégico da educomunicação no que se refere à gestão e à produção de diversos materiais educomunicativos.

Gráfico 3.1 – Finalidade de acesso à internet pelos estudantes em 2019 (%)

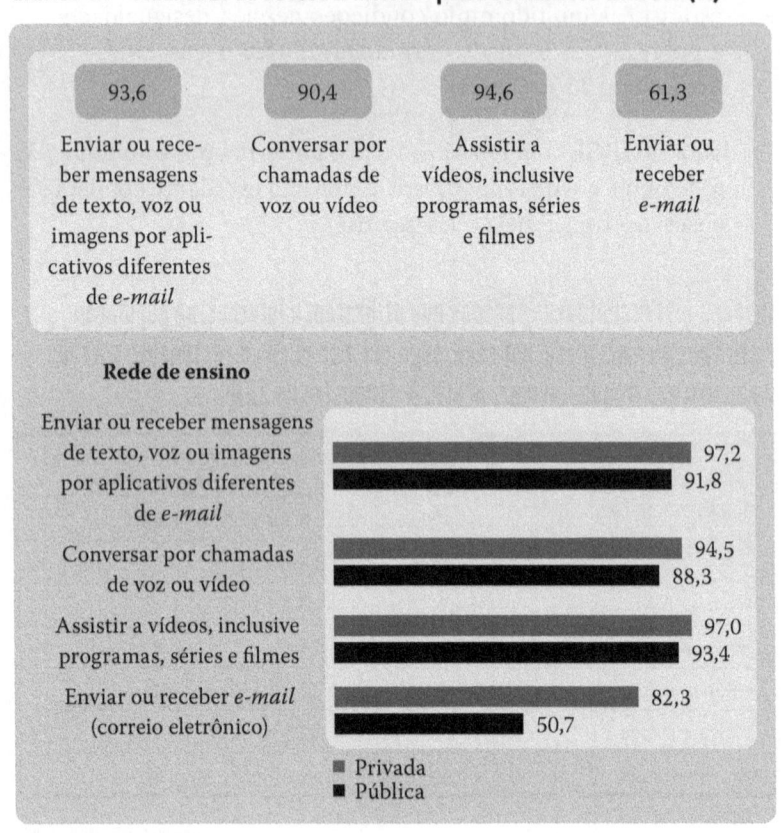

93,6	90,4	94,6	61,3
Enviar ou receber mensagens de texto, voz ou imagens por aplicativos diferentes de *e-mail*	Conversar por chamadas de voz ou vídeo	Assistir a vídeos, inclusive programas, séries e filmes	Enviar ou receber *e-mail*

Rede de ensino

	Privada	Pública
Enviar ou receber mensagens de texto, voz ou imagens por aplicativos diferentes de *e-mail*	97,2	91,8
Conversar por chamadas de voz ou vídeo	94,5	88,3
Assistir a vídeos, inclusive programas, séries e filmes	97,0	93,4
Enviar ou receber *e-mail* (correio eletrônico)	82,3	50,7

Fonte: IBGE, 2021, p. 10.

Os dados mostrados no Gráfico 3.1, assim como outros gerados pelas pesquisas do IBGE sobre o acesso às plataformas midiáticas, podem contribuir para a diversidade de alternativas a serem contempladas no planejamento e na criação de materiais educomunicativos. Da mesma forma, as pesquisas acerca da cobertura midiática colaboram para o aprofundamento dos assuntos de relevância social e o fortalecimento e a expansão do cabedal teórico do campo da educomunicação.

Por fim, é conveniente sinalizar também o potencial que as novas mídias e as novas formas de convivência assumem entre os jovens em termos de responsabilidade social, cidadania, direitos humanos e outros assuntos de relevância social, inclusive na área da educação. Nesse sentido, existem importantes indicadores do monitoramento da cobertura midiática sobre a infância e a juventude, considerando-se pesquisas específicas sobre a temática da educação em suas diversas especificações, como educação inclusiva, educação e meio ambiente. Conforme pesquisas realizadas pela Agência de Notícias dos Direitos da Infância (Andi), em 2007 existiam 22 veículos impressos focalizados no mundo jovem brasileiro, e nessas publicações houve um aumento na apresentação de matérias de relevância social, chegando a um percentual próximo de 65%. Entretanto, as matérias jornalísticas relacionadas à internet tiveram somente 1,3% de cobertura nos anos 2000 (Vivarta, 2000, 2007). A rede Andi – que iniciou suas atividades no país em 1997 – cresceu, expandindo-se para 12 países da América Latina, e continua realizando pesquisas sobre cobertura jornalística relacionada a temáticas infantojuvenis. Foram avaliados 130 jornais latino-americanos numa pesquisa que

> aponta um aumento significativo na quantidade de notícias sobre temáticas relacionadas a esses segmentos da população: em 2005, a média foi de 1.961 textos por veículo. Em 2006 e 2007, esse índice chegou a 2.372 e 2.180, respectivamente. [...] Brasil. Entre 1996 e 2007, o número de notícias sobre infância e adolescência publicadas nos 50 jornais monitorados pela ANDI teve um crescimento superior a 1.000%, passando de 10.700 para 146.640 notícias anuais". (Vivarta, 2013, p. 15-16)

Síntese

Tomando como prerrogativa os pressupostos dialógicos da educomunicação, a análise da formação das subjetividades jovens vai contribuir para esboçar as linhas de ação estratégica dos educomunicadores nas diversas comunidades jovens. Embora o texto caracterize o cenário escolar como protagonista, as subjetividades jovens em seus diferentes grupos, tanto no contexto formal quanto no não formal, vivenciam experiências semelhantes, já que essas subjetividades têm em comum o cotidiano em que a juventude vivencia suas experiências a partir da perspectiva dos tempos líquidos e da convergência midiática.

Faz-se necessário o engajamento dos diversos atores sociais para que eles possam se articular com o objetivo de participar e traçar políticas públicas ligadas à educação, no intuito de perceber a relevância dos caminhos cruzados da educação e da comunicação, considerando-se a formação das subjetividades das pessoas em tempos de convergência midiática. A educomunicação deve estar atenta à configuração desse universo subjetivado, pois é com base na percepção e na análise de como essas identidades se formam que poderiam ser implementadas ações educomunicativas e projetos de forma satisfatória.

Além das técnicas e dos suportes de comunicação, as principais características da identidade técnica e profissional dos educomunicadores é a postura ética e a sensibilidade social. A matriz das atividades dos educadores sociais são as ações de acolhimento e assistência para as pessoas e os grupos desfavorecidos, vulneráveis ou em situação de risco e, por esse motivo, a questão ética é referencial para que esses educadores se aproximem das pessoas e das comunidades.

É nesse paradigma da convergência midiática que as populações jovens criam suas subjetividades, suas formas de ser e de opinar, levando-se em conta seu envolvimento com os educadores no processo de ensino-aprendizagem. Assim, os educomunicadores devem se aproximar das subjetividades, em constante mudança, compreendendo que a convergência midiática favoreceu a apropriação dos diversos suportes para a criação de conteúdos educomunicativos e, portanto, integrantes de sua estratégia educomunicativa.

Questões para revisão

1. O que significa pensar e atuar conforme a abordagem da aprendizagem conectada quando se trata da perspectiva da educomunicação?

2. Analise como a formação das subjetividades nos jovens pode contribuir para o processo educomunicativo no contexto das redes sociais digitais (RSD).

3. Assinale V para as afirmativas verdadeiras e F para as falsas:
   ( ) Para Moran (2013), o professor atua também como orientador/mediador da aprendizagem no campo ético, já que ensina a assumir e vivenciar valores construtivos, individual e socialmente.
   ( ) Freire (2000, p. 67) afirma que "se a educação sozinha não transforma a sociedade, sem ela, a sociedade muda".
   ( ) Rosa e Islas (2009) explicam que existem três posturas relacionadas à incorporação das tecnologias da informação e comunicação na prática docente: a de resistência, a de conformismo e a postura mais otimista, a qual mostra que a educação necessita de uma revolução com o uso adequado das tecnologias, de forma dialógica e contínua.

   Agora, assinale a alternativa que apresenta a sequência correta:
   a) V, V, V.
   b) F, F, F.
   c) F, V, V.
   d) V, F, V.
   e) F, V, F.

4. Assinale V para as afirmativas verdadeiras e F para as falsas:
   ( ) Conforme Rivoltella (2012), as dimensões da sociedade multitela correspondem à possibilidade de ver de forma intermitente, móvel e interativa, e o habitar corresponde a um lugar físico.
   ( ) Conforme Recuero (2009, p. 102), as RSD permitem: "i) a construção de uma persona através de um perfil ou página pessoal; ii) a interação através de comentários; iii) a exposição pública da rede social de cada ator".
   ( ) Segundo Santaella (2013, p. 112), é importante identificar o que estamos realizando com as RSD, mas sobretudo o que essas redes estão fazendo conosco: "com a nossa subjetividade e sociabilidade, com a nossa memória, com os nossos anseios e desejos, o que estão fazendo com nossos modos de receber informação, [...] com os nossos processos de aprendizagem e [...] com as nossas maneiras de ensinar e educar".

   Agora, assinale a alternativa que apresenta a sequência correta:
   a) V, V, V.
   b) F, F, F.
   c) F, V, V.
   d) V, F, V.
   e) F, V, F.

5. Assinale V para as afirmativas verdadeiras e F para as falsas:
   ( ) Segundo Santaella (2013, p. 115), as subjetividades são transformadas de um estado de passividade, isolamento e silêncio para uma forma de subjetividade ativa. A participação nessas RSD reforça também a criação de uma identidade digital, estimulando até mesmo a possibilidade de assumir várias identidades ou papéis.
   ( ) Para Ito et al. (2013, p. 2, tradução nossa), a aprendizagem conectada traz em seu cerne o registro de que "os jovens podem não apenas acessar uma riqueza de conhecimentos *on-line*, mas também ser realizadores, criadores,

participantes e praticantes engajados em pesquisas ativas e autodirigidas".

( ) Jenkins (2009) explica que a cultura da convergência não é somente relacionada às sofisticadas tecnologias e aos fluxos dos conteúdos; para ele, a convergência acontece principalmente de forma orgânica nos sujeitos em seus relacionamentos com os outros.

Agora, assinale a alternativa que apresenta a sequência correta:
a) F, F, F.
b) V, V, V.
c) F, V, V.
d) V, F, V.
e) F, V, F.

Questões para reflexão

1. Descreva a relação entre educação e comunicação a partir da ótica da ética e da cidadania, contextualizando-a com as variadas plataformas da comunicação midiática, preferencialmente com as redes sociais digitais (RSD) e os aplicativos de mensagens. Faça um breve comentário sobre essa questão. Depois, apresente suas ideias ao seu grupo de estudos.

2. Relacione os cenários em que os jovens, como criadores de conteúdo, podem expressar-se, considerando as múltiplas RSD. Faça um breve comentário sobre essa questão. Depois, apresente suas ideias ao seu grupo de estudos.

Ofelia Elisa Torres Morales

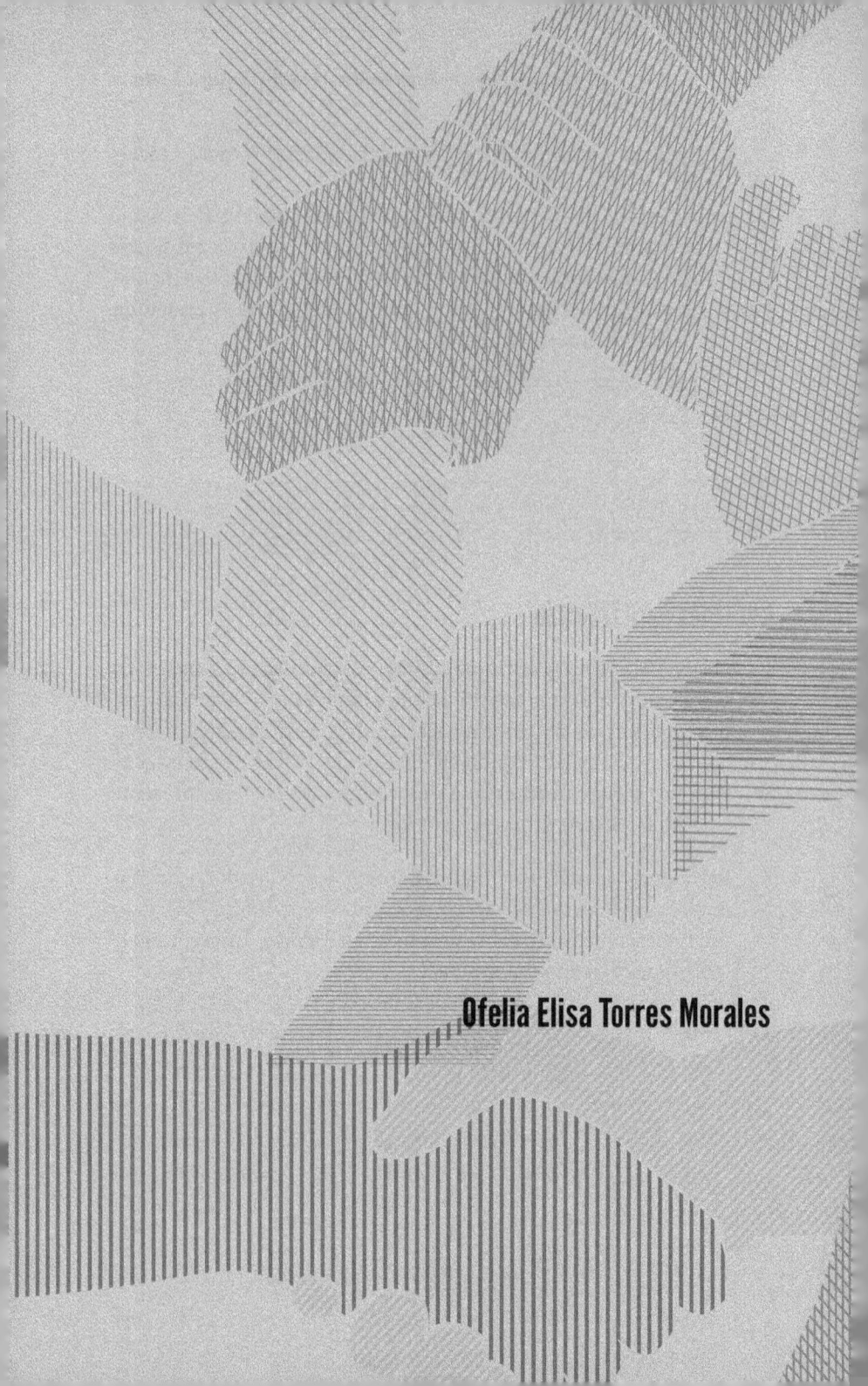

CAPÍTULO 4

Caminhos metodológicos: linguagem audiovisual e educomunicação

Conteúdos do capítulo:

- Educomunicação e realização de materiais educomunicativos.
- Linguagem audiovisual: natureza e características.
- As imagens em movimento como forma de expressão.
- Da ideia ao roteiro: técnicas e formatos.
- Planejamento, realização e produção de materiais educomunicativos.
- Novos formatos: realidade virtual (VR) e realidade aumentada (AR) para materiais educomunicativos.

Após o estudo deste capítulo, você será capaz de:

1. compreender as fases de produção e realização de materiais audiovisuais educomunicativos;
2. entender os elementos da linguagem audiovisual e sua importância na concepção dos roteiros audiovisuais como forma de expressão educomunicativa;
3. avaliar a importância da apropriação da linguagem audiovisual para o planejamento e a realização de materiais educomunicativos em tempos de convergência midiática.

Este capítulo aborda como o contexto da comunicação pode se inserir numa perspectiva educomunicativa, tendo como objetivo a reflexão sobre suas múltiplas práticas num ambiente de convergência midiática e sobre a forma como podem colaborar num contexto educomunicativo. Nosso intuito é enfocar elementos do audiovisual que possam auxiliar na abordagem da produção e realização de materiais educomunicativos como recursos para que o educomunicador possa utilizá-los na aproximação aos diversos contextos sociais relacionados.

Por um lado, o capítulo apresenta informações sobre os elementos da linguagem audiovisual, roteiros audiovisuais, planos, movimentos de câmera, entre outros, com vistas a descrever recursos midiáticos para as propostas de realização de materiais educomunicativos. Por isso, destacamos as possibilidades do audiovisual em tempos de convergência, inclusive com abordagens da realidade virtual e da realidade ampliada relacionadas ao campo da educação.

Por outro lado, entendemos a importância da comunicação midiática como expressão da fala social. Nesse sentido, a apropriação da criação, o planejamento e a realização dessas mensagens comunicacionais podem propiciar aos interessados nas áreas da educação e da comunicação e ao público em geral a ampliação de seu lugar social como um dos protagonistas na procura por uma sociedade mais justa e digna. Este capítulo traz a motivação para a expansão dessa práxis, voltada à criação e ao conhecimento colaborativo no planejamento e na realização da multiplicidade de materiais educomunicativos nas comunidades envolvidas. Trata também de conteúdos para o estudo e a prática relacionados às imagens em movimento, assim como aborda questões relevantes para a busca por uma especificidade na linguagem educomunicativa na apropriação da linguagem audiovisual.

4.1 A construção do pensamento audiovisual e sua linguagem: os pontos de partida

As tecnologias na área da comunicação transformaram a cultura contemporânea por meio da interatividade. Castells (2006, p. 414) afirma que "a integração potencial de texto, imagens e sons no mesmo sistema – interagindo partir de pontos múltiplos, no tempo escolhido (real ou atrasado) em uma rede global [...] – muda de forma fundamental o caráter da comunicação". Essa avaliação mostra a significativa relevância que as mudanças tecnológicas têm nas expressões da cultura atual e nas formas de compreender e expressar a realidade. Segundo Postman (citado por Castells, 2006, p. 414), "nós não vemos... a realidade como 'ela' é, mas como são nossas linguagens. E nossas linguagens são nossos meios de comunicação. Nossos meios de comunicação são nossas metáforas. Nossas metáforas criam o conteúdo de nossa cultura".

A contemporaneidade apresenta a interatividade como traço marcante de expressão na forma se relacionar com os outros numa ambiência de conectividade. Por isso, a convergência midiática tem revelado que o conceito do audiovisual ultrapassa os meios de comunicação tradicionais, como a televisão, o cinema ou a fotografia. Jenkins (2009, p. 377) afirma que a convergência "define mudanças tecnológicas, industriais, culturais e sociais no modo como as mídias circulam em nossa cultura [...] o fluxo de conteúdos através de várias plataformas de mídia [...]", assinalando, então, a coexistência de dispositivos em que os conteúdos midiáticos fluem naturalmente.

Com o advento da internet e as oportunidades que esse cenário traz, o audiovisual iniciou seu caminho, revelando-se em vários cenários, como as redes sociais digitais (RSD) – por exemplo, blogues,

Twitter, Facebook, YouTube, Instagram. Nesses casos, uma fotografia do álbum de lembranças de família poderá ser apresentada de uma outra forma num blogue, acrescentando-se outros *links* a partir da mesma fotografia, com contextos mais amplos, em interação com textos e outras imagens simultaneamente. Ou, então, a fotografia poderá ser retrato de perfis de convivência e socialização, como no caso da rede social digital mais recente, o Instagram, o qual destaca a imagem fotográfica. São diversas as adaptações, combinações e reformulações do visual e do audiovisual, desde a fotografia, o cinema e a televisão até a visualidade que se apresenta nas plataformas hipermidiáticas disponibilizadas pela internet.

No entanto, cada elemento inovador visual/audiovisual carrega traços constitutivos de seus precedentes, de forma complementar, como Manovich (2001, p. 81, tradução nossa) aponta: "a linguagem das interfaces culturais é amplamente composta de elementos de outras formas culturais já familiares". Esse autor analisa as formas de representação separadamente, destacando as influências que umas exercem sobre as outras. Por exemplo, na fotografia (imagem fixa) e no cinema (imagem em movimento), existem princípios técnicos e de linguagem semelhantes, porém são mantidas suas particularidades. Alguns aspectos podem ser compartilhados entre os dois universos porque tanto a fotografia quanto o cinema têm uma natureza em comum, que é a imagem. Assim, entende-se que o audiovisual tem linguagem com regras e especificidades que identificam os materiais audiovisuais, independentemente de seu suporte de distribuição ou formato. A linguagem audiovisual tem especificações, como os planos e as regras de composição, entre outros elementos, que definem o que se entende como integrante do formato visual e/ou audiovisual. Tanto as imagens fixas quanto as imagens em movimento se nutrem das características da representação e da visualidade com intermediação técnica, cabendo enfatizar que a representação por meio de imagens se integrou à cultura contemporânea.

Para Manovich (citado por Martino, 2014, p. 211), a nova mídia consiste em "uma pluralidade de aparelhos, ferramentas, dispositivos e acessórios, fixos ou móveis, acoplados ou não diretamente aos seres humanos", na interseção da comunicação e da tecnologia, retomando os meios tradicionais, como a televisão, a imprensa, o rádio, entre outros, junto aos avanços da tecnologia computacional, mediante sofisticadas técnicas matemáticas, as quais repercutem nos sistemas dos celulares como os *smartphones*, por exemplo. Manovich observa que, se um relato muda de um formato para outro, isso não significa que perdeu identidade, mas, ao contrário, que a expandiu: "Se a obra migra de um formato a outro, ela não está perdendo e sim ampliando sua identidade" (Leote, 2015, p. 142). Considerando o paradigma da convergência midiática, sinalizado por Jenkins (2009), podemos entender que ela marca o conceito do audiovisual no sentido de que os conteúdos transitam de um sistema midiático para outro de forma fluida ou líquida, propiciando a simultaneidade na interação, em qualquer local, a qualquer instante.

É conveniente sinalizar que existem pesquisas e estudos que auxiliam na análise de como utilizar em sala de aula diversas mídias, tais como a televisão, o cinema, o jornal, o rádio, as histórias em quadrinhos, o teatro e a internet. Tomando-se como prerrogativa o desenvolvimento de alicerces para análise e leitura da comunicação midiática, consideramos relevante que, no caso do audiovisual, seja evidenciado o aprofundamento das especificações dessa linguagem tão próxima à sociedade com o intuito de aprimorar posterior análise dela nos variados gêneros e formatos na perspectiva da educomunicação.

Em outras palavras, o audiovisual tem marcas orgânicas que transcendem sua materialidade nos suportes variados (papel, filme ou dispositivos móveis), já que segue regras em sua linguagem, as quais são universais. Essas diferenciações na abordagem da linguagem referem-se, principalmente, à diversidade de formas de contar histórias por meio do audiovisual. A visualidade possibilita aos sujeitos uma forma essencial de reconhecimento do mundo, de representação cognitiva e de apreensão da realidade. Portanto, criar audiovisualmente transcende o meio ou o suporte midiático, visto que a linguagem audiovisual oportuniza um repertório amplo de infinitas perspectivas, no intuito de criar empatia, causar impacto e, sobretudo, cativar por meio das imagens em movimento, com base no fator emocional.

Os elementos da gramática audiovisual e sua linguagem são eixos basilares para a concepção dos relatos audiovisuais. Por meio da combinação dos elementos da linguagem audiovisual, concretiza-se uma diversidade de categorias audiovisuais, como as de entretenimento, educativa, informativa e institucional. A abrangência dessas formas de comunicabilidade alimenta diversas maneiras de construção audiovisual e de realização dos materiais audiovisuais. Educação é compartilhar conhecimentos, e a possibilidade de apropriação dos elementos da comunicação audiovisual contribui para o desenvolvimento de diversos materiais audiovisuais direcionados para a educomunicação.

4.1.1 Da ideia ao roteiro

As potencialidades que o audiovisual disponibiliza para a expressão de ideias são múltiplas e, por isso, a apropriação no desenvolvimento de materiais educomunicativos é significativa. Tudo surge com a ideia, marca visceral do estímulo criativo. Essa ideia vem do mundo e volta para ele. A construção do pensamento audiovisual inicia com essa ideia, a motivação efervescente da criação: "Se tens algo a dizer, me mostre, me surpreenda", diz o criador. É na elaboração desse relato que os criadores se nutrem das imagens para iniciarem a criação das histórias audiovisuais. Seja com imagens fixas – como na fotografia –, seja com imagens em movimento – como no cinema e na televisão –, a fonte de nutrição das ideias dos criadores é a dialética entre a realidade e os devaneios. É por isso que a formação das ideias traz a marca paradoxal "entre o caos e a ordem", visto que inicialmente, para haver liberdade criativa, é necessário abrir espaço para que livremente fluam novas ideias até se chegar à definição de qual é a melhor forma de expressá-las.

Nesse estágio inicial, a criatividade se revela como uma ideia, na combinação de emoção e razão, para, num segundo momento, a razão indicar qual será a melhor forma de concretizar as ideias. Por isso, para começar a pensar audiovisualmente, é conveniente criar pequenas histórias com imagens; pode-se imaginar uma situação do dia a dia contada somente com imagens e acompanhadas de sons e ruídos que compõem esse contexto imaginativo. Isso pode se constituir em um exercício constante para a motivação de descobertas nesse mundo de criação audiovisual.

As características que os relatos visuais e audiovisuais têm como elementos de expressão são favoráveis para a realização de uma diversidade de materiais educomunicativos, e a apropriação do audiovisual na sociedade contemporânea tem colaborado na aprendizagem de diversas temáticas. A combinação dos elementos da gramática audiovisual auxilia no desenvolvimento de diversos temas – de cunho informativo, instrucionais, institucionais ou de entretenimento. Além disso, a abrangência na divulgação desses materiais audiovisuais é ampla, uma vez que eles se espalham em diversas plataformas hipermidiáticas, por meio das RSD e, também, amplia-se sua divulgação em meios como a televisão, o cinema e a fotografia.

No planejamento e no desenvolvimento de materiais educomunicativos, o criador/realizador pode se utilizar das características que o audiovisual tem, como o impacto e a força emocional que gera nas pessoas diante de suas mensagens, assim como a possibilidade de elas se sentirem testemunhas diante dos fatos mostrados. Essas potencialidades de integração, de compartilhamento, de sensibilidade, de emoção e, ao mesmo tempo, de objetividade e de registro, que são intrínsecas à visualidade, cativam os sujeitos e oferecem formas de expressão que auxiliam na aprendizagem de temáticas diversas. A educomunicação pode valer-se dos elementos audiovisuais para a criação de materiais, focalizando o ensino e a aprendizagem e, assim, a sensibilização de assuntos ligados aos direitos humanos, por exemplo.

O **roteiro audiovisual** é uma forma de escrever com imagens – fixas ou em movimento – e com elementos sonoros – voz, música, ruídos, efeitos –, para se construir um significado midiático com o objetivo de comunicar sentidos na diversidade de formas de expressão artística, publicitária, jornalística, entre outras, estabelecendo-se uma relação entre os sujeitos-criadores e os sujeitos-receptores da comunicação midiática. Essa mensagem funciona como uma obra aberta, singular e particular, de acordo com as valorações e experiências de vida de cada um dos participantes dessa relação comunicativa audiovisual. Por isso, é essencial que os educomunicadores se nutram desse fazer comunicativo audiovisual (planejamento, produção e realização) para que eles possam auxiliar as comunidades na realização dos discursos audiovisuais e das histórias dessas comunidades – a partir dos pontos de vista das comunidades, os materiais educomunicativos serão mais próximos das diferentes realidades. Ou seja, os educomunicadores poderão orientar, auxiliar e guiar as pessoas das comunidades, as quais poderão realizar os próprios vídeos no celular, por exemplo, para expressar temas de sua cotidianidade que devem ser compartilhados nesse meio social.

Em primeiro lugar, apropriando-se do audiovisual, a ideia pode ser desenvolvida nos diversos meios de divulgação, como os meios tradicionais ou aqueles oportunizados pela internet por meio dos dispositivos móveis e, até mesmo, em plataformas de realidade virtual (VR) e de realidade aumentada (AR). A imagem pode transitar em todos esses meios de distribuição, explorando-se suas qualidades em termos de criação de relatos audiovisuais. Uma ideia que surge e que se apropria dos elementos da visualidade tem amplo caminho a percorrer até ser mostrada aos outros e atingir objetivos claros e eficientes. É por isso que a criação de materiais educomunicativos, nutridos pelo audiovisual, vai colaborar para ampliar a caixa de ressonância dos objetivos que a mensagem pretende revelar. Os objetivos de comunicação podem considerar, por exemplo, quais são os assuntos relevantes que devem ser apresentados e discutidos, assim como incluir a escolha do melhor formato a ser utilizado com função educativa, de entretenimento, informativa, institucional ou publicitária. Da mesma forma, é conveniente inserir entre os objetivos de comunicação dos materiais da educomunicação qual é o suporte midiático (rádio, fotografia, vídeo, cartazes, jornal, entre outros) que será escolhido e que poderá ser mais eficiente para que a mensagem midiática seja mais compreensível para os sujeitos-receptores e tenha a abrangência adequada ao que se quer alcançar com sua divulgação.

Ao mesmo tempo, a seleção dos elementos da linguagem audiovisual que a mensagem educomunicativa deverá ter é relevante para a escolha do criador/realizador pelo tipo de roteiro audiovisual que será utilizado. Considerando-se que existem diversos gêneros de comunicação (informativo, de ficção, educativo, instrucional, publicitário) nos quais pode ser incluída a história que será contada de forma audiovisual, também é preciso pensar na seleção entre a diversidade de formatos de roteiros existentes, destacando-se o fator da criatividade e do conhecimento colaborativo entre todos os educomunicadores que integram a equipe.

Portanto, a construção mental das ideias, quando reveladas como histórias audiovisuais, surge a partir da percepção da realidade para depois serem recriadas e nascerem outras realidades com base na ideia inicial. Esses relatos são os eixos das histórias audiovisuais registrados naquilo que se identifica como *roteiro*. O roteiro é a linha de pensamento que vai guiar todo o desenvolvimento da ideia, abstrata por natureza, quando se transforma em sua materialidade como relato. E de onde vêm as ideias? Essa questão foi abordada pelo roteirista Doc Comparato (1995, p. 22), o qual afirma que "um roteiro começa sempre a partir de uma ideia". Para esse autor, as ideias surgem de variadas fontes: **ideias verbalizadas** – podem surgir de uma história contada por outra pessoa; **ideia selecionada** – algo que vem da memória ou ainda da vivência pessoal; **ideia lida** – uma ideia que surge ao ler uma revista, um livro, um jornal, uma informação na internet; **ideia transformada** – uma ideia que surge e é transformada com base em um filme, uma telenovela, entre outros; **ideia proposta** –uma ideia pedida ou sugerida por outra pessoa; **ideia procurada** – uma ideia que surge de estudos feitos para identificar as necessidades do mercado (Comparato, 1995, p. 80-86).

Por um lado, é somente a partir da ideia que é possível iniciar o desenvolvimento do roteiro audiovisual com todos os elementos, como personagens, conflitos, clímax, entre outros elementos narrativos que auxiliam no desenvolvimento de um roteiro audiovisual em suas diversas expressões, como televisão, cinema e nas plataformas hipermidiáticas. É a partir da ideia que surgirá a escolha da estrutura narrativa que melhor se adequará ao conteúdo que se pretende comunicar. Uma ideia pode ser relatada como informação, entretenimento, de forma educativa, institucional ou publicitária. No caso da educomunicação, a linguagem audiovisual pode combinar informação e entretenimento, por exemplo, para que a ideia realizada no formato comunicacional possa cativar os espectadores, mas, ao mesmo tempo, proporcionar informações objetivas, segundo a relação de ensino-aprendizagem que se pretende atingir. A melhor abordagem na realização dos materiais educomunicativos é aquela que se nutre da criatividade com a clareza relacionada à consecução de objetivos educacionais (Carrière; Bonitzer, 1996; Comparato, 1995, 1998; Field, 2001; Rabiger, 2007; Rey, 2006; Saboya, 1992).

Por outro lado, nutrido pela ideia inicial, o roteiro auxiliará na realização da ideia a partir de um relato, de uma narrativa, de uma estória. O roteiro é o "pontapé" inicial de todo o processo criativo de realização audiovisual. A estrutura narrativa deve ser configurada de modo que haja clareza no começo, no meio e no fim da história. O primeiro passo para estruturar esse pensamento visual é o que Comparato (1995, p. 24) chama de **storyline**, que é a linha-guia da história, caracterizado como um elemento que "deve ser breve, conciso e eficaz. Não devendo ultrapassar as cinco linhas, e através dele devemos ficar com a noção daquilo que vamos contar". As palavras que desenvolvem essa linha-guia do roteiro inicial devem indicar com clareza do que a história trata, o início, o meio e o fim, de forma que seja apresentado o que será desenvolvido nessa história.

Esse guia deve mostrar os personagens envolvidos nessa história (quem), a ação narrativa principal que será desenvolvida (que), em qual tempo (quando) e em qual contexto (onde) e, sobretudo, deve evidenciar qual é o conflito narrativo que é o motivador, o "coração" da história que será contada. Quando se fala sobre "quem" participa da história, trata-se dos personagens que toda história tem, os quais podem ser pessoas ou ideias, instituições, entre outros protagonistas, de diversas naturezas (real ou abstrata), que vivenciam as ações nessa história. A identificação dos participantes que levam a história adiante vai colaborar no desenvolvimento das reações emocionais em relação à trama, como empatia ou rejeição. Essa linha principal deve evidenciar qual é a ação, o que acontece, por que acontece, quando acontece e o contexto em que se desenvolve. Essa ação deve revelar qual é o conflito narrativo da história, numa abordagem (como) que vai mostrar de que forma será contada a história. Cabe retomar aqui o conceito de *conflito narrativo*, que se constitui em uma pulsão de motivos – a favor e contra – que geram um embate no relato, assinalando a dialética que a própria vida tem em termos de concordâncias e discordâncias (amor-ódio, bem-mal, entre outros). Trata-se de uma disputa ou conflito no campo das ideias e dos relatos, que se nutre da ampla gama de nuances que a vida oferece muito além das oposições. Comparato (1995) chama de *ação dramática* a forma como será contada uma história por meio da combinação de seus diversos elementos: **o que**, **quem**, **onde**, **quando** e **como** ela será revelada. A **ação dramática** consiste em como será contada a história. Para o desenvolvimento dessa ação, é necessária a construção de uma **estrutura**.

Comparato (1995, p. 25) afirma que "a estrutura é um dos fundamentos do roteiro e a tarefa que maior criatividade exige do roteirista [...]", pois sinaliza os caminhos percorridos na história. Para uma visualização mais adequada do relato audiovisual, é conveniente que seja traçada uma estrutura clara, que tenha sequências de tempo (dia/noite) e localização (interior/exterior), por exemplo.

> As sequências organizam-se segundo uma unidade de ação, narrativamente imprecisa, composta por cenas, determinadas pelas alterações do espaço e a participação das personagens. A estrutura é, portanto, a organização do enredo em cenas. Cada cena tem uma localização no tempo, no espaço e na ação: é algo que sucede em algum lugar, num momento preciso. A estrutura será, na prática, a fragmentação do argumento em cenas. (Comparato, 1995, p. 25-26)

A estrutura do roteiro tem especificações que auxiliam no desenvolvimento da ação narrativa. As **sequências** trazem uma unidade dramática ou uma unidade temática/ideia, e cada sequência desenvolve um tema completo, por isso confere complexidade à narrativa, pois reúne vários pontos de significado para criar uma unidade de sentido. As sequências se dividem em várias cenas, que, unidas, têm relação com a unidade revelada na sequência, sendo formadas por uma sucessão de cenas. As **cenas** correspondem a toda ação que se desenvolve num mesmo lugar geográfico e numa ambientação. A cena é uma unidade espaço-temporal (dia/noite, interior/exterior), e cada uma delas se divide em unidades denominadas *tomadas*. A **tomada** corresponde a um tempo que se grava sem interrupção, é a gravação de uma unidade de imagem em uma mesma localização. Considera-se que as tomadas evidenciam um plano utilizado para contar o relato audiovisual.

As estruturas narrativas podem ser lineares, com começo, meio e fim, para contarem uma história. Muito utilizada nas reportagens no telejornalismo, a **estrutura linear** (abertura, desenvolvimento e fechamento) oferece, de forma objetiva e clara, os principais elementos do relato, como as pessoas envolvidas, o tema ou o conflito narrativo e seus principais desdobramentos. Existem outros tipos de estruturas narrativas, como as **estruturas alternadas e paralelas**, que ocorrem quando são contadas histórias de dois personagens que podem ou não ter alguns pontos em comum ou em discordância, mas de alguma forma essas duas histórias se completam numa trama mais complexa. Assim, quando unidas, essas histórias criam um sentido amplo da questão que está sendo tratada (Maciel, 1995; Meadows, 1999).

Ainda em termos de narrativa, além do *storyline*, que corresponde à versão objetiva da história, existe a **sinopse**, na qual se faz uma explanação com maiores detalhes até chegar ao roteiro final. Comparato (1995) considera a sinopse como um roteiro que, de modo detalhada, especifica as características físicas e psicológicas de cada personagem, dos contextos, dos conflitos, de modo a retratar cada trecho da história. Esse roteiro é mais utilizado no universo ficcional e publicitário, tendo desdobramentos e características cada vez mais sofisticados segundo a profissionalização dos recursos técnicos. O **roteiro final** é àquele que atinge a complexidade do tempo dramático, da unidade dramática, dos diálogos, dos planos e contraplanos, dos eixos, entre outros recursos, que expressam formas densas de técnicas audiovisuais (Comparato, 1995).

Além disso, existe o ***storyboard***, que é o roteiro que sinaliza com imagens, de forma visual, os desenhos dos planos, de maneira a tornar mais prático o conhecimento da história. É um roteiro que contém a história desenhada cena a cena. O *storyboard* auxilia muito em termos de visualização da narrativa, apresentando os planos que serão utilizados, o contexto em geral, com as pessoas que se apresentarão. Desse modo, o *storyboard* contribui para que toda a equipe possa estar envolvida na realização do material audiovisual educomunicativo. Uma facilidade para o realizador iniciante é que o *storyboard* traz, quando escrito em folhas em separado, a possibilidade de se modificar a ordem da história de forma fácil, permitindo que seja observado com detalhes, se houver, algum contratempo em termos de continuidade, por exemplo (Barreto, 2004; Bonasio, 2002; Daniel Filho, 2001; Gaye; Meyer, 1991; Moletta, 2009).

Destacamos que este capítulo apresenta elementos audiovisuais a partir do olhar jornalístico, em virtude da objetividade e da praticidade desse formato para o desenvolvimento de discursos educomunicativos, porém sem deixar de lado a diversidade de olhares que o audiovisual encontra nas faces da ficção e na multiplicidade de nuances da imagética observada nos contextos da publicidade e no universo institucional. Nesse sentido, o desenvolvimento do primeiro tratamento visual do roteiro, chamado de *storyboard*, está vinculado organicamente ao mundo da ficção, como no caso do cinema e da publicidade e propaganda, ou seja, na realização de filmes ou anúncios, entre outros formatos midiáticos, como mostra o Quadro 4.1, a seguir. Essa relação orgânica do *storyboard* com a ficção é que auxilia na construção e verificação da continuidade narrativa e das angulações da câmera para se construir a linguagem audiovisual. Conforme Daniel Filho (2001, p. 204), "muitas vezes na decupagem usamos o recurso do desenho, ou seja, fazemos um *storyboard* das cenas. O *storyboard* nada mais é que o desenho de todas as cenas a partir do ponto de vista da câmera".

Os diversos formatos de roteiros apresentados aqui podem ser utilizados na linguagem artística, publicitária ou jornalística, de acordo com os objetivos de comunicação que se pretende desenvolver, sendo levados em conta a temática, o grupo para o qual se destina a mensagem e a busca pela melhor forma de apresentar os conteúdos enfocados.

A seguir, o Quadro 4.1 mostra a contribuição do *storyboard* para o criador/realizador na visualização do relato audiovisual. Cabe ressaltar que o *storyboard* impulsiona o exercício do pensamento visual das histórias, sendo elo entre a ideia e sua realização num material educomunicativo audiovisual.

Quadro 4.1 – Exemplo de *Storyboard*: a primeira forma visual do roteiro

Cena 1: Sala de aula	*wee dezign/Shutterstock*	Ação Plano aberto mostra o jovem aluno em sala de aula. Percebem-se outros alunos. No fundo está a professora e a lousa com frases da aula.

(continua)

(Quadro 4.1 – conclusão)

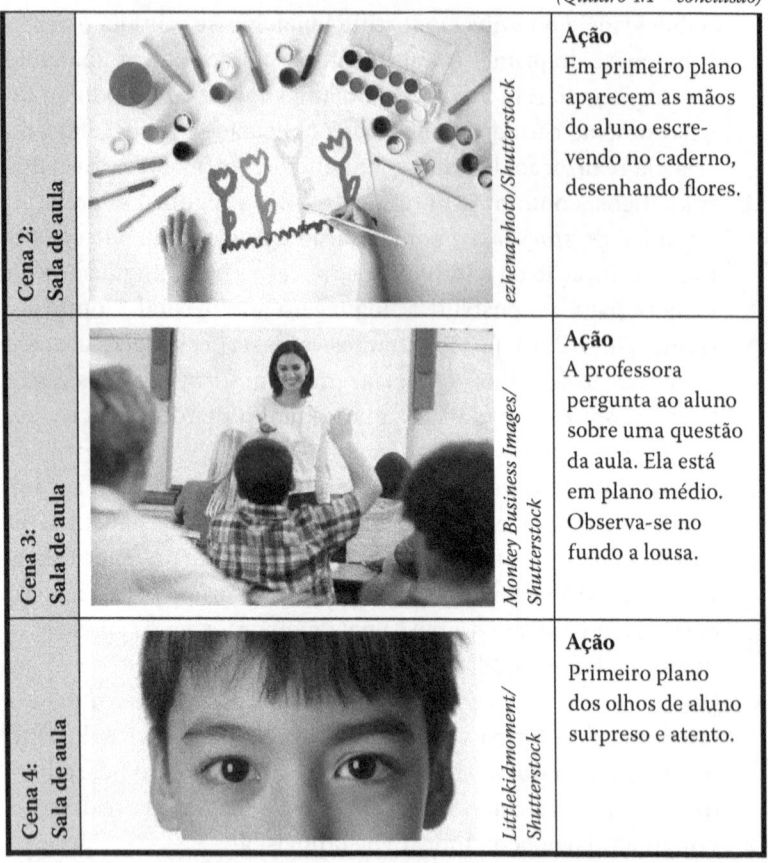

			Ação
Cena 2: Sala de aula		ezhenaphoto/Shutterstock	Em primeiro plano aparecem as mãos do aluno escrevendo no caderno, desenhando flores.
Cena 3: Sala de aula		Monkey Business Images/ Shutterstock	Ação A professora pergunta ao aluno sobre uma questão da aula. Ela está em plano médio. Observa-se no fundo a lousa.
Cena 4: Sala de aula		Littlekidmoment/ Shutterstock	Ação Primeiro plano dos olhos de aluno surpreso e atento.

Fonte: Elaborado com base em Barreto, 2004; Bonasio 2002; Daniel Filho, 2001; Moletta, 2009.

Diferentemente do *storyboard*, o **roteiro técnico** é aquele que traz basicamente duas colunas para descrever o vídeo e o áudio; também pode ser acrescentada uma coluna para a duração de cada tomada ou plano. Esse roteiro pode ser cada vez mais sofisticado em seus termos e até conter dicas de continuidade e angulações para a direção audiovisual. O roteiro técnico é amplamente utilizado em diversos tipos de produção por indicar elementos técnicos suficientes e, ao mesmo tempo, viabilizar a clareza no entendimento da história para toda a equipe envolvida na realização.

No roteiro técnico, há uma combinação de sequências, cenas, planos e tomadas para se criar a narrativa audiovisual. Basicamente, ele contém colunas, uma para as imagens e outra para os sons, para assim serem desenvolvidas todas as tomadas. É importante não perder o sincronismo entre a coluna da imagem e a do som. Também deve ser indicado o tempo aproximado da tomada, como mostra o exemplo de roteiro técnico básico mostrado no Quadro 4.2, mais adiante. O roteiro técnico inicial pode ser utilizado para assuntos diferenciados, como campanhas sociais sobre violência contra a mulher, campanhas de prevenção de saúde ou sobre aleitamento materno, meio ambiente e desmatamento ou outras campanhas institucionais de propaganda e publicidade sobre diversos produtos, assim como para a roteirização de videoclipes musicais ou até complexas estruturas narrativas audiovisuais, como filmes de cinema.

Cabe observar que, a imagética atual inclui a possibilidade de serem inseridas diversas formas gráficas e desenhos, como os *emojis*, (representações gráficas utilizadas em conversações *on-line*), os quais podem ser utilizados como marcação nos roteiros propostos. As narrativas audiovisuais nas plataformas da internet trazem novidades em aplicativos e efeitos diversos que potencializam a dialogicidade entre os participantes das mensagens audiovisuais; porém, todos esses elementos são parte de uma estratégia comunicativa que se inicia a partir do roteiro, já que ele é considerado como espaço de escolhas narrativas de desenvolvimento das histórias midiáticas, independentemente dos suportes em que são desenvolvidas.

É conveniente destacar que os roteiros audiovisuais apresentados neste capítulo contribuem para a escrita de múltiplos discursos imagéticos e sonoros, aumentando sua complexidade conforme os gêneros de comunicação escolhidos, seja ficção, seja jornalismo, seja publicidade. Essas estruturas de roteiro se ajustam segundo os objetivos das mensagens comunicativas que se pretende divulgar. A escolha do suporte midiático poderá determinar qual é o nível de complexidade e as especificações que o roteiro audiovisual deverá ter. Por exemplo, é ncesessário diferenciar as particularidades de um roteiro de um longo videodocumentário, de um roteiro de uma matéria curta informativa ou de um roteiro ficcional. Da mesma forma, esses roteiros podem ser idealizados e planejados de maneira coletiva, não somente com os diversos multiprofissionais que possam compor os trabalhos educomunicativos, mas, sobretudo, com os próprios integrantes de grupos e comunidades sociais, sendo o educomunicador motivador dessas práticas.

Essas práticas são consideradas cidadãs, já que propiciam e favorecem a apropriação dos discursos audiovisuais – como falas sociais – pelos sujeitos na configuração de sua cidadania plena, como salienta a Declaração Universal dos Direitos Humanos, em seu art. 19, que se refere à liberdade de expressão de ideias e de opinião e, em consequência, de criação: "Todo ser humano tem direito à liberdade de opinião e expressão; esse direito inclui a liberdade de, sem interferência, ter opiniões e de procurar, receber e transmitir informações e ideias por quaisquer meios e independentemente de fronteiras" (Unicef Brasil, 1984). Assim, a prática comunicacional, especificamente no sentido enfocado aqui, na área audiovisual, diz respeito também à realização de uma prática cidadã que combina criatividade e cidadania nas diversas formas que permitam ao educomunicador contribuir com as comunidades nas quais ele desenvolve atividades.

A seguir, apresentamos o Quadro 4.2, que exemplifica o roteiro técnico básico, que pode ser ainda mais sofisticado, se necessário.

Quadro 4.2 – **Exemplo de roteiro técnico básico**

	Imagens	Tempo	Áudio
SEQUÊNCIA 1 – ESTUDO	CENA 1 – INTERIOR/DIA LABORATÓRIO		
	Tomada 1 – PP mão de estudante escrevendo no caderno	3" (três segundos)	Trilha musical "Aquarela do Brasil" (trecho do refrão) BG som ambiente escolar
	Tomada 2 – PM estudante escrevendo, PAN porta que se abre	8"	BG som ambiente escolar
	Tomada 3 – PM outra estudante que abre a porta, ela está com livros nos braços	7"	PP voz aluna: Vamos para casa, a carona já chegou.
	CENA 2 – INTERIOR/NOITE SALA DE ESTUDO		
	Tomada 1 – PP mão do estudante continua escrevendo no caderno.	10"	BG continua música
	Tomada 2 – PP olhos do estudante atento	6"	BG continua música
	Tomada 3 – PM fotografias de cidades brasileiras	6"	BG continua música BG som ambiente de mar

(continua)

Quadro 4.2 – conclusão

	Imagens	Tempo	Áudio
SEQUÊNCIA 2 – VIAGEM PRAIA	CENA 3 – EXTERIOR/DIA PRAIA		
	Tomada 1 – PP rosto estudante sorrindo	6"	BG som de ondas, gaivotas, ambiente de mar
	Tomada 2 – PG estudante se levanta. PAN jovem que sai correndo rumo ao mar com os amigos sorridentes	10"	Continua BG som ambiente de mar, risos dos amigos

Nota: PP – primeiro plano; PM – plano médio; PG – plano geral; PAN – panorâmica; BG – *background*.

Fonte: Elaborado com base em Rabiger, 1998; Watts, 1999.

O roteiro é de fundamental importância para posterior produção e realização dos materiais audiovisuais, independentemente do formato e do suporte de distribuição escolhidos. Além de conter a marca autoral do realizador da história audiovisual e, dessa forma, expressar uma visão sobre determinada temática, sobre um aspecto da vida, o roteiro é o eixo a partir do qual será possível ordenar o caos criativo numa organização técnica para o planejamento da produção e a realização do relato audiovisual. A elaboração de materiais audiovisuais inclui uma série de escolhas – desde o planejamento, o orçamento, a produção e a realização –, que precisam de um roteiro eficiente, aliando-se os aspectos artísticos e técnicos propostos. Além disso, o roteiro relacionado aos materiais educomunicativos deve evidenciar se os objetivos de ensino-aprendizagem foram alcançados, devendo-se observar cada elemento apresentado tem de estar articulado para a consecução dessa prática educomunicativa.

4.1.2 Da pauta à matéria audiovisual

Ainda com relação ao roteiro – que, neste caso, tem como natureza ser a descrição escrita do audiovisual –, há aqueles relacionados mais especificamente ao universo da informação. O telejornalismo, por exemplo, conta com elementos técnicos que podem contribuir para a opção pela realização de materiais audiovisuais na educomunicação. Desse modo, se a equipe de educomunicadores quiser elaborar materiais audiovisuais com vistas à aproximação com o mundo cotidiano, tomando como base as informações e os dados da realidade, os elementos da linguagem do telejornalismo poderão colaborar para a ágil confecção desse material, com objetividade e exatidão.

Os principais dados coletados do cotidiano são priorizados com base nos critérios de seleção para avaliar a possibilidade de sua inserção nos diversos formatos jornalísticos, como na televisão, em programas como telejornais, em documentários, reportagens, magazines ou revistas. Os documentários têm se caracterizado pela fluidez na linguagem e na proposta jornalísticas (Bernard, 2008; Da-Rin, 2004, Lins, 2004a, 2004b; Melo, Gomes, Morais, 2021; Penafria; Madaíl, 1999; Rabiger, 1998). As reportagens são imprescindíveis ao jornalismo (Bistane; Bacellar, 2005; Curado, 2002; Jespers, 1998; Maciel, 1995; Paternostro, 1999; Politi, 2004; Prado, 1996; Rezende, 2000; Rezende; Kaplan, 1995; Temer, 2002; Vizeu, 2003; Yorke, 1998). As temáticas selecionadas passam por uma série de procedimentos para se tornarem matéria audiovisual.

Em primeiro lugar, a **pauta** é um roteiro informativo que evidencia a história que será relatada e que orienta os trabalhos da equipe jornalística. A pauta contém os dados do local da entrevista e dos entrevistados, as principais perguntas a serem feitas e a abordagem da matéria jornalística. É um guia ou uma linha de pensamento visual que destaca os principais ganchos ou pontos temáticos que a matéria deverá abordar. Inserida no campo informativo, a pauta é o pontapé inicial para o tratamento da informação por meio do relato audiovisual, objetivando a realização da matéria pela equipe de jornalistas. Vale ressaltar que a abordagem da matéria na pauta deve contar com várias perguntas e ganchos, de forma objetiva e precisa. No caso de uma matéria para telejornal, por exemplo, a pauta é seguida pelos repórteres, que, munidos dela, se deslocam na busca por informações, entrevistados, dados e, junto aos repórteres cinematográficos, procuram as melhores imagens que possam ilustrar as informações das reportagens.

Uma ideia pode ser interessante, porém deve estar bem detalhada e com um gancho narrativo que una a história completa, especificando-se o desenvolvimento da ideia e sua possível concretização e avaliando-se as dificuldades de acesso e o tempo previsto para sua realização. Pautar a pauta significa a perseguição de uma ideia até que seja especificada detalhadamente. O desafio constante é procurar a criatividade na pauta. Por isso, se uma pauta é bem orientada, mesmo que um tema já tenha tido repercussão na mídia, o enfoque diferenciado da matéria pode mudar e inovar essa pauta. Criar uma pauta bem definida e criativa terá impacto no desenvolvimento da futura realização dos materiais audiovisuais. A importância da pauta para os educomunicadores se refere à possibilidade de organização das ideias por meio de um elemento do telejornalismo que pode colaborar para focalizar os pontos mais importantes de um assunto que vai se tornar um material audiovisual.

Por um lado, já na fase de gravação das imagens, é importante registrar os apontamentos no **roteiro de gravação**. Isto é, com base na pauta, o repórter deve mentalizar e esquematizar todo o material necessário, como os lugares, as personalidades, as imagens sonoras necessárias e o registro de todo o material gravado nas respectivas fichas, anotando os dados que foram gravados no suporte (cartão digital de memória). Da mesma forma, devem ser identificados os nomes do repórter e do cinegrafista encarregados da matéria, os nomes das pessoas entrevistadas em ordem de gravação e o registro das tomadas gravadas, em grandes sequências, porque o maior número de informações recopiladas no roteiro de gravação facilitará o posterior processo de edição. Por outro lado, todo o material gravado pela equipe de reportagem deve ser visualizado e organizado num roteiro que se identifica como o **espelho da matéria**, o qual deve ter clareza e concisão na abordagem do assunto em questão. No processo de visualização da imagens – também chamado de *decupagem* –, devem ser anotados todos os dados mais importantes das falas dos entrevistados, registrando-se os tempos de duração nas gravações, os detalhes das imagens que vão ilustrar a matéria, entre outras informações. Após essa visualização das imagens e dos depoimentos, a equipe estará pronta para realizar o roteiro informativo. Nesse espelho ou esqueleto da matéria, devem ser identificadas somente informações como os textos, as falas dos entrevistados e respetivos nomes e cargos, as imagens que serão utilizadas, considerando-se a presença do entrevistador, se necessário, os dados como infográficos, além de outros elementos visuais que enriqueçam a matéria.

Preste atenção!

O termo *decupagem* pode assumir diferentes significados conforme a área em que é empregado. No cinema, a decupagem está mais direcionada ao roteiro técnico final, com o objetivo de avaliar as propostas técnicas, como explica Daniel Filho (2001, p. 201): "decupar as cenas do script é fazer um script de filmagem ou plano de filmagem (*shooting script*). Ou seja, é esmiuçar cada cena e cada plano, indicando como serão gravados. O corte de plano, a determinação do que será close, plano geral ou panorâmica deve funcionar organicamente". No jornalismo televisivo, a decupagem é relacionada à minutagem dos materiais gravados – fase prévia fundamental para a posterior pós-produção (edição não linear) desses materiais jornalísticos. Segundo Bistane e Bacellar (2005, p. 132), decupagem é a "descrição por escrito, feita pelo editor de texto, com indicação dos minutos e segundos em que

> as imagens, entrevistas e passagem do repórter podem ser encontradas na fita". Já para Barbero e Lima (2002, p. 194), decupar a fita é "assistir à fita inteira gravada na rua pela equipe de reportagem e marcar em quais minutos da fita estão as melhores cenas, entrevistas, passagens do repórter etc.".

De forma resumida, apresentamos a seguir alguns dos elementos informativos que integram os materiais audiovisuais que podem auxiliar os realizadores iniciantes no desenvolvimento de narrativas imagéticas (Barbero; Lima, 2002; Curado, 2002; Bistane; Bacellar, 2005; Paternostro, 1999; Prado, 1996):

- **Off** (texto *off*) – É a voz do repórter ou locutor acompanhando as diversas imagens, sem a presença do repórter, ou seja, são informações narradas sem a imagem do repórter ou locutor. Trata-se do relato do repórter sobre o acontecimento; no processo de edição, esse texto é coberto com imagens de apoio.
- **Sonora** – Indica as falas dos entrevistados. Podem ser assinaladas nas sonoras as deixas, que facilitam a identificação dos pontos de corte na pós-produção: a deixa inicial (DI) – palavras ou frases iniciais da fala dos entrevistados – e a deixa final (DF) – palavras ou frases finais da fala do entrevistado.
- **Som ambiente** – Ruídos ou barulhos que são usados num volume baixo são chamados de *background* (BG), sendo conveniente que esse som ambiente permaneça de forma constante durante toda a matéria, já que ele é mais um elemento informacional que o espectador deve ter para identificar de qual cenário se trata.
- **Sobe som** – É o momento em que se utiliza determinado som para ilustrar a matéria (música, falas, torcidas, gritos, tiros).
- **Passagem** – É a gravação feita pelo repórter no local do acontecimento e que serve para fazer a ligação entre duas partes da reportagem, o *off* e as sonoras dos entrevistados.

Vale destacar que alguns dos elementos citados, como *off*, sonoras, deixas, tempo, entre outros, podem ser também utilizados nos roteiros direcionados para materiais em áudio, como *podcasts*, programas de rádio, entre outros.

Esses elementos podem ser identificados em todas as matérias informativas na área do telejornalismo, seja em reportagens, seja em documentários, uma vez que, combinados, contribuem para a criação do significado conceitual do que está sendo relatado audiovisualmente. O espelho da matéria é um esquema mental, uma espécie de esqueleto, um roteiro que orienta a aplicação de elementos como entrevistas, textos e imagens de apoio para criar sentido informacional. Por escrito, especifica-se com clareza a ordem em que os elementos informativos serão apresentados na matéria feita pelo repórter, de forma que seja possível alcançar os objetivos de inteligibilidade por parte dos espectadores.

Existem distintas combinações dos elementos informativos (*off*'s, sonoras, passagem) para a criação desses sentidos, como mostra o exemplo do Quadro 4.3, a seguir. O processo de edição nem sempre é feito pelo próprio repórter e por esse motivo é necessário que sejam identificados todos os elementos que facilitem o reconhecimento por parte do editor da matéria; portanto, o espelho da matéria são "os olhos do editor". Por exemplo, é possível identificar os entrevistados com alguma característica marcante (camisa cor azul etc.), assim como marcar as principais falas que o repórter escolheria para a matéria (por exemplo, desde DI: "achei que o voto eletrônico facilitou...." até DF: "... expressão da cidadania"). É importante escrever essas anotações no roteiro de edição após a gravação dos fatos e com base no espelho da matéria realizado pelo repórter, para que se agilize o processo de edição de todo o material gravado, que deverá ser ordenado numa sequência lógica que possibilite o esclarecimento sobre a matéria.

Quadro 4.3 – Exemplo de espelho da matéria audiovisual informativa

CARTÃO DE GRAVAÇÃO #4	DESCRIÇÃO	TEMPO/TIMECODE (horas/minutos/ segundos/quadros)
OFF 1 (Texto de locução do repórter)	DI: "As informações do dia a dia...". DF: "... na rotina da redação".	0:24:11:10 0:24:45:06
SOBE SOM (Ruído de gráfica)	Imagens de apoio da gráfica imprimindo jornal.	0:10:34:03 0:10:42:10
SONORA 1 João da Silva Redator	DI: "Essas mudanças estão sendo implementadas..." DF: "... para melhorar atividades".	0:26:32:16 0:29:26:25
SONORA 2 Marina Leão Pauteira	DI: "Quantas pautas você recebe por dia?...". DF: "... tudo é muito rápido".	0:29:41:04 0:34:51:24
SONORA 3 Jorge Dias Repórter	DI: "Assim que recebemos as pautas...". DF: ".... procurando informação".	0:48:41:25 0:52:12:26
PASSAGEM Chris Pinheiro Repórter	DI: "As informações chegam a todo momento...". DF: "... com objetividade e clareza".	0:57:20:12 0:57:44:13

Fonte: Elaborado com base em Barbero; Lima, 2002; Curado, 2002; Bistane; Bacellar, 2005; Paternostro, 1999; Prado, 1996.

A reportagem, marca orgânica do jornalismo, tem a objetividade como traço essencial, quando são procurados os diversos lados de uma questão, com aprofundada pesquisa de dados, testemunhos, dados, imagens e tudo o que for necessário para chegar o mais próximo da realidade, buscando-se a imparcialidade e a honestidade jornalística. As reportagens, tanto impressas quanto audiovisuais, são matérias que trazem informações significativas para a população, de forma séria e, até mesmo, investigativa, tomando como base a entrevista. Reveladora de almas, a entrevista é a base da reportagem que, por meio do diálogo possível, contribui para se compreender de forma profunda o ser humano e os fatos envolvidos numa questão específica. Por isso, os educomunicadores podem se apropriar desse gênero jornalístico primoroso que é a reportagem para informar sobre diversos tópicos ligados aos direitos humanos e à cidadania, já que as informações e a pesquisa séria dos dados conferem solidez aos temas. Ao mesmo tempo, as imagens registram o contexto social que será mostrado e lhe conferem visibilidade.

Neste ponto, convém retomar a importância dos **elementos sonoros** na realização de materiais audiovisuais. Os elementos sonoros identificados como *voz*, *música*, *ruídos*, entre outros, são vitais para a criação da mensagem comunicativa que se quer veicular. Por um lado, a diversidade de tons na voz, feminina ou masculina, grave ou aguda, e a entonação na vocalidade das palavras colaboram para a clareza e a compreensão das palavras. Por outro lado, o som do ambiente oferece naturalidade e veracidade à mensagem audiovisual, uma vez que aproxima a mensagem sonora da realidade em que se desenvolveu a ação midiática.

Os efeitos sonoros, muitas vezes, são realizados com aplicativos de edição e de áudio. Porém, existem vários efeitos sonoros, como os ruídos, que são realizados com elementos simples, mas com muita criatividade e imaginação, como é o caso de placas de raio X que, quando movimentadas perto do microfone, simulam o som de trovões. A intensidade dos elementos sonoros se refere ao volume, mais baixo ou mais alto, ou ao limite que determina quando o volume do som é percebido somente como som ambiente ou BG, intensidade esta que enriquece a sonoplastia da mensagem midiática. Um outro elemento importante é o silêncio, pois muitas vezes essa ausência de som cria um ponto de tensão, de pausa, de quebra da história para um outro bloco narrativo, entre outras nuances possíveis.

Os elementos sonoros são de vital importância e podem proporcionar carga emotiva à mensagem audiovisual com infinitas possibilidades, sobretudo na criação de imagens mentais, de aconchego e de sensação de companhia em relação ao discurso sonoro, como ocorre no rádio (Ferraretto, 2014; Meditsch, 1998, 2001; Ortriwano, 1998). Nesse sentido, os educomunicadores podem decidir escolher entre as diversas formas de realizar materiais educomunicativos de áudio especificamente. Um formato sonoro atual é o *podcast*, que permite a divulgação de conteúdos de áudio nas plataformas disponíveis na internet, sendo utilizado geralmente para o desenvolvimento de assuntos que podem ser mais complexos. É possível incluir entrevistas com especialistas e comentários, além de ser possível a inserção de outros elementos sonoros diversos, num tempo de maior duração.

Tendo em vista as múltiplas possibilidades que a internet oferece, os materiais educomunicativos podem ser divulgados em diversos espaços – desde computadores do laboratório de informática das escolas até aparelhos de celular de uso pessoal, inclusive por meio das RSD –, ampliando as reflexões na sociedade sobre diferentes temáticas e, portanto, propiciando uma alternativa para a discussão de importantes questões sociais.

4.1.3 Natureza da linguagem audiovisual

A linguagem audiovisual nutre-se principalmente da visualidade fotográfica (imagem fixa) e da capacidade sonora radiofônica (áudio) e, por esse motivo, vários tópicos abordados neste capítulo retomam esses aspectos para fazer referência aos elementos audiovisuais. A natureza dos materiais audiovisuais implica que se considere o senso estético associado à beleza alcançada na combinação dos elementos e ao sentido emocional que as imagens em movimento suscitam. Para o melhor desenvolvimento das atividades relacionadas ao planejamento, à produção e à realização de materiais educomunicativos, é conveniente a articulação do trabalho em equipe, com claros objetivos a serem atingidos.

Cada elemento utilizado deve ter uma função bem definida, assim como é necessário que a equipa conheça o interlocutor, ou seja, a quem será direcionada a mensagem audiovisual.

O cineasta baiano Glauber Rocha, criador do movimento cinematográfico Cinema Novo, já indicava uma questão principal na atividade dos realizadores audiovisuais, "ter uma ideia na cabeça e uma câmera na mão" (Bueno, 2014), no sentido de que se deve priorizar a criatividade que é imprescindível a toda obra artística; contudo, não se pode prescindir do planejamento de todos os recursos e elementos envolvidos nesse fazer audiovisual.

É fundamental criar e ousar, porém é importante o planejamento do possível. O conhecimento técnico dos equipamentos para uma realização audiovisual vai evidenciar o nível do profissionalismo da equipe, desde a captação das imagens até a captação do som. Existem vários tipos de câmeras, com vários graus de sofisticação, e até mesmo as câmeras digitais de celulares ou outros dispositivos móveis também estão sendo utilizadas para gravações semiprofisssionais e amadoras. Por isso, é conveniente a desmistificação da tecnologia e a promoção da familiaridade com equipamentos de captação de imagens: a câmera do próprio celular é cada vez mais usada não somente pela facilidade de manuseio, mas também por sua boa capacidade técnica. Assim, podemos afirmar que o uso de celulares cada vez mais tem colaborado para o amplo acesso à realização de materiais audiovisuais, o que significa a democratização da produção de relatos imagéticos.

Cabe enfatizar que os elementos da linguagem audiovisual contribuem para o melhor desenvolvimento dos relatos audiovisuais, mas o mais importante é que o olhar do realizador tenha sensibilidade em relação à percepção visual. É cada vez mais acessível a utilização desses dispositivos móveis para os sujeitos e as comunidades, motivo pelo qual é possível a elaboração de distintos materiais audiovisuais ou sonoros para amplos grupos, a partir do olhar da educomunicação, objetivando-se a aproximação a temáticas como cidadania, direitos humanos, responsabilidade social e outras questões cidadãs para a sociedade como um todo.

Um tema extremamente importante para os educomunicadores que iniciam suas atividades como realizadores do audiovisual é identificar a relação das questões técnicas, estéticas e éticas com a natureza dos relatos audiovisuais, independentemente do suporte de distribuição do material. No que se refere à linguagem audiovisual e à postura ética dos educomunicadores, é preciso compreender que as imagens em movimento imprimem força emocional ao relato no qual o educomunicador se assume como testemunha do que está sendo mostrado. No entanto, é necessário reconhecer que o relato audiovisual é uma representação da realidade, ou seja, um recorte realizado tendo em vista vários elementos próprios da linguagem audiovisual. A comunicação mediada por dispositivos técnicos (tanto as lentes das câmeras de fotografia como o vídeo, entre outros) ou por rotinas de trabalho profissional (por exemplo, a redação de um telejornal) constitui-se em realidades reconstruídas de forma simbólica que se aproximam significativamente da realidade; são recortes e reconstruções da realidade pela sua verossimilhança, porém não são a realidade concreta.

No caso do telejornalismo, existe uma procura pela objetividade e pela imparcialidade determinadas pela natureza ética da profissão – explicitadas inclusive no Código de Ética dos Jornalistas Brasileiros (Fenaj, 2007). Entretanto, são feitas escolhas na construção desses relatos audiovisuais e, portanto, trata-se de uma outra realidade midiática, a qual tem traços significativos e preciosos da realidade observada. Além disso, a atividade jornalística se guia pela busca do interesse público (Chaparro, 1994). É por isso que a questão ética, do respeito ao que de fato aconteceu, sempre deve nortear o trabalho dos comunicadores, tendo a objetividade como valor de orientação das ações, ou seja, o ímpeto em retratar o fato o mais próximo possível do acontecido. O que se apresenta na tela é uma representação simbólica que tem traços da realidade mostrada, porém o dispositivo técnico de captação da câmera é um filtro que imprime uma forma de olhar diante de determinada realidade. As imagens em movimento têm a capacidade de conferir verossimilhança em virtude de sua capacidade de registro, da simultaneidade, constituindo-se em testemunhas da realidade.

Essa percepção é clara se compararmos o mesmo objeto gravado em diferentes angulações da câmera. Geralmente, se a gravação for numa angulação de câmera alta, ou tomada em ângulo elevado, chamado também de *plongée*, em relação ao objeto gravado, o efeito será o de minimizar esse objeto. Se a essa angulação de câmera alta se somar um plano geral e amplo, será reforçado o efeito de superioridade. Da mesma forma, se na gravação for utilizada a câmera baixa, que minimiza o objeto, e se for acrescentado um plano mais fechado na tomada, esses elementos combinados poderão reforçar a inferioridade do objeto na situação mostrada.

Os relatos audiovisuais podem informar, entreter, educar, servir, interpretar ou até denunciar, segundo o posicionamento aplicado na história. A imagem em movimento gera uma reação emocional nos espectadores de forma orgânica, pois isso é próprio da natureza imagética; trata-se da lógica da emoção, não da razão – e por isso se consegue a atenção, provocando a participação do espectador e sua empatia.

4.1.4 Elementos da linguagem audiovisual

A gramática audiovisual é a forma de expressão utilizada, por meio dos elementos da linguagem audiovisual, como movimentos e planos, para dar um sentido claro, e com beleza, ao relato audiovisual. O processo de seleção e combinação de todos os elementos audiovisuais deve permitir que sejam alcançados os objetivos almejados em termos de expressão plástica e estética. A imagética da pintura e da fotografia são vertentes para o desenvolvimento da linguagem audiovisual, por isso a gramática visual segue essa linha de percepção e pensamento visual, acrescentando como fator inovador o movimento. A captação das imagens envolvidas na ação por meio de diversos movimentos da câmera – seja a câmera de vídeo, seja a dos celulares – confere a elas mobilidade e energia.

Na sequência, apresentaremos diversos conceitos dessa gramática audiovisual com base em realizadores e pesquisadores da área audiovisual (Bonasio, 2002; Castillo, 2004; Gaye; Meyer, 1991; Rabiger, 2007; Shaner; Jones, 2003; Watts, 1999, 1990).

4.1.4.1 Eixos

Os eixos da angulação da câmera vão depender da altura da câmera em relação ao ponto principal da cena, sendo os eixos principais o seguintes: ângulo normal, ângulo elevado e ângulo baixo. (Bonasio, 2002; Gaye; Meyer, 1991; Watts, 1990).

Plano em ângulo normal

O plano em ângulo normal ocorre quando a câmera está posicionada na mesma altura do sujeito (nível dos olhos), conforme podemos observar na Figura 4.1.

Figura 4.1 – Plano em ângulo normal

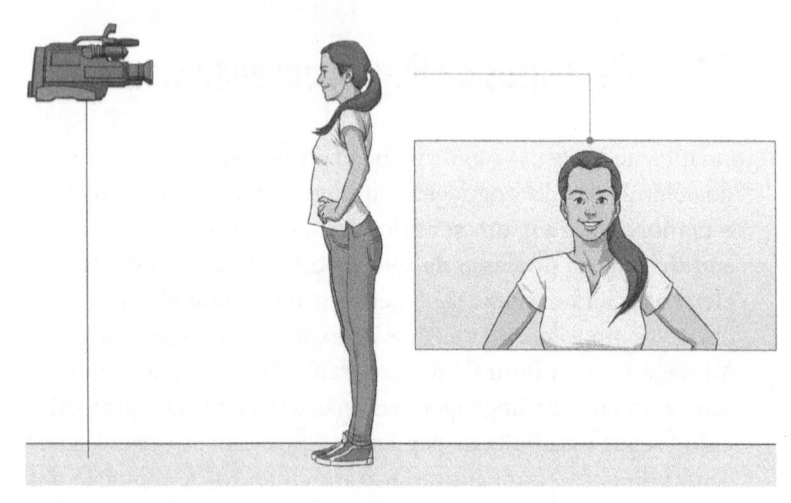

Will Amaro

Plano em ângulo elevado (*plongée*)

No plano em ângulo elevado, a câmera é posicionada acima da pessoa e dirigida de cima para baixo, oferecendo a sensação de inferioridade e minimização, como indica a Figura 4.2. Esse plano é também conhecido pelo termo francês *plongée*, que significa "mergulho" ou "câmera alta".

Figura 4.2 – Plano em ângulo elevado (*plongée*)

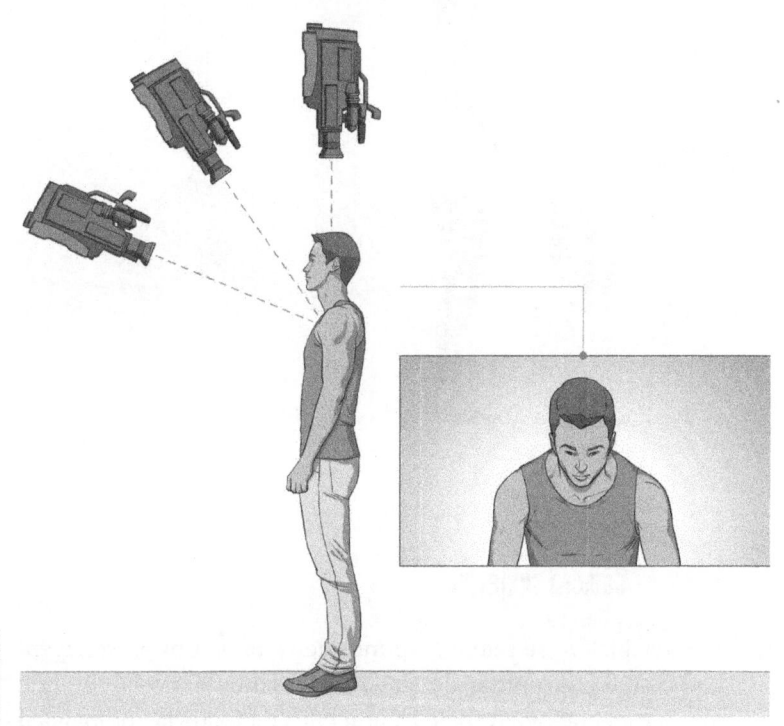

🔊 Plano em ângulo baixo (contra-*plongée*)

No plano em ângulo baixo, a câmera é posicionada abaixo da pessoa e dirigida de baixo para cima. Também chamada de *câmera baixa*, essa angulação oferece a sensação de superioridade e engrandece, conforme ilustra a Figura 4.3.

Figura 4.3 – Plano em ângulo baixo (contra-*plongée*)

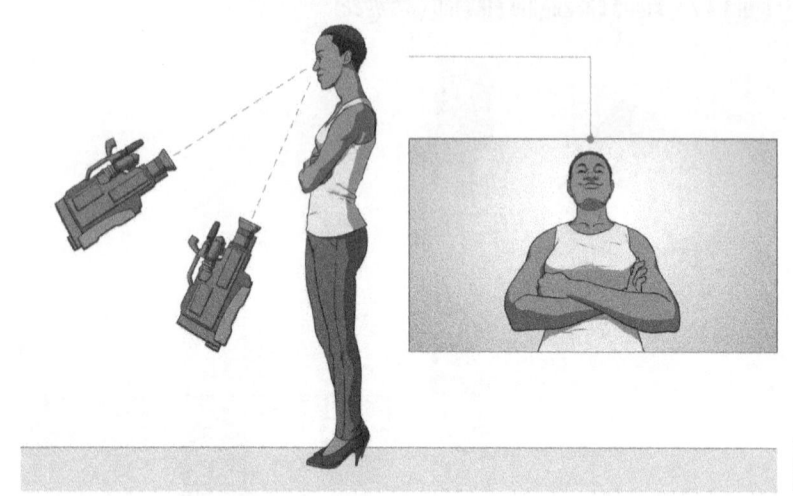

Will Amaro

4.1.4.2 Câmera subjetiva

A câmera subjetiva se refere ao ponto de vista de um personagem, como se fosse o olhar do sujeito apresentado, possibilitando que o espectador vivencie as emoções da história audiovisual. Também pode oferecer o ponto de vista de um espectador (observador) como mais um personagem que observa tudo de forma distante, sem envolver-se na história. A câmera subjetiva substitui o olhar do sujeito, imprimindo força ao relato (Figura 4.4).

Figura 4.4 – Câmera subjetiva

fizkes/Shutterstock

4.1.4.3 Composição no espaço da tela

Outro elemento da gramática audiovisual refere-se à composição e ao espaço em que os elementos que aparecem visualmente e à dimensão que ocupam na tela: quanto maior a imagem do elemento, maior sua importância, independentemente da influência da elevação, da angulação, como podemos ver na Figura 4.5 (Miranda, 2015; Sousa, 2004b).

Figura 4.5 – Composição no espaço e dimensão dos elementos na tela

fizkes/Shutterstock

4.1.4.4 Plano

O plano é a unidade conceitual que abrange diversos enquadramentos relacionados a corpo humano, objeto ou natureza. Apresentamos aqui alguns conceitos específicos a serem considerados na combinação dos elementos da linguagem audiovisual (Bonasio, 2002; Gaye; Meyer, 1991; Rabiger, 2007; Watts, 1990).

O plano se refere à abertura da lente da câmera para mostrar objeto ou pessoa. O plano fixo ocorre quando não há movimento da câmera, porém pode existir, sim, movimento interno (movimento dos personagens dentro da tela). A câmera pode estar num tripé ou nas mãos do cinegrafista, mas de forma fixa. Podemos observar o exemplo de um plano na Figura 4.6.

Figura 4.6 – Plano

Kristof Topolewski/Shutterstock

4.1.4.4.1 Tipos de planos

A utilização dos diferentes tipos de planos contribui para a construção narrativa do audiovisual. A combinação dos planos existentes auxilia no desenvolvimento da ação que está sendo relatada por meio das imagens. Assim, por exemplo, enquanto a apresentação de um plano geral revela a ambientação de um local, a aproximação de um detalhe dá ênfase a uma situação específica nesse local. É possível fazer uma série de combinações desses elementos com o intuito de auxiliar o criador/realizador em suas escolhas no processo criativo e na realização de materiais educomunicativos. A ideia visual se concretiza e corporifica na realização das narrativas audiovisuais. A seguir, apresentamos os tipos de planos, exemplificando suas singularidades conforme alguns teóricos da área do audiovisual (Bonasio, 2002; Gaye, Meyer, 1991; Shaner; Jones, 2003; Watts, 1990, 1999).

Plano geral (PG)

O PG mostra a pessoa inteira e propicia aos espectadores a oportunidade de observarem algo do cenário de fundo, como exemplificado na Figura 4.7.

Figura 4.7 – Plano geral (PG)

Gorodenkoff/Shutterstock

Plano conjunto (PC)

Conforme Watts (1990, p. 159), o PC "não é aberto o suficiente para mostrar muito do cenário de fundo, nem fechado o bastante para mostrar detalhes da pessoa". Podemos observar um exemplo de PC na Figura 4.8.

Figura 4.8 – **Plano conjunto (PC)**

Dean Drobot/Shutterstock

Plano americano (PA)

O chamado *plano americano* (PA), termo originário dos planos dos filmes de faroeste, corta o corpo na altura dos joelhos. Podemos observar um exemplo de PA na Figura 4.9.

Figura 4.9 – **Plano americano (PA)**

milatas/Shutterstock

Plano médio (PM)

O PM "corta imediatamente abaixo dos cotovelos e é ótimo para as tomadas de introdução em entrevista" (Watts, 1990, p. 159). Observe um exemplo de PM na Figura 4.10.

Figura 4.10 – Plano médio (PM)

Pavel L Photo and Video/Shutterstock

Meio primeiro plano (MPP)

Conforme Watts (1990, p. 159), o MPP "é fechado o bastante para mostrar detalhes do rosto sem chegar a ser intruso", gerando um "padrão de conforto visual para entrevistas" (Watts, 1990, p. 159). Observe um exemplo na Figura 4.11.

Figura 4.11 – Meio primeiro plano (MPP)

Pavel L Photo and Video/Shutterstock

Primeiro plano (PP)

O PP "enquadra na altura da gola", proporcionando a impressão de intimidade ou de que se está sob pressão, se a entrevista for uma confrontação (Watts, 1990, p. 159). Podemos observar um exemplo de PP na Figura 4.12.

Figura 4.12 – Primeiro plano (PP)

Dean Drobot/Shutterstock

Primeiríssimo plano (PPP)

O PPP apresenta detalhes do objeto para causar impacto, conforme ilustra a Figura 4.13.

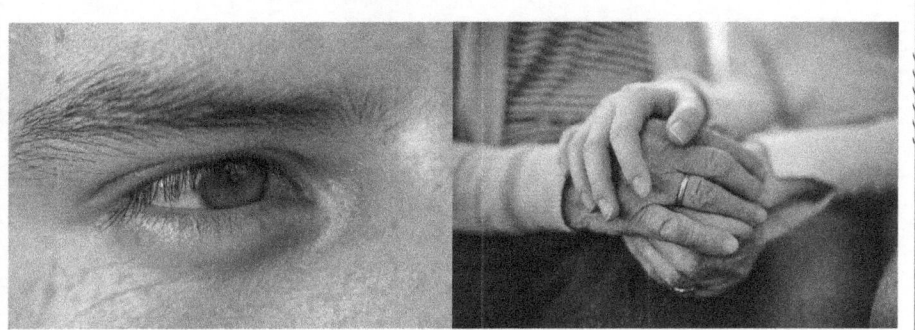

Figura 4.13 – Primeiríssimo plano (PPP)

Wirestock Creators e Halfpoint/Shutterstock

4.1.4.5 Movimentos de câmera

As imagens em movimento imprimem força e energia ao relato audiovisual, já que proporcionam ao espectador maior sensação de envolvimento na trama. Existem os movimentos de câmera físicos, como o *traveling* e de panorâmica, assim como o movimento ótico das lentes, como o *zoom*, que dá impressão de movimento, porém o movimento que ocorre é apenas das lentes, sendo interno (Bonasio, 2002; Gaye; Meyer, 1991; Rabiger, 2007; Shaner; Jones, 2003; Watts, 1990).

Panorâmica (PAN)

Também chamada de *PAN*, a panorâmica é um movimento no próprio eixo da câmera, que, ao girar, mostra, ao redor dela mesma, o contexto no qual está inserida, como ilustra a Figura 4.14, a seguir. Tem função descritiva. Em geral, a panorâmica é feita de forma horizontal, mas pode ser vertical. É utilizada para acompanhar o movimento de alguma pessoa, normalmente da esquerda para a direita. Esse movimento não deve ser um movimento indeciso nem que fique travando o tempo todo; ao contrário, deve apresentar um fluxo contínuo. Quando é feita de forma vertical, a panorâmica é chamada de *tilt-up* (para cima) ou *tilt-down* (para baixo) (Watts, 1990).

Figura 4.14 – Panorâmica (PAN)

Will Amaro

Traveling

O *traveling* consiste no deslocamento fora do eixo da câmera, acompanhando-se lateralmente um veículo. Tem função subjetiva. Geralmente, o *traveling* confere emoção ao movimento, por exemplo, quando a câmera substitui o olho da personagem numa fuga. É um movimento físico do cinegrafista junto com a câmera em deslocamento. No cinema e na publicidade, utiliza-se muito o auxílio da grua para a realização do *traveling*, uma vez que esse equipamento oferece movimento e altura ao mesmo tempo (Watts, 1990).

Figura 4.15 – *Traveling*

Zoom

O *zoom* oferece a impressão de movimento através das lentes da câmera, porém se trata de um movimento ótico. A combinação interna das lentes possibilita aproximar ou afastar o objeto sem que a câmera se desloque. É necessário que haja critério no uso do *zoom* para facilitar o corte na edição. Por isso, não se recomenda sua utilização num vai e vem desordenado (Watts, 1990).

Figura 4.16 – *Zoom*

Will Amaro

Regra dos 180 graus

A regra dos 180 graus ajuda a conferir harmonia à forma sequencial dos planos, sendo uma espécie de espaço virtual no qual a câmera se desloca. É possível favorecer diversos tipos de angulações dentro desse cenário dos 180 graus. Por exemplo, na gravação de algumas entrevistas, utiliza-se uma angulação de 30 ou até 45 graus. Não é necessário um número exato: trata-se de uma forma intuitiva de captura das imagens em entrevistas que oferece conforto visual, mostrando o olhar dos entrevistados de maneira natural, de modo a respeitar a metade escolhida na gravação no local, no limite dos 180 graus. Considera-se a metade escolhida na gravação para auxiliar na visualização da melhor localização do sujeito que será gravado, assim como em relação à posição do sujeito e da câmera, de forma a obter o melhor enquadramento da imagem.

Por um lado, deve ser levado em consideração que, para gravar entrevistas, é adequado que a captura das imagens seja feita de um mesmo lado, ou seja, sob um mesmo ponto de vista, dos dois participantes, para que o espectador acompanhe com conforto os depoimentos dados e, ao mesmo tempo, seja possível reforçar o dinamismo e a fluidez dessa ação (Figura 4.17). A gravação dentro desse espaço virtual auxilia na continuidade dos planos para que os pulos de imagem sejam evitados (Shaner; Jones, 2003; Watts, 1999; Yorke, 2006).

Por outro lado, quando se grava um entrevistado numa reportagem, sugere-se usar o PM, e o melhor é que o repórter ou entrevistador se coloque atrás da câmera e ao lado do cinegrafista, porque assim estará localizado na direção do olhar do espectador, aumentando a atenção deste.

Figura 4.17 – Regra dos 180 graus

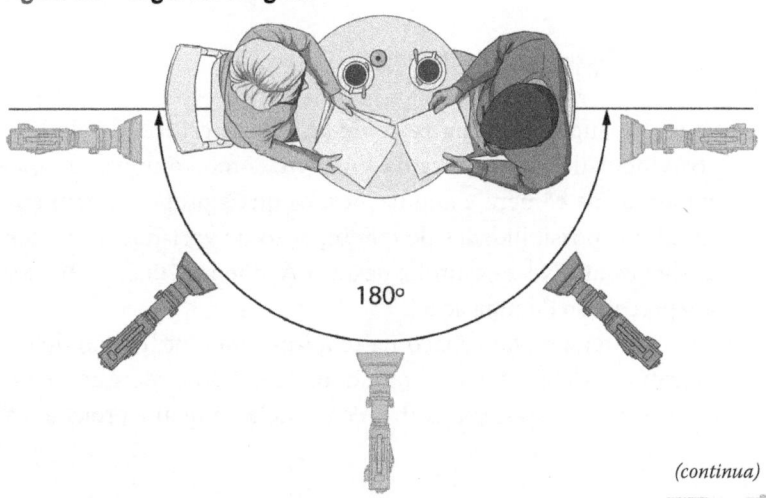

(continua)

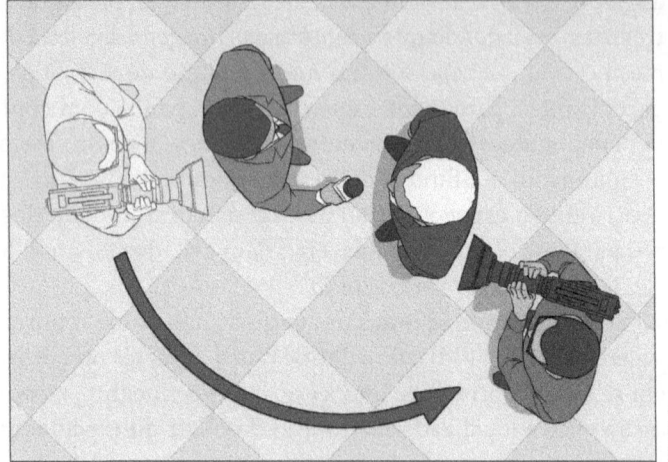

(Figura 4.17 – conclusão)

Fonte: Prado, 1996.

4.1.4.6 Composição da imagem

A linguagem audiovisual nutre-se de amplo repertório de elementos vinculados à natureza da imagem, como composição, movimentos de câmera e angulações, os quais proporcionam aos criadores possibilidades de combinação de variados discursos audiovisuais. Nesse sentido, destaca Arnheim (2005, p. 9): "ver é a percepção de uma ação".

Por isso, a diferença no espaço na tela impacta a utilização de determinados planos. Desse modo, na televisão é mais utilizado o PP, em contraposição com o *écran* (tela na qual é projetada a imagem do filme) do cinema, que mostra uma visão mais ampla com o uso de PGs, por exemplo. Compor é a arte de situar os elementos de uma imagem de forma que a atenção do espectador fique no centro de interesse (Castillo, 2004; Miranda, 2015; Sousa, 2004b).

Regra dos terços

A disposição dos objetos na tela da televisão atende a motivos estéticos. Está associada à mecânica da atenção com base na criação de pontos de destaque. Esse princípio está relacionado com a regra dos terços (centros de interesse), conhecida de pintores como Leonardo da Vinci, sendo a arte da pintura o principal arcabouço teórico sobre os princípios vinculados à imagem (Castillo, 2004; Miranda, 2015).

Figura 4.18 – Regra dos terços

(continua)

(Figura 4.18 – conclusão)

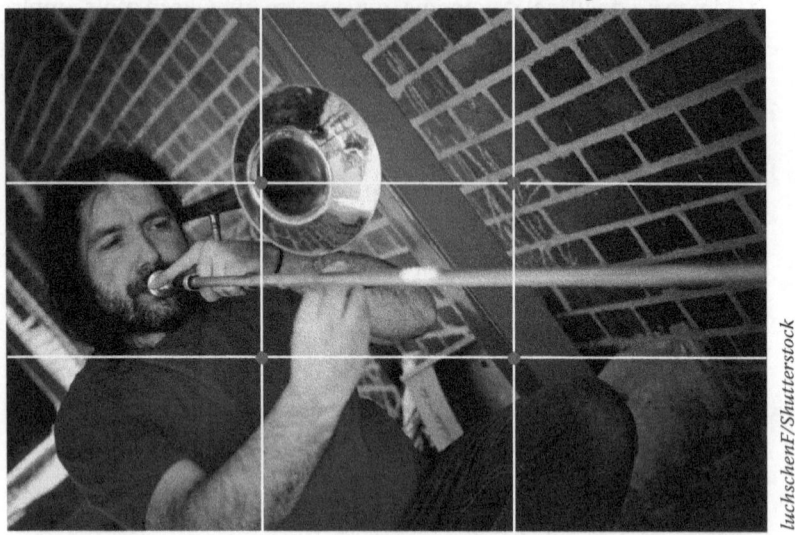

luchschenF/Shutterstock

A regra dos terços sinaliza que não é conveniente colocar o alvo principal no centro do quadro. Imagine que o quadro é dividido igualmente por linhas horizontais e verticais (Figura 4.18). Os quatro pontos onde essas linhas se cruzam são frequentemente os melhores lugares para posicionar os elementos mais importantes da composição (Castillo, 2004; Miranda, 2015).

Para obter um melhor enquadramento, é conveniente dar espaço ao alvo. Assim, é importante enquadrar a tomada de forma que haja mais espaço de tela na direção em que a pessoa está olhando do que atrás. O resultado será confortável e lógico para o espectador, reforçando a direção do olhar do alvo, conforme demonstra a Figura 4.19.

Figura 4.19 – Composição e direção do olhar da personagem da ação principall

LightField Studios/Shutterstock

Além disso, é possível criar um enquadramento **em profundidade**, localizando-se pessoas ou objetos como se estivessem reunidos em linhas e convergindo num ponto no horizonte – é isso o que criará uma sensação de profundidade. Aliado ao direcionamento do olhar dos protagonistas, esse enquadramento dará a sensação de seguimento da ação num determinado sentido e direção. Essas sensações ocorrem porque os olhos costumam focalizar apenas uma parte da tela a cada vez que a olham e, também, porque os olhos geralmente se dirigem para o que está em movimento (Miranda, 2015; Sousa 2004b).

Vale destacar a lição de Arnheim (2005, p. 8) ao afirmar que "a percepção é realmente um campo contínuo de forças", podendo-se conferir profundidade à ação, conforme podemos observar na Figura 4.20.

Figura 4.20 – Composição e enquadramento em profundidade

Rawpixel.com/Shutterstock

Na composição da imagem, procura-se manter o equilíbrio e a harmonia para criar uma ambiência de acordo com o discurso audiovisual que será apresentado. Dois exemplos de composição são o **equilíbrio simétrico** e o **equilíbrio assimétrico** (Castillo, 2004), que podem ser configurados conforme a composição das linhas e da localização das pessoas e dos objetos, como ilustra a Figura 4.21.

Figura 4.21 – **Equilíbrio simétrico (A) e equilíbrio assimétrico (B)**

(A)

(Figura 4.21 – conclusão)

(B)

Jacob Lund e Prostock-studio/Shutterstock

🔊 Elementos do enquadramento

Ainda com relação à composição e ao enquadramento da imagem, cabe destacar que o quadro capturado pelas lentes da câmera é um recorte da realidade, é uma janela do mundo mostrado com base em uma série de escolhas técnicas, estéticas e éticas. Mostrar ou não um aspecto do visível já é uma escolha **ética**, pelos valores que atuam simultaneamente ao se clicar o dispositivo da câmera. Ao mesmo tempo, é uma seleção **estética**, quando se faz a opção pelo mais belo a ser mostrado, assim como é uma escolha **técnica**, tendo em vista o envolvimento das características da linguagem audiovisual e dos aspectos técnicos que proporcionaram a possibilidade de se captar determinada imagem e não outra (Castillo, 2004).

Figura 4.22 – **Composição da imagem e estética**

(continua)

(Figura 4.22 – conclusão)

Para realizar uma boa composição, é necessário considerar os aspectos técnicos e artísticos utilizados para criar um enquadramento com pontos de atração que se destaquem entre os elementos, criando-se interesse e força visual, de maneira equilibrada, enfatizando o centro de interesse (Arnheim, 2005; Castillo, 2004). Considerando a produção educomunicativa, convém compreender os princípios da linguagem audiovisual com base nos estudos sobre a imagem na área da arte, como pintura, fotografia, cinema e percepção visual, assim como outros estudos que fortaleçam essas bases técnico-teóricas (Arnheim, 2005; Aumont, 1993; Catalã, 2011; Daniel Filho, 2001; Didi-Huberman, 1998; Didi-Huberman, 2012; Dubois, 1994; Joly, 2007; Moura, 1999; Peter, 1999; Rabiger, 1998; Rabiger, 2007).

Figura 4.23 – **Composição, enquadramento e escolhas**

Viktor Kann, waru e Catalin Lazar/Shutterstock

4.1.5 A produção audiovisual

A realização de relatos audiovisuais requer a organização da produção nos processos artístico, técnico, financeiro e administrativo. O processo de produção compreende três etapas principais: 1) pré-produção; 2) produção e realização; e 3) pós-produção.

Essas etapas devem ser cumpridas tanto em mensagens de curta duração quanto em mensagens de longa duração, com formato simples ou complexas estruturas narrativas, já que isso otimizará os resultados e as metas de comunicação. Assim, os materiais educomunicativos audiovisuais devem considerar o estabelecimento de objetivos em cada fase da organização da produção dos materiais, pois isso auxiliará toda a equipe envolvida na ação educomunicativa.

Para que se cumpram os objetivos educomunicativos, é conveniente motivar a criatividade e combinar a imaginação e a originalidade com a credibilidade, ou seja, buscar a veracidade da mensagem a ser contada. Seja no universo ficcional, seja no universo informativo, a credibilidade somente pode ser obtida quando a mensagem apresenta fluidez na combinação de todos os elementos e recursos utilizados.

4.1.5.1 Pré-produção

O planejamento de um produto audiovisual é o ponto central da fase de pré-produção. É o momento em que a equipe dialoga sobre as ideias, os formatos e as abordagens relacionados às ações que vão colaborar para a consecução dos objetivos educomunicativos. Nessa etapa, devem ser analisados os métodos de coleta e apuração dos dados e deve ser realizada as pesquisas sobre o assunto escolhido. É importante preparar as equipes técnica, artística e jornalística (reportagem, produção, direção, cinegrafistas, equipe de som, iluminação e de edição, entre outros), assim como os equipamentos necessários, fazendo-se a escolha de locações e cenários. Também é conveniente fazer a previsão do orçamento do projeto audiovisual, objetivando-se a economia de custos, e avaliar as possibilidades de apoio financeiro para a elaboração dos materiais educomunicativos.

Em síntese, a pré-produção, que é considerada a fase mais importante da produção audiovisual, inclui o planejamento de todos os elementos e recursos que serão necessários, como a pesquisa de dados, o mapa de produção e a análise técnica, a escolha de locações e cenários, o pré-roteiro e o roteiro final, a pauta completa com contatos das fontes e questões que serão abordadas, o cronograma de atividades, que abrangem a gravação, a edição, a finalização e a pós-produção. Esse planejamento vai colaborar no fluxo de produção, nas rotinas da equipe e no trabalho coletivo, com vistas a uma produção eficiente.

Com relação ao planejamento do orçamento, conforme Kellison (2007), é conveniente fixar os custos de realização do projeto audiovisual, os quais podem variar segundo o tipo de produção, embora se deva procurar minimizá-los. São eles, entre outros: custos de realização, como gravação em estúdio, edição, pós-produção, aluguel de câmeras para gravação em externa, aluguel de equipe de iluminação, equipamentos; custos de produção, como salários, despesas de produção e administração; custos de materiais e serviços, como transporte, imprevistos, seguros, materiais diversos (Bonasio, 2002; Crocomo, 2007; Moletta, 2009; Montez; Becker, 2005; Kellison, 2007; Puccini, 2012; Rodrigues, C., 2007; Rosenthal, 2002; Watts, 1990).

O cronograma de atividades deve considerar a priorização daquelas que a equipe terá de realizar para que as etapas da pré-produção, da produção/realização e da pós-produção sejam cumpridas de forma eficaz. A organização pode ser diária, semanal ou mensal, conforme indica o Quadro 4.4.

Quadro 4.4 – Cronograma de atividades no planejamento de material audiovisual

Atividades		Abril	Maio	Junho	Julho	Agosto
Escolha do tema	Previsto	■				
	Realizado	■				
Leitura do material bibliográfico de apoio	Previsto			■■		
	Realizado			■■		
Avaliação dos objetivos de comunicação do material educomunicativo	Previsto	■				
	Realizado	■				
Pré-roteiro	Previsto		■■			
	Realizado		■■			
Contato com as fontes	Previsto			■■		
	Realizado			■■		
Gravações em externas	Previsto			■■		
	Realizado			■■		
Decupagem	Previsto				■■	
	Realizado				■■	
Gravações dos *offs*	Previsto					■
	Realizado					■
Edição não linear	Previsto					■
	Realizado					■
Produção de vinhetas	Previsto					■
	Realizado					■
Pós-produção/montagem: final do programa	Previsto					■
	Realizado					■
Redação do roteiro final	Previsto					■
	Realizado					■

Fonte: Elaborado com base em Bonasio, 2002; Crocomo, 2007; Moletta, 2009; Montez; Becker, 2005; Kellison, 2007; Puccini, 2012; Rodrigues, C., 2007; Rosenthal, 2002; Watts, 1990.

4.1.5.2 Realização e produção

A fase de realização e produção é a etapa em que se concretizam as ideias e as ações que foram planejadas na pré-produção. É o momento da gravação, incluindo diversas atividades, como a checagem de todos os equipamentos, a checagem dos elementos sonoros – monitoramento com o fone de ouvido para evitar que as entrevistas tenham ruídos, como barulho de ar-condicionado –, a checagem do bom funcionamento das câmeras, dos microfones, das baterias e dos tripés, entre outras. É a etapa na qual o roteiro se concretiza e, por isso, há a necessidade da checagem de enquadramentos e elementos a serem gravados – com o uso de monitor de imagens, se for no ambiente interno –, assim como da rigorosa verificação dos elementos técnicos de composição da imagem, objetivando-se a excelência na gravação e, dessa forma, agilizando-se a etapa posterior, da pós-produção.

A realização também inclui a implementação do roteiro de gravação de imagens, entrevistas, músicas, textos e infográficos. Se houver necessidade de elementos de cenografia e ambientação, como vestuário, eles também deverão ser inseridos no roteiro de gravação. Igualmente, é muito importante verificar o mapa de iluminação (Moura, 1999) e até mesmo o *teleprompter* (TP) para auxiliar a leitura do texto pelos apresentadores no estúdio, como mostra a sala de TV (televisão) ilustrada na Figura 4.24, a seguir. A realização deve incluir ainda o registro das gravações, com locações, dias e equipe participante.

Figura 4.24 – Sala de TV

Will Amaro

Em síntese, o processo de realização e produção geral se orienta pelas seguintes etapas:

a. Tudo inicia com a pauta e a pesquisa para assim se desenvolver um roteiro do material audiovisual, ou seja, o que será gravado e editado. No processo de produção, após a decupagem do roteiro, são identificados vários elementos, como: número de diárias que serão necessárias; locação em que será feita a gravação; equipe (apresentadores, jornalistas, artistas, entre outros); equipamentos, como câmera e acessórios (tripé, microfones, baterias); equipamentos de iluminação e de som; cenografia, se for o caso; elementos gráficos a serem utilizados; cronograma de atividades. É necessário identificar também quais são as ações da produção que deverão ser realizadas, como reservar as locações e agendar os contatos e entrevistados.

b. Na gravação propriamente dita, é conveniente preparar todos os equipamentos necessários e verificar o bom desempenho deles, conferindo-se: se os microfones estão funcionando a contento, sem chiados e com clareza no som; se as baterias estão carregadas; se o tripé é o adequado; se os cartões de gravação estão com espaço, entre outros fatores.

c. Após a gravação, todos os materiais devem ser decupados, conforme o roteiro de gravação e da decupagem, assim como deve ser providenciada a produção gráfica, que inclui: infográficos; pesquisa de imagens, já realizada, detectando-se a necessidade de uso de imagens de arquivo se for necessário reconstituir alguma questão; animações e outros efeitos especiais que poderão vir a ser inseridos no processo de edição e finalização. O processo de edição e finalização tem como ponto central a decupagem, feita com antecipação. Dessa forma, é conveniente que seja realizada com antecedência a visualização de todos os materiais gravados na rua ou no estúdio, bem como de todas as gravações de áudio e dos efeitos sonoros úteis, previamente escolhidos, para a pós-produção dos materiais gravados, ou seja, a edição deve ser iniciada somente com todos os materiais organizados e com as anotações das minutagens (antes de entrar na ilha de edição não linear). Essas ações prévias trarão economia ao orçamento da realização audiovisual proposta, visto que serão utilizadas tão somente as horas necessárias na ilha de edição não linear. É no processo de edição e finalização que as matérias são finalizadas para sua exibição (Kellison, 2007; Shaner; Jones, 2003, Yorke, 2006).

4.1.5.3 Pós-produção e finalização

A fase de pós-produção e finalização é associada principalmente ao processo de edição não linear de todo o material que foi gravado. O objetivo da edição está relacionado à organização e escolha das gravações que tenham qualidade tanto em termos estéticos como em termos de informação, numa ordem adequada e de acordo com a proposta do roteiro. É preciso ter em mente que as técnicas utilizadas no processo de pós-produção viabilizam diversas alternativas de combinação dos elementos audiovisuais (sons, imagens e outros efeitos) para uma mensagem midiática eficaz (Dancyger, 2003; Kellison, 2007; Moletta, 2009).

Em primeiro lugar, esses materiais devem ser identificados nos suportes gravados conforme o roteiro de gravação. É necessária a visualização de todo o material gravado e especificado pelo *timecode* (código de tempo), que é gerado, de forma digital, pelo sistema de captação. O *timecode* – que contém a numeração com o tempo gravado em horas, minutos, segundos e quadros (*frames*) da gravação – evidencia a duração das gravações.

Após a gravação, deve ser realizado o processo de **decupagem**. No cinema, o termo *decupagem* é relacionado ao roteiro técnico final, que inclui especificações como planos e contraplanos, movimentos de câmera e outras indicações técnicas. Porém, na área televisiva, o termo *decupagem* está vinculado à visualização e **minutagem** de todos os materiais gravados. Assim, o processo de decupagem deve ser realizado para organizar o processo de edição e pós-produção. A decupagem/minutagem consiste em visualizar tudo o que foi gravado, e deve ser anotada num relatório de gravação e de edição. A minutagem deve ser feita previamente ao processo de pós-produção, pois revela a qualidade do material que será utilizado na edição e permite o redimensionamento do roteiro final, viabilizando mudanças, se for necessário, e evidenciando se ficou faltando aprimorar alguma gravação. O ato de identificar imagens, áudios e imagens de apoio gravados, anotando-se sua localização, com o respectivo *timecode*, é a principal ferramenta que possibilita a clareza nas ideias para realizar uma edição segura, rápida e eficiente.

Ao mesmo tempo, sendo a fase de edição e pós-produção decisiva para a finalização de todo o processo criativo de realização dos materiais audiovisuais, é fundamental que seja eficiente, não somente pelo fato de ser a instância criativa decisória, mas também pelos valores e custos no orçamento final, em virtude da especialização dos profissionais e dos equipamentos da área de edição e pós-produção. Além disso, a etapa de pós-produção e finalização também inclui a desmontagem de cenários e equipamentos de gravação de áudio, vídeo e iluminação, assim como o pagamento do pessoal e o processo de divulgação e avaliação do impacto do material audiovisual realizado.

Considerando-se a finalidade educomunicativa das realizações audiovisuais, a avaliação do impacto desses materiais abrange desde o tratamento prévio que orientou seu conteúdo, como os objetivos pedagógicos que teriam de ser alcançados, mediante a implementação de uma ampla ação educativa. O impacto desses materiais educomunicativos não é quantitativo nem imediato, isto é, pelo fato de estarem inseridos no campo da educação, as repercussões são qualitativas e a percepção de mudanças é de amplo e longo espectro. Cabe observar que os materiais audiovisuais contam com a agilidade em sua apresentação, mostrando sua mensagem e cativando o espectador; porém não se pode mensurar a aderência às mensagens veiculadas. Pela sua natureza, as realizações audiovisuais configuram-se como o início de descobertas, de diálogo, de debate, de indagação e de provocação de atitudes e questionamentos, sendo necessária a procura por outros materiais para o aprofundamento das temáticas abordadas. É por isso que os objetivos indicados nos materiais audiovisuais devem ser focalizados, priorizando-se o mais significativo em cada assunto, para que sejam provocadores de reflexões, diálogos e leituras posteriores para maiores esclarecimentos.

Um caso significativo de roteiro audiovisual direcionado a temáticas educomunicativas é o vídeo digital educativo, que potencializa a relação de ensino-aprendizagem por meio do intercâmbio de informações e conceitos, num ambiente que é mediatizado pela questão técnica, mas viabiliza o encontro pedagógico de forma natural, para além da sala de aula, possibilitando um relacionamento próximo entre os protagonistas do processo educativo. Além de atentar para a motivação dos alunos, faz-se necessário que a escola se atualize diante do contexto midiático atual, não somente em relação às novas tecnologias, mas, sobretudo, quanto às atuais preocupações e interesses dos jovens.

A apropriação das plataformas hipermidiáticas pelos jovens na criação de conteúdo já sinaliza a visão de Paulo Freire em sua proposta pedagógica libertadora (Freire, 1997). Uma das ferramentas que surgiram recentemente é a **lousa digital**, instrumento semelhante a uma lousa comum, porém com recursos parecidos com os do *touch screen* (tela sensível ao toque). Esse aparato viabiliza a abordagem de conteúdos educacionais com o uso da tecnologia do vídeo digital interativo, no qual o aluno vai recriando o processo de ensino-aprendizagem mediante a interação com a tecnologia. O processo contribui para que os professores sejam coautores do próprio material didático e, ao mesmo tempo, incentiva a participação dos alunos como cocriadores. A experiência é dinâmica, pois permite a interação com os recursos apresentados na lousa e, dessa forma, os caminhos e as leituras do material pedagógico podem ser reestruturados, fortalecendo-se a participação de estudantes e docentes no funcionamento e na didática da aula. Vários estudos relacionados ao uso da lousa digital estão sendo desenvolvidos nos laboratórios de pesquisa da Faculdade de Educação da Universidade Estadual de Campinas – Unicamp (Nakashima; Amaral, 2006; Morales, Watanuki, Manuel; 2009).

Assim, o desenvolvimento de conteúdos educativos interativos deve aliar conteúdo e forma de expressão narrativa, considerando-se as áreas da educação e da comunicação, entrelaçadas em prol da criação de conteúdos criativos, explicativos, motivadores e cativantes, por meio do *design* multimídia e da roteirização e realização de materiais educomunicativos. Em princípio, o processo de produção, realização, pós-produção e avaliação de materiais imagéticos educativos interativos constitui-se em um desafio contemporâneo, uma vez que se trata de uma área nova e ainda com amplo caminho a ser desbravado.

4.1.5.4 Possibilidades do audiovisual na convergência midiática

As novas tecnologias, como a internet, oportunizam a divulgação e, sobretudo, a concepção diferenciada de histórias audiovisuais. Foram criadas várias formas de contar relatos audiovisuais em diversos suportes de distribuição, sendo cada vez mais imprescindível o "pensar fora da tela", ou seja, procurar a ampliação na interatividade dos espectadores/participantes, de modo a gerar, até mesmo, maior engajamento e apropriação dos conteúdos midiáticos audiovisuais.

Nesse sentido, a convergência midiática disponibiliza aos espectadores diversas oportunidades de compartilhamento de histórias com imagens em movimento. A cultura do binômio espectadores/realizadores de conteúdo mudou: é a **cultura da mobilidade, da interatividade**. De acordo com Castells (1996, citado por Lemos, 2004),

> A era da conexão é a era da mobilidade. A internet sem fio [...] e a telefonia celular de última geração trazem novas questões em relação ao espaço público e espaço privado, como a privatização do espaço público (onde estamos quando nos conectamos à internet em uma praça ou quando falamos no celular em meio à multidão das ruas?), a privacidade (cada vez mais deixaremos rastros dos nossos percursos pelo quotidiano), a relação social em grupo com as *smart mobs* etc. As novas formas de comunicação sem fio estão redefinindo o uso do espaço de lugar e dos espaços de fluxos.

Aos olhos dos telespectadores, o tamanho da tela vai mudar, pois ela poderá apresentar informações em qualquer de seus lados, podendo a imagem principal da história contada ficar mais reduzida. Abrem-se várias perspectivas no uso da linguagem audiovisual e, portanto, não se pode pensar de forma isolada. As chances tecnológicas proporcionadas pela convergência midiática acrescentam a incorporação de mais informações para os relatos audiovisuais, otimizando-se o valor agregado "fora da tela". Existe, por exemplo, a possibilidade de interagir com diversos dados, inclusive com dados históricos, localização e mapas, entre outros elementos explicativos vinculados às imagens, podendo-se compartilhá-los em outras plataformas na internet, de modo a favorecer a socialização desses dados.

Com relação às expectativas e perspectivas futuras, estamos em tempos de convergências. As mudanças tecnológicas, do analógico ao digital, por exemplo, trouxeram consequências que vão afetar a concepção, o uso e a combinação dos elementos da linguagem audiovisual. Além disso, o profissional da comunicação, da educação e, principalmente, da educomunicação deverá adaptar-se a essas mudanças, tornando-se cada vez mais multidimensional e hipermidiático. É, portanto, necessário que as escolas e as instituições de ensino se aproximem das novas mídias que fazem parte do cotidiano dos alunos.

A convergência midiática oferece a possibilidade de compartilhar relatos audiovisuais de diversas formas, já que a ambiência cultural é de interatividade, de mobilidade e de simultaneidade, manifestas principalmente com o uso da internet sem fio, sobretudo com os *smartphones*. É possível contar relatos com objetivos informativos, como no jornalismo, persuasivos, como na publicidade, ou de entretenimento, provocação e reflexão, em outros formatos; o importante é propiciar empatia, impacto e cativar o espectador, apropriando-se da força das imagens em movimento tendo em vista a energia e a emoção geradas.

A visualidade tem acompanhado os seres humanos desde os primórdios, sendo uma das primeiras formas de representação que existiram desde as antigas civilizações. Talvez seja por esse motivo que as imagens impregnam de frutos o cotidiano e o imaginário dos sujeitos. Desde os tempos remotos, a comunicação entre os indivíduos se fez necessária para a expressão de opiniões, ideias, informações, por meio da palavra, da escrita, do visual e do gestual. As pinturas rupestres simbolizam o anseio das pessoas pela comunicação com os outros e pelo registro de suas necessidades. Da mesma forma, a comunicação mostra-se como coadjuvante nos conceitos de representação individual e social, revitalizando os modos de identificação. O processo de modernização das sociedades disponibilizou os meios de comunicação dos quais as pessoas se utilizaram, de diversas formas, para se comunicar. Ainda conforme Bauman (2007a, p. 9), "A 'sociedade' é cada vez mais vista e tratada como uma 'rede' em vez de uma 'estrutura' (para não falar em uma 'totalidade sólida'): ela é percebida e encarada como uma matriz de conexões e desconexões aleatórias e de um volume essencialmente infinito de permutações possíveis".

Essa constante recomposição das condições da vida cotidiana é o contexto dos tempos líquidos contemporâneos, com a fluidez das relações e da interatividade contínua. As transformações tecnológicas colaboram para que os meios de comunicação tomem formas cada vez mais sofisticadas, mudanças estas que propiciam o uso de diversas plataformas e dispositivos que acompanham a vida contemporânea de maneira constante. Jenkins (2009, p. 30) destaca ainda que "a convergência não ocorre por meio de aparelhos, por mais sofisticados que venham a ser. A convergência ocorre dentro dos cérebros de consumidores individuais e em suas interações sociais com outros". E é nesse contexto que deve ser compreendida a imagética em tempos de convergência midiática.

Os relatos audiovisuais originados nas diversas plataformas oferecem interatividade como fator de expressão, e, com o objetivo de inovação e aproveitamento das múltiplas alternativas existentes, faz-se necessário pensar a narrativa numa linha de tempo que reúne traços da história como uma totalidade, recompondo-a para dar um sentido total do relato. Gosciola (2003, p. 19) sinaliza que, no contexto das convergências, "as histórias se tornaram cada vez mais complexas na sua estrutura, ao serem contadas, já que podem ser apresentadas por diversos pontos de vista, [...] com possibilidades de interferência na narrativa". O fator criativo no relato audiovisual não linear deve focalizar a ideia central ou premissa geradora e impulsionadora da história para que, a partir desse eixo, possam surgir histórias complementares que se encaixem na abordagem geral. Nesse caso, a concepção do fator *tempo* é o elemento que reúne, guia e orienta a ação completa, criando pontos de conflito narrativo, assim como pontos de destaque e tensão, os quais permitem que a história seja levada adiante até sua finalização.

Nessa ambiência, os realizadores não precisam ser integrantes do sistema midiático industrial porque podem gerar seus conteúdos audiovisuais e inseri-los em diversos suportes de distribuição. Nesse sentido, o YouTube trouxe mudanças na autoria e na divulgação tanto de materiais audiovisuais amadores quanto nos produzidos por profissionais, convertendo-se numa plataforma midiática que cresce a cada dia e que movimenta significativos valores em virtude da possibilidade de veicular publicidade nas exibições de vídeos e canais segmentados de suas publicações imagéticas. As alternativas oferecidas pelo YouTube são inúmeras, visto que produções de entusiastas e de profissionais, cada uma com seu cuidado nas técnicas de visualidade e estética, são registradas em vários canais que são acessados pelo público-alvo por meio de dispositivos móveis. Por isso, Nogueira (2015, p. 21) considera que "a relevância do *YouTube* na cultura visual contemporânea é indesmentível". O compartilhamento de vídeos *on-line* é contínuo e crescente, cativando novos participantes e realizadores *youtubers*, como relatam Burgess e Green (2009, p. 21). Tendo em vista tanto o aspecto formal quanto o informal (profissional/amador), a marca autoral desses realizadores surge nas novas plataformas hipermidiáticas, sendo eles cada vez mais focalizados em suas áreas de interesse e, até mesmo, com retorno financeiro, como acontece na diversidade de canais do YouTube.

Em agosto de 2018, foi lançada no Brasil uma plataforma que conta com 50 milhões de usuários, com possibilidades de apoio para criadores de conteúdo e monetização: "O Watch é uma plataforma que contempla todo ecossistema: parceiros, produtores de conteúdo e quem queira oferecer conteúdo em vídeo de qualidade", conforme Mauro Bedaque, líder de parcerias de entretenimento do Facebook para a América Latina (Pacete, 2018b).

Com relação aos novos formatos disponibilizados nas plataformas hipermidiáticas, como nos celulares, surgem cada vez mais novas formas de olhar mensagens audiovisuais. É o caso do *micro movie*, o qual tem um formato ideal para a tela do celular e, ao mesmo tempo, uma capacidade de adequar-se à ambiência de simultaneidade de tarefas e atividades, criando um entorno dinâmico por meio do qual a história audiovisual tem de cativar de forma rápida o espectador. A realização dessa produção audiovisual requer a compreensão das inovações do audiovisual pensado e realizado para dispositivos móveis. Os *micro movies* são amplamente difundidos nas redes sociais, como o Instagram, tendo características de rápida duração, até um minuto, por exemplo (Pacete, 2018a).

A cultura convergente provoca a sensação de estarmos conectados em todo lugar e a todo tempo, com as pessoas em constante interação. A simultaneidade define as relações em tempos de convergência. A interatividade promove inovações que possibilitam uma melhor aproximação ao universo dos jovens, já que eles estão inseridos também nesse ambiente de educação informal. O cenário escolar poderia aproximar-se dessas novas mídias, em termos de didática e de produção de materiais interativos, contribuindo assim para o processo educativo, dado que, nesse cenário, o eixo de produção midiática mudou, e os jovens podem também ser criadores de conteúdos midiáticos.

Da mesma forma, os dispositivos móveis oferecem a multifuncionalidade nas perspectivas de criação, pois concentram várias atividades, como fazer vídeos, gravar sons, fotografar e acessar a internet. Assemelhando-se aos totens móveis, eles se tornaram companheiros constantes na rotina diária, ampliando os laços e as conexões com outras pessoas. Essa combinação entre técnica e conectividade oferecida pelos dispositivos móveis contribui para a sacralização desses elementos como "talismãs simbólicos" (Gergen, citado por Santaella, 2007, p. 232), uma vez que oferecem conexão permanente e constante, criando a sensação de que os indivíduos sempre estão disponíveis. Ao mesmo tempo, os dispositivos móveis têm auxiliado na fluidez das imagens e na agilidade de sua distribuição e na utilização das RSD dedicadas às imagens fixas ou em movimento. Pesquisas atuais de Lev Manovich (2017) focalizaram a visualidade do Instagram e seus recortes imagéticos, evidenciando a relevância e a inovação desse campo da visualidade contemporânea.

4.1.6 Realidade virtual (VR) e realidade aumentada (AR) nos caminhos da educomunicação

As reflexões propostas aqui surgem diante das inovações tecnológicas e, ao mesmo tempo, dos novos discursos a elas vinculados, por meio do audiovisual nos cenários da realidade virtual (*virtual reality* – VR) e da realidade aumentada (*augmented reality* – AR). Esses dois tipos de formas de expressão podem ser implementados pelos educomunicadores – seja em sua fase de realização propriamente dita, seja como recursos didáticos – nas diversas atividades educomunicativas a serem desenvolvidas, já que os materiais educomunicativos podem contribuir para a divulgação e o aprofundamento das questões que serão abordadas. Tendo em vista os paradigmas de Bauman (2007a, 2007b) e Jenkins (2009), relacionados aos tempos líquidos e à cultura da convergência, várias possibilidades impactam também a área da linguagem audiovisual, surgindo formatos como a VR e a AR.

A **VR** é uma experiência que vai além da percepção sensorial do olhar, porque provoca a sensação de imersão, mediante a percepção do real-imaginário. Nas experiências de VR é mostrado o contexto visual de forma abrangente, dando-se a sensação de que a pessoa está integrando a realidade criada, o que se consegue com o auxílio de óculos especiais, como o Oculus Rift, o Gear VR ou o Google Cardboard (Souza, 2016). Essas produções são criadas por meio do uso de câmeras de 360 graus, que estão mais acessíveis ao amplo público amador. As técnicas de edição e pós-produção ainda são sofisticadas, contudo as plataformas estão à procura de interação propícia para ampla difusão das técnicas relacionadas à VR e à AR.

Para saber mais

Uma agradável tarde de domingo foi o cenário para experimentarmos a realização de um vídeo em VR num ambiente urbano, sendo essa a primeira produção audiovisual em um formato diferenciado. Na realização desse primeiro vídeo em VR, feito em junho de 2017, colocamos a câmera de 360 graus num lugar fixo, com a ajuda de um tripé, e o movimento foi somente interno, com duas personagens caminhando ao redor da câmera e mostrando interatividade com a paisagem. Esse material inicial oferece a possibilidade de que, em sua visualização, preferencialmente em um dispositivo móvel, o internauta escolha seguir a história de cada uma das duas personagens conforme vai clicando na tela do aparelho, por exemplo. A pós-produção do vídeo, feita com edição não linear, apresentou jogo de dissolvências, movimento e experimentação, mostrando o sentido de diversão numa tarde de domingo, conforme ilustra a Figura 4.25.

Figura 4.25 – Imagens de vídeo em 360 graus em VR

Fonte: Ideia em Movimento e Mídia Audiovisual, 2021a.

> *Para assistir ao material completo, acesse o seguinte* link:
> IDEIA EM MOVIMENTO E MÍDIA AUDIOVISUAL.
> **Domingo no jardim 360 VR (realidade virtual).**
> 5 out. 2021. Disponível em: <https://www.youtube.com/watch?v=HBNYOIur4Zs>. Acesso em: 16 nov. 2021.

As narrativas imersivas objetivam sensibilizar o sujeito-telespectador-participante para que realize uma experiência audiovisual imersiva, quando ele se sentirá parte integrante do mundo que a VR lhe oferece. A principal característica propiciada pela VR é a interatividade, por meio da qual o sujeito pode interagir com as tramas, sendo, dessa forma, incentivado o envolvimento não somente com a história audiovisual retratada, mas também com a possibilidade de tornar-se parte dessa proposta narrativa, como coparticipante dessa experiência audiovisual.

A VR, ou criação em 360 graus, identifica-se com formatos de vídeos de caráter vivencial e, também, com desenhos em formato 3D (tridimensional) ao estilo dos *games* – muitos dos quais foram inspiração para esse tipo de criação visual. Por sua vez, a **AR** combina a realidade concreta com programas e aplicativos de celulares que se integram para recriar essa realidade com a interação de dispositivos virtuais, como hologramas, entre outros elementos, todos os quais interagem com o sujeito-participante, muitas vezes por meio dos próprios celulares desses sujeitos. A verossimilhança é extrema, oportunizando representações imagéticas que se aproximam do real concreto, que motiva o participante a sentir-se parte de uma outra realidade. A seguir, na Figura 4.26, mostramos uma experiência imersiva com o uso do Tiny Planet, um aplicativo que permite capturar imagens como fotografia em formato de 360 graus, de modo a criar um efeito esférico, seguindo o modelo de um planeta pequeno e redondo.

Destacam-se os premiados *Step to the Line* (2017) e *A Linha* (2019), do brasileiro Ricardo Laganaro; a *Experiência Munduruku*, vinculada ao Greenpeace, que combina a imersão multissensorial, no formato de instalação, a uma viagem em VR pela Amazônia brasileira; entre outras realizações de VR e AR.

Figura 4.26 – Experiência imersiva com o uso do aplicativo Tiny Planet

Dmitry Molchanov/Shutterstock

Para saber mais

A fotografia da figura anterior foi feita utilizando-se o aplicativo Tiny Planet, que cria um efeito esférico, apresentando interessantes resultados em paisagens, que ficam valorizadas com esse efeito de 360 graus.

Para ver outra experiência, acesse o link *indicado a seguir:*
IDEIA EM MOVIMENTO E MÍDIA AUDIOVISUAL. **Olá mundo** – vídeo inicial em 360 VR. 5 out. 2021. Disponível em: <https://www.youtube.com/watch?v=m7bIhNt6vK4>. Acesso em: 20 out. 2021.

Conforme Zanchet e Montero (2003, p. 489, grifo do original), a VR apresenta os seguintes elementos:

> 1) **Imersão mental**: que acontece quando se olha uma imagem tridimensional em uma tela e **imersão física**: que requer o uso de periféricos sofisticados como capacetes estereoscópicos e *datagloves*, que dão a impressão de se ter passado através do espelho da tela. 2) **Navegação** que é a capacidade de se mover e de se encontrar no universo virtual. 3) **Interação** que é a possibilidade de interagir com a imagem e manipulá-la como se fosse matéria.

Como afirma Morales (2018), a percepção de nosso olhar, na ambiência da VR, amplia-se. Isso porque a imersão origina a sensação de que o participante está dentro de uma história visual, e ele pode escolher entre as diferentes alternativas que a narrativa imersiva lhe oferece. Pelo fato de se tratar de uma narrativa em 360 graus, o participante pode optar pelo caminho que quer percorrer na história apresentada. A proposta do realizador de VR inclui mostrar as trajetórias possíveis, mas, ao mesmo tempo, ele pode destacar a história principal e o protagonista que levará adiante o relato. Ou seja, é oferecido um amplo relato dentro do qual o participante escolhe o caminho que percorrerá na experiência imersiva. Ao mesmo tempo, todas as oportunidades seguem presentes diante do participante e é ele quem, mediante as próprias escolhas, vai ativar os caminhos mostrados pelas imagens em 360 graus. Assim, a opção por seguir um caminho da história está nas mãos do participante. Contudo, o realizador das imagens de VR, ao planejar e realizar a história, desde o início sinaliza as rotas e os personagens que podem mostrar alguns desses caminhos, de forma que é ele quem determina as histórias possíveis, as quais são ativadas pelo participante da obra imersiva.

O participante pode utilizar seu *smarthphone* combinado com o uso do Oculus Rift para entrar nessa viagem, por exemplo. Essa experiência virtual oferece um primeiro nível sensorial aos participantes, já que existem vários níveis de imersão e de interação que mudam conforme a impressão de transparência a partir da qual o participante interage com o mundo virtual, com a ajuda de dispositivos de interação. Muitas vezes, o auxílio de dispositivos, como óculos com estrutura mais leve, luvas (*gloves*) e outros elementos, pode tornar mais natural a experiência imersiva. Também existem diferenças entre a VR e a AR em relação à imersão e à interatividade.

Morales (2018) destaca que a experiência imersiva e visual que surge da VR tem impacto nos aspectos éticos, estéticos e técnicos da concepção audiovisual. A série de alternativas que o participante pode escolher ao estar numa experiência de VR sinaliza que ele interage de forma ativa como se fosse parte do filme, dando amplitude a essa experiência sensorial individual. Essa estratégia estética já imprime uma mudança em relação à integração e à interação com a narrativa imersiva. Além disso, essas mudanças estéticas trazem inovações também nos aspectos técnicos e éticos. Isso porque o participante experimenta um olhar diferenciado da história, pelo fato de estar inserido nessa experiência.

Por fim, há a questão técnica associada a essas tecnologias, a qual se complexifica cada vez mais, graças aos equipamentos em 360 graus, que favorecem um olhar amplo e geral, além da sensação de imersão, trazendo não somente um avanço técnico como também um relato audiovisual mais sofisticado. Há repercussões até mesmo em alguns princípios dos elementos da linguagem audiovisual, como na composição de planos e enquadramentos, uma vez que cada plano deve ser pensado com vários destaques, dependendo das escolhas da imersão do participante, o qual se torna, também, coautor das trajetórias que vai escolher nas histórias apresentadas.

A própria regra dos 180 graus, que é muito eficiente para manter a continuidade da ação nas realizações audiovisuais (com câmeras que não são de 360 graus), se expande pelo fato de ser equidistante do ponto considerado como central, a cada volta (no formato imaginário da circunferência do relógio) que o participante dá ao interagir com a narrativa imersiva. Ou seja, no visual de 360 graus, tudo é ampliado e dependerá da percepção e da observação dos participantes nesse processo de coautoria imersiva audiovisual, embora sempre se parta do planejamento narrativo que o realizador previu como trajetória inicial dos personagens. Essas alternativas de trajetórias são previstas pelo autor-realizador do relato em 360 graus, mas as diferentes formas de percorrer os caminhos oferecidos e que são possíveis na história audiovisual em 360 graus tornam-se concretas e vívidas para o participante, que experimenta essa vivência imagética e imersiva. Existem várias linhas de narração e ação simultâneas, que somente vão se concretizar com a interação do participante na história (Morales, 2018). A criação de roteiros para experiências em VR ainda é um campo a ser desbravado, visto que é novo e instigante no sentido de ser um espaço abrangente do ato criativo dos realizadores, ainda que o mais relevante seja sempre o fato de as histórias com imagens em movimento serem bem contadas.

Algumas experiências em VR revelam potencialidades em termos pedagógicos, porque proporcionam para a educação recursos didáticos que os jovens já utilizam, existindo materiais em VR para o ensino de ciências e outras áreas de interesse pedagógico (9 questões..., 2018).

As experiências imersivas podem contribuir e muito para a realização de materiais imagéticos educomunicativos. Como relata Morales (2018, p. 134-135), as experiências de visitas virtuais a diversos lugares de destaque, em virtude da história, da natureza, entre outros elementos, têm permitido aos estudantes conhecer universos bem distantes dos seus. No Brasil, também foi realizada uma experiência com escolas públicas que utilizaram esse recurso audiovisual da VR, possibilitando que os estudantes conhecessem diversos locais, como museus e ambientes ecológicos fisicamente distantes; assim, com os dispositivos da VR, eles puderam vivenciar a experiência de visitar esses locais como ocorreria presencialmente (Oshima, 2016).

O Google Expeditions se destacou pela realização de projetos de visitas virtuais a destinos históricos relevantes no mundo, assim como outros materiais didáticos, com experimentação em cenários escolares. Alunos de algumas escolas estaduais em São Paulo realizaram visitas virtuais com o uso de óculos Cardboard (óculos artesanais feitos com papelão), os quais permitem enxergar vídeos em VR com imagens de diversas visitas virtuais, como em uma experiência de navegar no fundo do mar (Google, 2015).

Diversos elementos complementam-se para a realização de criações em VR e em AR, sendo cada vez mais presentes experiências que vinculam a comunicação e a educação numa perspectiva de aprendizagem, apropriando-se da convergência midiática. O amplo leque desses audiovisuais apresenta-se não somente por meio da utilização de recursos tecnológicos, como aplicativos de AR e dispositivos que favorecem a interface para a pintura criativa, por exemplo, mas também por meio da interação dos estudantes em visitas virtuais, entre outras experiências interativas.

O material audiovisual em VR consegue ser visualizado com o auxílio do Google Cardboard (2021), que pode ser acessado pelos próprios estudantes, sendo de fácil manuseio. Outra opção oferecida pela Google é o Tilt Brush (2021), aplicativo que oferece a sensação de "pintar no ar", com interface intuitiva, e conta com acessórios como a paleta virtual de cores; a utilização desse aplicativo é importante em diversas disciplinas do ensino fundamental e do ensino médio, como História e Arte (Morales, 2018).

A AR também apresenta opções de acompanhamento de material didático para disciplinas como Ciências Biológicas, História, Química e Física, alternativas que são parte integrante do projeto Mel Science VR (2021), com uma proposta de compreensão da química, por meio do uso de elementos, procedimentos e laboratórios virtuais. Além disso, o canal da Discovery VR também traz conteúdos vinculados ao gênero do entretenimento em VR com o projeto Discovery VR Atlas (Morales, 2018, p. 135-136).

No Brasil, duas experiências são pioneiras. Por um lado, a *startup* brasileira Play Kids (Masi, 2017), que é um aplicativo de AR, combina aspectos do mundo real com o virtual, num ambiente interativo acessado nos dispositivos móveis. Além desse, há outros exemplos de AR vinculada à educação (Morales, 2018; Masi, 2017).

A Figura 4.27 mostra imagens da experiência promovida pela Play Kids.

Figura 4.27 – AR na experiência brasileira da Play Kids

Freer Law/Alam/Fotoarena

Por outro lado, a *startup* brasileira Imersys (2021), no Paraná, desenvolve aulas didáticas sobre anatomia e o corpo humano, cirurgias e operações, inclusive neurológicas, colaborando assim com futuros profissionais da área da saúde. Além disso, produz outros materiais em VR, como um passeio à Itaipu Binacional. Existem também outros exemplos de aplicações da VR e da AR, principalmente com foco na área da saúde para treinamento e capacitação de futuros profissionais desse campo de atuação. Essas realizações oportunizadas nos formatos da VR e da AR poderão constituir-se em materiais de apoio para aulas presenciais ou de educação a distância.

As potencialidades da VR e da AR como apoio didático são inúmeras, visto que as produções nesses e em outros formatos que estão emergindo são relevantes em termos de auxílio aos alunos para a melhor compreensão dos conteúdos da educação básica e do ensino superior, entre outros. Muitos são os desafios relacionados a essas inovações tecnológicas, tanto em relação à roteirização, à realização e à produção quanto em relação ao acompanhamento na recepção e na discussão desses materiais de apoio pedagógico. Ao mesmo tempo, pelo fato de se tratar de um campo em desenvolvimento, ainda está sendo fortalecido o arcabouço teórico dessa promissora área de estudo.

Como relatado, os materiais audiovisuais realizados em VR e em AR têm potencial significativo como recursos didáticos a serem utilizados no processo de ensino-aprendizagem, dentro ou fora da sala de aula. Duas vertentes são possíveis: 1) a realização e a produção desses materiais; e 2) o uso desses materiais para ajudar na divulgação das atividades educomunicativas planejadas. Os educomunicadores podem utilizar esses recursos que interagem de forma sensorial e imersiva com os participantes e que ampliam a caixa de ressonância desses sujeitos na recepção das produções audiovisuais.

Mãos à obra

Para realizar as atividades propostas, você precisa acessar a câmera de seu celular e ativá-la no modo vídeo e foto. É conveniente que você as realize preferencialmente em companhia de mais uma pessoa.

a. Utilize o celular no modo fotografia, em ambiente interno ou externo. Fotografe uma pessoa nos diversos planos descritos, como PP, PM, PA e PG. Compare o resultado obtido com as informações apresentadas neste capítulo.

b. Utilize o celular no modo como câmera de vídeo, em ambiente interno. A atividade pode ser feita colocando-se a pessoa que está gravando com a câmera do celular dentro de uma sala. Quando uma outra pessoa entra no local, ao abrir a porta, com a câmera se faz uma PAN, acompanhando desde a chegada dessa pessoa até que ela se sente. Lembre-se de que esse movimento deve ser feito de forma lenta para que o espectador possa acompanhar a PAN. Compare o resultado com as informações apresentadas neste capítulo.

c. Utilize o celular no modo vídeo, em ambiente interno, e escolha uma sala com objetos diversos. Exercite o uso do *zoom*, aproximando devagar e distanciando de forma lenta um objeto que capte seu interesse; pode ser uma pessoa ou um objeto do ambiente. Compare o resultado com as informações apresentadas neste capítulo.

d. Utilize o celular no modo vídeo, em ambiente interno ou externo. Se for em ambiente interno, como em uma casa, uma pessoa pode caminhar desde a sala, percorrendo o corredor entre os quartos, até chegar a determinado cômodo do imóvel. A pessoa que está gravando com o celular deve acompanhar a outra pessoa que está caminhando, movimentando-se com o celular até chegar ao lugar escolhido. Observe que a gravação em *traveling*/movimento exige que o operador da câmera esteja concentrado durante o deslocamento das pessoas e em seu acompanhamento. Compare o resultado com as informações apresentadas neste capítulo.

Síntese

Este capítulo abordou o conceito do audiovisual considerando-se seu planejamento e sua produção, tendo em vista as possibilidades de uso dessa ferramenta no desenvolvimento de projetos educomunicativos audiovisuais. Para tanto, destacamos a gramática audiovisual e os elementos a serem utilizados para desenvolver essa forma de expressão na produção de materiais educomunicativos.

Desse modo, enfocamos questões técnicas, estéticas e éticas na expressividade da imagética em movimento, mostrando como a educomunicação pode se apropriar dessa forma de expressão tão marcante na cultural atual. A apropriação dessa fala social, como é a audiovisual, implica a inserção nos desafios atuais da educomunicação e também aponta para a importância da apropriação da comunicação midiática por meio da educomunicação, fortalecendo o lugar social do educomunicador como protagonista na busca pela cidadania. Assim, o planejamento, a roteirização e as potencialidades foram evidenciados para que os educomunicadores fiquem motivados para realizar os próprios projetos audiovisuais com as comunidades e grupos envolvidos. As contribuições apresentadas neste capítulo consideraram a relevância da educomunicação como área que pode potencializar o uso de materiais audiovisuais inseridos em planejamentos estratégicos, de modo a promover a expansão da área da educomunicação relacionada à cidadania, aos direitos humanos e à responsabilidade social.

Questões para revisão

1. Com base nas categorias criadas por Comparato (1995, p. 80-86) em relação às ideias (verbalizadas, selecionadas, lidas, transformadas e propostas), explique a potencialidade que uma ideia tem para a realização de um roteiro audiovisual com fins educomunicativos.

2. Conforme apresentado neste capítulo, avalie como novos formatos audiovisuais, como a realidade virtual (VR), podem contribuir para o planejamento de experiências imersivas audiovisuais que incentivem o uso de materiais educomunicativos com interatividade.

3. Assinale V para as afirmativas verdadeiras e F para as falsas:
   ( ) O *storyboard* orienta a delimitação das ideias mediante a utilização de duas colunas, relacionadas à imagem e ao áudio (com voz, música e efeitos sonoros), além de ser possível acrescentar o tempo aproximado de cada cena, de modo cada vez mais mais sofisticado, se necessário.
   ( ) O roteiro técnico básico é o roteiro que sinaliza somente com imagens, de forma visual, os desenhos dos planos, de forma que se torne prático o conhecimento da história

com imagens. É um roteiro que contém desenhada, cena a cena, a história que será contada.
( ) O *storyboard* é prioritariamente focalizado no roteiro com imagens, desenhando-se cada plano da história.

Agora, assinale a alternativa que apresenta a sequência correta:
a) F, V, F.
b) F, F, F.
c) F, V, V.
d) V, V, V.
e) F, F, V.

4. Assinale V para as afirmativas verdadeiras e F para as falsas:
( ) Na linguagem audiovisual, conforme Watts (1990, p. 159), o plano médio "corta imediatamente abaixo dos cotovelos e é ótimo para as tomadas de introdução em entrevista".
( ) Ainda segundo Watts (1990, p. 159), o primeiro plano (PP) "enquadra na altura da gola", proporcionando a impressão de intimidade ou de que se está sob pressão, no caso de a entrevista ser uma confrontação.
( ) O primeiríssimo plano (PPP) não apresenta detalhes nem pretende causar impacto, já que é definido como um plano aberto que corta o corpo na altura dos joelhos.

Agora, assinale a alternativa que apresenta a sequência correta:
a) F, V, F.
b) V, V, F.
c) F, V, V.
d) V, V, V.
e) F, F, V.

5. Assinale V para as afirmativas verdadeiras e F para as falsas:
( ) A panorâmica (PAN) consiste em um movimento no próprio eixo da câmera, que, ao girar, mostra, ao redor dela mesma, o contexto no qual está inserida. Tem função descritiva.

( ) O *traveling* corresponde ao deslocamento fora do eixo da câmera, acompanhando-se lateralmente um veículo. Tem função subjetiva.

( ) O *zoom* oferece a impressão de movimento por meio das lentes da câmera, porém se trata de um movimento ótico. A combinação interna das lentes possibilita aproximar ou afastar o objeto sem que a câmera se desloque.

Agora, assinale a alternativa que apresenta a sequência correta:
a) F, V, F.
b) V, V, F.
c) F, V, V.
d) V, V, V.
e) F, F, V.

Questões para reflexão

1. Selecione um texto divulgado em jornal, revista ou *site* informativo na internet. Com base na leitura da matéria selecionada, identifique as ideias centrais, as pessoas que participam do tema, os assuntos que poderiam desdobrar-se a partir dessa informação. Assinale os pontos-chave que essa temática suscitou como pontos de interesse e outros que surgiram com essa leitura. Em seguida, escolha uma história que lhe interesse e escreva o *storyline* em duas frases que resumam a ideia principal. Tendo como base essas frases, escreva uma sinopse em dois parágrafos relacionados a essa história principal, acrescentando mais detalhes como onde acontece, quais pessoas estão envolvidas na história, qual é o contexto, entre outros aspectos que achar convenientes. Com base nessa sinopse, escreva um roteiro técnico básico, para contar somente em 1 minuto de duração o mais importante de sua história central. Lembre-se de que cada tomada e cada plano deverão ter um tempo específico definido por você considerando-se quantos segundos poderia durar cada ação proposta. Ao final, compare o resultado com as informações apresentadas neste capítulo. Depois, apresente o material escrito ao seu grupo de estudos.

2. Escolha um tema de relevância social divulgado em matérias lidas em um jornal, revista ou *site* informativo. Após a leitura sobre assunto em uma matéria selecionada, analise os contextos sociais envolvidos nessa informação. Avalie quais desses temas podem ser enfocados em futuros materiais educomunicativos. Selecione questões para discussão. Escreva quatro perguntas que considere importantes para, posteriormente, obter a opinião de outras pessoas sobre esses assuntos. Depois, apresente o material escrito ao seu grupo de estudos.

3. Com base na leitura de matérias informativas, realize um planejamento de um material educomunicativo audiovisual sobre a temática observada, preferencialmente para divulgação na internet, considerando-se as fases de planejamento, produção e realização e pós-produção e finalização. Contemple os elementos mais importantes, indicando o cronograma de atividades, as pessoas que poderiam participar e auxiliar na concretização desse projeto de educomunicação audiovisual. Verifique se os objetivos de comunicação do material estão servindo como guias para esse planejamento. Depois, apresente o trabalho escrito ao seu grupo de estudos.

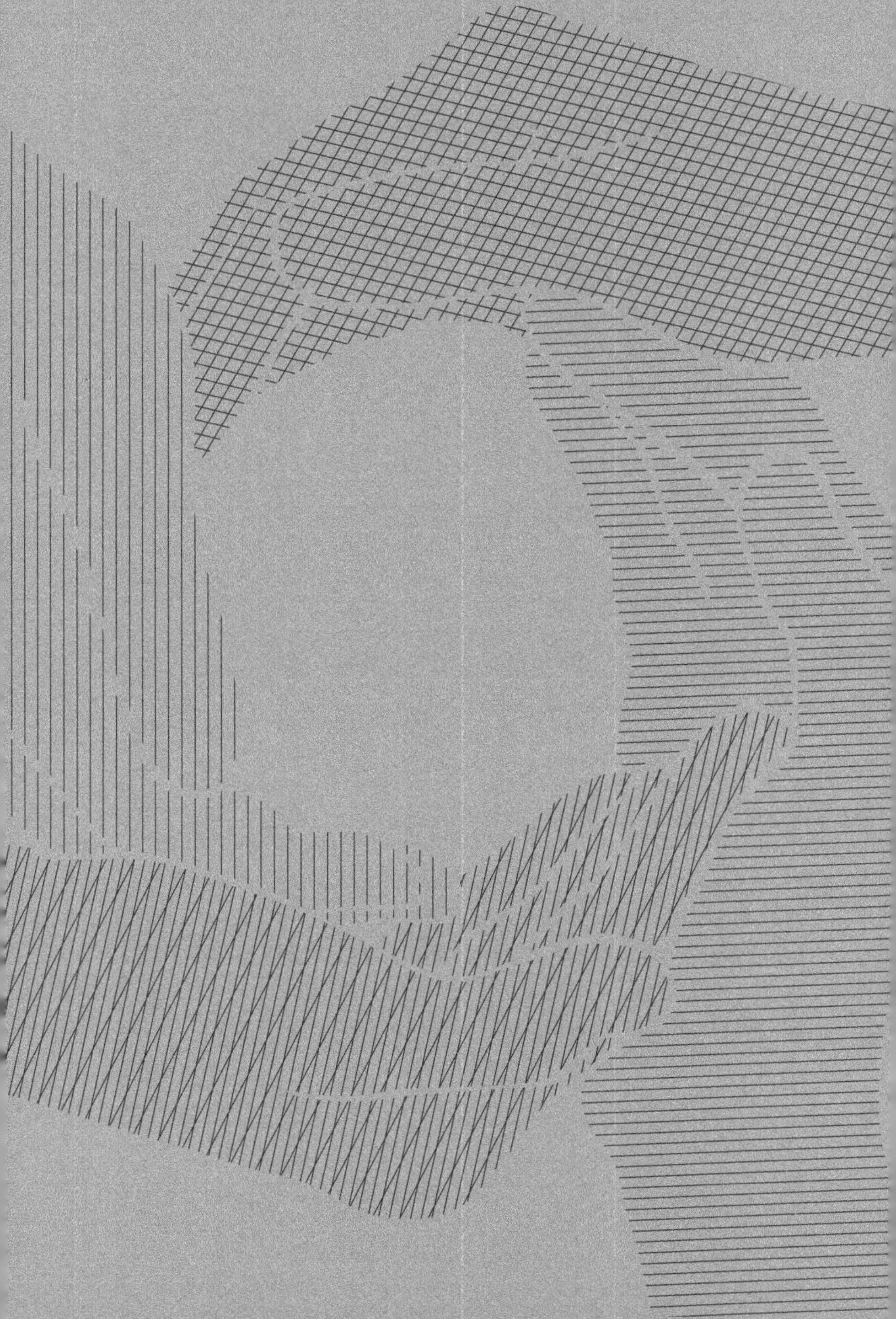

Ofelia Elisa Torres Morales

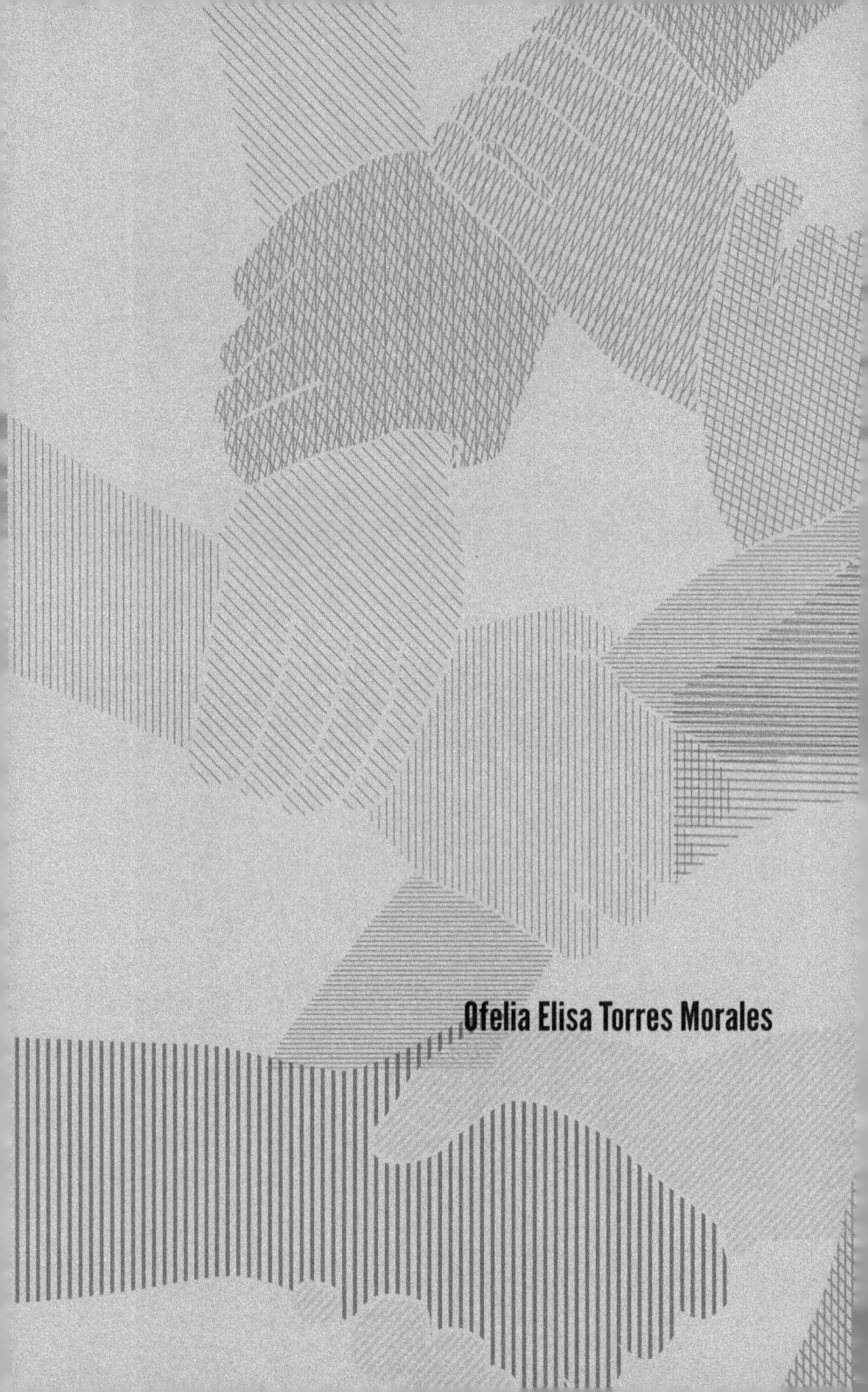

CAPÍTULO 5

Caminhos metodólogicos: escolhas da pesquisa em educomunicação

Conteúdos do capítulo:

- Pesquisa em educomunicação.
- Ética na pesquisa em educomunicação.
- Tipos de pesquisa científica.
- Pesquisa qualitativa e pesquisa quantitativa em educomunicação.
- Entrevista e grupo focal.
- Pesquisa de opinião.

Após o estudo deste capítulo, você será capaz de:

1. compreender os diversos tipos de pesquisa, assim como as abordagens quantitativa e qualitativa, para o desenvolvimento de projetos de pesquisa na área da educomunicação;
2. identificar as fases da pesquisa em educomunicação;
3. compreender a pesquisa relacionada a temáticas da educomunicação com base em exemplificações diversas;
4. avaliar a importância da pesquisa na geração de conhecimentos numa perspectiva transformadora, considerando a disponibilização de dados e informações advindos da pesquisa como base para linhas estratégicas de ação da educomunicação.

Neste capítulo, esboçamos aproximações investigativas que podem nutrir as pesquisas e os estudos sobre educomunicação. Consideramos aqui a relevância, apontada por Paulo Freire, das práticas educativas para a transformação e a intervenção social. Para esse educador, a criação de conhecimento é ponto crucial, isto é, a reflexão crítica é o ponto de partida para a prática docente. Por esse motivo, o desenvolvimento de pesquisas relacionadas às práticas educativas é importante para o processo de sistematização de dados obtidos por meio da observação da realidade social. O conhecimento gera informação e, portanto, favorece o poder de apropriação e compreensão dessa realidade, contribuindo, assim, na relação de ensino-aprendizagem. Nesse sentido, indicamos alguns caminhos metodológicos associados a pesquisas direcionadas ao campo da educomunicação. Apresentamos o conceito de pesquisa, os tipos de pesquisa e as abordagens qualitativa e quantitativa para, em seguida, comentarmos alguns casos que podem servir como ponto de partida para futuros projetos de pesquisa.

A opção pela inclusão da pesquisa como elemento de destaque neste livro se deve ao fato de reconhecermos a relevância desse fator na construção de saberes num campo como a educomunicação. A pesquisa colabora para que os educomunicadores compreendam melhor os contextos em que vão realizar suas atividades, guiando as ações educomunicativas. Os resultados das pesquisas em educomunicação são férteis e prósperos, na forma de projetos de pesquisa, relatórios de pesquisa, de extensão ou de assessoria e apoio, artigos, trabalhos de conclusão de curso, entre outros, todos com o potencial de fortalecer o campo paradigmático relacionado à educomunicação. Além disso, a pesquisa pode auxiliar no planejamento estratégico voltado à gestão e à realização de ações educomunicativas, cumprindo um papel primordial no contexto da educomunicação.

5.1 A pesquisa em educomunicação

Além das práticas educomunicativas, é relevante refletir sobre futuras pesquisas relacionadas à área educomunicativa. Para tanto, neste capítulo, são apresentados alguns conceitos, informações e exemplos com vistas a auxiliar no planejamento e nas investigações referentes ao tema. Com base na perspectiva da comunicação e da educação, é possível perceber que o contexto social revela processos de relacionamento da sociedade com questões sobre cidadania, direitos humanos e ações educomunicativas.

A curiosidade investigativa é o primeiro passo para se pensar sobre pesquisa e formas de abordagem diante de questionamentos sobre os processos de relacionamento observados no contexto social. As indagações podem surgir em diferentes situações: diante da perspectiva de um novo projeto educomunicativo para avaliar as condições de implementação e repercussão futura; em face de questionamentos sobre o desenvolvimento dos planos educomunicativos; ou, até mesmo, com uma pesquisa de recepção para conhecer o perfil da população relacionada aos contextos da educomunicação. A diversidade de questionamentos é ampla, já que uma mesma temática pode ser observada, analisada e compreendida a partir de várias perspectivas, com vistas ao conhecimento de uma questão em profundidade. A pesquisa traz conhecimento e dados que poderão contribuir para o melhor desenvolvimento de atividades futuras sobre a área da educomunicação. A reflexão sobre a prática é uma postura que Paulo Freire (1991, 1997) indicou em sua produção textual, principalmente porque o pensamento crítico sobre as ações tem o germe fermentador da inovação e, ao mesmo tempo, da experiência que a reflexão apresenta.

A educomunicação se desenvolve em várias áreas, como a ambiental, a dos direitos humanos, a do acolhimento e da inclusão social, a da conscientização da população em geral, em escolas, na sociedade civil, em organizações não governamentais (ONGs) e em amplos cenários e contextos, priorizando a responsabilidade social. Por isso, o desenvolvimento de pesquisas relacionadas à educomunicação contribui para o conhecimento teórico sobre esses contextos sob o olhar educomunicativo. A realização de uma pesquisa resulta em trabalhos monográficos ou trabalhos de conclusão de curso em cursos de pós-graduação e especialização, dissertações de mestrado e teses de doutorado, artigos científicos em periódicos científicos ou revistas acadêmicas e em livros, por exemplo. Da mesma forma, o planejamento de um projeto vinculado à educomunicação pode nutrir-se do desenvolvimento de uma pesquisa, visto que os resultados nela obtidos podem orientar as principais linhas de ação de um projeto dessa natureza. É por esse motivo que a área de pesquisa é tratada neste capítulo com o objetivo de auxiliar não somente a prática, mas também o aprofundamento teórico.

A pesquisa requer um processo de investigação científica para produzir conhecimentos novos, evidenciando, assim, os procedimentos da ação investigativa no relacionamento entre a teoria e a práxis. Nas palavras da pesquisadora Maria Immacolata Vassallo de Lopes (2004, p. 30), "toda pesquisa é uma verdadeira 'aventura metodológica', onde há necessidade de exploração, de criatividade e de rigor". Diante das abrangentes questões vinculadas ao cenário educomunicativo, existem diversas formas de abordagem na pesquisa desses assuntos. É por isso que os caminhos metodológicos diante de um objeto de estudo são múltiplos e dependem de como o cientista vai tratar do tema. Para Bruyne, Herman e Schoutheete (1977, p. 27), "O objetivo da metodologia, que é uma praxiológica da produção dos objetivos científicos, é o de esclarecer a unidade subjacente a uma multiplicidade de procedimentos científicos particulares, ela ajuda a desimpedir os caminhos da prática concreta da pesquisa dos obstáculos que esta encontra".

Nesse sentido, a curiosidade investigativa se nutre do pensar de forma questionadora e crítica, procurando-se as perguntas que consigam desvendar os aspectos que poderão ser abordados em profundidade. O sabor da pesquisa está em mergulhar nessa aventura metodológica, por meio do olhar científico e das diversas abordagens que possam ajudar, de forma metódica, sistêmica e desafiadora, a descobrir o cerne da questão. "A pesquisa científica exige criatividade, disciplina, organização e modéstia, baseando-se no confronto permanente entre o possível e o impossível, entre o conhecimento e a ignorância" (Goldenberg, 2005, p. 13). O desafio da indagação e da descoberta motiva a criatividade e a necessidade de sistematização na abordagem de dados e informações, sendo esses aspectos responsáveis por motivar o pensamento do pesquisador. Por meio da pesquisa, cria-se o conhecimento científico, o qual se amplia no diálogo frutífero, construindo a ciência. Para Lopes, Borelli e Resende (2002, p. 25), "toda pesquisa é resultado de um conjunto de decisões e opções tomadas pelo investigador ao longo do processo de investigação e que marcam todos os níveis e etapas desse processo".

Dessa forma, a pesquisa deve motivar o desenvolvimento do espírito criativo, a postura ética e o senso crítico no planejamento e na elaboração de investigações na área da educomunicação, vinculadas aos desafios da contemporaneidade. Ao mesmo tempo, é conveniente identificar e delimitar as especificidades dessa área de pesquisa e diferenciá-la de outros campos das ciências humanas, ou seja, reconhecer a área como campo de trabalho da pesquisa científica, associando-se teoria e pesquisa (Duarte; Barros, 2006; Sousa, 2004a; Bauer; Gaskell, 2017). Vale destacar a consolidação do campo da educomunicação como área de estudos contemporâneos, valendo-se também de métodos das ciências humanas, como a antropologia, a sociologia e a história. A construção do campo surge pela identificação dos caminhos metodológicos que as pesquisas revelam. Conforme Lopes (2012, p. 54),

> falar de metodologia implica sempre um falar pedagógico, pois se parte, de todo modo, de uma determinada concepção de pesquisa, ou mais propriamente, de uma determinada teoria da pesquisa que é concretizada na prática da pesquisa. O efeito desse falar remete invariavelmente a um "fazer pesquisa".

Toda pesquisa inicia pela curiosidade investigativa do pesquisador, numa incessante motivação para a descoberta; para tanto, o pontapé inicial são as leituras relacionadas ao universo das dúvidas. Leituras sobre temáticas vinculadas aos assuntos de interesse vão oferecer mais esclarecimentos e informações sobre a área de pesquisa em questão.

> O campo da pesquisa, concebido como lugar efetivo do trabalho dos pesquisadores, é essencialmente o lugar dinâmico e dialético no qual se elabora uma prática científica que constrói objetos de conhecimentos específicos, os quais impõem, por sua vez, sua matriz particular de apreensão e de interpretação dos fenômenos. (Bruyne; Herman; Schoutheete, 1977, p. 28)

O fazer científico não é simplesmente o acúmulo de uma série de procedimentos, pelo contrário, requer interpretações e análises na busca pelos princípios que orientam os fatos a serem estudados, por meio da procura pela sistematização do conhecimento em níveis mais complexos e interatuantes. Conforme Bruyne, Herman e Schoutheete (1977), existem quatro polos metodológicos da prática científica, os quais elucidam os paradigmas que permeiam a construção do saber, tendo em vista que "o campo de pesquisa é, portanto, o lugar prático da elaboração dos próprios objetivos do conhecimento científico, de sua construção sistemática e da constatação empírica dos fatos que pesquisa deu a conhecer" (Bruyne; Herman; Schoutheete, 1977, p. 28). A seguir, o Quadro 5.1 mostra os principais pontos que guiam a prática científica considerando-se os polos teórico, epistemológico, morfológico e técnico, os quais são eixos paradigmáticos a serem compreendidos nessa trajetória de pesquisa (Machado et al., 2016, p. 278). A prática metodológica acontece na interação entre esses polos, já que assim é possível a indagação investigativa, qualquer que seja sua abordagem, quantitativa ou qualitativa, em virtude da complexidade da estruturação do pensamento científico.

Quadro 5.1 – Os quatro polos metodológicos da prática científica

Polos metodológicos	Descrição
Polo teórico	Guia a elaboração das hipóteses e a construção dos conceitos. É o lugar da formulação sistemática dos objetos científicos. Propõe regras de interpretação dos fatos, de especificação e de definição das soluções provisoriamente dadas às problemáticas. É o lugar de elaboração das linguagens científicas, determina o movimento da conceitualização.
Polo epistemológico	Exerce uma função de vigilância crítica. Ao longo de toda a pesquisa, ele é a garantia da objetivação – isto é, da produção – do conhimento científico, da explicitação das problemáticas da pesquisa. Decide, em última instância, das regras de produção e de explicação dos fatos, da compreensão e da validade das teorias. Explicita as regras de transformação do objeto científico, critica seus fundamentos.
Polo morfológico	Enuncia as regras de estruturação, de formação do objeto científico, impondo-lhe certa ordem entre seus elementos. Permite colocar um espaço de causação em rede onde se constroem os objetos científicos, seja como modelos/cópias, seja como simulacros de problemáticas reais.
Polo técnico	Controla a coleta dos dados, esforça-se por constatá-los para poder confrontá-los com a teoria que os suscitou. Exige precisão na constatação, mas, sozinho, não garante a sua exatidão. Tem em sua vizinhança modos de investigação particulares: estudos de caso, estudos comparativos, experimentações, simulação. Esses modos de investigação indicam escolhas práticas pelas quais os pesquisadores optam por um tipo particular de encontro com os fatos empíricos.

Fonte: Bruyne; Herman; Schoutheete, 1977, citados por Machado et al., 2016, p. 278.

Seguindo essa linha de pensamento, ainda com relação à metodologia de pesquisa, Lopes (2010, p. 27) afirma que "é um processo de tomada de decisões e de opções pelo investigador que estruturam a investigação em níveis e fases, cujas operações metodológicas se realizam num espaço determinado que é o espaço epistêmico". Em outras palavras, o campo da epistemologia se refere à teoria do conhecimento e sua natureza, relacionando-se aos fluxos do saber e suas lógicas internas de reflexividade, permeado pela atitude consciente e crítica do pesquisador (Lopes, 2010).

Nesse sentido, por um lado, é conveniente registrar textualmente a **justificativa** que leva o pesquisador à escolha de um assunto para ser pesquisado. Vários motivos servem como base para a opção pelo tema: uma preferência especial pelo tema, a proximidade do autor com o tema, regionalidade, relevância pessoal, até mesmo o fato de se tratar de um tema que o cientista sempre se propôs a desvendar, pelo ineditismo do assunto, pelo gosto ou justamente pela ausência da temática na pauta da pesquisa. Por isso, a justificativa da importância do projeto de pesquisa é um dos pontos relevantes para a avaliação da temática proposta. Devem ser apresentados motivos significativos para que se justifique o desenvolvimento de determinado tema num projeto de pesquisa. É preciso apontar a relevância do tema, a qual pode manifestar-se em termos regionais, de originalidade e inovação, de resgate histórico, de maior alcance populacional, de significância relacionada à responsabilidade social, entre outros aspectos.

É importante destacar que, embora alguns temas alcancem um amplo número da população, ao mesmo tempo, temáticas que alcançam minorias, étnicas, de raça, de gênero ou populações desfavorecidas economicamente ou que sofram qualquer tipo de preconceito têm grande relevância no contexto de projetos de pesquisa. Na área da educomunicação, por exemplo, as populações e as temáticas relevantes são geradores de significativas discussões na sociedade justamente por serem minoritárias – se considerado o número das pessoas impactadas por uma situação – e, até mesmo, por serem excluídas – se considerada uma população atingida pelo preconceito e pela discriminação. Ou seja, as temáticas relacionadas às minorias e às populações excluídas são importantes no âmbito da pesquisa justamente por sua ausência no debate social e pela necessidade de reflexão sobre o tema pela sociedade.

Por esse motivo, a compreensão da temática possibilitada pela realização prévia de leituras sobre o assunto a ser pesquisado contribui para que o sujeito tenha ampla noção dos elementos referentes à justificativa do projeto a ser desenvolvido. Quando se trata de um tema que já foi amplamente discutido, pode-se procurar um lado não abordado anteriormente, de modo a dar uma contribuição para a ciência. Ao contrário, quando se trata de uma temática sobre a qual não existem muitos textos publicados, esse fato já sinaliza sua relevância – apesar de que haverá a necessidade de leituras relacionadas que ofereçam o panorama geral no qual o assunto está inserido, por exemplo. A pesquisa bibliográfica, além de ser o ponto de partida para o planejamento de toda indagação científica, é por si um tipo de pesquisa na perspectiva da revisão de literatura ou estado da arte, nutrindo-se de informações bibliográficas e documentais para realizar o levantamento sobre determinado assunto, com o objetivo de revelar a compreensão do pensamento dos diversos autores que já trataram anteriormente dele (Stumpf, 2006).

Há um longo caminho percorrido pela humanidade na construção do conhecimento, e geralmente existe alguma descoberta já realizada com base na qual o pesquisador pode retomar a pesquisa com um olhar inovador. Assim, sempre haverá um texto anterior que pode auxiliar o pesquisador na temática escolhida e que pode ser o pontapé inicial para uma abordagem inovadora. É por isso que o pensamento crítico está no cerne da questão na construção do conhecimento científico, uma vez que sempre é confrontado com outros pensamentos, outras teorias e práticas, com a ciência buscando ir além das aparências dos fenômenos ou do senso comum. A lógica da construção da investigação científica se nutre da "dinâmica dos conflitos próprios do campo científico. Assim, a observação científica é sempre uma observação **polêmica** [...] pois é construída **contra** um conhecimento anterior [...]" (Barros; Junqueira, 2006, p. 36, grifo do original). Dessa forma, a ciência avança, acrescentando à sua natureza retificações, inovações e avaliações de maneira constante, com vistas a progredir na construção do conhecimento humano.

Vale destacar que a justificativa do projeto de pesquisa deve se aproximar do tema, inclusive revelando a relevância regional do estudo, evidenciando-se na argumentação sua inovação e seu pioneirismo ou, então, a importância do resgate do registro histórico proposto. Ao mesmo tempo, é preciso mostrar a contribuição do tema para o campo de estudo por meio do olhar e da abordagem feita pelo pesquisador.

Além disso, com o estudo dessa temática, surgirão as dúvidas e os questionamentos que serão o esboço inicial das **hipóteses** ou dos pressupostos teóricos. Tomando-se como prerrogativa que a ciência objetiva chegar a conclusões por meio de experiências e observações, as quais podem ser repetidas e verificadas, a elaboração das hipóteses ou dos pressupostos de pesquisa deve ser feita com base em perguntas básicas e objetivas que permitam examinar de forma crítica os aspectos á serem pesquisados. É conveniente destacar que as hipóteses ou pressupostos que nasceram da curiosidade investigativa, considerando-se as referências e argumentações teóricas prévias, serão as linhas-guia de todo o estudo. Isso porque as hipóteses consideram como base as perguntas, mesmo que de forma indireta, que orientam o pesquisador para o desenvolvimento da pesquisa, já que é com base nelas que poderão surgir os objetivos e as abordagens da análise.

Num estágio inicial, é conveniente deixar fluir a curiosidade investigativa no sentido de colocar as diversas perguntas e evidenciar as questões que precisam de respostas. O processo de indagação apresenta como marca inicial a necessidade de se perguntar a diversidade de nuances que o objeto de estudo tem para, num segundo momento, traçar os enunciados que possam ser verificados por meio de pesquisas qualitativas ou quantitativas, por exemplo. As hipóteses trazem em seu cerne um enunciado que, mediante procedimentos de verificação científicos, deverá ser verificado, passível de ser repetido – considerando-se condições análogas de ambiência – e ter objetividade no sentido de garantir a imparcialidade diante do fenômeno.

Continuando essa linha de pensamento, destacamos a necessidade de especificar quais são os **objetivos** que serão desenvolvidos na proposta de indagação. Para tanto, retomamos aqui os estudos da equipe norte-americana da American Psychological Association (APA), que, nos anos 1950, foi liderada pelo psicólogo cognitivo Benjamin Bloom, o qual criou um sistema ou taxonomia de objetivos educacionais, visando estabelecer uma classificação ou organização de conceitos educacionais. Identificada como *taxonomia de Bloom* ou *taxonomia dos objetivos cognitivos de Bloom*, esse sistema classificou os níveis de cognição significativos para a aprendizagem (Miguel, 2018).

Bloom definiu o domínio cognitivo como um sistema hierarquizado em seis categorias e que está relacionado aos processos cognitivos dos alunos, de forma cumulativa e crescente em relação ao nível de complexidade em termos de apropriação do conhecimento (Miguel, 2018, p. 65-66).

> O domínio cognitivo trata-se de um sistema hierarquizado em seis categorias e o nível de complexidade aumenta de uma categoria para outra, ou seja, ele está organizado de forma crescente, do mais simples ao mais complexo. Ele se baseia na demanda dos processamentos cognitivos dos estudantes. [...] Os processos categorizados pela Taxonomia dos Objetivos Cognitivos de Bloom, além de representarem resultados de aprendizagem esperados, são cumulativos, o que caracteriza uma relação de dependência entre os níveis e são organizados em termos de complexidades dos processos mentais. (Ferraz; Belhot, citados por Miguel, 2018, p. 65-66)

A seguir, o Quadro 5.2 explicita os sistemas de hierarquia e os níveis de cognição previstos na taxonomia de Bloom, com a definição e os verbos relacionados.

Quadro 5.2 – Níveis do domínio cognitivo de Bloom

NÍVEL	DEFINIÇÃO	VERBO
Conhecimento	Aprender e memorizar informações de conteúdos previamente abordados.	Conhecer Definir Memorizar Recordar
Compreensão	Entender e dar significado a um conteúdo.	Explicar Discutir Descrever Decodificar
Aplicação	Pôr em prática o conteúdo aprendido em uma situação concreta.	Interpretar Aplicar Ilustrar Resolver
Análise	Separar, hierarquizar e classificar conteúdo aprendido	Diferenciar Organizar Relacionar Inferir
Síntese	Ordenar e juntar as ideias de forma a criar novas estruturas.	Compor Reunir Combinar Categorizar
Avaliação	Avaliação e julgamento baseado no que foi formulado anteriormente.	Avaliar Explicar Validar

Fonte: Bloom et al., 1956, citados por Miguel, 2018, p. 66.

Dessa forma, retomando-se esses conceitos de apropriação de conhecimento, são assinalados critérios que são indicativos da indagação científica. O **objetivo geral** da pesquisa deve mostrar, de forma abrangente, qual é o propósito da pesquisa, o que se pretende alcançar com a pesquisa proposta. Usam-se verbos de conhecimento como: abranger; analisar; associar; avaliar; calcular; citar; classificar; compreender; conhecer; criar; definir; descrever; distinguir; enumerar; especificar; enunciar; estabelecer; exemplificar; expressar; identificar; indicar; interpretar; medir; mostrar; nomear; reconhecer; registrar; relacionar; relatar; selecionar.

Os **objetivos específicos** relacionam-se com o objetivo geral, já que se desmembram deste último, em segmentos claros que vão fatiar a diversidade de temáticas contidas no objetivo geral, revelando as particularidades da abordagem proposta. Utilizam-se verbos de ação como: ampliar; argumentar; caracterizar; categorizar; classificar; comparar; confirmar; definir; delimitar; demonstrar; determinar; diferenciar; descrever; destacar; identificar; elaborar; enumerar; especificar; exemplificar; indicar; inferir; justificar; mostrar; numerar; organizar; obter; reorganizar; resumir; relacionar; resolver; pesquisar; situar; selecionar; traçar; verificar.

Além disso, o campo de observação vincula duas formas de aproximação aos dados: o universo e a amostragem da área do estudo. O **universo** mostra a ampla gama de indivíduos ou sujeitos de uma população, e a **amostragem** revela uma fatia, um número específico escolhido, considerando-se diversas variáveis, como faixa etária, gênero, renda e outros padrões que sirvam para realizar o corte objetivo da população que será estudada. Essa população pode ser identificada de diversas formas: com base em um determinado período de publicação de um jornal, de veiculação de um programa de televisão ou de publicação de mensagens nas redes sociais; conforme a temática de pesquisa em vários veículos de comunicação; com base em grupos de pessoas delimitados por faixa etária escolhida; entre outros modos. Ademais, o tema e sua abordagem se referem à visão paradigmática na qual está inserida a visão de mundo assumida no projeto de pesquisa, podendo esta ser crítica, histórica, dialética, estruturalista, entre outras possibilidades. É relevante ressaltarque a postura do pesquisador ou futuro cientista deve prezar pela objetividade na abordagem do tema da pesquisa.

Ainda sobre a **neutralidade** na abordagem da pesquisa, trata-se de uma escolha complexa, como sinalizam vários pesquisadores (Esteban, 2010; Poupart, 2008). Por um lado, a neutralidade é a característica que proporciona ao cientista a capacidade de se afastar de seu objeto de pesquisa para que, com esse distanciamento, possa fazer uma avaliação mais objetiva e crítica. Por outro lado, a ausência de neutralidade, em diversos graus de complexidade, pode vir a ocasionar um envolvimento e uma proximidade do pesquisador em relação ao objeto de pesquisa, fato que retiraria a capacidade de avaliação e objetividade do pesquisador diante da situação. Isto é, a proximidade com o tema de pesquisa pode gerar o envolvimento emocional dos pesquisadores, o que seria um fator prejudicial para a objetividade de indagações, fatos e resultados da pesquisa a ser realizada.

O posicionamento neutro – o meio-termo – seria a regra de ouro que sugere a busca pela posição neutra, procurando-se a imparcialidade na busca pela seriedade na pesquisa. O cientista, ao escolher uma temática, está assumindo um paradigma e um modo de perceber a realidade, motivo pelo qual o indagador pode se posicionar em sua alternativa de pesquisa. É uma escolha técnica, porém também é uma opção ética; em outras palavras, é uma escolha da forma e dos valores, respectivamente. Parafraseando Paulo Freire (1989), é necessário observar que, embora a ciência não seja neutra, é preciso um esforço amplo na busca pela imparcialidade e pela neutralidade científica, assim como nas escolhas a serem feitas nas pesquisas.

Isso envolve aplicar os procedimentos de pesquisa da maneira mais objetiva possível, com clareza e respeito às características do método, ou seja, manter a lisura na aplicação dos procedimentos científicos, inclusive lembrando que esse processo inclui a possibilidade de verificação, checagem e repetição dos fatos, para que o estudo possa ser reconhecido dentro do contexto científico. A subjetividade na escolha da temática pelo pesquisador é bem-vinda sempre que ele consiga manter a objetividade nos procedimentos e na avaliação dos dados, considerando-se que o fazer da ciência é estar em equilíbrio para poder averiguar e discernir. A escolha da temática demonstra uma opção do pesquisador diante do objeto de estudo e da metodologia que ele vai adotar na abordagem de pesquisa, contudo, a todo momento, será preciso manter a objetividade e a clareza nos procedimentos utilizados, bem como a equidade, tanto nos processos como nos achados da pesquisa.

Além disso, a **ética** na pesquisa está relacionada ao rigor científico que toda indagação investigativa deve ter, tendo em vista a natureza de relacionamento entre indivíduo pesquisador e indivíduo pesquisado, no acesso às informações necessárias para o desenvolvimento do estudo. Ao mesmo tempo, é imprescindível que seja obtido um termo de consentimento esclarecido dos participantes da investigação, assim como deve ser valorado "o que é correto e o que não é, o que é bom e o que não é" (Esteban, 2010, p. 215). Nesse sentido, a ética da pesquisa e do pesquisador (ética aqui entendida como os valores morais, os princípios e a responsabilidade pelas ações do sujeito) deve pautar-se por esses dois princípios, a imparcialidade e a objetividade, como expressão da honestidade e da seriedade intelectual que são próprias do trabalho de investigação.

A seguir, o Quadro 5.3 mostra alguns autores e os respectivos posicionamentos sobre questões éticas no processo da pesquisa qualitativa, que está relacionada ao estudo da compreensão e da valorização de perspectivas, contextos e subjetividades. Os aspectos elencados no quadro indicam conteúdos que podem servir para avaliar e confrontar a proposta de um projeto de pesquisa em educomunicação.

Quadro 5.3 – Questões éticas vinculadas ao processo de pesquisa qualitativa

(Leino-Kilpi e Tuomaala, 1989)	(House, 1990)	(Deyhle et. al., 1992)	(Punch, 1994) (Christians, 2000)
- Identificação do problema a ser estudado. - Escolha de métodos e projeto de pesquisa. - Coleta e processamento da informação. - Responsabilidade científica e fim da pesquisa.	- Respeito mútuo. - Sem coerção e sem manipulação. - Apoio aos valores democráticos e às instituições.	- Natureza das relações. - Cruzamento de fronteiras. - Papel do pesquisador. - Troca de informação. - Reciprocidade. - Exploração: efeitos do pesquisador sobre a comunidade. - Confidencialidade. - Recursividade do processo de pesquisa.	- Consentimento esclarecido. - Mentira/fraude. - Privacidade e confidencialidade. - Credibilidade. - Confiança e quebra de confiança.

Fonte: Esteban, 2010, p. 216.

Um elemento significativo no processo de pesquisa é o **cronograma de atividades** e a **proposta de orçamento,** dois aspectos práticos necessários para o melhor desenvolvimento da pesquisa, uma vez que auxiliarão na consecução dos objetivos propostos. Nesse cronograma devem ser evidenciadas as fases, por período, da pesquisa e as metas, a curto, médio e longo prazo, que deverão ser cumpridas ao longo do projeto. O planejamento do projeto inclui o cronograma de atividades, que facilitará a conferência das atividades que serão desenvolvidas em cada período, o que será necessário tendo em vista a logística, os profissionais e os materiais a ser considerados no processo. Geralmente, esse cronograma de atividades leva em conta cada ano, mês a mês, bimestre ou trimestre, para que esteja tudo organizado e elencado em termos de atividades. O orçamento deve conter itens como recursos humanos, materiais e planejamento das despesas e é de extrema importância, sobretudo quando se pretende enviar o projeto de pesquisa para fontes de financiamento.

5.2 Tipos de pesquisa científica

Para desenvolver uma investigação científica, é necessário conhecer os tipos de pesquisa, de modo que se possa identificá-las adequadamente (Andrade, 2005). Observe a Figura 5.1, a seguir, que apresenta uma possível classificação desse conteúdo.

Figura 5.1 – Tipos de pesquisa científica

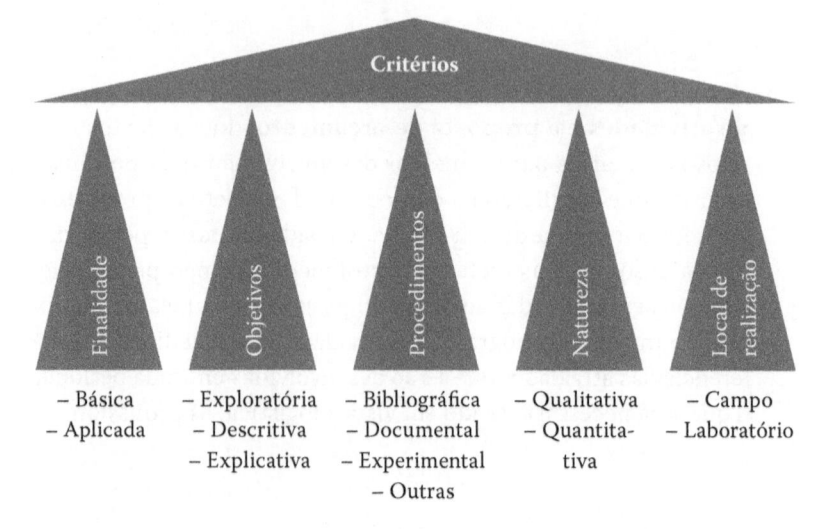

Critérios

Finalidade	Objetivos	Procedimentos	Natureza	Local de realização
– Básica – Aplicada	– Exploratória – Descritiva – Explicativa	– Bibliográfica – Documental – Experimental – Outras	– Qualitativa – Quantitativa	– Campo – Laboratório

Fonte: Santos, 2002, citado por Machado et. al., 2015, p. 3.

Aqui, adotaremos uma divisão parecida com a da Figura 5.1, mas com alguns pontos de divergência, de modo a deixar o conteúdo mais didático. Em primeiro lugar, conforme sua natureza, a pesquisa pode ser básica ou aplicada. A pesquisa **básica** está relacionada à geração de conhecimento, sendo de cunho teórico e reflexivo, como no caso de uma revisão de literatura – também chamada de *estado da arte* – sobre o campo da educomunicação e suas perspectivas históricas ou de uma análise do discurso sobre o meio ambiente e o desmatamento da Amazônia nos *sites* jornalísticos brasileiros, por exemplo. Podemos citar ainda um estudo sobre a leitura crítica e as *fake news*, com jovens de 14 a 19 anos, nas escolas públicas do Estado de São Paulo. Por sua vez, a pesquisa **aplicada** busca a geração de conhecimentos para aplicação prática, como no caso de uma pesquisa sobre a recepção da população jovem, um projeto sobre conteúdos para jogos e aplicativos sobre ciência e jovens ou, então, um projeto de pesquisa sobre a produção de conteúdos de realidade virtual (VR) vinculados à educação e à saúde, considerando-se a recepção de deficientes visuais.

Preste atenção!

"A ciência, ela mesma, é coisa viva, não se referindo àquilo que já se sabe, mas àquilo que se está lutando por obter através da pesquisa em ato. Isso não significa que a sistematização do conhecimento não faça parte da ciência e não tenha nela importância. Significa, isto sim, que o mais relevante está naquilo que ainda não se conhece e se está lutando por descobrir" (Santaella, 2001, p. 104). Conforme Demo (citado por Santaella, 2001, p. 104), a ciência é um processo "uma realidade sempre volúvel, mutável, contraditória, nunca acabada, em vir a ser [...] não é a acumulação de resultados definitivos, [mas principalmente] o questionamento inesgotável de uma realidade reconhecida também como inesgotável".

A Figura 5.2 apresenta aspectos relacionados às pesquisas básica e aplicada.

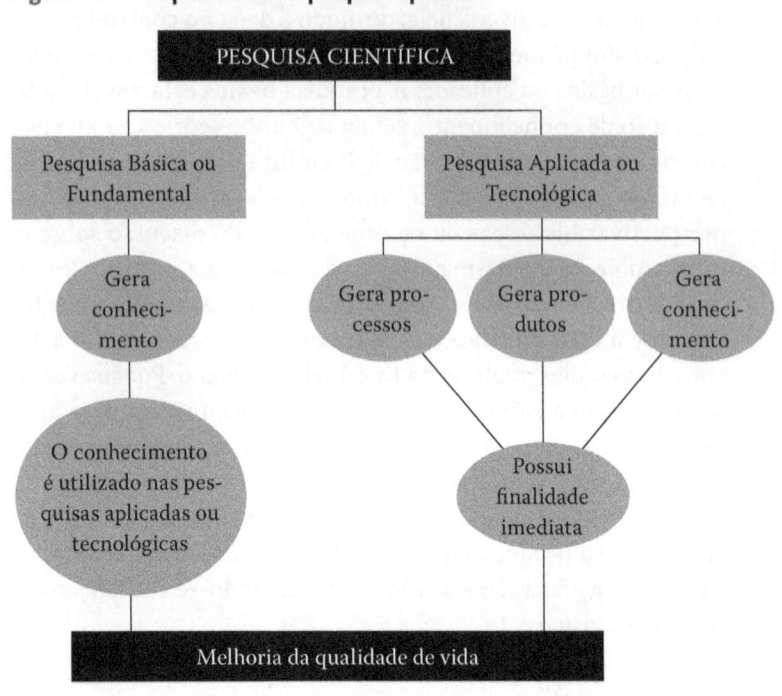

Figura 5.2 – Pesquisa básica e pesquisa aplicada

```
                    PESQUISA CIENTÍFICA
                    /                  \
       Pesquisa Básica ou       Pesquisa Aplicada ou
       Fundamental              Tecnológica
              |                  /      |       \
         Gera              Gera pro-  Gera pro-  Gera
         conheci-          cessos     dutos      conheci-
         mento                                   mento
              |                    \    |    /
       O conhecimento              Possui
       é utilizado nas pes-        finalidade
       quisas aplicadas ou         imediata
       tecnológicas
                    \              /
                  Melhoria da qualidade de vida
```

Fonte: Santos, 2002, citado por Machado et. al., 2015, p. 4.

Em segundo lugar, segundo seus objetivos, a pesquisa pode ser exploratória, descritiva ou explicativa (Andrade, 2005; Gil, 2006). A pesquisa **exploratória** revela os dados ao pesquisador numa primeira aproximação, com a finalidade de

> descortinar o tema, reunir informações gerais a respeito do objeto. [...] A pesquisa exploratória destina-se a esclarecer do que se trata, a reconhecer a natureza do fenômeno, a situá-lo no tempo e no espaço, a inventariar suas manifestações variadas, seus elementos constitutivos ou as contiguidades presentes à sua manifestação. (Rodrigues, R. M., 2007, p. 28)

De acordo com Andrade (2005), as pesquisas descritivas e as exploratórias têm, por natureza, a possibilidade de constituir uma aproximação inicial ao objeto de estudo, proporcionando dados e informações que podem vir a sustentar outros tipos de pesquisa, sobretudo no sentido de que elas descrevem e exploram uma realidade (Andrade, 2005; Rodrigues, R. M., 2007). A pesquisa **descritiva** "apresenta informações, dados, inventários de elementos constitutivos ou contíguos ao objeto, dizendo o que ele é, do que se compõe [...] revelando periodicidades [...] mensurando, classificando segundo semelhanças e diferenças, situando-o conforme as circunstâncias" (Rodrigues, R. M., 2007, p. 29).

Já a pesquisa **explicativa** tem como "preocupação central identificar os fatores que determinam ou que contribuem para a ocorrência dos fenômenos. Esse é o tipo de pesquisa que mais aprofunda o conhecimento da realidade, porque explica a razão, o porquê das coisas" (Gil, 2002, p. 42).

Acrescentem-se as palavras de Andrade (2005, p. 114), relacionadas à pesquisa descritiva, quando destaca que "os fatos são observados, registrados, analisados, classificados e interpretados, sem que o pesquisador interfira neles".

Por fim, quanto ao objeto, a pesquisa pode ser bibliográfica, de laboratório ou de campo (Andrade, 2005). Cervo e Bervian (2002, p. 65, grifo nosso) enfatizam que "a pesquisa **bibliográfica** procura explicar um problema a partir de referências teóricas publicadas em documentos. Pode ser realizada independentemente ou como parte da pesquisa descritiva ou experimental". Conforme Rui Rodrigues, "é a pesquisa limitada à busca de informações em livros e outros meios de publicação" (Rodrigues, R. M., 2007, p. 43). Já os "dados obtidos em laboratório caracterizam a pesquisa **de laboratório**, quando o pesquisador procura produzir ou reproduzir o fenômeno estudado, em condições de controle (experimento), para saber os efeitos" (Ramalho; Marques, 2009, p. 9, grifo nosso). Por sua vez, a pesquisa **de campo** consiste em "um procedimento baseado na observação direta *in loco* do objeto estudado no meio que lhe é próprio, geralmente sem a interferência do pesquisador, ou sem que esta interferência modifique substancialmente os acontecimentos" (Rodrigues, R. M., 2007, p. 42).

É importante considerar também as características e as diferenças entre método e técnica. "A rigor, reserva-se a palavra método para significar o traçado das etapas fundamentais da pesquisa, enquanto a palavra técnica significa os diversos procedimentos ou a utilização de diversos recursos peculiares a cada objeto de pesquisa, dentro das diversas etapas do método" (Ruiz, citado por Andrade, 2005, p. 117).

Marconi e Lakatos (2005, p. 176-92) classificam as técnicas de pesquisa em duas linhas, segundo os tipos de procedimentos: 1) documentação indireta; e 2) documentação direta. A **documentação indireta** envolve a pesquisa bibliográfica (uso de fontes secundárias) e a pesquisa documental (uso de fontes primárias). A **documentação direta** envolve a observação direta intensiva, como no caso de entrevistas, e a observação direta extensiva, com o uso de formulários, questionários, pesquisas de mercado, história de vida, utilizados principalmente na pesquisa de campo. Na pesquisa **documental**, consideram-se como fontes de informação registros e documentos em vários suportes, como fotografias, fitas de áudio, jornais, cartas, vídeos, arquivos digitais e *sites* (Rodrigues, R. M., 2007, p. 45; Sousa, 2004a, p. 677).

Cabe destacar aqui uma das principais técnicas de pesquisa, que é a entrevista, muito próxima da área jornalística, mas que tem especificações que lhe são próprias. É possível afirmar que a entrevista é "um procedimento de coleta de informações" (Rodrigues, R. M., 2007, p. 132). O principal diferencial entre a entrevista jornalística e a de pesquisa é o desenvolvimento do roteiro de perguntas: a entrevista de pesquisa considera como eixo as hipóteses de verificação para desenvolver a orientação das questões, enquanto a entrevista jornalística segue uma pauta de perguntas que contemplam uma diversidade de pontos e objetivos variados. Em ambos os casos, pode-se propor uma entrevista com uma ordem lógica na sucessão de assuntos abordados, bem como construir uma entrevista livre e ampla. Para uma análise das realidades sociais a partir do olhar dos atores sociais, a entrevista proporciona uma amplitude na reflexão da pesquisa qualitativa relacionada à compreensão do outro:

As condutas sociais não poderiam ser compreendidas, nem explicadas, fora da perspectiva dos atores sociais. A entrevista seria, assim, indispensável, não somente como método para apreender a experiência dos outros, mas, igualmente, como instrumento que permite elucidar suas condutas, na medida em que estas só podem ser interpretadas considerando-se a própria perspectiva dos atores, ou seja, o sentido que eles mesmos conferem às suas ações. (Poupart, 2008, p. 216-217)

5.2.1 Pesquisa qualitativa e quantitativa: abordagens e relações

A pesquisa pode ser analisada considerando-se as perspectivas de seu desenvolvimento e abordagem, já que isso repercute nos procedimentos e nas técnicas aplicadas para realizar a investigação. Segundo a abordagem da pesquisa, ela pode se configurar como quantitativa ou qualitativa, tendo cada uma dessas abordagens ou perspectivas características próprias e diferenciadas, ainda que possam ser complementares. A pesquisa **quantitativa** é "aquela investigação que se apoia predominantemente em dados estatísticos" (Rodrigues, R. M., 2007, p. 34). Por sua vez, segundo Santaella (2001, p. 144), a pesquisa **qualitativa** "acabou por desenvolver autonomia própria, podendo se referir a todas as pesquisas que privilegiam a interpretação dos dados, em lugar de sua mensuração". Por isso, pode-se optar por uma abordagem complementar, para compreender as diversas faces do objeto de uma pesquisa.

No que se refere à pesquisa em educomunicação, essa primeira distinção já impacta os estudos que podem ser desenvolvidos. O objetivo é que os educomunicadores possam realizar propostas de pesquisa para compreender os fenômenos relacionados aos cenários da educomunicação, considerando-se as possibilidades de abordá-los no intuito de esclarecer os questionamentos suscitados.

Nesse sentido, cabe ressaltar que, na pesquisa qualitativa, interpretam-se e descrevem-se os fenômenos observados. A pesquisa qualitativa "pondera, sopesa, analisa e interpreta dados relativos à natureza dos fenômenos, sem que os aspectos quantitativos sejam a sua preocupação precípua, a lógica que conduz o fio do seu raciocínio, a linguagem que expressa as suas razões" (Rodrigues, R. M., 2007, p. 39).

Na pesquisa qualitativa, não se conseguem dados tão numerosos como na quantitativa, mas a diferença está no aprofundamento. Na aplicação da qualitativa, é possível conhecer as opiniões e os pontos de vista dos participantes por meio de relatos, o que não acontece na quantitativa. Conforme Strauss e Corbin (citados por Esteban, 2010, p. 124),

> Por pesquisa qualitativa entendemos qualquer tipo de pesquisa que gera resultados que não foram alcançados por procedimentos estatísticos ou outro tipo de quantificação. Pode referir-se a pesquisas sobre a vida das pessoas, histórias, comportamentos e também ao funcionamento organizativo, aos movimentos sociais ou às relações e interações. Alguns dos dados podem ser quantificados, porém, a análise em si mesma é qualitativa.

Uma pesquisa qualitativa oferece ao educomunicador a possibilidade de aprofundar temáticas com base em depoimentos dos envolvidos no contexto escolhido. Essa abordagem permite que sejam identificados tendências, motivos e explicações no cenário de pesquisa. Por exemplo, no caso das entrevistas em profundidade, os educomunicadores podem investigar com os sujeitos envolvidos na pesquisa uma temática polêmica como o preconceito, o *bullying*, a violência escolar, objetivando conhecer opiniões dos sujeitos sobre esses casos. Também esse assunto pode ser desenvolvido num grupo focal com diversos tipos de populações, como mulheres, jovens, pessoas ligadas a uma comunidade. Tanto na entrevista individual como nos grupos focais, a importância está nos depoimentos dos sujeitos envolvidos, nas perspectivas e nas falas, visto que o foco de atenção é a opinião dos outros. Essas opiniões têm traços diversos que podem explicar em profundidade o que as pessoas sentem e por que sentem de determinada forma um caso de preconceito, por exemplo. São opiniões que nutrem perspectivas e vertentes, não de forma absoluta, porém com dados significativos sobre uma situação. Os dados obtidos não são generalizações, mas sinalizam tendências, possibilitando interpretações mais complexas.

Em síntese, a abordagem qualitativa é interpretativa, no sentido de buscar compreender as diversas faces do objeto proposto num projeto de investigação. Ainda nessa linha de pensamento, considera-se que o pesquisador qualitativo utiliza-se de estratégias de aproximação qualitativa, como um quebra-cabeça, no qual, de forma reflexiva, vai se estruturando o cenário de interpretação e análise, ou seja, "um conjunto de representações que reúne peças montadas que se encaixam nas especificidades de uma situação complexa" (Denzin; Lincoln, 2006, p. 18).

Por sua vez, a pesquisa quantitativa toma como base as informações estatísticas: "Mais do que isso: referidos dados devem pertencer ao universo da Estatística inferencial. Não significa não poder incluir dados qualitativos" (Rodrigues, R. M., 2007, p. 34). Aliás, existem programas de tabulação de dados que auxiliam na avaliação dos dados quantitativos e que também retomam, a partir da categorização e de macrodescritores realizados pelo pesquisador, os dados qualitativos (como entrevistas, vídeos, depoimentos, entre outros), obtendo-se, assim, um amplo panorama das informações da pesquisa.

Com relação à pesquisa de opinião, de caráter quantitativo, conforme Novelli (2006, p. 164), ela pode disponibilizar abrangentes e relevantes informações relacionadas a um universo escolhido, como jovens estudantes. Novelli (2006, p. 164) atribui vantagens ao método:

> Como método quantitativo, a pesquisa de opinião ou *survey*, como também é conhecida, possibilita a coleta de vasta quantidade de dados originados de grande número de entrevistados. Dentre seus aspectos positivos, podem-se destacar a possibilidade de que a investigação do problema ocorra em ambientes reais, sem se lançar mão de recursos de laboratório; a viabilidade da realização de análises estatísticas de variáveis como dados sociodemográficos, de atitude, dentre outras [...].

Novelli (2006) considera a pesquisa de opinião como uma opção para coletar as opiniões da população do estudo, por meio de um questionário definido como um "documento contendo uma série ordenada de perguntas que devem ser respondidas pelos sujeitos" entrevistados (Appolinário, 2006, p. 136). O questionário é composto de perguntas abertas ou fechadas, e a escolha das alternativas já sinaliza uma opção, por isso é importante que haja atenção e cuidado na formulação. Segundo Appolinário (2006, p. 137, grifo do original), "as **perguntas abertas** são aquelas nas quais o respondente pode escrever livremente [...], enquanto **as perguntas fechadas** oferecem algumas opções restritas de respostas possíveis". O enunciado da pergunta deve ser claro e objetivo para não suscitar na população analisada uma opinião enviesada; assim, o texto deve ter clareza para que a opinião, a favor ou contra determinada situação exposta aos entrevistados, seja verdadeira e transparente. Para tanto, é necessário se ter procedimentos éticos e técnicos adequados à obtenção de resultados, com rigor científico, transparência e ética.

Além disso, a pesquisa quantitativa pode ser realizada para a coleta de dados em grandes populações e tem baixo custo, se considerada a amplitude de sua abrangência. Um claro exemplo de pesquisa quantitativa com o uso de questionário é o Censo Demográfico, que, a cada período determinado, é realizado pelo Instituto Brasileiro de Geografia e Estatística (IBGE).

Uma pesquisa quantitativa pode abranger uma grande quantidade de pessoas, por meio do uso de questionários, com vistas a elucidar a opinião sobre determinado tema. Por exemplo, uma pesquisa de opinião com jovens estudantes do ensino médio das escolas públicas e particulares de São Paulo sobre o uso das redes sociais no cotidiano e a formação de opinião sobre a violência escolar poderia disponibilizar dados significativos sobre essa situação. Sendo uma população extensa, o universo dos estudantes do ensino médio da capital paulista, haveria a necessidade de realizar um recorte probabilístico que consiga expressar numa amostragem um número de indivíduos que sejam representativos dessa população.

Da mesma forma, essa pesquisa de opinião, numa abordagem quantitativa, pode ser aplicada em relação a diversas temáticas da educomunicação, com uma grande diversidade de populações e assuntos. O questionário pode auxiliar nessa tarefa, contendo perguntas focalizadas, abertas ou fechadas, as quais devem ser elaboradas com objetividade, a fim de agilizar o processo de coleta de dados, o preenchimento do questionário pelos sujeitos, a apuração das informações e a fase de avaliação numérica dos dados. Então, se a intenção é atingir uma extensa população, a pesquisa quantitativa será uma alternativa apropriada para o educomunicador.

Um outro exemplo é a alternativa de fazer um levantamento do panorama de rádios comunitárias vinculadas a um estado da Federação ou, se for o caso, do país, para, após essa escolha, ser possível aplicar um questionário para desvendar retratos dessas emissoras, com questões que devem ser abordadas segundo os objetivos da pesquisa, de maneira a formar uma visão geral sobre esse assunto.

Para desenvolver a abordagem quantitativa, é necessário avaliar a população (o universo da investigação) que será inserida na amostragem, ou seja, os sujeitos selecionados para participar do estudo proposto. Conforme Appolinário (2006, p. 125), a população se refere à "totalidade de pessoas, animais, objetos, situações etc. que possuem um conjunto de características comuns que os definem". Ainda segundo Appolinário (2006, p. 125), a amostra revela os sujeitos selecionados para participar de uma pesquisa. A amostra, de acordo com Appolinário (2006, p. 125), constitui-se em um "Subconjunto de sujeitos extraído de uma população por meio de alguma técnica de amostragem. Quando essa amostra é representativa dessa população, supõe-se que tudo que concluirmos acerca dessa amostra será válido também para a população com um todo".

Na escolha da amostra numa pesquisa quantitativa, é conveniente considerar o conceito de **amostragem aleatória simples**: "nessa forma, a amostra é selecionada de maneira que a escolha de um membro da população não afeta a probabilidade de seleção de qualquer outro membro. Ou seja, cada membro da população tem chances iguais de ser selecionado para a amostra" (Appolinário, 2006, p. 127-128).

Nesse caso, é possível selecionar uma amostra do universo da população, por exemplo, um grupo de professores ou de jovens estudantes do ensino médio de determinado colégio; trata-se de uma amostra aleatória simples, porém representativa do universo acadêmica do referido colégio. A escolha de amostras dos jovens e dos professores agilizará o processo de aplicação da pesquisa quantitativa e a posterior análise desses dados. Os dados quantitativos coletados possibilitarão o estabelecimento de parâmetros referenciais sobre o universo escolar pesquisado.

Para alcançar os objetivos propostos pela pesquisa, é necessário estabelecer a população e a amostra do estudo. Com essas definições, o andamento da pesquisa se dá de forma clara e objetiva e os dados obtidos são mais fáceis de serem compreendidos. Diehl e Tatim (2004, p. 64, grifo do original) afirmam que "**população** ou **universo** é um conjunto de elementos passíveis de serem mensurados com respeito às variáveis que se pretende levantar. [...] **Amostra** é uma porção ou parcela da população convenientemente selecionada". Dessa forma, a escolha da população seguirá os conceitos de amostragem, critérios estatísticos e erro amostral descritos por Appolinário (2006), Barbetta (2002) e Samara e Barros (2002).

Com relação aos instrumentos de coleta de dados, a pesquisa quantitativa pode utilizar o questionário, que é assim definido:

> Questionário é uma técnica de coleta de informações constituído por indagações escritas. Destina-se aos sujeitos eleitos como informantes da pesquisa, seja por conhecerem o assunto sob investigação, por terem testemunhado algum aspecto daquilo que se quer estudar, ou ainda por haver interesse em conhecer a percepção dos ditos sujeitos relativamente a alguma coisa. A elaboração de um questionário pode beneficiar-se com a observância de alguns critérios. (Rodrigues, R. M., 2007, p. 137)

Cabe destacar que "não existem critérios oficiais para elaboração de questionários. Não obstante isso, existem fundamentos lógicos, validados pela experiência. São eles: brevidade, isenção, clareza e organização" (Rodrigues, R. M., 2007, p. 137). Na elaboração do questionário, deve-se levar em consideração todos esses aspectos para alcançar os objetivos propostos. Desse modo, também se atribuem ao questionário suas verdadeiras funções. De acordo com Richardson (1999, p. 189),

> A informação obtida por meio de questionário permite observar as características de um indivíduo ou grupo. [...] A descrição dessas características pode cumprir diversos objetivos. [...] Portanto, uma descrição adequada das características de um grupo não beneficia a análise a ser feita por um pesquisador, mas também pode ajudar outros especialistas, tais como planejadores, administradores e outros.

Com o cuidado e a atenção dados ao questionário desde a elaboração das perguntas até a tabulação dos resultados, a aplicação só tende a ser positiva. A aplicação do questionário pode gerar novos dados e conhecimentos, contribuindo para a realização de várias outras pesquisas. Essa etapa é fundamental para verificar a opinião de um grande grupo de indivíduos sobre a temática escolhida.

Nas palavras de Richardson (1999, p. 189), "geralmente, os questionários, cumprem pelo menos duas funções: descrever as características e medir determinadas variáveis de um grupo social". Para o autor, "o questionário é realmente uma entrevista estruturada" (Richardson, 1999, p. 189). Ademais, os questionários devem prezar pela brevidade, pela isenção, pela clareza e pela organização (Rodrigues, R. M., 2007, p. 137-139). Com relação aos tipos de questionário, eles podem ser abertos, fechados ou mistos. Este último é assim caracterizado: "o tipo **misto**, contendo algumas questões abertas e outras fechadas, é uma reunião dos atributos de um tipo e de outro, pelo que se tornam dispensáveis explicações especialmente dirigidas para tais questionários" (Rodrigues, R. M., 2007, p. 139, grifo nosso).

Devemos salientar que o questionário do tipo **fechado**, ou seja, de múltipla escolha, oferece uma diversidade de respostas diante de uma questão. No questionário com perguntas fechadas, pode ser solicitado que o respondente se decida por apenas uma alternativa e, dessa forma, o número total das respostas sempre estará dentro dos 100%, ou seja, a totalidade do número de questionários preenchidos. Já no questionário de perguntas fechadas com múltipla escolha, é possível sinalizar que é permitida a escolha de mais de uma alternativa; portanto, o número total dessas respostas poderá ultrapassar os 100%, justamente pela multiplicidade de seleções. Isso se deve ao fato de que, na resposta a uma questão com múltiplas opções, pode-se optar por mais de uma alternativa. Além disso, o questionário com perguntas fechadas apresenta simplicidade em relação à compreensão e à organização das respostas, clareza e praticidade, enquanto os questionários do tipo **aberto** têm a vantagem de apresentar informações não previstas pelo pesquisador; mas, ao mesmo tempo, podem ser imprecisas ou evasivas, tornando mais difícil sua posterior categorização (Rodrigues, R. M., 2007, p. 139).

A pesquisa de opinião auxilia na construção do diagnóstico da pesquisa, já que, como método quantitativo, visa alcançar um grande número de entrevistados, sendo essa característica a principal vantagem de sua aplicação. Segundo Novelli (2006, p. 164),

> A pesquisa de opinião tem se mostrado instrumento tão valioso para a sociedade contemporânea, que, muitas vezes, deixa de ser compreendida como técnica de mediação da opinião pública para tornar-se a própria expressão desta. Sua aplicação extrapolou os limites do campo político, no qual despontou com maior intensidade e, hoje, tornou-se reconhecido método de investigação científica para a maioria dos campos de conhecimento, inclusive para a Comunicação Social.

Com relação à abordagem qualitativa, é importante destacar que os **grupos focais** ou **grupos de discussão** favorecem a compreensão das opiniões da população pesquisada. De acordo com Minayo (2006), o grupo focal proporciona o estudo de representações e relações diferenciadas. Conforme Bauer e Gaskell (2017), caracteriza-se por um debate aberto e acessível a todos, em que são trocados pontos de vista, ideias, experiências, atitudes, opiniões, que são expressos emocionalmente, tendo-se o cuidado de não privilegiar indivíduos particulares ou posições.

> Grupos focais são um tipo de pesquisa qualitativa que tem como objetivo perceber os aspectos valorativos e normativos que são referência de um grupo em particular. São na verdade uma entrevista coletiva que busca identificar tendências. A maior busca é a de compreender e não inferir nem generalizar. (Costa, 2006, p. 181)

Nesse sentido, Triviños (2001, p. 83) explica que a população é uma referência na pesquisa qualitativa, destacando que não existe a preocupação com a delimitação exata dela, já que esse tipo de pesquisa não pretende generalizar os resultados alcançados no estudo, "apenas pretende obter generalidades, ideias predominantes".

O grupo focal busca revelar opiniões diferentes sobre os assuntos discutidos. O objetivo não é encontrar um consenso, mas ouvir e perceber a riqueza de cada depoimento dos participantes, bem como a importância e a influência da construção das opiniões. Os resultados que podem ser alcançados com a aplicação da técnica serão muito valiosos, pois será possível entender e estudar em profundidade as ideias e opiniões dos participantes. Conforme Flick (2009, p. 13), "os pesquisadores qualitativos estão interessados em ter acesso a experiências, interações e documentos em seu contexto natural [...]". As pesquisas qualitativas buscam: "esmiuçar a forma como as pessoas constroem o mundo à sua volta, o que estão fazendo ou o que está lhes acontecendo em termos que tenham sentido e que ofereçam uma visão rica [...]. Todas essas abordagens representam formas de sentido, as quais podem ser reconstruídas e analisadas" (Flick, 2009, p. 12).

A entrevista qualitativa, individual ou em grupo, "é uma metodologia de coleta de dados" (Gaskell, 2017, p. 64) para aproximar-se do mundo social, contribuindo para a análise interpretativa, pois "fornece os dados básicos para o desenvolvimento e a compreensão das relações entre os atores sociais e sua situação [...] das crenças, atitudes, valores e motivações, em relação aos comportamentos das pessoas" (Gaskell, 2017, p. 65).

Com relação ao uso da entrevista individual ou em grupo, a diferença mais significativa refere-se à interação entre os integrantes de maneira autêntica.

> A passagem de uma forma específica de interação díade da entrevista em profundidade para a entrevista em grupo traz mudanças qualitativas na natureza da situação social [...] O objetivo do grupo focal [...] é uma interação social mais autêntica do que a entrevista em profundidade, um exemplo da unidade social mínima em operação e, como tal, os sentidos ou representações que emergem são mais influenciados pela natureza social da interação do grupo em vez de se fundamentarem na perspectiva individual, como no caso da entrevista em profundidade. (Gaskell, 2017, p. 73)

As perguntas colocadas para a população dos sujeitos do estudo em uma pesquisa qualitativa (por exemplo, professores e estudantes da rede de ensino público), seja nas entrevistas em profundidade, seja nos grupos focais, devem ser previamente estabelecidas, sendo apresentadas pelo moderador, com um roteiro prévio; porém, deve-se seguir com naturalidade a conversação, seja individual, seja em grupo (Bauer; Gaskell, 2017).

Em princípio, na definição abrangente de Barbour (2009, p. 21), "qualquer discussão de grupo pode ser chamada de um grupo focal, contanto que o pesquisador esteja ativamente atento e encorajando as interações do grupo".

Nesse sentido, é necessária a organização dos tópicos a serem discutidos de forma prévia pelo entrevistador, ou moderador, de modo a estimular a interação e respeitar a diversidade de opiniões e perspectivas que surgirem nas conversações.

Com relação aos instrumentos usados na pesquisa qualitativa, os grupos focais podem contribuir muito para a compreensão dos dados. Nos grupos focais, é utilizada a técnica da entrevista semiestruturada, de acordo com Soriano (2004, p. 156), que afirma: "quando o conhecimento sobre a situação ou o grupo que se deseja estudar é superficial e não se conta com informação suficiente para estruturar devidamente um guia de entrevista, existe o recurso de elaborar um roteiro geral a fim de orientar a entrevista".

Triviños (2001, p. 85), por sua vez, defende que a entrevista semiestruturada não passa de um conjunto básico de perguntas que aponta fundamentalmente para a medula que preocupa o investigador, "uma das ferramentas que utiliza a pesquisa qualitativa para alcançar seus objetivos".

Tomando-se como base as considerações de Triviños (2001), os grupos focais devem ter o acompanhamento de um moderador, com previsão de registro com gravador de áudio e câmera fotográfica, sendo todos cientes disso mediante a assinatura de termo livre e esclarecido de autorização de gravação de imagens durante a pesquisa. A gravação facilitará a transcrição e a análise posterior dos depoimentos obtidos nos grupos focais.

Em termos éticos e técnicos, deve ser prevista a autorização da população dos sujeitos das instituições de ensino, por exemplo, professores, jovens e seus pais, contando-se com um termo de consentimento livre e esclarecido (Brasil, 2020, p. 5-6). Os envolvidos devem assinar esse termo de autorização de uso de imagens e áudio, tanto os alunos, por meio de seus responsáveis, como os professores integrantes da pesquisa. No entanto, os nomes dos participantes devem ser preservados em sigilo para que se possa manter sua privacidade, sendo possível, porém, proceder à identificação do gênero (feminino ou masculino), da idade, entre outras características. Nesse sentido, Esteban (2010, p. 217) aponta a importância dos códigos de ética na ciência em relação à proteção da identidade das pessoas que participam da pesquisa: "A confidencialidade da informação obtida é o principal procedimento para garantir sua privacidade e intimidade".

Quanto à aplicação dos grupos focais, tomaremos como referência as considerações de Flick (2004), considerando-se que cada grupo focal conta com a participação de cinco a dez integrantes. Os grupos focais podem acontecer nas salas de aula e nos laboratórios de informática do colégio. Podem ser realizados vários grupos focais sobre a temática da pesquisa, os quais devem ter moderador e relator; podem ser gravados com vídeo e áudio e é preciso usar um bloco de anotações. Cada grupo focal pode ter uma população específica, tendo em vista características como idade e sexo.

De acordo com Minayo (2006), o grupo focal favorece o estudo de representações e relações diferenciadas. Conforme Bauer e Gaskell (2017, p. 79), "O grupo focal tradicionalmente compreende seis a oito pessoas desconhecidas anteriormente, que se encontram em um ambiente confortáveis por um tempo entre uma a duas horas. Os participantes e o moderador sentam num círculo, de tal modo que possa haver um contato frente a frente entre cada um".

A seguir, a Figura 5.3 mostra a disposição dos integrantes na sala profissional padrão de um grupo focal (também identificado como *grupo de discussão* ou *focus group*). São duas salas divididas por uma parede com espelho, o que permite que o grupo seja observado pela equipe de pesquisadores/clientes, conforme o caso. O grupo focal pode ser utilizado para objetivos de pesquisa acadêmica, bem como na área de *marketing* e publicidade para conhecer grupos relacionados a testes de produtos (Ruediger; Riccio, 2004).

Figura 5.3 – Sala profissional padrão de grupo focal

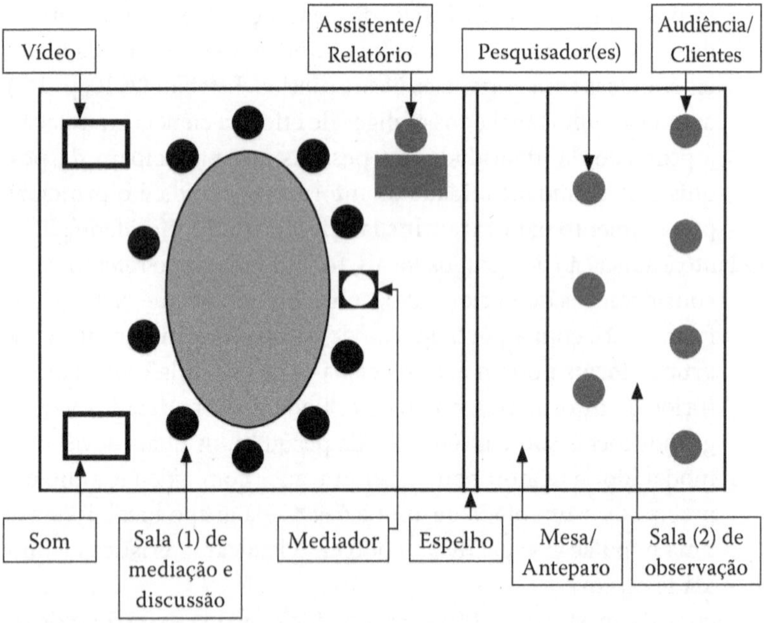

Fonte: Ruediger; Riccio, 2004, p. 157.

Martinelli (1999, p. 27) explica que "é muito importante que possamos perceber com clareza e afirmar com convicção que a relação entre pesquisa quantitativa e qualitativa não é de oposição, mas de complementaridade e articulação". O resultado de uma abordagem apenas não possibilitaria uma contextualização e geraria uma interpretação mais limitada acerca do tema.

Desse modo, dependendo dos objetivos de pesquisa, é conveniente propor um método misto, combinando-se as pesquisas quantitativa e qualitativa, para melhor compreender as nuances do objeto de estudo. O método misto refere-se às "múltiplas maneiras de ver e ouvir" (Greene, citado por Creswell; Clark, 2013, p. 19), ou seja, é uma indagação plural na abordagem do mundo social, o qual "ativamente nos convida a participar do diálogo sobre múltiplas maneiras de ver e ouvir, múltiplas maneiras de extrair sentido do mundo social e múltiplos pontos de vista sobre o que é importante e deve ser valorizado e apreciado" (Greene, citado por Creswell; Clark, 2013, p. 22).

A complementaridade viabilizada por essa metodologia leva em consideração uma visão em sintonia com aspectos complexos e combinados. "O mundo social não é um dado natural, sem problemas: ele é ativamente construído por pessoas em suas vidas cotidianas, mas não sob condições que elas mesmas estabeleceram. Assume-se que essas construções constituem a realidade essencial das pessoas, seu mundo vivencial" (Gaskell, 2017, p. 65).

Ainda nessa perspectiva, Johnson et al. (citados por Creswell; Clark, 2013) destacam que o método misto, integra as pesquisas quantitativa e qualitativa, possibilitando o aprofundamento dos critérios de interpretação:

> a pesquisa de métodos mistos é o tipo de pesquisa em que um pesquisador ou um grupo de pesquisadores combina elementos de abordagens de pesquisa qualitativa e quantitativa (p.ex., o uso de pontos de vista qualitativos e quantitativos, coleta de dados, análise e técnicas de inferência) para o propósito de ampliar e aprofundar o entendimento e a corroboração. (Johnson et al., citados por Creswell; Clark, 2013, p. 21)

Essa visão integrada é utilizada em todas as etapas do desenvolvimento da pesquisa com métodos mistos, "definida como aquela em que o investigador coleta e analisa os dados, integra os achados e extrai inferências usando abordagens ou métodos qualitativos e quantitativos em um único estudo ou programa de investigação" (Creswell; Clark, 2013, p. 22)

Além disso, a "triangulação dos métodos" (Minayo, 2006) possibilita uma visão mais completa e geral sobre o assunto estudado, o que também contribuirá para a análise dos resultados obtidos, que será a última etapa da pesquisa. Um método se complementa com o outro e, combinados, poderão trazer resultados mais completos, o que possibilitará uma observação complexa da realidade e uma melhor compreensão sobre o tema em análise. Minayo (2006, p. 209) observa que

> Um dos exemplos mais felizes desse tipo de associação metodológica tem sido o uso cada vez mais frequente de técnicas e métodos qualitativos (entrevistas, grupos focais, etnografia) como etapa preliminar à construção de elementos quantitativos, possibilitando uma maior compreensão do fenômeno a ser estudado.

Dessa forma, a triangulação de métodos pode abranger a análise de conteúdo, grupos focais e questionários, caso a investigação requeira esses itens. Nessa hipótese, um mesmo assunto pode ser abordado pelo pesquisador a partir de três olhares diferentes, numa abordagem qualitativa e quantitativa, de forma complementar. Por exemplo, caso a pesquisa tratasse de um tema ligado à educação ambiental, o educomunicador poderia traçar uma estratégia no sentido de analisar o discurso nos principais jornais, num período determinado, sobre o desmatamento na Amazônia, para observar o relato jornalístico adotado sobre esse assunto, os critérios utilizados, as fontes usadas, ou seja, o que foi falado, quem falou e a partir de quais perspectivas. Igualmente, o educomunicador poderia realizar dois grupos focais, um com professores da área de ciências e outro com jovens estudantes, para dialogar sobre o referido assunto. Por fim, poderia aplicar uma pesquisa de opinião, com questionário, objetivando revelar quais são as temáticas sobre educação ambiental que os alunos conhecem, entre outras questões. Desse modo, a estratégia de pesquisa seria mais completa porque todas as informações se complementariam para compor uma visão geral e, ao mesmo tempo, específica sobre o tema em questão: a educação ambiental. Por meio dessa riqueza de dados oferecidos pela pesquisa de métodos mistos, abrangendo as abordagens qualitativa e quantitativa, é possível ao educomunicador traçar estratégias de intervenção no sentido de sinalizar linhas de ação para o planejamento educomunicativo a ser realizado.

Devemos destacar que os achados numéricos são extremamente importantes para o campo de pesquisa, assim como os depoimentos e as falas dos entrevistados, os quais trazem achados que contribuem para a compreensão de uma situação. Trata-se, portanto, da complementaridade entre as duas abordagens, a qualitativa e a quantitativa, o que oferece possibilidades de interpretação e avaliação dos assuntos em questão.

Outro tema de pesquisa que pode ser abordado de forma qualitativa e quantitativa é o fenômeno das *fake news*, que ocorre com a veiculação de informações não verdadeiras em diversos meios de comunicação e RSD. O impacto dos *fake news*, ou notícias falsas, tem repercutido não somente nas RSD, mas também em alguns jornais impressos e televisivos. As *fake news* são dados que muitas vezes não foram checados nem verificados, constituindo-se em informações inverídicas, incompletas e falsas. A agilidade na divulgação nas RSD favorece que essas notícias falsas se disseminem de várias formas, como por aplicativos de mensagens e redes de compartilhamento. Essas notícias falsas giram em torno de aspectos polêmicos, como assuntos relativos à política e a políticos, bem como mostram aspectos da privacidade de pessoas públicas e famosas, entre outros temas. Em virtude de sua significância, a análise crítica dessas *fake news* pode ser realizada pelos alunos em sala de aula com os professores, com base nos estudos da leitura crítica da comunicação, analisando-se jornais impressos ou *sites* jornalísticos, redes sociais e aplicativos de mensagens (Facebook, Twitter e WhatsApp, respectivamente).

Ao mesmo tempo, esse fenômeno pode também ser objeto de pesquisa a partir de diversos olhares. É relevante destacar que existem segmentos da sociedade que estão divulgando cartilhas de informação relacionadas aos critérios que devem ser adotados para a verificação das informações, como a do *site* Intervozes (2019), *Desinformação: ameaça ao direito à comunicação muito além das fake news*, assim como o material intitulado *Internet, democracia e eleições* (CGI.br, 2018). Nesse sentido, são tomados como prerrogativas os estudos de leitura crítica da comunicação, os quais sinalizam uma aproximação a partir de roteiros de perguntas e de pontos de reflexão sobre os meios de comunicação, sendo referenciais as propostas do pioneiro professor José Manuel Moran Costas, que continua desenvolvendo análises sobre metodologias ativas, estudando a mediação pedagógica nos cenários da educação, das tecnologias e da comunicação (Moran, 1991, 2013; Moran; Bacich, 2017).

Para saber mais

Saiba mais sobre os critérios para verificação das informações consultando os materiais indicados a seguir:

ZANATTA, R. et al. Fake news: ambiência digital e os novos modos de ser. **IHU On-Line**, São Leopoldo, ano XVIII, n. 520, 23 abr. 2018. Disponível em: <http://www.ihuonline.unisinos.br/media/pdf/IHUOnlineEdicao520.pdf>. Acesso em: 10 fev. 2021.

CGI.BR – Comitê Gestor da Internet no Brasil. **Internet, democracia e eleições**: guia prático para gestores públicos e usuários. São Paulo: CGI.br, 2018. Disponível em: <https://cgi.br/media/docs/publicacoes/13/Guia%20Internet,%20Democracia%20e%20Elei%C3%A7%C3%B5es>. Acesso em: 10 fev. 2021.

Para ter mais informações sobre leitura crítica da comunicação, educação transformadora e metodologias ativas, consulte o site do professor José Manuel Moran Costas:

MORAN, J. M. **Educação Transformadora**. Disponível em: <http://www2.eca.usp.br/moran/>. Acesso em: 20 jun. 2021.

A pesquisa qualitativa pode ser realizada em grupos de diversas populações com vistas à discussão sobre as *fake news* e sua repercussão na sociedade. Os grupos focais podem considerar como eixos de abordagem iniciais a necessidade de critérios de avaliação do que pode ser uma notícia verdadeira ou falsa, sempre comparando com outros meios de informação para que, no confronto com outras mídias, seja possível o diálogo e o debate sobre o que de fato é real e o que pode ser considerado, pelas suas características, inverdade. Da mesma forma, é possível, com base em alguns exemplos das redes sociais, analisar e debater se é conveniente que, para o compartilhamento de dados na internet, as informações devam ser conferidas e checadas para verificar se são verdadeiras ou se são tendenciosas.

Uma linha de ação nessa reflexão sobre o fenômeno das *fake news* seria a comparação entre jornais impressos e informações advindas de redes sociais ou aplicativos, para averiguar os pontos que têm em comum, as fontes informativas que essas informações destacam (especialistas, dados, percentagens e informações de fontes oficiais, linguagem precisa e objetividade na abordagem – o que se fala, quem fala, como se fala, de forma comparativa), verificando-se a natureza do cenário informativo apresentado.

No contexto escolar, é relevante o esforço de professores e orientadores pedagógicos para motivar a atitude de verificação dos fatos antes de seu compartilhamento nas RSD ou nos aplicativos de mensagens. Essa temática pode ser trabalhada em conjunto pelos docentes em projetos interdisciplinares, nos laboratórios específicos das escolas, em razão de sua relevância e do fato de essa temática ser um desafio constante em tempos de convergência midiática. Esse assunto traz em seu cerne questões éticas – considerando-se o que é correto e o que não é correto –, questionando-se a credibilidade e a confiabilidade das informações que têm ampla divulgação e ressonância na sociedade atual.

Numa abordagem qualitativa, os grupos focais oferecem a possibilidade de seus integrantes – que podem ser alunos e/ou professores – exporem seus comentários sobre as notícias falsas que circulam em vários suportes de distribuição midiática. O relatório feito com base nesses depoimentos no grupo vai contribuir para a interpretação dos dados, revelando o que exatamente esses grupos pensam sobre essas notícias falsas. Do mesmo modo, as entrevistas em profundidade, de forma individual, podem ser realizadas com alguns professores e/ou alunos para coletar depoimentos sobre algum caso de *fake news* e sua repercussão em especial.

Numa abordagem quantitativa, também pode ser feito um levantamento, num período específico, de alguns casos de *fake news*, identificando-se os assuntos que obtiveram maior prevalência, os protagonistas envolvidos nessas notícias falsas e suas formas de divulgação. O levantamento numérico desses dados pode ajudar o pesquisador a entender como a ampliação desse fenômeno está acontecendo e quais são as temáticas mais recorrentes.

Com base nos resultados das pesquisas, podem ser implementadas algumas ações educomunicativas, como estabelecer critérios e atitudes educativas que a sociedade em geral poderia adotar para verificar as informações antes de compartilhá-las e divulgá-las. Dessa forma, podemos perceber que a pesquisa cria conhecimento, que é um elemento transformador da sociedade.

Ainda sobre o tipo de pesquisa relacionada aos procedimentos de coleta de dados, cabe destacar que o **estudo de caso** é uma lúcida aproximação à realidade social. Para Diniz (1999, p. 51), o estudo de caso "é uma forma de investigar o real pela qual se coletam e se registram dados para a posterior interpretação, objetivando a reconstrução, em bases científicas, dos fenômenos observados". Ele propicia um mergulho na análise intensiva e em profundidade para uma melhor compreensão do fenômeno em questão: "a pesquisa exploratória, categoria na qual se situa o estudo de caso, propõe uma busca e não uma verificação de informações. Seu objetivo é a descoberta de ideias que sejam úteis, críticas e norteadoras de novas atitudes em relação ao mundo" (Diniz, 1999, p. 52).

Como Duarte (2006, p. 216) enfatiza, o estudo de caso define-se pela análise intensiva, já que reúne "tanto quanto possível, informações numerosas e detalhadas para apreender a totalidade de uma situação". Yin, especialista na abordagem do estudo de caso, explica que "É uma investigação empírica que investiga um fenômeno contemporâneo dentro de seu contexto da vida real, especialmente quando os limites entre o fenômeno e o contexto não estão claramente definidos" (Yin, 2005, p. 32). Diniz (1999, p. 52) acrescenta que "o enfoque qualitativo do estudo de caso propõe liberdade relativa na tarefa de apreender o objeto do emaranhado das inter-relações".

Um exemplo do uso do estudo de caso refere-se à tentativa de descobrir como é representada determinada realidade social num veículo de comunicação específico, como mostram várias análises de mídia realizadas pela Agência de Notícias dos Direitos da Infância (Andi, 2021), criada em 1993. Essa organização realiza constantes análises de conteúdos da cobertura na imprensa em que se vinculam infância e juventude, inclusão, sustentabilidade e políticas de comunicação, divulgadas amplamente em publicações digitais da instituição. Por sua vez, o Laboratório de Estudos Avançados em Jornalismo (Labjor, 2021), da Universidade Estadual de Campinas (Unicamp), realiza análises de conteúdos sobre o tema da ciência nos diversos meios de comunicação, inclusive com instituições ibero-americanas, com as quais aprimorou as técnicas de pesquisa nesse monitoramento da ciência, como mostra o *Manual de Antigua: indicadores de percepción pública de la ciencia y la tecnología* (Polino, 2015), em parceria com a *Red Iberoamericana de Indicadores de Ciencia y Tecnología*.

Nesse sentido, a análise de conteúdo pode ter abordagem quantitativa e qualitativa. Para entender a que se refere análise de conteúdo, Lozano (1994, citado por Fonseca, 2006, p. 286) afirma:

> A análise de conteúdo é sistemática porque se baseia num conjunto de procedimentos que se aplicam da mesma forma a todo conteúdo analisável. É também confiável – ou objetiva – porque permite que diferentes pessoas, aplicando em separado as mesmas categorias à mesma amostra de mensagens, podem chegar às mesmas conclusões.

A análise de conteúdo é um método quantitativo que trouxe diversas contribuições para a coleta de dados, fornecendo esclarecimentos sobre as técnicas e variáveis de categorização dos dados e mensurações, facilitando cruzamentos de informações e, assim, aprimorando a elaboração e a análise de pesquisas.

> Outra vantagem deste tipo de pesquisa é o fato de trabalhar com valores essencialmente quantificáveis, definidos por categorias estabelecidas e comprovadas em estudos similares. Desta forma, a coleta de dados é baseada na mensuração de textos e as conclusões são expressas em forma numérica, o que facilita o cruzamento de informações e a elaboração de tabelas e gráficos explicativos [...]. (Melo, citado por Sousa, 2004a, p. 663)

Na atualidade, a análise de conteúdo integra uma técnica híbrida, a qual articula o formalismo estatístico e a análise qualitativa, assim proporcionando abrangente compreensão qualitativa e interpretativa dos dados (Fonseca, 2006).

O teórico Laurence Bardin (1977, p. 30) sinaliza as duas principais funções da análise de conteúdo, as quais podem ou não se dissociar:

> – uma função heurística: a análise de conteúdo enriquece a tentativa exploratória, aumenta a propensão à descoberta. É a análise de conteúdo "para ver o que dá".
>
> – uma função de "administração da prova". Hipóteses sob a forma de questões ou afirmações provisórias servindo de diretrizes, apelarão para o método de análise sistemática para serem verificadas no sentido de uma confirmação ou de uma infirmação. É a análise de conteúdo "para servir de prova".

A análise de conteúdo conta com funções que auxiliam na evolução das hipóteses levantadas. Assim, objetiva-se organizar o material, o qual será categorizado e classificado, segundo o método de análise de conteúdo (Bardin, 1977). Com relação aos critérios de inclusão dos materiais a serem analisados, pode ser utilizada a classificação de Krippendorff (citado por Bauer; Gaskell, 2017, p. 198), que define como "unidade sintática" a palavra e como "unidade temática ou semântica" "características dos textos que implicam um juízo humano".

A análise de conteúdo tem três etapas de abordagem, segundo Fonseca (2006, p. 290):

(1) Pré-análise: consiste no planejamento do trabalho a ser elaborado, procurando sistematizar as ideias iniciais com o desenvolvimento de operações sucessivas, contempladas num plano de análise.

(2) Exploração do material: refere-se à análise propriamente dita, envolvendo operações de codificação em função de regras previamente formuladas.

(3) Tratamento dos resultados obtidos e interpretação: os resultados brutos são tratados de maneira a serem significativos e válidos.

Existe, então, há necessidade de proceder à codificação e à categorização iniciais do material. A contribuição da análise de conteúdo é que as informações podem ser categorizadas, o que permite uma aproximação preliminar aos dados que serão gerados para a realização da pesquisa, fruto das leituras; contudo, pelo fato de se tratar de uma aproximação inicial, várias classificações ainda poderão ser testadas, implementadas e aprimoradas.
Conforme Herscovitz (2007, p. 127),

> Os pesquisadores que utilizam a análise de conteúdo são como detetives em busca de pistas que desvendem os significados aparentes e/ou implícitos dos signos e das narrativas jornalísticas, expondo tendências, conflitos, interesses, ambiguidades ou ideologias presentes nos materiais examinados.

A análise de conteúdo tem ampla contribuição para vários objetos de estudo. A pesquisa sobre o conteúdo de uma temática como direitos humanos, população de rua, imigração[1] e refugiados, terceira idade, paradesporto, inclusão social, entre outras temáticas, pode ser acessada por meio de diversas formas. Por exemplo, as

---

1 Como exemplo podemos citar a Cátedra Sérgio Vieira de Mello (CSVM), vinculada a várias universidades brasileiras, como a Universidade Federal do Paraná (UFPR) e a Universidade Estadual de Campinas (Unicamp), entre outras, as quais se incorporaram à iniciativa do Alto Comissariado das Nações Unidas para Refugiados (Acnur), participando de pesquisas e ações relacionadas às temáticas da migração e refúgio no Brasil em conjunto com outras organizações. Entre essas instituições estão a Missão Paz e o Observatório das Migrações, em São Paulo, que desenvolvem atividades na área da migração, contando também com a Agência ONU para Refugiados, o ProMigra (Projeto de Promoção dos Direitos de Migrantes) e o Observatório de Direitos Humanos (Acnur, 2021b).

mensagens sobre esses assuntos podem ser apresentadas em jornais impressos, radiofônicos, televisivos ou pela internet, sendo possível aplicar os critérios que a análise de conteúdo proporciona para identificar, quantitativa ou qualitativamente, do que se fala em relação a esses assuntos. A identificação pode ser quantitativa, de forma a mostrar quais temas, quais fontes informativas, quais contextos são localizados, qual perfil é retratado, quais são os valores apresentados, entre outros aspectos, que podem evidenciar qual é o retrato que esses temas têm nas mensagens analisadas. Uma análise de conteúdo, com base quantitativa, é relevante, já que mostra o panorama abordado, inclusive, se forem suportes de distribuição diferentes para comparação, como jornais da Região Sul e da Região Nordeste ou jornal impresso e jornal na internet, revelando-se amplos aspectos para avaliação e interpretação posteriores. Quadros, tabelas e infográficos são auxiliares importantes para a melhor visualização dos dados obtidos.

A atualização de sistemas de informática contribui nas avaliações das mensagens audiovisuais, visto que eles podem ser aplicados para analisar conteúdos de fotografias, vídeos e depoimentos. Essas mensagens devem ser classificadas e categorizadas de forma que os resultados da análise de conteúdo possam nutrir os macrodescritores que foram previamente definidos pelo pesquisador, os quais serão quantificados posteriormente.

Ainda com relação à pesquisa qualitativa, salientamos duas alternativas de aproximação que podem contribuir para a pesquisa na educomunicação: a etnografia e a análise do discurso.

Estudos de **análise do discurso** na cobertura da mídia sobre o campo da educomunicação e outras temáticas sociais podem evidenciar questões dinâmicas e atuais, como exemplificam o holandês Teun A. van Dijk (Van Dijk, 1996, 2002, 2008) e o francês Patrick Charaudeau (2007). A análise do discurso propõe um denso estudo da linguagem, com vistas à interpretação de seus recursos. Como explica Manhães (2006, p. 305, grifo do original), "a interpretação do sentido deve levar em conta que a significação é construída **no interior da fala** de um determinado **sujeito**; quando um emissor tenta mostrar o mundo para um interlocutor, numa determinada situação, a partir de seu ponto de vista, movido por uma intenção".

Por isso, as pesquisas nesse campo procuram evidenciar as marcas do discurso e seus indicadores, considerando como eixo a desconstrução do texto em vozes, para assim perceber como esse texto foi estruturado. A conversação como espaço de intercâmbio é um ato de interação e significação, permeado pela materialidade do discurso, sendo a fala a evidência da perspectiva dessa relação.

> Discurso, enfim, é a **apropriação da linguagem** (código, formal, abstrato e impessoal) por um emissor, o que confere a este um papel ativo, que o constitui em **sujeito da ação social**. Aquele que:
>
> Classifica, ordena e organiza, enfim, significa o mundo mostrado;
>
> Persuade, convence o locutor da pertinência de seu modo de classificar, ordenar e organizar o mundo mostrado; e
>
> Constrói uma voz, um modo de falar, um entendimento do mundo. (Manhães, 2006, p. 305, grifo do original)

Esses estudos visam analisar a complexidade dos elementos textuais, em suas diversas materialidades e formas, inclusive das mensagens da mídia, em seus múltiplos suportes de distribuição – textos impressos, fotográficos, televisivos, radiofônicos, publicados nas RSD e veiculados em aplicativos, entre outros –, objetivando formular interpretações sobre a construção do significado e dos sujeitos envolvidos nessas mensagens. Pela sua complexidade e densidade, são pesquisas qualitativas que envolvem exaustiva criação de categorizações e pressupostos relacionados às diversas textualidades. Estudos recentes de análise do discurso consideram como objeto de pesquisa a interação nos *posts* com falas e comentários nas RSD, como Twitter e Facebook, a respeito de assuntos como política, movimentos sociais, educação ambiental, gênero, imigração e direitos humanos.

Por fim, a **etnografia** contribui para a observação participante como forma de abordagem de sujeitos e processos quando se procura uma "descrição densa" (Geertz, 1989, p. 13-41) para a interpretação de fenômenos no âmbito dos estudos antropológicos da cultura (Miller, 2013). Peruzzo (2006, p. 134) indica que, a partir do olhar da antropologia, "a investigação etnográfica está interessada em elaborar mapas descritivos dos modos de vida dos territórios estudados, composição familiar, suas rotinas e todas as demais dimensões da vida cotidiana e do mundo da cultura". Para Oliveira (2000, p. 34), "os atos de Olhar e de Ouvir são, a rigor, funções de um gênero de observação muito peculiar [...], por meio da qual o pesquisador busca interpretar (melhor dizendo: compreender) a sociedade e a cultura do Outro 'de dentro', em sua verdadeira interioridade".

Com relação à etnografia de mídia, à etnografia de audiência ou etnografia de recepção e à etnografia de produção, todas elas se referem à observação participante do processo de comunicação (produção ou recepção) para captar, compreender e avaliar a apropriação e os comportamentos de grupos de pessoas sobre a mídia (Peruzzo, 2006). Um caso exemplar é a análise da rotina dos moradores de um grupo popular e seu relacionamento com o uso do celular e outras mídias, a qual trouxe significativas contribuições sob o olhar antropológico (Silva, 2010). A área da etnografia motiva relevantes interpretações para o campo da educação e da comunicação, inclusive no contexto da imprensa com o acompanhamento de uma semana na rotina dos profissionais dessa área num veículo jornalístico, por exemplo (Travancas, 2006), ou sobre os métodos de pesquisa para internet, incluindo a etnografia virtual das RSD (Fragoso; Recuero; Amaral, 2012).

A partir do olhar da educomunicação, a etnografia traz sua contribuição para o acompanhamento de populações, de modo grupal ou individual, de forma a identificar rotinas, comportamentos, atividades e formas de interação. No nível individual, o acompanhamento da rotina diária de um sujeito vai revelar suas prioridades de ação, seu roteiro de atividades, desvendando com base em quais valores e em quais contextos interage com outros sujeitos. Como exemplo podemos citar o acompanhamento de um grupo específico, como um grupo de moradores de rua, em determinado local, que proporcione dados sobre seus hábitos rotineiros de deslocamento, de aproximação às situações de rua e de vulnerabilidade, considerando-se faixa etária, gênero, localização e dados prévios, como contexto familiar e outros aspectos. A pesquisa etnográfica com grupos de moradores de rua pode disponibilizar aos educomunicadores informações significativas para definir linhas de ação e de assistência posteriores. Retomamos, então, a importância que a pesquisa, como fonte geradora de conhecimento, tem como elemento transformador da sociedade, já que as evidências e os dados advindos das pesquisas são fermentos para novos conhecimentos. Da mesma forma, a acolhida a grupos de imigrantes e refugiados pode também incluir procedimentos que, sistematizados, podem auxiliar na pesquisa etnográfica, visando contribuir com essa população em relação a necessidades e expectativas.

Igualmente, a pesquisa etnográfica com um grupo da terceira idade pode dar indicativos de quais são as principais problemáticas e os anseios dessa população, assim como em termos de saúde desses idosos. O acompanhamento das atividades num período determinado, nos diversos cenários vai nutrir a pesquisa etnográfica. E essas evidências vão contribuir nas estratégias de ação diante das pessoas desfavorecidas. Os educomunicadores podem desenvolver essas pesquisas com os diversos grupos de populações vulneráveis para identificar e evidenciar formas de auxílio, de acolhida e de acompanhamento.

Os instrumentos e as técnicas de base que acompanham a pesquisa etnográfica são, respectivamente, os diários de campo – com anotações e observações do pesquisador sobre o cenário abordado – e as entrevistas semiestruturadas. Esse tipo de entrevista oferece múltiplas perspectivas em razão de sua estrutura com perguntas abertas e da característica de adaptação diante da acolhida das pessoas entrevistadas, sendo conveniente estudar um dia típico na vida do grupo abordado, para identificar os cenários que compõem a rotina diária, preferencialmente, durante o período de uma semana. Os membros do grupo têm de conceder sua autorização para que o pesquisador fotografe suas atividades rotineiras.

Com relação ao grau de participação do pesquisador na pesquisa etnográfica, existem vários níveis de aproximação. Esse relacionamento sempre deve ser definido mediante acordo entre o grupo e o pesquisador, tendo em vista que este poderá fazer apenas um acompanhamento diário, como uma espécie de confidente-narrador, ou ter uma participação como integrante ativo do grupo.

Nesse sentido, o estudo etnográfico pode ser realizado por meio da observação participante, com o acompanhamento diário do grupo, tendo o pesquisador acolhida para, num dado período, poder participar das atividades como parte integrante do grupo. Nessa aproximação, o pesquisador pode identificar histórias de vida e trajetórias de pessoas que integram o grupo, relatos estes que vão acrescentar sentidos à avaliação total da abordagem. É conveniente que o pesquisador tenha traçado hipóteses prévias à pesquisa de campo para que elas sejam redefinidas, corroboradas ou contestadas, assim como é necessário o comprometimento do grupo para a colaboração nessa classe de pesquisa.

Ainda com relação ao acesso do pesquisador ao grupo, é importante destacar os valores éticos nesse tipo de estudo. O acompanhamento num período longo torna impossível a "invisibilidade" do pesquisador, o qual pode alterar os procedimentos usuais e, portanto, a todo momento, precisa buscar a objetividade científica. Em outras palavras, o pesquisador deve procurar não ter envolvimento, de forma a preservar o distanciamento e a objetividade necessários à pesquisa qualitativa, com vistas a assegurar a imparcialidade e o espírito neutro na abordagem. Como Peruzzo (2006, p. 144) sinaliza, esse estudo qualitativo "se declara favorável ao distanciamento investigativo de modo a não se confundir o que realmente ocorre com conceitos prévios ou intenções valorativas do pesquisador".

A etnografia considera o cotidiano nos relacionamentos das pessoas, proporcionando um estudo "potencialmente único", uma vez que indica tendências – não sendo seu objetivo fazer generalizações –, e assim oferecendo indicadores significativos em termos dos valores revelados nas práticas rotineiras. Para os educomunicadores, a pesquisa etnográfica pode propiciar a aproximação a grupos menos favorecidos e em risco social e também sinaliza caminhos de prevenção e possibilidades de assistência a esses grupos. A concepção da educomunicação também considera a área do planejamento estratégico como integrante do plano de gestão educomunicativo, tendo em vista inclusive políticas públicas no âmbito da organização da sociedade civil. Nesse contexto, as contribuições advindas das pesquisas desenvolvidas são significativas para a implementação de ações nessa área. Disso se depreende a relevância das pesquisas etnográficas, pois elas se alinham aos objetivos da educomunicação em virtude do conhecimento profundo que ajudam a construir acerca das populações envolvidas nos processos educomunicativos.

Síntese

Neste capítulo, enfocamos questões relacionadas à pesquisa, apresentando os tipos de pesquisa, bem como abordagens e aspectos importantes para o desenvolvimento de projetos de pesquisa na área da educomunicação. Com base em exemplificações e na inter-relação entre os assuntos, destacamos a perspectiva educomunicativa presente no delineamento de uma pesquisa, identificando a necessidade de sistematização das práticas educomunicativas. A práxis é geradora de conhecimento, tomando-se como prerrogativas assuntos vinculados à cidadania, aos direitos humanos e à inclusão social. Buscamos incentivar a realização de projetos de pesquisa que vão resultar em trabalhos acadêmicos diversos e que, sobretudo, criem conhecimentos teóricos com base na prática que os educomunicadores desenvolvem em suas atividades sociais.

O campo de pesquisa na área da educomunicação ganha amplitude quando se considera a força motivadora que a pesquisa tem. A sistematização das experiências educomunicativas, na interligação entre prática e teoria, é um eixo significativo para o crescimento da pesquisa em educomunicação e, portanto, para a legitimação contínua nessa área. A educomunicação tem papel estratégico como gestora e propulsora de linhas de ação na visão da cidadania, até mesmo na formação de políticas públicas nas áreas de responsabilidade social, direitos humanos e cidadania. Por isso, as informações e os dados advindos da pesquisa devem ser considerados como as principais bases para o desenvolvimento de estudos na área educomunicativa, de modo a solidificar o campo e os caminhos futuros da educomunicação em tempos de convergência.

Questões para revisão

1. Analise as características do grupo focal para a implementação de um projeto de pesquisa qualitativa sobre a temática educomunicativa.

2. Analise as características de uma pesquisa de opinião para a implementação de um projeto de pesquisa sobre a temática educomunicativa, considerando a abordagem da pesquisa quantitativa.

3. Assinale V para as afirmativas verdadeiras e F para as falsas:
   ( ) Conforme Rodrigues, a pesquisa qualitativa "pondera, sopesa, analisa e interpreta dados relativos à natureza dos fenômenos, sem que os aspectos quantitativos sejam a sua preocupação precípua, a lógica que conduz o fio do seu raciocínio" (Rodrigues, R. M., 2007, p. 39).
   ( ) Segundo Esteban (2010), na pesquisa quantitativa, interpretam-se os fenômenos observados, buscando-se descrever e compreender seu significado, e é possível conhecer as opiniões e os pontos de vista dos participantes por meio de relatos.
   ( ) Para Esteban (2010, p. 124), "por pesquisa qualitativa entendemos qualquer tipo de pesquisa que gera resultados que não foram alcançados por procedimentos estatísticos ou outro tipo de quantificação, podendo se referir a pesquisas sobre a vida das pessoas, histórias, comportamentos e também ao funcionamento organizativo, aos movimentos sociais ou às relações e interações".

Agora, assinale a alternativa que apresenta a sequência correta:
a) F, V, F.
b) F, F, F.
c) V, F, V.
d) V, V, V.
e) F, F, V.

4. Assinale V para as afirmativas verdadeiras e F para as falsas:
   ( ) Para Rodrigues, a pesquisa qualitativa se apoia predominantemente em dados estatísticos, sendo alternativa apropriada de utilização se o objetivo é atingir uma extensa população (Rodrigues, R. M., 2007).
   ( ) Richardson (1999, p. 189) afirma que uma pesquisa qualitativa pode abranger um grande número de pessoas, por meio de questionários, visando elucidar a opinião sobre determinado tema. Os questionários, que correspondem a uma técnica de coleta de informações constituída por indagações escritas, geralmente cumprem pelo menos duas funções: 1) descrever as características; e 2) medir determinadas variáveis de um grupo social.
   ( ) Um mesmo assunto poderia ser enfocado pelo pesquisador por meio de duas abordagens, qualitativa e quantitativa, de forma complementar, de acordo com os objetivos da pesquisa proposta.

   Agora, assinale a alternativa que apresenta a sequência correta:
   a) F, V, F.
   b) F, F, V.
   c) V, F, V.
   d) V, V, V.
   e) F, F, F.

5. Assinale V para as afirmativas verdadeiras e F para as falsas:
   ( ) Segundo Appolinário (2006, p. 136), o questionário é definido como um "documento contendo uma série ordenada de perguntas que devem ser respondidas pelos sujeitos" entrevistados.

( ) Conforme Bauer e Gaskell (2017), o grupo focal caracteriza-se por um debate aberto e acessível a todos, no qual são trocados pontos de vista, ideias, experiências, atitudes, opiniões, que são expressos emocionalmente, devendo-se ter o cuidado de não privilegiar indivíduos particulares ou posições.

( ) A etnografia contribui para a observação participante como forma de abordagem de sujeitos e processos quando se procura uma "descrição densa" (Geertz, 1989, p. 13-41) para a interpretação dos fenômenos no âmbito dos estudos antropológicos da cultura (Miller, 2013).

Agora, assinale a alternativa que apresenta a sequência correta:
a) F, V, F
b) F, F, V.
c) V, F, V.
d) V, V, V.
e) F, F, F.

Questão para reflexão

1. Selecione uma temática para o planejamento de uma pesquisa e verifique a relevância social do assunto escolhido. Identifique as características da temática escolhida, tendo em vista as possibilidades e as justificativas que o tema apresenta para a pesquisa na área da educomunicação. Analise a melhor estratégia de pesquisa a ser utilizada para o estudo e a abordagem adequada do assunto, considerando as metodologias da pesquisa qualitativa e da pesquisa quantitativa para o desenvolvimento da investigação. Faça um breve comentário sobre como seria realizada a pesquisa do tema se fosse escolhida a abordagem quantitativa e se fosse feita a opção pela abordagem qualitativa. Depois, apresente os resultados ao seu grupo de estudos.

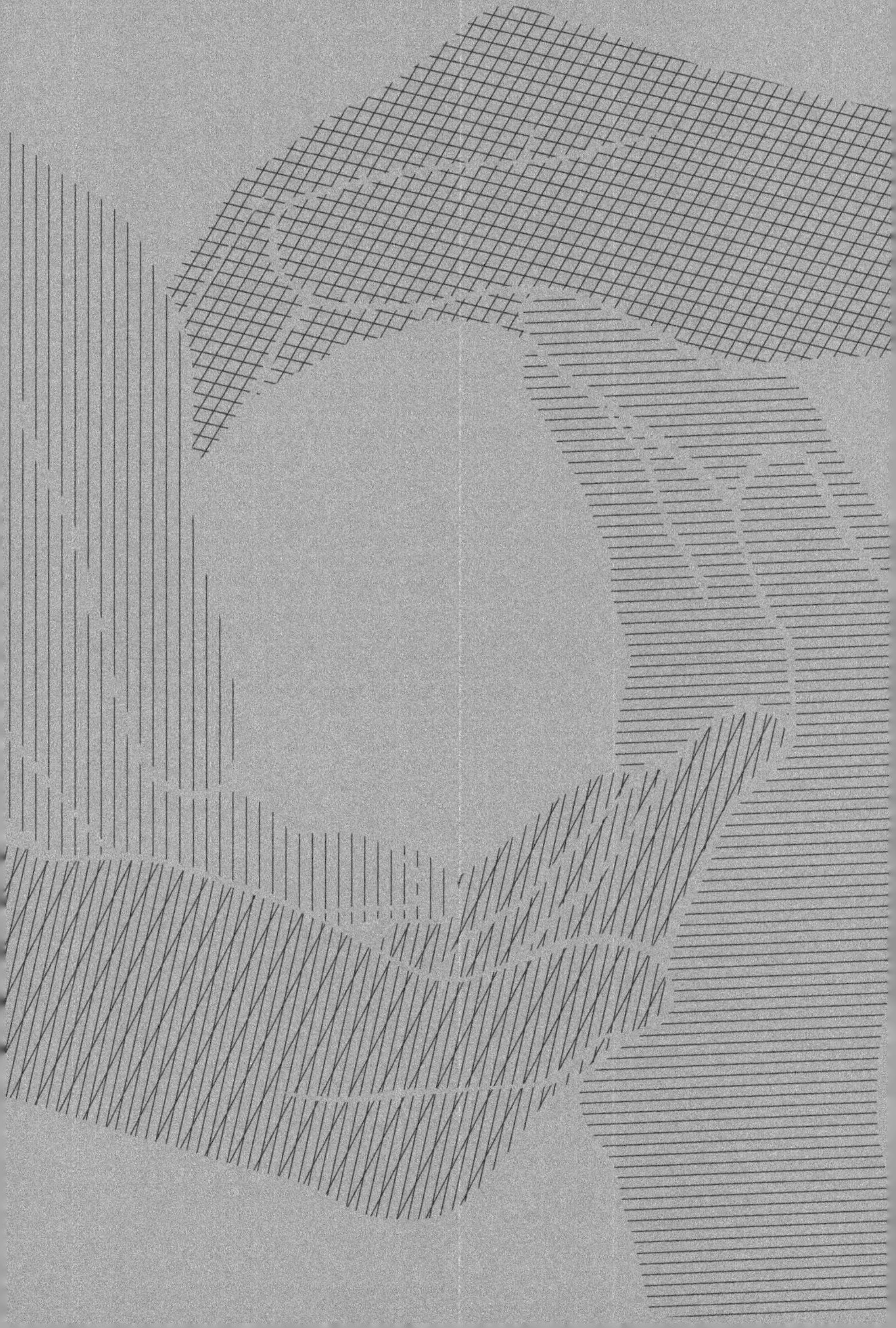

Ofelia Elisa Torres Morales

CAPÍTULO 6

Caminhos metodólogicos: pesquisa e práticas educomunicativas aplicadas aos jovens

Conteúdos do capítulo:

- Práticas educomunicativas e jovens.
- Experiências sobre o ensino e a aprendizagem da cidadania.
- Olhares, cenários e abordagens regionais.
- Análise qualitativa de depoimentos jovens.
- Representações midiáticas dos jovens no contexto escolar.
- Contextos midiáticos e representações jovens.

Após o estudo deste capítulo, você será capaz de:

1. analisar a importância da pesquisa e das práticas educomunicativas para a criação de estratégias educomunicativas;
2. identificar contextos midiáticos e educativos relacionados a estratégias regionais da educomunicação no campo do audiovisual;
3. compreender os caminhos metodológicos da educomunicação na área da pesquisa e das práticas educomunicativas voltadas aos jovens, para identificar a formação das subjetividades e opiniões desses sujeitos.

Neste capítulo, apresentamos alguns caminhos metodológicos na área da educomunicação, para evidenciar experiências que podem contribuir para a ampliação de perspectivas nesse campo, com foco em pesquisa e ações estratégicas aplicadas.

A primeira parte do capítulo aborda estratégias educomunicativas regionais com estudantes de comunicação, sob um olhar cidadão, sendo consideradas as temáticas e problemáticas de cada região analisada para a posterior realização dos materiais educomunicativos. São examinadas algumas experiências educomunicativas com jovens na abordagem da cidadania e dos direitos humanos, de modo a exemplificar casos significativos associados ao tema da responsabilidade social. Além disso, são descritas duas experiências de extensão desenvolvidas a partir da ótica da cidadania, dos direitos humanos e da democracia, com vistas a revelar os caminhos percorridos para a consecução dessas práticas educomunicativas, além de casos relacionados.

O objetivo é mostrar aos leitores interessados na área da educomunicação os elementos necessários para a criação e a realização de materiais audiovisuais relacionados às temáticas da cidadania, sinalizando experiências e casos vinculados a essa perspectiva da educomunicação.

A segunda parte do capítulo apresenta reflexões sobre a contribuição da pesquisa para a compreensão da complexidade da realidade social, com base no estudo sobre o universo juvenil. A principal metodologia utilizada foi a pesquisa qualitativa (grupos focais e entrevistas em profundidade), a qual proporcionou a análise de opiniões de jovens na formação das subjetividades desses sujeitos, considerando-se as diversas mediações existentes, como o cenário escolar, a família, os amigos, a mídia, entre outros contextos, vinculados também a questões relativas à cidadania.

A pesquisa apresentada neste capítulo revela a opinião de jovens em tempos de convergência midiática e que reverbera em amplos aspectos da convivência juvenil, sendo relevante a riqueza dos depoimentos desses estudantes. A densidade dos dizeres traz a motivação para o fortalecimento da pesquisa sobre a ação educomunicativa, já que esses estudos e investigações da práxis reafirmam o campo dos saberes relacionado à educomunicação. Nesse sentido, o desenvolvimento de pesquisas na área da educomunicacão é primordial para a criação de estratégias e ações educomunicativas no meio social e em prol da cidadania. A ênfase na criação de pesquisas nessa área como expressão efervescente de conhecimento educomunicativo – textos, artigos, projetos de pesquisa, de extensão, projetos de apoio e assessoria, relatórios de pesquisa, trabalhos de conclusão de curso, monografias, pesquisas de pós-graduação, dissertações e teses – vai contribuir cada vez mais para a solidez do campo teórico da educomunicação.

Por isso, o capítulo relaciona pesquisa e prática educomunicativas de forma aplicada, tendo em vista que a relação entre teoria e práxis representa a articulação necessária para trilhar caminhos metodológicos na educomunicação, salientando, assim, a integração dos saberes como parte do delineamento teórico.

6.1 Práticas educomunicativas no processo de ensino e aprendizagem da cidadania

Para evidenciar alguns caminhos metodológicos que podem contribuir para as práticas educomunicativas, vamos apresentar experiências de extensão universitária sob a perspectiva da indissociabilidade da extensão, do ensino e da pesquisa, tomando como base os eixos da cidadania, que abrangem os deveres e direitos humanos. Duas experiências regionais, do sul e do nordeste do país, revelam caminhos percorridos com estudantes do curso de Comunicação das habilitações de Jornalismo, Cinema e Vídeo, Propaganda e Publicidade, Relações Públicas e Hipermídia. O projeto *Tribo Jovem* (Morales, 2002), em Santa

Catarina, e o projeto *Se Liga Rapaz* (Morales, 2005), na Bahia, serão analisados na perspectiva da educação e da cidadania, uma vez que consideram práticas educomunicativas surgidas a partir da universidade como ente produtor e divulgador de conhecimentos e, ao mesmo tempo, de contextos de criatividade e experimentação comunicacional, tendo em comum as questões da cidadania e da regionalidade, com temáticas de interesse público. As reflexões sobre o processo de ensino-aprendizagem abrangem o relacionamento com o uso das tecnologias digitais, a experimentação na linguagem audiovisual, o estímulo da consciência cidadã dos participantes e a inclusão social. As problemáticas regionais orientaram as pautas e temáticas dos programas televisivos realizados.

O processo de ensino-aprendizagem na área do audiovisual implica definir as relações existentes entre a teoria e a prática numa visão integral. A indissociabilidade entre ensino, pesquisa e extensão resulta numa relação que origina espaço para a experimentação e a reflexão teórica, favorecendo até mesmo a interação dos estudantes participantes com sua comunidade.

Por isso, retomamos aqui os caminhos percorridos nas duas experiências citadas anteriormente, o projeto *Tribo Jovem* (realizado no período de 2000 a 2001) e o *Se Liga Rapaz* (realizado no perído de 2003 a 2004), desenvolvidos durante a trajetória profissional da autora deste livro como professora, pesquisadora e orientadora, vinculados à cidadania e aos direitos humanos, sob a visão da educação e da comunicação, e relacionados a comunidades e regiões específicas. Esses projetos foram planejados sob uma perspectiva educomunicativa, que incluiu uma estratégia de abordagem diante do contexto regional e local, considerando-se a mediação dos relatos audiovisuais como formas de expressão, opinião e de aproximação aos protagonistas e agentes sociais dessas realidades. Entendemos a estratégia como uma multiplicidade de caminhos de aproximação e abordagem, com metas, princípios éticos e planos de ação que possam ser implementados para auxiliar no desenvolvimento educomunicativo, de modo a abranger todo o conhecimento possível e as informações necessárias para a realização dessa ação educomunicativa.

São experiências relevantes que se constituíram em processos prósperos não somente por servirem de motivação para futuros comunicadores, mas também por se apresentarem como contexto de experimentação audiovisual e incorporarem valiosas propostas de planejamento de produção e realização que podem contribuir como ponto de partida para outras ações na área.

Ambas as práticas educomunicativas caracterizaram-se como projetos de ensino e extensão que tomaram como eixo a proposta de Botomé (1996), o conceito de indissociabilidade do ensino, da pesquisa e da extensão, sendo a extensão considerada em três dimensões: o do campo da docência, o do pioneirismo na ação e o da pesquisa, o que implica envolver a aprendizagem dos alunos (de qualquer nível, não apenas os de graduação), ser um trabalho pioneiro (a comunidade ainda não o faz ou não o conhece e é necessário fazê-lo) e realizar um trabalho de intervenção, de transformação do conhecimento em conduta ou de uso do conhecimento na comunidade.

A Constituição Brasileira, promulgada em 1988, estabelece, em seu art. 207, que as universidades "obedecerão ao princípio da indissociabilidade entre ensino, pesquisa e extensão" (Brasil, 1988), sendo esse o princípio que norteia o cerne das instituições de ensino superior. Conforme a linha de pensamento de Paulo Freire, a extensão não é concebida como assistencialismo nem como simples transmissão de conhecimentos, mas como uma ação educativa que toma como base o diálogo entre dois sujeitos cognoscentes na busca pelo conhecimento, porque "a educação é comunicação, é diálogo, na medida em que não é a transferência de saber, mas um encontro de sujeitos interlocutores que buscam a significação dos significados" (Freire, 1983, p. 69). As relações necessárias entre pesquisa, ensino e extensão nos fazem questionar a relação entre universidade e comunidade. Entende-se *extensão* como um serviço à comunidade, ou seja, quando no campo da comunicação, oferece uma alternativa diferenciada em termos de conteúdo midiático numa programação televisiva que visa incentivar a consciência crítica e reflexiva acerca de temas de interesse público (TV Cultura, 2004). Assim, cabe destacar a importância que a mídia regional e as instituições de ensino têm como formadores de opinião. Nessa perspectiva, segundo Costa e Silva (citados por Santos, 2012, p. 160),

> A extensão universitária, por ser um campo onde se desenvolve uma proximidade maior com professores [...] e também com a comunidade, possibilita ao acadêmico fazer a articulação dos conteúdos teóricos e operacionais, cria oportunidades para o desenvolvimento de habilidades referentes ao trabalho em equipe e fortalece o compromisso social e ético no que se refere à busca dos direitos do cidadão.

O processo de ensino-aprendizagem nos projetos de extensão na área da comunicação favorece também a sensibilização, no âmbito de cursos de Comunicação, para a criação de projetos comunitários relacionados às temáticas da educação, dos direitos humanos e da inclusão social, motivando os futuros comunicadores. A sensibilidade diante da região e a observação das problemáticas da comunidade convertem-se em pedras angulares no desenvolvimento de um olhar humanístico voltado à responsabilidade social, com base na interação entre ética, estética e técnicas da comunicação.

Com relação aos educomunicadores, as práticas que foram desenvolvidas nesses projetos de extensão universitária mostram alternativas de criação de conteúdos que combinam a sensibilidade social com o olhar da educomunicação, trazendo uma pauta vocacionada para as problemáticas sociais e com objetivos pedagógicos e educacionais para o fortalecimento da cidadania. A busca por uma pauta diferenciada gera mobilização para a apuração de fontes informativas diversificadas, para além da agenda habitual da grande mídia, procurando-se uma multiplicidade de vozes alternativas. As reportagens visaram à pluralidade e ao respeito às diferenças, prioritariamente no universo jovem.

A análise dessas trajetórias, em cenários regionais diferenciados, vai sinalizar caminhos metodológicos, pois, aliando práxis e ideias, podem contribuir para a identificação de alternativas de projetos voltados à inclusão social. Como afirma Freire, a teoria e a prática complementam-se de forma integradora:

> Em si mesma, imersa na recusa à reflexão teórica, a prática, apesar de sua importância, não é suficiente. [...] A prática não é uma teoria em si mesma. Mas sem ela a teoria corre o risco de perder o "tempo" de aferir a sua própria validade como também a possibilidade de refazer-se. No fundo, teoria e prática, em suas relações, se precisam e se completam. Nesse sentido, há sempre, embutida na prática, uma certa teoria. (Freire, 1991, p. 106)

Analisando-se as estratégias utilizadas nas práticas educomunicativas desenvolvidas nos projetos do sul e do nordeste do país, é possível perceber a procura pelo olhar plural e diferenciado na abordagem da pauta e, ao mesmo tempo, a intenção de retratar formas de inclusão social e formas de desenvolvimento regional, significativas e contínuas. O processo de apuração das informações contou com uma diversificação das fontes informativas, no contexto da polifonia de vozes, como no caso de experiências comunitárias e de grupos que, apesar da relevância do trabalho realizado, nem sempre alcançaram repercussão na mídia, devendo-se considerar que vários desses grupos não tiveram patrocínio institucional. Em ambos os projetos, apresentaram-se grupos de voluntários, de organizações de bairro, grupos de escolas e jovens, comunidades que criaram laços de solidariedade por meio da sensibilização social; para muitos dos grupos que participaram; tratava-se do primeiro retrato midiático.

Os objetivos que serviram de guia no planejamento e na realização desses projetos e práticas educomunicativas na área audiovisual foram os seguintes:

a. incentivar a consciência cidadã dos jovens da região por meio da socialização de informações capazes de promover discussões sobre seu universo;
b. incentivar a prática de diferentes formatos audiovisuais com alunos de comunicação, com vistas a aprimorar não só a técnica, mas também a questão ética envolvida num projeto consciente e solidário voltado à construção do jovem-cidadão e à inclusão social;

c. aliar teoria e prática numa visão inclusiva e de responsabilidade social no processo de ensino-aprendizagem dos futuros comunicadores, com base na tríade ética-técnica-estética, ou seja, considerando-se o que se fala, como se fala e de qual perspectiva se fala.

Segundo Freire (2004, p. 39), "É pensando criticamente a prática de hoje ou de ontem que se pode melhorar a próxima prática. O próprio discurso teórico, necessário à reflexão crítica, tem de ser de tal modo concreto que quase se confunda com a prática". Prática e teoria se complementam no processo de aprendizagem por meio da participação dos agentes educativos envolvidos, na relação tanto de professor-aluno quanto de agente educomunicativo-agente social, entre outros; é nessa construção de conhecimento que a inter-relação dos fenômenos estudados traz como resultado sua compreensão.

> É desvelando o que fazemos desta ou daquela forma, à luz de conhecimento que a ciência e a filosofia oferecem hoje, que nos corrigimos e nos aperfeiçoamos. É a isso que chamo pensar a prática e é pensando a prática que aprendo a pensar e a praticar melhor. E quanto mais penso e atuo assim, mais me convenço, por exemplo, de que é impossível ensinarmos conteúdos sem saber como pensam os alunos no seu contexto real, na sua cotidianeidade. Sem saber o que eles sabem independentemente da escola para que os ajudemos a saber melhor o que já sabem, de um lado e, de outro, para, a partir daí, ensinar-lhes o que ainda não sabem. (Freire, 1997, p. 70)

Refletir sobre a prática cotidiana no processo de ensino-aprendizagem colabora para o aperfeiçoamento da teoria e da práxis, de forma integradora, com o intuito de promover a reavaliação e a renovação de conhecimentos. Retomando-se a visão de Santos (2003b), é necessário identificar a existência de saberes diferenciados e estabelecer um diálogo entre essas diferenças, entre saberes hegemônicos e saberes não hegemônicos/alternativos, uma vez que o processo de ensino-aprendizagem está em movimento e, por isso, a incompletude é a marca de sua transformação constante, a qual se nutre das experiências.

Com relação à criação e à busca de novos formatos e experimentação da linguagem audiovisual, motivando-se um olhar inovador, o objetivo é propor inovação diante dos modelos estereotipados, com ousadia e diferenciação no ritmo e na pauta. O ato criativo passa por um processo dialógico entre ordem e caos, momento em que traz o desafio de reflexão do aprendizado e a proposta do novo a ser criado, em contínua transformação. O processo de criação acontece no surgimento e na liberdade de ideias, de forma desordenada, com o intuito de livre expressão; num segundo momento, organizam-se esses pensamentos numa sequência lógica e inovadora, na busca do pensamento criativo. Para Freire (2004, p. 53), ensinar é construir e exige a consciência do inacabado, visto que "é um tempo de possibilidades e não de determinismo". Até que se chegue a uma proposta inovadora e diferenciada, haverá momentos de desordem e equilíbrio, "pois toda invenção e toda criação se apresentam inevitavelmente como um desvio e um erro com respeito ao sistema previamente estabelecido" (Morin, 1996, p. 279). A realidade permite organizar nossa experiência, no espaço e no tempo, criando-se estruturas de pensamento e aproximação a esse real. Assim, a criação passa por um momento de observação da realidade:

> A estratégia é um cenário de ação que se pode modificar em função das informações, dos acontecimentos, dos imprevistos que sobrevenham no curso da ação, [...] a estratégia é a arte de trabalhar com a incerteza. A estratégia de pensamento é a arte de pensar com a incerteza. A estratégia de ação é a arte de atuar na incerteza. (Morin, 1996, p. 284)

Nesse sentido, no desenvolvimento dos projetos de extensão de formato audiovisual aqui descritos, houve, prioritariamente, dois eixos estratégicos de planejamento e ação: a programação vertical e a programação horizontal. Essas práticas educomunicativas buscaram enfatizar as especificidades e as identidades locais, contextualizadas em tempos diferenciados, um com o advento inicial da internet e o outro com o significativo impacto das novas tecnologias. Dessa forma, nos dizeres de Morin (1996, p. 285), "O pensamento complexo [...] é o pensamento que sabe que sempre é local, situado em um tempo e em um momento. O pensamento complexo não é o pensamento completo; pelo contrário, sabe de antemão que sempre há incerteza".

Essas práticas educomunicativas inserem-se num cenário local e regional, já que o eixo da proximidade é um critério que propicia a compreensão e o reconhecimento, favorecendo a empatia e a sensibilização diante de questões como responsabilidade social, cidadania e direitos humanos. O específico traz em seu cerne a complexidade na abordagem quando se trata de processos educomunicativos que têm o audiovisual como forma de expressão. Por esse ângulo, tomamos como prerrogativa que a cidadania se ancora nos deveres e direitos que toda pessoa tem de forma inata, como sustenta a Declaração Universal dos Direitos Humanos (Unicef Brasil, 1948) em seu art. 1: "todos os homens nascem livres e iguais em dignidade e direitos [...]". Então, devemos reconhecer que se trata de direitos sociais e direitos culturais, inseridos também na oferta de produtos midiáticos de qualidade, que valorizem a identidade cultural da sociedade.

A diversidade temática que relaciona cidadania, educação e comunicação nessas práticas educomunicativas possibilita que os materiais audiovisuais criados estejam abertos para sua divulgação, sem fins lucrativos, em canais da internet ou nas redes sociais digitais (RSD) desses projetos, sendo por isso possível acessar esses vídeos e divulgá-los de forma abrangente. Como elementos de experimentação, os materiais audiovisuais realizados podem ser utilizados pelos educadores sociais para acompanhar de forma ilustrativa a discussão de temáticas transversais no currículo escolar, auxiliar nas atividades didáticas nas escolas como pontapé inicial para a discussão em sala de aula e também para integrar debates em múltiplos espaços não formais. A realização desses materiais educomunicativos pode colaborar na construção de conhecimentos novos com base na experiência, uma vez que pensar a prática contribui para o aprimoramento de novas práticas e, ao mesmo tempo, auxilia o educomunicador na criação de novos e mais complexos conhecimentos. Assim, conforme Freire (1997, p. 75), "A prática de pensar a prática e de estudá-la nos leva à percepção da percepção anterior ou ao conhecimento do conhecimento anterior que, de modo geral, envolve um novo conhecimento".

Contar histórias por meio do audiovisual significa mergulhar na criatividade e expressar, mediante a linguagem audiovisual e suas práticas, um relato que tem como eixo principal as imagens em movimento. Para tanto, a reflexão baseada na prática é indispensável para o aprimoramento dos conhecimentos; não se trata de banalizar o fazer, mas de nutrir-se dessa atividade para a criação e a experimentação no audiovisual. A reflexão sobre a práxis vai contribuir para a obtenção de melhores alternativas no planejamento e na realização dos materiais audiovisuais e, em consequência, para a consecução dos objetivos traçados no processo de ensino-aprendizagem. Por isso, a prática precisa de uma base teórica, mediante a leitura, que oriente as escolhas técnicas e estéticas dos planos que guiam as estratégias de ação e planejamento da proposta educomunicativa.

Ainda há muito que avançar na busca por novas formas de contar histórias, utilizando-se como expressão o audiovisual vinculado ao mundo jovem e à cidadania. Na atualidade, existem experiências em realidade virtual (*virtual reality* – VR) e realidade aumentada (*augmented reality* – AR) que expandem o campo visual para outros sentidos; embora ainda estejam em experimentação, já se vislumbram caminhos para o campo da educação, como relatamos anteriormente neste livro.

6.2 Olhares, cenários e abordagens regionais

Cada experiência de criação e realização de materiais audiovisuais educomunicativos tem características singulares motivadas por vários elementos, como as particularidades regionais nas quais essas experiências se desenvolvem e as principais problemáticas que esses locais apresentam. Na sequência, vamos descrever duas estratégias regionais de práticas educomunicativas diferenciadas, desenvolvidas no sul do país, o projeto *Tribo Jovem*, e no nordeste brasileiro, o *Se Liga Rapaz*. Foram realizados materiais educomunicativos tendo em vista a relevância e as especificações de cada caso.

6.2.1 O projeto *Tribo Jovem*[1]

A estratégia educomunicativa regional deve considerar qual é o contexto em que se desenvolverá a experiência audiovisual educomunicativa para promover uma aproximação à realidade regional, como sotaques, modos e formas de convivência de cada cenário. A questão principal é a identificação da problemática local para definir, assim, a melhor abordagem dos materiais audiovisuais. O projeto catarinense *Tribo Jovem* focalizou, de forma prioritária, a realidade regional e as temáticas de interesse relacionadas principalmente à saúde, já que Itajaí, litoral de Santa Catarina, nessa época, era a cidade com a maior taxa de incidência de casos de Aids (Brasil, 2000b, p. 84). Foi realizada uma série de 27 programas, cada um com 24 minutos de duração, em dois blocos, com exibição semanal, aos sábados pela manhã, na televisão regional catarinense, como na Rede TV Sul, rede regional com alcance no Paraná, em Santa Catarina e no Rio Grande do Sul, e na TVCom, de Florianópolis (Morales, 2002).

---

[1] Confira informações e vídeos do projeto *Tribo Jovem* no blog *Ideia em Movimento* e no canal do YouTube *Ideia em Movimento e Mídia Audiovisual*: <https://ideiaemovimento.blogspot.com/>; <https://www.youtube.com/channel/UCiQtnAF-GLaH_zG4w-h8dFA>, sendo ambos sem fins lucrativos, com objetivos educativos e pedagógicos de divulgação de práticas educomunicativas.

> **Preste atenção!**
>
> O projeto *Tribo Jovem* (2000-2001) surgiu no curso de Jornalismo, em Itajaí (SC), mediante a orientação da professora Ofelia Elisa Torres Morales, autora desta obra, com a participação da equipe formada pelos seguintes alunos: Camila Kniss, Eduardo Bolina, JR Vianna, Heloísa Vieira, Lieza Neves, Patrícia Giraldi, Pollyanna Thomé, Raquel Lena, Robson Porto, Rodrigo Weihermann, Rokelly Pierozan, Thiago Xavier Dias e Wanderson Verch. Contou também com a assessoria de Ana Emilia Torres Morales, médica infectologista e doutora em clínica médica pela Universidade Estadual de Campinas (Unicamp) – na época, médica do Hospital Dia, em Itajaí (SC). Agradecimentos especiais à professora Maria Mersilda Pinheiro, ao professor Antonio Scatolin Pinheiro e a toda a equipe do laboratório de telejornalismo.

Como práticas educomunicativas, a série de programas focalizou prioritariamente temas envolvendo jovens e saúde, como: gravidez na adolescência; prevenção de drogas; Aids e DSTs (doenças sexualmente transmissíveis); efeitos da cocaína e maconha; depressão na adolescência; dengue; aborto; alcoolismo na adolescência. Enfocou, ainda, temas envolvendo jovens e comportamento, como: sexualidade; namoro; violência na adolescência, separação dos pais; pais adolescentes.

Essa práxis educomunicativa teve uma proposta orgânica em relação às escolas da região, no sentido de promover uma relação com os estudantes, conforme a linha de pensamento de Pretto (2008, p. 49): "O que precisamos [...] é formar cidadãos produtores de cultura e de conhecimento". Analisando o projeto catarinense, percebemos a procura pelo olhar plural e diferenciado na abordagem da pauta, a qual objetivou retratar formas de inclusão social regional, significativas e contínuas. No processo de apuração das informações, procurou assegurar uma diversificação de fontes, experiências comunitárias e de grupos, que, apesar da relevância de seu trabalho, nem sempre alcançaram ressonância midiática – foram apresentados grupos de escolas e jovens, grupos de teatro, arte e cultura da região e voluntários.

Na realização dos programas, houve uma parceria com os orientadores pedagógicos das escolas da região e a autorização dos pais e responsáveis para a gravação dos programas, os quais foram todos realizados nas próprias escolas, em locações externas. Participaram dos debates diversos especialistas, como médicos, enfermeiros, professores, psicólogos e advogados, para auxiliar nas informações direcionadas aos estudantes das instituições públicas e particulares de ensino que participaram dos diversos programas do projeto.

Eixos norteadores

Os programas tiveram dois eixos de planejamento e ação: 1) a programação vertical; e 2) a programação horizontal.

Com relação à **programação vertical** da série, cada programa foi formatado com quadros fixos, os quais se alternavam no primeiro e no segundo blocos. Sinalizamos a seguir alguns dos principais assuntos que foram gravados em cada quadro:

1. **Grito da Tribo** – enquetes com a opinião dos jovens sobre diversos temas, como "Casamento é pra sempre?" ou "O que você faz para preservar o meio ambiente?".
2. **Blá-blá-blá da Tribo** – debate de temas polêmicos com os escolares itajaienses. A gravação foi realizada nas próprias escolas, contando com a colaboração dos orientadores pedagógicos. Quinze alunos, entre 14 a 19 anos, participavam de cada debate, perguntando ao especialista convidado sobre o principal tema do programa.
3. **Curtição da Tribo** – quadro relacionado a atividades de lazer e comportamentos jovens.
4. **A Tribo Quer Saber** – *quizz* formado por perguntas e respostas relacionadas aos debates, com a apresentação de dados, percentagens e conceitos.

5. **Qual É a Sua Tribo?** – quadro que mostrava diversos estilos de vida dos jovens (surfista, gótico, *clubber*, skatista e jovens artistas).
6. **Abelhudos da Tribo** – quadro que seguia o estilo de videorrepórter, também chamado de *abelha*, ou seja, quando o repórter também é o próprio cinegrafista, capturando as imagens e fazendo a reportagem de maneira simultânea – formato inovador e que foi utilizado por muito tempo pelo jornalismo da TV Cultura (Politi, 2004; TV Cultura, 2004). Abordaram-se temas diversificados, como uso da camisinha feminina e masculina, vôo em ultraleve e jovens aprendizes em panificação, utilizando-se uma linguagem de experimentação não somente técnica, mas também estética.
7. **Tribo Cultural** – quadro em que se apresentavam grupos de música e teatro regionais, assim como poemas de escritores da região.
8. **Pesquisa da Tribo** – apresentação, nos quatro últimos programas da série, de alguns dos dados resultantes da pesquisa aplicada nas escolas públicas e particulares com mil jovens da região.

Com relação à **programação horizontal** da série, os eixos norteadores de cada um dos programas foram os seguintes:

1. **Jovens e Saúde** – gravidez na adolescência, prevenção de drogas, Aids e DSTs, efeitos da cocaína e da maconha, depressão na adolescência, dengue, aborto, alcoolismo na adolescência.
2. **Jovens e Comportamento** – sexualidade, namoro, violência na adolescência, separação dos pais, pais adolescentes.
3. **Jovens e Interesses Profissionais** – primeiro emprego, primeira habilitação, vocação profissional, vestibular, internet e novas tecnologias.
4. **Jovens e Temas da Atualidade** – mídia, educação, dança de rua, preconceito, política, movimento *hip hop* (*rap*, *break* e grafite), prostituição, ecologia.
5. **Jovens e Cultura** – pluralidade cultural de artistas da região.

Além disso, a ação educomunicativa incluiu um *website* que esteve no ar, em caráter experimental, somente durante o ano de 2000.

O uso das novas tecnologias, principalmente para a construção de *websites*, ainda era restrito a especialistas da área, porém o *site* foi elaborado pela própria equipe. Criado para fortalecer a identidade do programa *Tribo Jovem*, o *site* apresentava conteúdo inovador, objetivo, formativo-educativo e, ao mesmo tempo, divertido. Além disso, também era incentivada a solidariedade dos internautas para ajudar instituições filantrópicas e reforçar a interatividade com os adolescentes (Morales, 2002).

Como parte da estratégia educomunicativa, também foi desenvolvida a pesquisa *Mídia e realidade adolescente*, que analisou como os meios de comunicação, em especial a televisão, influenciam os jovens. A pesquisa quantitativa, aplicada nas escolas durante os anos de 2000 e 2001, envolveu mil adolescentes, na faixa etária de 14 a 19 anos, na cidade de Itajaí, Santa Catarina, todos estudantes da rede de ensino pública e particular (Morales, 2002).

A pesquisa tomou como base estudos da área, optando-se pela realização de pesquisa quantitativa em virtude da ampla amostragem dos jovens estudantes. Foram criados questionários com perguntas abertas e fechadas relativas ao uso, ao consumo e à apropriação dos meios de comunicação, à formação de opinião e aos hábitos dos jovens. Esse caminho metodológico foi retomado pela autora deste livro, sendo aperfeiçoado mediante novas leituras e abordagens regionais. Com a ampliação das experiências, aliaram-se as pesquisas quantitativa e qualitativa, até que o trabalho viesse a se tornar uma pesquisa de pós-doutorado na área de recepção e comunicação, educação, cenários regionais e jovens.

Os principais resultados obtidos após as tabulações e interpretações dos dados dessa pesquisa foram apresentados em um programa televisivo no quadro "Pesquisa da Tribo", no intuito de compartilhar as informações com os participantes, mobilizar opiniões e motivar a reflexão e a discussão sobre as temáticas propostas tanto no programa de televisão quanto no questionário de pesquisa. As escolas participaram dos debates televisivos com seus alunos, muitos dos quais também participaram da pesquisa. Os jovens estudantes da região demonstraram acolhida e interesse em participar do programa de televisão e da pesquisa do projeto, sendo, portanto, incentivada a interatividade. Buscou-se utilizar uma linguagem de experimentação não somente técnica, mas também estética e formativa-educativa, nas realizações dessa prática educomunicativa. Também se observou uma demanda maior dos jovens para expressar opiniões, principalmente no que se refere à: a) identificação com problemáticas regionais; b) identidade de grupo; e c) motivação para discutir temas polêmicos.

> ### Luz, câmera, reflexão!
>
> Sugerimos que você assista à experiência educomunicativa audiovisual do programa *Tribo Jovem*[2]:
> IDEIA EM MOVIMENTO E MÍDIA AUDIOVISUAL.
>   Disponível em: <https://www.youtube.com/channel/UCiQtnAF-GLaH_zG4w-h8dFA>. Acesso em: 26 jun. 2021.
> Várias temáticas discutidas nesses materiais educomunicativos podem ser exibidas como apoio audiovisual para o trabalho com algum assunto pedagógico de interesse nos contextos da educação formal ou informal.
> Os assuntos dos materiais audiovisuais educomunicativos que integram os programas do *Tribo Jovem* são os seguintes:
>
> - Primeiro emprego
> - Primeira habilitação
> - Vocação profissional
> - Preconceito
> - Gravidez na adolescência
> - Prevenção de drogas
> - Separação dos pais
> - Prevenção de dengue e jovens
> - Prevenção do aborto e jovens

---

2 Confira informações e vídeos do projeto *Tribo Jovem* no *blog Ideia em Movimento* e no canal do YouTube *Ideia em Movimento e Mídia Audiovisual*: <https://ideiaemovimento.blogspot.com/>; <https://www.youtube.com/channel/UCiQtnAF-GLaH_zG4w-h8dFA>, sendo ambos sem fins lucrativos, com objetivos educativos e pedagógicos de divulgação de práticas educomunicativas.

- Depressão na adolescência
- Sexualidade na adolescência
- Namoro e sexualidade nos jovens
- Alcoolismo na adolescência
- Musicalização, educação e jovens

6.2.2 Os caminhos do projeto *Se Liga Rapaz*[3]

O programa *Se Liga Rapaz* foi um projeto de ensino e extensão que tratava de temáticas de cidadania e direitos humanos a partir do olhar dos jovens, combinando informação e entretenimento. Foi realizada uma série de 14 programas televisivos, cada um com 15 minutos de duração, sendo exibidos na televisão a cabo da cidade e na televisão universitária, aos domingos, no período da tarde. As atividades de pauta e pesquisa, gravação e edição não linear eram realizadas com a equipe de professores e alunos de Comunicação Social, e o projeto participou de várias mostras e festivais de repercussão nacional (Morales, 2005). O *Se Liga Rapaz* foi vencedor na categoria Cidadania e Jornalismo na Expocom 2004 (Exposição da Pesquisa Experimental em Comunicação), evento que integra o Congresso Brasileiro de Ciências da Comunicação da Sociedade Brasileira de Estudos Interdisciplinares da Comunicação (Intercom). Em 2004, concorreram 46 instituições de ensino de todo o Brasil, incluindo instituições paulistas de prestígio nacional. Conforme a equipe de avaliadores do prêmio Expocom,

---

3   Confira informações e vídeos do projeto *Se Liga Rapaz* no blog *Ideia em Movimento* e no canal do YouTube *Ideia em Movimento e Mídia Audiovisual*: <https://ideiaemovimento.blogspot.com/>; <https://www.youtube.com/channel/UCiQtnAF-GLaH_zG4w-h8dFA>, sendo ambos sem fins lucrativos, com objetivos educativos e pedagógicos de divulgação de práticas educomunicativas.

> *Se Liga Rapaz* é um bom trabalho. Utiliza linguagem experimental, foge ao padrão convencional. Tem um bom ritmo. Tratamento criativo da linguagem imagética e da sonoplastia. Tema adequado à temática do concurso na medida em que envolve estudantes na construção da cidadania em contextos populares desfavorecidos. (Morales, 2005, p. 7)

Preste atenção!

O projeto *Se Liga Rapaz* (2003-2004) surgiu no curso de Ciências da Comunicação e Artes, habilitação em Jornalismo, em Salvador, Bahia, por meio da criação e orientação da professora Ofelia Elisa Torres Morales. Contou com uma equipe de estudantes de Jornalismo, formada por Henrique Coelho, Janete Soares, Elionai dos Santos, Susi Moreno, Lívia Bispo e Alex Soares, além dos alunos dos cursos de Cinema e Hipermídia, Jessé Melo, Mauricio Fountoura e Alan de Oliveira. Recebeu apoio também dos professores Messias Bandeira, Bernardo Carvalho, Marise Berta e Ana Cristina Zebral, bem como da assessora do projeto, a médica infectologista e professora Ana Emilia Torres Morales (Morales, 2005).

Se Liga Rapaz foi finalista na categoria Reportagem (2003) e Cidadania (2004) no Festival de Vídeo e Cinema de Gramado; terceiro lugar na categoria Reportagem na I Mostra de Televisão Universitária ABTU/Uneb (2004); vencedor na categoria Telejornalismo Estudante no Prêmio Coelba de Reportagem (2003); e, como já mencionado, vencedor na categoria Cidadania e Jornalismo na Expocom 2004 (Morales, 2005).

A opção do projeto baiano foi a inclusão de fontes informativas que realizassem um trabalho social relevante, geralmente sem patrocínio, e que, ao mesmo tempo, fossem significativas em termos de inclusão social. Eram grupos de voluntários, de organizações de bairro e de grupos de jovens amigos que se reuniam em torno de um objetivo maior, como é a sensibilização da sociedade diante de problemáticas e polêmicas como a desigualdade social, a fome e outras questões que despertam o olhar cidadão. Muitas fontes informativas tiveram seu primeiro retrato midiático com as gravações do *Se Liga Rapaz*, uma vez que anteriormente não tinham captado o interesse da mídia televisiva regional, provavelmente pelo próprio fato de serem pequenas organizações ou grupos.

O *Se Liga Rapaz* teve como fio condutor a Declaração Universal dos Direitos Humanos (Unicef Brasil, 1948), a qual foi evidenciada na programação horizontal do projeto, já que os programas tomavam como base um artigo desse documento e aprofundavam conceitualmente a questão temática relacionada, mostrando experiências vinculadas à cidadania. Outra vertente do *Se Liga Rapaz* foi mostrar temáticas que incluíssem reflexões sobre o conhecimento humano e a educação.

O programa foi totalmente gravado em locações externas, no formato de reportagens, registrando-se várias fontes informativas para ampla abordagem, e não somente fontes oficiais, incluindo pessoas e grupos que estavam relacionados aos assuntos tratados. A equipe se articulou em sistema de rodízio nas diversas atividades desenvolvidas, como pauta, gravação das imagens, decupagem, edição e pós-produção não linear, tudo com equipamentos digitais, como câmeras para a captação de imagens ou *softwares* de pós-produção.

A pauta era discutida em reunião pela equipe, o que permitiu propor uma agenda temática que seguisse a proposta da linha editorial voltada ao diálogo, relacionada a questões de cultura, informação, artes e cidadania, inter-relacionando informação e entretenimento. A equipe se reunia para discutir os temas e a angulação das matérias, realizando pesquisa para contatar as fontes necessárias, entre outras tarefas de produção. A maciça participação dos jovens alunos na discussão e elaboração das temáticas e pautas do programa teve significativa importância. Dessa forma, a participação não foi concretizada de forma vertical, mas horizontal, acolhendo-se a riqueza dos debates e pensamentos jovens, tendo repercussão no conceito do jovem-cidadão proposto no projeto, assim como na experimentação de linguagem e estética diferenciadas e mais próximas dos adolescentes.

A estrutura vertical de cada programa levou em conta as reportagens, assim como poemas e artigos da Declaração Universal dos Direitos Humanos (Unicef Brasil, 1948), além das enquetes que conduziam a linha de conteúdo de cada programa.

Nessas práticas educomunicativas, a experimentação estética focalizou a possibilidade de aliar pauta e reportagem. Nas matérias não há apresentadores nem a presença de repórteres; nas passagens ou boletins ao vivo, porém, o destaque é dado para os entrevistados. Por um lado, foi criada uma pauta com dados, pesquisas e informações para que a reportagem tivesse base sólida para questionar; por outro lado, foi elaborada uma reportagem que conseguiu aproximar-se dos entrevistados, tomando como base o respeito, de modo que eles pudessem se expressar de forma ampla e, ao mesmo tempo, se preservassem os objetivos e a clareza necessários para a eficiência da matéria. O processo de decupagem das entrevistas e dos depoimentos permitiu que a organização fluísse com base nas falas dos entrevistados, que foram o fio condutor das matérias. Portanto, foi por meio das entrevistas que as reportagens se tornaram protagonistas de cada programa e ampliaram o conhecimento sobre o que estava sendo revelado, com ritmo ágil e cativante, com clareza e pluralidade de vozes.

As enquetes (em que vários entrevistados respondem sobre um mesmo tema de forma rápida e objetiva), também chamadas na linguagem jornalística de *povo fala*, iniciam o programa como ponto detonador de discussão, como problematizadores do assunto questionado, com base nas opiniões dos jovens. No segundo bloco, reaparecem as enquetes, porém, dessa vez, apresentando alternativas indicadas pelos jovens, os quais opinam sobre as opções de solução para essas problemáticas.

Os poemas e os artigos da Declaração tiveram como base a locução em *off* de cada texto, sempre mostrados com imagens de apoio e uso de infográficos que pontuaram as frases mais significativas desses textos, com o uso de música instrumental como som em segundo plano (*background* – BG). A edição conceitual utilizou cortes secos e dissolvências para enfatizar pontos de destaque, com o uso de imagens de apoio cobrindo as falas dos entrevistados, com base nas quais se desenvolveram as histórias relatadas. Elementos como infográficos e efeitos sonoros, como trilhas e som ambiente, foram todos utilizados de forma a complementar os principais relatos de cada programa.

Pautas temáticas

A série incluiu assuntos como liberdade de expressão, desigualdade social, primeiro emprego, educação, questão racial, violência na escola, esporte, *rock* baiano, artes, leitura, inclusão digital, sonhos, bagunça social e vestibular. Cada programa desenvolveu uma proposta conceitual com base em um artigo da Declaração Universal dos Direitos Humanos (Unicef Brasil, 1948), que se tornou a linha norteadora de todo o projeto *Se Liga Rapaz*, o qual focalizou a relevância de experiências comunitárias e individuais em nível local, criando-se laços de solidariedade e cidadania.

O primeiro programa discutiu o tema da liberdade de expressão com base no art. 19 da Declaração Universal dos Direitos Humanos: "Todo ser humano tem direito à liberdade de opinião e expressão; esse direito inclui a liberdade de, sem interferência, ter opiniões e de procurar, receber e transmitir informações e ideias por quaisquer meios e independentemente de fronteiras" (Unicef Brasil, 1948). As experiências apresentadas foram Os Jovens Grafiteiros, do bairro Rio Vermelho (em Salvador, BA), e o grupo de *rap* Bicho Cabeça, que também desenvolve um projeto de rádio comunitária em Arembepe, município de Camaçari (BA). Além disso, houve a apresentação de dados de interesse sobre saúde, jovens e Aids, bem como poemas sobre o respeito às diferenças.

No segundo programa, a discussão foi sobre a desigualdade social, tendo em vista o art. 1 da Declaração Universal dos Direitos Humanos (Unicef Brasil, 1948): " Todos os seres humanos nascem livres e iguais em dignidade e direitos. São dotados de razão e consciência e devem agir em relação uns aos outros com espírito de fraternidade" (Unicef Brasil, 1948). A locução foi acompanhada de imagens de árvores e pedras, combinando-se diversas cores, de verde a rosa, para expressar a contradição entre fraternidade e egoísmo. Os personagens escolhidos enfocaram o tema principal por meio de ações solidárias diante da desigualdade social. Os entrevistados foram o Grupo Guerreiros da Paz, de Cabula (Salvador, BA), que distribui sopão para os moradores de rua da cidade de Salvador, e o Grupo de Jovens Médicos, que realiza campanha de prevenção sobre verminose em Ilhéus (BA). Foi fundamental a colaboração da médica e professora Ana Emilia Torres Morales, assessora do projeto *Se Liga Rapaz*, que viabilizou a participação desse grupo da Universidade Estadual de Santa Cruz (UESC). Ademais, o quadro "Tá Ligado", no formato de jornal, trouxe dados sobre a fome no mundo e no Brasil. No fechamento do programa foram inseridos fotografias e texto, tendo sido identificados os autores desses materias. No desfecho, foi reproduzido um trecho dos dizeres de Herbert de Souza, o Betinho, da organização Ação da Cidadania contra a Miséria e pela Vida (Souza, 1993, p. 1):

> A fome é exclusão. Da terra, da renda, do emprego, do salário, da educação, da economia, da vida e da cidadania. Quando uma pessoa chega a não ter o que comer, é porque tudo o mais já lhe foi negado. É uma espécie de cerceamento moderno ou de exílio. A morte em vida. E exílio da terra. A alma da fome é a política.

A locução foi acompanhada de fotografias de Sebastião Salgado, algumas delas integrantes da Campanha da Fraternidade, promovida pela CNBB (1998) – cujo tema foi "A serviço da vida e da esperança". Todas as imagens tiveram pós-produção, com tratamento de cor, alternando-se as cores rosa, branco e preto, para mostrar simbolicamente que, apesar da dura realidade, existem os sentimentos de solidariedade, fraternidade e ajuda.

O programa dedicado à violência na escola tomou como base o art. 3 da Declaração Universal dos Direitos Humanos: "Todo ser humano tem direito à vida, à liberdade e à segurança pessoal" (Unicef Brasil, 1948). Cabe destacar aqui duas experiências que deram certo. Uma delas é o projeto Abrindo Espaços (Noleto, 2003, p. 62-64), apoiado pela Organização das Nações Unidas para a Educação, a Ciência e a Cultura (Unesco), na Escola Cirilo Bertoldo, no bairro Plataforma

(Salvador, BA), que abre nos finais de semana para a comunidade em geral. Ali são realizadas atividades e oficinas de lazer e esporte. O segundo é o projeto desenvolvido pelo Liceu de Artes e Ofícios da Bahia, que mostra alunos de escolas públicas que viraram atores no Grupo de Teatro do Liceu, sensibilizando para a problemática da violência na escola com a peça de teatro *Cuida bem de mim*, apresentada no centro da cidade de Salvador. Entre as duas reportagens, alternaram-se alguns dizeres (com o uso de infográficos), como as palavras de *O poema da violência*, de Bertolt Brecht (2000). Além disso, o programa trouxe um trecho com imagens e dizeres sobre o texto "Os 4 pilares da educação", de Jacques Delors (2003, p. 89-102), referente às diretrizes que guiam a consciência de uma nova escola pública: "aprender a ser, aprender a fazer, aprender a conhecer, aprender a conviver".

Outros programas consideraram também como base vários artigos da Declaração Universal dos Direitos Humanos (Unicef Brasil, 1948), como no caso dos programas: *Artes* (art. 27); *Primeiro Emprego* (art. 23); *Questão Racial* (art. 2); *Educação e os Direitos Humanos* (art. 26).

Houve também programas que abordaram temas de interesse jovem: música (*rock* baiano); esportes (*surf* e *skate*); sonhos (arte, educação e expoentes do movimento *hip-hop*); "bagunçaço" (música e reciclagem); e, ainda, a relação entre a violência e os jogos no mundo virtual.

Outra vertente da série educomunicativa *Se Liga Rapaz* evidenciou temáticas relativas ao conhecimento humano e à educação: leitura (na biblioteca, jovens poetas e oficinas); vestibular (pré-vestibular para jovens carentes e quilombo escolar, com reflexões sobre a valorização da cultura negra e a questão das quotas nas universidades); inclusão digital (Comitê de Democratização da Informática, com oficina de informática para jovens realizada em 2004, na cidade de Salvador). Esses assuntos retrataram experiências de jovens em alguns bairros suburbanos soteropolitanos. O objetivo da prática educomunicativa realizada no *Se Liga Rapaz* foi a produção de conteúdo midiático para incentivar a consciência crítica e reflexiva acerca de temas de interesse público, com vistas à inclusão social.

Em termos de estrutura narrativa, as matérias seguiram o formato da reportagem (abertura, desenvolvimento e fechamento), para que os conteúdos ficassem claros e objetivos. No entanto, permaneceu a sensibilização do olhar humano sobre os depoimentos dos entrevistados e de suas histórias, mas com cuidado para não incorporar um teor apelativo, com uma visão parcial ou de julgamento.

Cada programa da série seguiu uma estrutura horizontal, porém com fluidez em sua apresentação, já que não existia um corte abrupto, com o tema transcorrendo conceitualmente durante todo o programa. A estrutura horizontal de cada programa comportava a vinheta inicial, o artigo da Declaração Universal dos Direitos Humanos que iria orientar o programa todo, as enquetes problematizadoras da questão, a primeira reportagem e mais um poema, inserindo-se em seguida mais uma enquete sobre soluções e possibilidades e a segunda reportagem. Na finalização do programa, alternavam-se poemas e, em alguns casos, dados sobre pesquisas relacionadas ao tema principal e, na sequência, veiculava-se a vinheta final.

Os elementos da linguagem audiovisual foram utilizados adequadamente, mas também com ousadia e experimentação. Houve cuidado na composição da imagem e dos enquadramentos, utilizando-se planos fixos com movimentos internos, combinados com movimentos de câmera quando necessário, de forma harmônica, de modo a incorporar a variedade de imagens de apoio inseridas durante as falas dos entrevistados e proporcionar agilidade, ritmo e fluidez visual. Para pontos de destaque, empregaram-se imagens em primeiro plano para mostrar detalhes ilustrativas das atividades dos envolvidos nas reportagens. O processo de pós-produção favoreceu o uso adequado das imagens de apoio, que ganhavam sentido ao se combinarem com as falas dos entrevistados. A minuciosa e rigorosa decupagem ou visualização prévia das imagens – com anotação no roteiro de gravação e edição – agilizou esse processo.

O assunto matriz e eixo conceitual de cada programa era revelado de forma interpretativa, mas buscando-se contextualizar as realidades mostradas a partir de um olhar diferenciado e sensível diante das temáticas, de modo a comunicar a perspectiva dos entrevistados que expuseram sua vida para a equipe de reportagem.

Luz, câmera, reflexão!

Recomendamos que você assista à experiência educomunicativa audiovisual do programa *Se Liga Rapaz*[4]:
IDEIA EM MOVIMENTO E MÍDIA AUDIOVISUAL.
Disponível em: <https://www.youtube.com/channel/UCiQtnAF-GLaH_zG4w-h8dFA>. Acesso em: 26 jun. 2021.
Várias temáticas discutidas nesses materiais educomunicativos podem ser exibidas como apoio audiovisual para o trabalho com algum assunto pedagógico de interesse nos contextos da educação formal ou informal.
Os assuntos dos materiais audiovisuais educomunicativos que integram o programa *Se Liga Rapaz* são os seguintes:

- Direitos humanos, fraternidade, desigualdade social e jovens
- Direitos humanos, liberdade de expressão e movimento *hip-hop*
- Direitos humanos, primeiro emprego e jovens
- Direitos humanos, discriminação racial e jovens
- Direitos humanos, violência na escola e jovens
- Direitos humanos, educação e jovens
- Direitos humanos, artes e jovens
- Direitos humanos, leitura e jovens
- Direitos humanos, inclusão digital e jovens
- Direitos humanos, vestibular e jovens
- Sonhos dos jovens

---

4 Confira informações e vídeos do projeto *Se Liga Rapaz* no blog *Ideia em Movimento* e no canal do YouTube *Ideia em Movimento e Mídia Audiovisual*: <https://ideiaemovimento.blogspot.com/>; <https://www.youtube.com/channel/UCiQtnAF-GLaH_zG4w-h8dFA>, sendo ambos sem fins lucrativos, com objetivos educativos e pedagógicos de divulgação de práticas educomunicativas.

6.3 Representações midiáticas dos jovens no cenário escolar

Tomando-se como prerrogativa os alicerces teóricos apresentados no livro, é possível notar que os caminhos metodológicos contemplam não somente o planejamento e a realização de materiais educomunicativos, mas também a possibilidade de motivar a reflexão sobre projetos de pesquisa, revelada em artigos e outros textos que contribuam para o fortalecimento da área da educomunicação em suas diversas fases. Portanto, considerando a contribuição da pesquisa realizada "com" e "para" as comunidades e demais envolvidos nas ações educomunicativas, vamos apresentar a seguir, de forma esclarecedora, os caminhos metodológicos baseados no universo jovem, na educomunicação e na convergência midiática.

A pesquisadora e autora deste livro implementou duas pesquisas significativas em Santa Catarina, nas cidades de Itajaí e Blumenau, em que se buscou registrar a mudança de hábitos comunicacionais, focalizando-se o uso, o consumo e a apropriação da mídia por parte de jovens estudantes. Na região de Itajaí, contou-se com 1.150 alunos, de 14 a 19 anos, de escolas públicas e particulares e, na região blumenauense, com 248 estudantes universitários, de 16 a 24 anos; ambas as pesquisas tiveram abordagem quantitativa. O ponto mais importante dessas pesquisas é o fato de terem retratado a mudança no perfil de consumo das mídias, o aumento no número de horas de internet em comparação com o número de horas de TV, o maciço uso das novas mídias e dos dispositivos móveis, bem como a visualização de televisão pela internet por meio de dispositivos móveis (Morales, 2002, 2008, 2013).

Inicialmente, foram tomadas como prerrogativas para esses diagnósticos o cabedal teórico, tendo em vista as pesquisas qualitativas e quantitativas realizadas por Gomes (1996), Gomes e

Cogo (1998), Minayo et al. (1999) e o pioneiro estudo catarinense de Batista Neto (1990), que foram relevantes para o desenvolvimento dessas análises, ajudando a vislumbrar o contexto local e regional catarinenses; houve igualmente constante atualização metodológica relacionada à área. Esses estudos realizados na região sul catarinense, em 2000, 2001 e 2007, indicaram que houve um aumento no consumo da internet quando comparado ao uso da televisão, considerando-se a população jovem (Morales, 2002, 2008).

Em 2010, foi realizada uma relevante pesquisa[5] com estudantes de escolas públicas e particulares, de 13 a 19 anos, na região de Blumenau, Santa Catarina, em que se adotaram as abordagens quantitativa – com 212 participantes – e qualitativa – com 66 alunos. Neste capítulo, serão apresentados alguns dos depoimentos coletados na pesquisa qualitativa, sendo que 61 estudantes participaram dos seis grupos focais e mais 5 participaram das entrevistas em profundidade enquanto navegavam na internet, objetivando-se assinalar os achados relacionados aos hábitos de consumo, à formação de opinião, entre outras questões (Morales, 2013). O cerne da questão é entender como os jovens estudantes estão interagindo com os meios de comunicação, numa etapa de transformação e reconfiguração das mídias. Toma-se como prerrogativa o fato de que, diante da reconfiguração dos meios de comunicação, os jovens adaptaram-se e usufruem desses meios de forma simultânea, caracterizando-se uma

---

5   Retomamos aqui dados da pesquisa de pós-doutorado da autora deste capítulo, Ofelia Elisa Torres Morales, realizada na Cátedra Unesco da Comunicação/Universidade Metodista de São Paulo (Umesp), sob a assessoria do professor doutor José Marques de Melo, em 2013. A pesquisa desenvolvida contou com a colaboração das pesquisadoras Chirlei Diana Kohls, mestre em Comunicação pela Universidade Federal do Paraná (UFPR) e jornalista da Agência Escola da UFPR, e Eliane Pereira, jornalista e produtora cultural da Agência NPCA, com bolsa do Ibes-Sociesc, a quem agradecemos imensamente por sua participação e por seu auxílio no levantamento de entrevistas e questionários (todos os responsáveis pelos participantes das pesquisas qualitativas, bem como os orientadores pedagógicos e os diretores das respectivas escolas, assinaram um "Termo de consentimento livre e esclarecido").

alfabetização midiática como parte do processo cognitivo e de compreensão da realidade (Passarelli; Azevedo, 2010; Santaella, 2013). Conforme essa linha de pensamento, parte-se também do pressuposto de que as redes de sociabilidade dos jovens estudantes mudaram, quando relacionadas com a ambiência hipermidiática disponibilizada pela internet e pelas RSD.

6.3.1 Contextos midiáticos e representações jovens

A pesquisa qualitativa sinaliza achados relevantes, indicando tendências sobre o pensamento jovem, o quais podem contribuir para interpretações de outras realidades. Podemos citar como exemplo o estudo de Livingstone e Sefton-Green (2016), no qual se acompanhou durante o período de um ano, por meio de pesquisa qualitativa, com abordagem etnográfica, um grupo de 28 estudantes, de 13 a 14 anos, em Londres, obtendo-se opiniões sobre os eixos da escola e da família, entre outros contextos que balizaram os dados da pesquisa. Isso justifica a relevância de estudos qualitativos de grupos no sentido de que, se não indicam generalizações, apontam tendências que podem ser comparadas às de outros casos.

No estudo aqui apresentado, realizado na região sul do país, pela sua natureza de abordagem qualitativa, as tendências observadas, com base nos depoimentos de 66 estudantes, já trazem pontos iniciais de releitura e de interação com depoimentos de jovens de outras regiões do Brasil. Há um consenso entre todos os participantes sobre o fato de a televisão e, principalmente, os jornais não ouvirem a opinião dos jovens, mantendo-se estereótipos associados à sua imagem. Enfatiza-se o preconceito desses meios, que relacionam os jovens à transgressão, a drogas e à violência e os consideram como "vagabundos" ou "drogados", desconsiderando-se as atividades positivas realizadas pelos adolescentes, as quais não aparecem nas mídias impressa e televisiva.

> Menina – Tem aquele negócio de que o jovem está envolvido nas drogas. Nossos próprios pais, querendo ou não, involuntariamente, acabam perdendo a confiança na gente porque pensam "eles vão fazer e capaz do meu filho fazer também. Então, com isso, eu estou protegendo". E às vezes não é assim, né. Tem muitos casos que os pais prendem até os 18 anos e, daí, quando soltam, o primeiro lugar que o filho vai é pras drogas, não conhece nada, não sabe nada como é o mundo lá fora... (Morales, 2013, p. 88)

Por um lado, com relação à imagem que a mídia apresenta sobre os jovens, existe unanimidade entre os alunos das escolas públicas e particulares quanto ao fato de que os meios de comunicação apresentam uma imagem com sérias deficiências. Os estudantes consideram o discurso midiático sobre os jovens negativo e superficial e percebem que os jornais e a televisão nem sempre falam de sua realidade; contudo, fazem cobranças sobre as atitudes e responsabilidade dos jovens.

> Menina – Tem uma carga negativa em cima dos jovens, a irresponsabilidade na mídia é só jogada para cima dos jovens. É feita uma imagem muito bronca do jovem que não é assim, não dá pra generalizar. (Morales, 2013, p. 89)

Por outro lado, os jovens expressam a vontade de serem mostrados nas diversas mídias, em suas atividades comuns na escola, em seu lazer e, sobretudo, no que se refere ao campo do futuro emprego, com informações que ajudem no vestibular e na escolha de profissão, entre outras. Ao comentarem o discurso midiático da geração jovem, os estudantes enfatizam que eles têm muitos aspectos positivos para mostrar, mas que a mídia nem sempre revela isso nem contribui para a discussão de valores éticos. Nesse sentido, fica o questionamento em relação a uma pauta jornalística que revele em profundidade o perfil desse jovem inserido numa visão integral.

> Menina – Uma coisa que a gente poderia trazer pro jovem agora, são valores, acho que muitas vezes os jovens estão perdendo seus valores, valor ético, essas coisas que se a gente é o futuro como colocam pra gente... Nós temos que buscar isso, buscar os valores e não só reclamar das pessoas, então, a gente tem que retomar nossos valores, pra sociedade e pro nosso bem estar também, né?! Para as pessoas serem éticas terem uma motivação na vida acreditarem em alguma coisa. (Morales, 2013, p. 89)

Belloni (2009) afirma que as imagens reveladas pela mídia têm relevância na construção dos valores, da cultura e das normas sociais e que ela impacta outras mediações, bem como a família. Com efeito, com base nos depoimentos obtidos nos grupos focais, os jovens ressaltaram que gostariam de expressar sua opinião e que, se pudessem falar na televisão, eles diriam o seguinte:

> Menina – Eu ia dizer que nem todo jovem é mau, assim, e que jovens também têm o seu lado bom.
> Menino – Eu diria pra eles prestar mais atenção nos dois lados, não só ver o que passa na TV. (Morales, 2013, p. 89-90)

Os jovens indicam que, sim, é fundamental a influência dos meios de comunicação, assim como sua repercussão entre os pais, e reivindicam mais diálogo entre pais e filhos. Reconhecem que os meios de comunicação impactam o consumo e a aquisição de *status* social. Nesse sentido, observa-se que os meios de comunicação tradicionais ainda contam com credibilidade perante os jovens, no que diz respeito à confiança em sua função de orientação e formação de opinião; porém, essa mídia não percebeu a importância de aproximar-se de seu jovem leitor, telespectador ou radiouvinte.

> As práticas escolares, assim como as comunicacionais, estão imersas nesse ambiente de influência de múltiplas mediações. A escola, tanto quanto o ensino, se situa em contextos os mais diversos e pode ser analisada em sua historicidade também através do estudo das mediações que constituem suas práticas. (Leite et al., 2006, p. 122)

Aproximando-se dessa linha de pensamento, os jovens participantes dos grupos focais, realizados durante a pesquisa qualitativa, revelaram que gostariam ter meios de comunicação como jornal e rádio dentro do universo escolar. Quando questionados sobre a pauta temática desse jornal escolar, eles apontaram os seguintes aspectos:

> Menina – Um jornal que orientasse, que falasse do dia a dia do jovem que trabalha, que vai para a escola, que se esforça, que faz coisas boas assim e que contribua com a sociedade, não só que aqueles que usam droga, que se prostitui e tal. (Morales, 2013, p. 90)

Os depoimentos indicaram que os estudantes querem, sim, conhecer a opinião de outros jovens, assim como destacaram a importância de se perceberem em suas formas de expressão e linguagem. Os alunos registraram que prefeririam uma programação radiofônica no colégio com ingredientes como música, programas culturais, humor e informações regionais. O uso do rádio em algumas escolas blumenauenses que participaram das pesquisas realizadas teve problemas de infraestrutura. Apesar disso, deve-se destacar que no Estado de São Paulo existe legislação relacionada à implementação de rádio-escolas na capital paulistana, objetivando-se regulamentar o Programa Educom – Educomunicação pelas ondas do rádio[6] (Soares, 2011). Há também o Núcleo de Educomunicação, que integra a Secretaria Municipal de Educação (SME) da capital paulistana. Esse órgão contribui com projetos educomunicativos e desenvolve ações para promover o currículo da Rede Municipal de Ensino, adotando as seguintes legislações: Lei n. 13.941, de 28 de dezembro de 2004

---

6 Trata-se do Decreto n. 46.211, de 15 de agosto de 2005 (São Paulo, 2005), que regulamenta o Programa Educom – Educomunicação pelas ondas do rádio, instituído na cidade de São Paulo pela Lei n. 13.941/2004, cabedal legislativo em vigência.

(São Paulo, 2004); Programa Nas Ondas do Rádio – Portaria SME n. 5.792, de 14 de dezembro de 2009 (São Paulo, 2009); e Programa Imprensa Jovem – Portaria n. 7.991, de 13 de dezembro de 2016 (São Paulo, 2016). Outras experiências atuais na área radiofônica são os *podcasts* – produções digitais de áudio –, que podem ser produções mais longas, de caráter mais investigativo, informando sobre questões relevantes para a sociedade, com a vantagem de poderem ser acessados a qualquer momento pelas diversas plataformas hipermidiáticas.

O impacto da televisão é expressivo, considerando-se a empatia que provoca entre jovens telespectadores, proporcionada pela linguagem audiovisual e pela energia emocional criada pelas imagens em movimento, entre outros fatores. Os hábitos mudaram em relação à família e à televisão, pois também mudou a rotina da vida contemporânea, tendo em vista fatores como trabalho, estudo e dupla jornada. Mudanças de comportamento atuais fizeram com que hábitos que eram preservados, como encontros familiares, por exemplo, também mudassem.

> Menino – Família se vê assim, na hora do almoço, janta, café, normalmente está com a TV ligada, e cada um no seu quarto com a sua TV ligada. Antigamente na hora de jantar era toda a família reunida sentada assim. Hoje, já dentro de casa, um sai e o outro nem vê. Perdeu a estrutura sabe. (Morales, 2013, p. 92)

A pesquisa qualitativa em questão reforçou os dados advindos da pesquisa quantitativa quanto à utilização de televisão e internet pelos jovens. Percebeu-se um expressivo deslocamento para a plataforma hipermidiática, em detrimento do meio televisivo. Esse dado conclusivo traz uma série de desdobramentos em termos de reflexão, sobretudo quando consideramos que 212 jovens blumenauenses, de 13 a 19 anos, revelaram que existe um deslocamento quanto às preferências e ao acesso à plataforma da internet (Morales, 2013).

> Menina – Na Internet tudo é mais fácil.
> Menina – Claro assim, eu quero uma coisa específica, eu quero uma notícia específica, eu vou lá e coloco no **Google** vou lá e busco e vem a notícia, em vez de assistir o jornal, que vai passar tudo... é muito mais rápido entendeu?!
> Menino – Além de ser tudo instantâneo, neh?! Na internet tem tudo 24hs., toda hora sendo atualizado, num momento, não preciso tocar aquela musiquinha chata (TV) que todo mundo sabe qual é, tu tem tudo lá... é só apertar o F5 e já tem a notícia nova, já tem gente comentando e colocando a noticia para discutir... a internet tem toda essa agilidade das notícias. (Morales, 2013, p. 95, grifo nosso)

O uso, o consumo e o impacto da internet entre os jovens geram novas formas de interação e sociabilidade. As RSD desenvolvem a sociabilidade desse grupo de forma polêmica: aproxima e separa. Casos emblemáticos ilustram que os jovens ficam mais próximos de amigos e familiares, mas também podem ficar mais distanciados deles.

> Menina – Na verdade, a internet ela aproxima e separa, porque a gente pode conversar com pessoas que estão super longe, a gente pode conhecer pessoas que não teria como conhecer se não fosse pela internet. Mas ao mesmo tempo se a gente não tá com a cabeça no lugar, não só isso, mas querendo ou não a gente acaba se afastando das pessoas que estão realmente próximas. Cheguei ao cúmulo de conversar com a minha irmã, ela no quarto dela e eu no meu pelo chat.
> Menina – É o cumulo, mas daí a gente pega e diz vamos conversar decentemente e aí vamos pra sala. (Morales, 2013, p. 96)

O relacionamento entre as pessoas é mais complexa na interação presencial, mas isso pode ser percebido cada vez mais também na interação virtual. Um exemplo claro da relevância desse tipo de aproximação surgiu na época da pandemia de covid-19, no ano de 2020, período no qual, por causa da necessidade do isolamento social, as possibilidades oferecidas pela internet permitiram que as pessoas se inter-relacionassem não somente para a aquisição de mantimentos e outros produtos, mas, sobretudo, para a comunicação com outros indivíduos (ICICT Fiocruz, 2020). Essa situação de diálogo presencial – ao vivo – através da mídia e da plataforma da internet gera relações de sociabilidade diferenciadas.

> Menino – Tem um colega meu que mora aqui na Alameda. Inclusive ele tem três computadores em casa. Volta e meia acaba a aula vai todo mundo pra lá pra ficar jogando, conversando e uma vez até já peguei numa situação engraçada. Tava eu aqui e meu colega ali (um do lado do outro) e a gente conversando no bate-papo, não tem cabimento, (risos), mas mesmo assim a gente acaba meio que alienado a esta situação. (Morales, 2013, p. 96)

Ao mesmo tempo que as RSD aproximam, também afastam os usuários do relacionamento social. Um jovem destacou sua ansiedade pela resposta o mais breve possível, seja pelo bate-papo, seja pelas RSD, apesar de sentir-se menos inquieto nesse espaço, já que a resposta tem mais tempo para ser processada. Outro jovem, que utiliza *chat* desde os 10 anos de idade, relatou sua angústia nessa interação da convergência tecnológica, sua dificuldade em esperar uma interação enquanto está realizando outra atividade simultânea, como carregar algum vídeo, por exemplo. A sensação de inquietação vivenciada pelos jovens entrevistados foi reveladora.

> Menino – o sentimento é de frustração. Tu fica naquela "tá tu vai demorar muito"... tu vai ser mais rápido... daí fica naquela agonia, o ruim é quando essa agonia não cessa. Chega ali e trava. Aí começa a gerar até uma raiva. fica ruim pra todo mundo.
> Menina – Eu falo com as minhas amigas só pelo Twitter.... se eu vou num lugar que tá sem área e que não pega a internet, e eu preciso falar com alguém, me dá até palpitações. (Morales, 2013, p. 97)

Ainda com relação à convergência tecnológica e seu impacto nas relações familiares e sociais, os jovens percebem mudanças em seus relacionamentos, sobretudo quanto ao significativo número de horas de internet. Geralmente, eles acessam, de forma simultânea, diversas meios de interagir virtualmente, o que gera a sensação de obrigação e ansiedade.

> Menino – Como diria o Cazuza "o mundo não para" [sic]. Tu tá carregando um arquivo no computador, mas tem alguém te chamando no chat, ver o recado no Facebook. Tu tem que fazer isso, tu tem que fazer aquilo. Tu acaba muitas vezes... quando tu vê tem muita coisa pra fazer, e o que era pra ser um momento de lazer acaba virando uma obrigação. Até porque a minha namorada, quando eu chego em casa, ela fala: "oito horas tu entra no bate-papo pra gente conversar". O que era pra ser um momento de lazer pra mim, sei lá, jantar com os pais e dormir depois, não, agora tem que dar espaço pro chat, pras minhas conversas com os amigos. E acabo deixando muitas vezes a minha família de lado, de certa forma. Isso eu até reconheço, esse vício. (Morales, 2013, p. 97)

A convergência tecnológica está presente na vida dos jovens, os quais assistem televisão, escutam rádio e usam computador para trabalhos da escola, tudo ao mesmo tempo.

> Menino – Eu fico mais na internet. Porque ela engloba tudo. Se tu quiser ligar pra alguém tu consegue, se tu quiser ver TV tu consegue... se quer falar com alguém... tu não precisa da TV, na internet tem tudo. (Morales, 2013, p. 97)

Quanto à escolha entre televisão e internet, as opiniões ficaram divididas. Os adolescentes relataram que a televisão está direcionada à publicidade, enquanto na internet eles têm acesso a uma diversidade de informações. Os jovens manifestaram "laços de amizade" e simpatia quando se referiram ao universo da internet, muitos dos quais a utilizam como meio de informação. É significativo o grau de empatia que os jovens têm em relação à internet, como mostram expressões como "meu amigo Google". Os jovens destacaram que na convergência midiática eles podem expressar-se e reforçar laços de sociabilidade.

> Menina – **O amigo Google**.
> Menina – Pela internet a gente tem a possibilidade de colocar a nossa opinião, ela é ouvida aceita. E pelos outros meios de comunicação já não tem muito espaço. Na internet é tudo mais fácil.
> Menina – Claro assim, eu quero uma coisa específica, eu quero uma notícia específica, eu vou lá e coloco no Google vou lá e busco e vem a notícia, em vez de assistir o jornal, que vai passar tudo... é muito mais rápido entendeu?! (Morales, 2013, p. 98, grifo nosso)

Na pesquisa qualitativa, os jovens apontaram a interatividade e a interação características da narrativa não linear das mensagens trocadas na internet, indicando que o que chama atenção nos *sites* são as fotos, as cores, as animações e, sobretudo, as imagens, identificadas como principal elemento na navegação hipermidiática. Nesse sentido, essa leitura revela que a geração atual "olha para as coisas de outra maneira", como sinalizou Tapscott (2010, p. 130-131).

> Menina – No jornal você vê aquilo naquele formato só aquilo, na internet não, você clica sobre música e dali você pode clicar sobre um outro tipo de música... daqui a pouco eu já tô falando de sei lá o que... é tudo muito mais interligado.
> Menino – Na maioria das vezes, eu vou pela imagem, que ela força a minha atenção pela imagem e acabo lendo o que está escrito embaixo e acabo vendo se me convém esse assunto, senão eu deixo passar em branco, mesmo com imagem. E é difícil eu para pra ler um texto, direto assim, se parar, por exemplo, se viesse nos sites, normalmente tem uma imagem daí eu clico, vejo o que está escrito embaixo e entro pra saber mais sobre aquilo, então é a imagem mesmo que me chama a atenção. (Morales, 2013, p. 98)

Com relação à apropriação e à criação de conteúdo nas RSD, a produção está em estágio crescente. Cada vez há mais *youtubers* que apresentam suas ideias e criam comunidades virtuais relacionadas às temáticas de que tratam em seus canais no YouTube. Por um lado, é favorável a expansão da apropriação pelos jovens de suportes comunicativos como o YouTube (imagens em movimento) e o Instagram (imagem fixa). Por outro lado, a autoexposição das pessoas poderia encontrar um equilíbrio. A natureza da imagem – independentemente de seu suporte – tem como propriedade a exibição de uma figura, motivo pelo qual pode reforçar características narcisistas dos jovens ao se mostrarem, se exporem, considerando-se que eles estão em processo de formação de personalidade. Essa relação é uma outra questão significativa que poderia ser avaliada em futuros estudos sobre as mensagens imagéticas nas RSD e sua repercussão, com base na psicologia social e na educação social, com foco na formação das subjetividades jovens.

Quanto à criação de blogues, vários jovens relataram que é necessário ter dedicação e tempo para criar esse tipo de conteúdo, por isso a maioria deles não tinha blogue próprio; contudo, as RSD são um suporte crescente de interação e conexão. Percebe-se que muitos dos jovens ainda não se apropriaram das mídias com todas as potencialidades de produção de conteúdo que elas oferecem. No entanto, os alunos revelaram terem vontade de criar blogues na escola se tivessem oportunidade, nos quais colocariam depoimentos, fotografias e vídeos das turmas, informações, música, entre outros elementos.

> Menino – Eu tenho Blog, de música, de uma cultura nova que tá surgindo. Mas eu comecei de brincadeira com os meus amigos, pra compartilhar, por que eles são de Curitiba. E agora já juntamos mais uns caras, que um é de São Paulo e tem festa fundada com o nome do blog, tipo mais sobre música e sobre essa cultura nova, mais urbana, que tá surgindo ainda.
> Menina – É por isso que eu digo que pra ter um blog tem que ter muita dedicação. E eu não sou tão dedicada assim em relação à internet. Eu gosto mais de coisas instantâneas que tenham uma resposta rápida. (Morales, 2013, p. 100)

Os jovens estudantes foram unânimes em reconhecer que os dispositivos móveis, como os celulares, são parte de sua vida, constituindo-se em ferramenta indispensável para eles por diversos motivos. O relacionamento das pessoas com seus celulares está tornando-se cada vez mais orgânica não somente pela sua praticidade e utilidade, mas também pela possibilidade de se relacionarem com o maior número de pessoas, entornos e contextos, colocando-se em discussão até mesmo a questão da privacidade nas formas de interagir com os outros.

> Menina – Eu tenho a força!!
> Menina – Se tivesse a cabeça pra fora, esqueceria a cabeça e não o celular.
> Menino – Eu uso o celular mais pra trabalhar. Porque a minha mãe me liga direto pra saber o que eu estou fazendo.
> Menina – É, às vezes, tu faz uma coisa de privacidade tua, e o telefone toca perguntando: onde é que tu tá?
> Menina – Principalmente hoje em dia, a gente não pára em casa, não pára em lugar nenhum. Compromisso, compromisso... o contato no celular com os pais, com os amigos pra se encontrar... Nessa vida maluca que é hoje a vida do jovem. Acho que o celular é uma ferramenta indispensável.
> Menina – E esquecer o celular em casa é um problema. Às vezes, eu esqueço de baixo do travesseiro e não levo. Meu, é muito difícil.
> Menino – Tem gente que fala que nunca usa. Acontece alguma coisa precisa do celular, daí tu vai lá e vê que não tem crédito, aí não consegue ver o número, daí cai no desespero. (Morales, 2013, p. 101-102)

Os dispositivos móveis propiciam convergência, a qual permite um significativo tempo de exposição e conexão na internet. Porém, "em função da conexão constante, os jovens têm passado cada vez menos tempo sozinhos e isso, obviamente, traz transformações importantes que devem ser consideradas na educação" (Gabriel, 2013, p. 160).

> Menino – Comunicação, agora eles estão vindo cada vez mais atualizados, internet, essas coisas e tem lugares que você pode acessar como no shopping, no [parque] Ramiro tem internet... Você pode levar notebook e até computador lá. Existe eu sei ... que tem celular que tem esse dispositivo que aceita (esse tipo de conexão).
> Menina – Eu durmo com o celular debaixo do travesseiro.
> Menino – Eu uso como despertador, também.
> Menino – Quando eu vou viajar, eu tenho um programa pra converter vídeo pro celular né, daí eu coloque filmes no celular e vou assistindo... Tem vezes que dá pra botar muito filmes. O filme tem 700 mp, capacidade, tu convertendo ele vai pra 100, 200 fica bem pequeno entendeu... cabe dois, três. (Morales, 2013, p. 102)

Às vezes, usa-se o celular para questões banais, como no dia a dia em família:

> Menina – Eu uso pra falar com meus pais que é mais barato, por causa dos planos né.
> Menina – A minha mãe quando está com preguiça de me chamar, ela só liga, ó b... levanta!! E o quarto dela é do lado do meu.
> Menina – Minha mãe também faz isso.
> Menina – Tá na hora levanta... chama a tua irmã... a mãe espera aí, cinco minutinhossss – Agora!!! Não vou ligar de novo. (Morales, 2013, p. 102-103)

A maioria dos jovens declarou que o celular se tornou indispensável para a comunicação com os pais e os amigos, mas que também o utiliza para jogar, ouvir música, assistir a vídeos (um jovem relatou que acessa vídeos eróticos) e enviar mensagens. Conforme Gabriel (citado por Santaella, 2013, p. 112), "somos *on* e *off* ao mesmo tempo, simbioticamente formando um ser maior que o nosso corpo/cérebro biológico, nos expandindo para todo tipo de dispositivo e abrangendo outras mentes e corpos".

Existem na escola **regras para não aceder ao celular** durante as aulas; porém, os jovens alunos apontam a necessidade de haver bom senso nessa utilização. O uso de torpedos durante as aulas nem sempre acontece, apesar de que os estudantes relataram a facilidade de sua utilização. Com relação ao uso do celular na sala de aula, existem vários projetos no cenário escolar que avaliaram suas possibilidades em termos de auxílio nas atividades pedagógicas, mas ainda não têm ampla acolhida e, muitas vezes, estão em processo de experimentação.

> Menino – Às vezes um celular pode ajudar. Hoje em dia é meio difícil eles proibirem isso.
> Menino – Uma vez a professora de história fez uma pergunta muito difícil, ninguém sabia... dai eu fui lá olhei e respondi. Mas falei que tinha olhado no celular.
> Menino – Acho que o ato de atender telefone na sala de aula é a mesma coisa que tu estar conversando com alguém na sala de aula, tu vai estar se distraindo, não vai prestar atenção na matéria. Então, se alguém fala, eu concordo em não trazer o celular pra sala de aula e conversa com o colega, tá sendo hipócrita, ao meu ver.
> Menina – Celular ligado na sala é falta de respeito com a outra pessoa.
> Menina – Em dia de prova! (risos) cola de prova... assim, vamos supor hoje vai ter prova , daí a gente vai lá entra e diz o que acha que vai cair na prova... a resposta é tal tal...
> Menino – Ano passado a gente mandava 'cola' pelo celular, mas daí pegaram. (risos).
> Menino – Na escola a gente não pode usar... fica no bolso daí... só pra escutar música quando dá. (Morales, 2013, p. 103-104)

A rápida atualização dos aparelhos celulares faz com que as pessoas geralmente queiram adquirir o mais novo modelo, com mais funções e praticidade. Essa inovação pode criar nas pessoas a expectativa de sempre estarem atualizadas e com o modelo que oferece a sensação de que têm um nível econômico diferenciado e, por isso, *status* e prestígio, em comparação com os outros integrantes de seus grupos habituais. Os jovens também têm essa "sensação de poder" proporcionada pela posse do celular mais recente, com todas as sofisticações tecnológicas possíveis, o qual oferece a oportunidade de alcançar certo destaque e popularidade diante do grupo juvenil e, portanto, a sensação de ter capacidade de liderança nesse contexto. Sobre o *status* que o uso do celular mais moderno propicia, os jovens enfatizaram as seguintes questões:

> Menino – O que foi aquela moda do mais novo celular, é um celular não muito bom, não tem nada de mais, e rosa. A pessoa normalmente quer ter um celular bom pra mostrar pros amigos, que tem um celular bom, que só vai ser amigo se tem aquele celular. É mais visto como acessório do que algo pra se comunicar. Pra ser aceito, às vezes, se adaptar a certos moldes, pra poder fazer parte de um certo grupo.
> Menina – **Eles não gostam de ti pelo que tu és e sim pelo que tu tens.**
> Menina – É claro que existe isso neh, no caso dos celulares mais caros, ter um celular seja ele qual for, é normal, qualquer pessoa consegue comprar um celular. Claro que dependendo do celular a pessoa vai ter um certo status, ou não. Mas um celular já é normal.
> Menino – A tecnologia muda, os modelos mudam, o que te influencia a comprar um novo ou não, foi o ponto de tu estar fora dos moldes da sociedade, é como se você não estivesse contribuindo para o consumo... E não vai mostrar o teu poder de compra.
> Menino – Ah, eu tenho celular, tu não tem.
> Menino – Ah o meu celular é melhor que o teu, no meu eu acesso a TV.
> Menino – A mídia coloca na tua cabeça que tu tem que comprar aquilo para ser bem aceito.
> Menino – Quanto mais fino o celular mais te dá status na sociedade.
> Menino – Já tenho o celular sempre avançado porque eu trampo com isso.
> Menina – A gente trabalha pra ter esse tipo de coisa, mas não pra dizer ahh eu me acho! (Morales, 2013, p. 104, grifo nosso)

No que se refere à linguagem utilizada nos aplicativos de mensagens, os jovens declararam que usam uma linguagem característica da conversação nesse meio, com diminutivos, gírias e outras formas discursivas próprias, conforme sua "cultura de pares" (Ito et al., 2013), ou seja, de acordo com o grupo de pessoas com que estão se relacionando e o grau de confiança com que eles se inter-relacionam.

> Menina – O Twitter se eu quero falar com uma amiga em casa, que vive no computador... eu mando no Twitter, não preciso ficar mandando mensagem. Eu tenho certeza que ela vai ver... E outra que eu não gasto celular, pago um fixo na internet e pronto. E outra que eu tenho certeza que ela vai ver.
> Menina – Eu uso cadê com k, uso barras para abreviar, encurto a palavra, por ser mais rápido.
> Menino – Eu acho que quando você fala com um amigo não precisa usar o português correto, porque a maioria dos assuntos não são coisas sérias.
> Menino – É aquela língua de internet que todo mundo sabe, todo mundo usa. (Morales, 2013, p. 105)

A cobrança dos pais quanto ao uso do celular é diversificada, relacionada ao pagamento da conta – vários jovens usam celular pré-pago. Contudo, os jovens relataram que acreditam ser conveniente o acompanhamento dos pais no que diz respeito ao uso do celular.

> Menino – Por um lado eu acho bom, porque mesmo não sendo de crédito uma hora pode acabar, e é bom quando ela [mãe] dá um toque, pois se não cuidar no final do mês a facada é grande. (Morales, 2013, p. 105)

A câmera fotográfica no celular é utilizada para registrar acontecimentos, sendo as fotos enviadas por aplicativo de mensagens ou divulgadas nas RSD. Mostrar-se nas redes sociais é relevante para os jovens, visto que "a convergência está criando a cultura da visibilidade, em que, para ser reconhecido, precisa-se ser visível – no Facebook, no Twitter, em vídeos, etc." (Gabriel, 2013, p. 160).

> Menino – O celular sempre está com a gente, então deu pra filmar, pra usar nessas horas. (Morales, 2013, p. 105)

É possível perceber que, assim como o meio televisivo consolidou a cultura do espetáculo, as plataformas digitais criaram a "cultura da conectividade". Segundo Gabriel (2013, p. 160), para os jovens, o relevante "não é viver uma experiência, mas mostrar ao mundo que você está vivendo aquilo", ou seja, as câmeras de fotos e vídeo no celular possibilitam essa superexposição pessoal, sendo o outro extremo o anonimato. Castells (2008, p. 448, tradução nossa) explica que "agora temos uma pele *wireless* sobreposta às práticas de nossas vidas, de tal forma que estamos em nós mesmos e em nossas redes ao mesmo tempo".

O celular está presente no dia a dia dos jovens, constituindo-se em uma relação significativamente relevante, como enfatizaram os depoimentos relacionados à sensação de falta quando acontece o esquecimento do aparelho móvel. Esse aspecto emocional e sensível relativo à ausência ou presença dos dispositivos móveis na vida do jovem é questão complexa que alcança o universo da psicologia social e da psicologia da comunicação, por exemplo.

Como retratam os depoimentos reproduzidos a seguir, essa inter-relação é complexa pois articula elementos psicossociais, como o pertencimento, a memória, a depressão, a ausência, que são marcas da identidade juvenil em formação. Nos depoimentos dos jovens, é possível notar que a inclusão da música relacionada à posse de celulares gera questionamentos, já que a música cria ambiências emocionais muito significativas no desenvolvimento emocional desses indivíduos, sendo identificada como valor de pertencimento. Alguns reconhecem sua relação com esses dispositivos como se fosse "um vício". Verifica-se, assim, o destaque que as possibilidades oferecidas pelos dispositivos móveis ganham entre os jovens.

> Menina – **Sensação de vazio.**
> Menino – **Falta uma parte de mim.**
> Menina – **Dá depressão.**
> Menina – Eu sempre coloco a noite pra carregar porque senão... Não posso ficar sem o celular. Primeira coisa quando vou arrumar a bolsa pra ir pra escola e já carregar o celular. O celular não dá pra esquecer.
> Menina – Sentiria falta das mensagens...
> Menina – Sentiria falta da música!
> Menino – Prefiro ficar sem celular do que sem internet. (Morales, 2013, p. 106, grifo nosso)

Quanto à convergência tecnológica experimentada por meio dos aparelhos celulares, ela é significativa, visto que o uso da internet pelos dispositivos móveis disponibiliza o acesso às RSD e a contas de *e-mail*, entre outras tarefas. Cabe destacar que, "além da sedução de parecer possível fazermos várias coisas ao mesmo tempo, o *multitasking* [multitarefa] também é alavancado pela pressão social para que consigamos dar conta de tudo" (Gabriel, 2013, p. 165). Complementa-se com a sensação de depressão, ausência e vazio quando não se está conectado pelo dispositivo móvel ou pela internet.

> Menino – Eu sou meio que viciado em internet no celular. Uso direto, direto mesmo. Esses dias, observei que peguei o celular e acessei a internet e não deu um minuto, acessei de novo.
> Menino – Meio que um vício, assim.
> Menina – Pra relógio, pra internet, redes sociais ... O celular é multifuncional. (Morales, 2013, p. 106)

Apesar das amplas possibilidades que essa convergência oferece, é necessário revelar que estudos relatam que esses hábitos de uso e consumo, ou seja, a relação estabelecida com esses meios, podem tornar-se prejudiciais à saúde dos jovens, afetando inclusive sua criatividade (Gabriel, 2013, p. 156). Na pesquisa qualitativa realizada, os jovens declararam que se informavam pelo meio impresso e pelos dispositivos móveis, bem como destacaram a rapidez nas atualizações, observando-se uma valorização dos dois meios (impresso e digital).

> Menino – Eu faço isso de manhã cedo já vejo o jornal pelos sites, as últimas notícias.
> Menino – O jornal na internet está ali, se atualizar alguma coisa é na hora. No jornal vai demorar um pouco pra sair no celular não, é instantâneo. Já sabe na hora.
> Menina – Eu prefiro o jornal impresso.
> Menino – O jornal impresso pra mim é melhor. O jornal impresso, né! Notícias e revistas é melhor pela internet.
> Menino – Eu prefiro celular, já vejo os e-mails já vejo as notícias.
> (Morales, 2013, p. 107)

A expansão recente do uso de aplicativos de mensagens suscitou questões que a educomunicação também deverá acompanhar, como o aparecimento das *fake news* (notícias falsas), que reverberam e disseminam boatos e inverdades sobre diversas situações, preferencialmente de cunho político, mas também relacionadas a preconceitos de diversos tipos. Por esse motivo, é conveniente incentivar análises críticas dos meios impressos e estabelecer critérios para poder identificar quando uma matéria informativa que circula na internet, seja nas RSD, seja em aplicativos de mensagens, retrata a verdade ou não. Vale mencionar que vários órgãos da comunicação e da justiça, assim como agências de checagem, têm implementado cartilhas de orientação para a identificação de *fake news*, que são elementos negativos de desconstrução da ética social e da democracia.

Nesse sentido, um dos critérios é a checagem da informação em outros meios impressos e nos meios televisivos de reconhecida trajetória jornalística, para a verificação comparativa em relação a dados e fontes informativas utilizadas. Outrossim, é preciso verificar se a mensagem completa está relatando objetivamente os dados ou se, por acaso, foram inseridas nela informações inverídicas ou até mesmo opiniões distorcidas. Desse modo, cabe ao educomunicador motivar os diversos grupos da população a observar critérios de comprovação dos fatos antes de compartilhar conteúdos na internet. Essas análises, se feitas em sala de aula, poderiam ser desenvolvidas em projetos interdisciplinares, de forma a contribuir para a adoção de critérios para o compartilhamento de conteúdos informativos verdadeiros na sociedade.

Para saber mais

As fake news são notícias falsas sobre determinado tema e constituem-se em um desserviço para a sociedade, uma vez que utilizam informações e dados falsos como se fossem verdadeiros e, assim, causam a desinformação, sendo resultado da falta de ética e de respeito ao interesse público. A seguir, listamos uma série de instituições que trabalham a favor da disseminação de informações verdadeiras, com a comprovação de dados e a adoção de critérios para detectar informações falsas.

#VERIFICAMOS: Es falso que la OMS concluyó que pacientes asintomáticos no transmiten Covid-19. **Agência Lupa**, 12 jun. 2020. Disponível em: <https://piaui.folha.uol.com.br/lupa/2020/06/12/latamchequea-oms-pacientes-asintomaticos-transmiten-covid-19>. Acesso em: 26 jun. 2021.

ABRAJI – Associação Brasileira de Jornalismo Investigativo. **Projeto Comprova inicia terceira fase com 28 veículos de comunicação**. 10 jun. 2020. Disponível em: <https://www.abraji.org.br/noticias/projeto-comprova-inicia-terceira-fase-com-28-veiculos-de-comunicacao>. Acesso em: 26 jun. 2021.

CNJ – Conselho Nacional de Justiça. **Painel de Checagem de Fake News**. Disponível em: <https://www.cnj.jus.br/programas-e-acoes/painel-de-checagem-de-fake-news/guia-pratico>. Acesso em: 26 jun. 2021.

G1. **O que é #FATO ou #FAKE sobre o coronavírus**. Disponível em: <https://g1.globo.com/fato-ou-fake>. Acesso em: 26 jun. 2021.

INTERVOZES. **Marco Civil da Internet**: violações ao direito de acesso universal previsto na lei (2018). São Paulo, 2018. Disponível em: <https://intervozes.org.br/publicacoes/marco-civil-da-internet-violacoes-ao-direito-de-acesso-universal-previsto-na-lei>. Acesso em: 26 jun. 2021.

LOPES, G. Cartilha feita em parceria com o E-farsas ensina como reconhecer uma notícia falsa. **E-Farsas**, 14 jun. 2020. Disponível em: <https://www.e-farsas.com/cartilha-feita-em-parceria-com-o-e-farsas-ensina-como-reconhecer-uma-noticia-falsa.html>. Acesso em: 26 jun. 2021.

PÚBLICA – Agência de Jornalismo Investigativo. Disponível em: <https://apublica.org>. Acesso em: 26 jun. 2021.

Vários jovens relataram que assistem à televisão e escutam música pelo celular, destacando que é necessário adotar fones de ouvido nesses casos, para não trazer incômodo às pessoas ao redor. Criticaram ainda o fato de que alguns jovens ouvem música pelo celular em alto volume no ônibus. É comum a criação de listas próprias de música para uso no celular; alguns acessam rádio pelo aparelho. Os estudantes apontaram que gostariam de trocar os aparelhos constantemente, porém a falta de verba os impede de fazê-lo. A circunstância de terem sido fotografados ou gravados sem autorização não incomodou os jovens do grupo focal direcionado ao uso do celular. As fotos que os jovens fazem pelo aparelho, geralmente, são compartilhadas em suas RSD.

> Menina – Não teve problema, foi bem tranquilo. Geralmente quando tem festa com meus amigos o pessoal fica gravando e volta e meia fica gravado como recordação.
> Menino – Às vezes quando está dormindo, tiram fotos (risos) tiram fotos e mandam pela rede social (na brincadeira). (Morales, 2013, p. 107)

Os depoimentos dos jovens que participaram das pesquisas quantitativas e qualitativas mostram que o celular é indispensável em sua vida: em sua utilização como despertador, para falar com amigos e familiares ou até mesmo para se sentirem parte do mundo, ao fazerem referência aos usos proporcionados pela convergência tecnológica.

> A emergência das mídias móveis dotadas de conexão aboliu os rituais, instaurou a hipermobilidade e dissipou a dicotomia, infelizmente ainda renitente, entre real e virtual. De qualquer lugar, em qualquer momento, no movimento dos afazeres cotidianos, a entrada e saída do ciberespaço tornou-se ato corriqueiro. (Santaella, 2013, p. 134-135)

Vários jovens têm uma "sensação de vazio", fazendo declarações como "falta uma parte de mim" ou "dá depressão" ao se referirem às situações em que saem sem o celular. Nesse sentido, o impacto das RSD e de outros aplicativos de mensagens utilizados pelos jovens e sua repercussão nessa população ainda são motivo de pesquisas realizadas por cientistas da psicologia social, da antropologia, da educação, da comunicação e de outras áreas das ciências humanas e sociais. Novos estudos estão sendo feitos, sobretudo por se tratar de um fenômeno atual, não havendo ainda, por isso, conclusões definitivas sobre essa questão.

O panorama dos tempos líquidos, conforme assinalado por Bauman (2007a, 2007b), indica que existem mudanças no comportamento dos jovens, seus hábitos, suas formas de compreender o mundo, seus relacionamentos e suas redes de sociabilidade. É nesse contexto que os jovens apreendem o mundo, num cenário de convergências tecnológicas. Ainda há muitos desafios no campo da pesquisa, na tentativa de mergulhar em profundidade no universo dos jovens no campo da educação, sob a perspectiva dos ecossistemas comunicativos. Pelo fato de se tratar de um jovem nascido nessa ambiência contemporânea, a escola deve adequar-se e ir ao encontro das expectativas, motivações e necessidades desse público, procurando compreender sua situação e interagir com ele.

Síntese

É importante motivar os educomunicadores para se apropriarem da comunicação midiática de forma alternativa, juntos a grupos e comunidades envolvidos na busca por uma sociedade com menores índices de desigualdade social. Essa apropriação da comunicação midiática proporciona o fortalecimento e o reconhecimento da educomunicação como ator social.

Neste capítulo, foram apresentados dois projetos educomunicativos que aliaram teoria e prática numa dimensão pedagógica e comunicativa, na área da cidadania e dos direitos humanos, partindo da observação e da análise situacional das regiões em que se desenvolveram. É por isso que em cada região foram adotadas soluções diferenciadas, tendo em vista as problemáticas dessas regiões, respeitando-se sua natureza e suas complexidades. Nesse sentido, foram mostradas estratégias regionais na área da cidadania baseadas na educomunicação, por meio do audiovisual, com pautas temáticas relacionadas. Da mesma forma, a inovação no uso de redes sociais e aplicativos, disponibilizados pela internet, resultou em novos formatos audiovisuais, os quais proporcionam perspectivas e possibilidades na comunicação midiática, tais como materiais educomunicativos que utilizam realidade virtual (VR) e realidade aumentada (AR) vinculadas a projetos pedagógicos educomunicativos.

Também apresentamos análises de diversas opiniões de jovens coletadas por pesquisas qualitativas e quantitativas, para mergulhar no universo desses sujeitos e compreender suas posturas e suas formas de convivência em tempos de convergência midiática. O uso, o consumo e a apropriação da comunicação midiática, tanto nos suportes midiáticos (como televisão, rádio, jornal, cinema) quanto, mais intensamente, nas plataformas disponíveis na internet (como redes sociais e aplicativos acessados em dispositivos móveis), têm significativa repercussão no universo juvenil. A análise advinda das pesquisas realizadas mostra as opiniões dos jovens na diversidade de contextos e relacionamentos nos quais eles desenvolvem suas convivências diárias (na escola, na família, com os amigos ou com a mídia em geral), revelando a complexidade das mediações em que eles fazem suas escolhas. Portanto, a pesquisa apresentada evidencia aspectos de relevância para a educomunicação, que podem contribuir para a eficiência da gestão educomunicativa e o planejamento de ações educomunicativas com as comunidades envolvidas. Assim, a pesquisa sinaliza os caminhos metodológicos e o planejamento das ações educomunicativas. Os dados advindos da pesquisa podem ser organizados em relatórios de pesquisa e extensão, artigos, textos ou projetos mais densos, como trabalhos de conclusão de curso, monografias, dissertações e teses de doutorado. A pesquisa é a base angular para a transformação do conhecimento, assim como para o fortalecimento do arcabouço teórico da educomunicação, com visão estratégica na perspectiva da cidadania e dos direitos humanos.

Questões para revisão

1. Relacione a prática educomunicativa no campo do audiovisual ao contexto de sua região. Descreva as informações necessárias para o desenvolvimento de uma estratégia educomunicativa regional. Planeje qual seria a melhor abordagem educomunicativa a ser realizada. Identifique as principais temáticas e problemáticas relacionadas à região em questão. Faça um texto comentando cada aspecto. Depois, apresente o resultado ao seu grupo de estudos.

2. O que significa pensar e atuar com base na educomunicação e de forma a evitar as *fake news*, tendo em vista sua repercussão negativa no cenário social? Aprofunde suas pesquisas sobre o tema e escreva um texto com as informações encontradas. Depois, apresente o trabalho ao seu grupo de estudos.

3. Assinale V para as afirmativas verdadeiras e F para as falsas:
   ( ) Para Delors (2003, p. 89-102), os quatro pilares da educação são as diretrizes que guiam a consciência de uma nova escola pública: "aprender a ser, aprender a fazer, aprender a conhecer, aprender a conviver".

( ) Delors (2003, p. 90) afirma que os quatro pilares da educação, "aprender a ser, aprender a fazer, aprender a conhecer, aprender a conviver", integram a concepção de uma nova educação, que incentiva a descoberta do potencial criativo em cada um de nós.

( ) Conforme Gabriel (2013, p. 160), "a convergência está criando a cultura da visibilidade, em que, para ser reconhecido, precisa-se ser visível – no Facebook, no Twitter, em vídeos, etc."; para os jovens, o relevante "não é viver uma experiência, mas mostrar ao mundo que você está vivendo aquilo", o que favorece uma cultura da conectividade.

Agora, assinale a alternativa que apresenta a sequência correta:
a) V, F, V.
b) F, F, F.
c) F, V, V.
d) V, V, V.
e) F, V, F.

4. Assinale V para as afirmativas verdadeiras e F para as falsas:

( ) Segundo Paulo Freire (1991, p. 106), "Teoria e prática, em suas relações, se precisam e se completam. Nesse sentido, há sempre, embutida na prática, uma certa teoria".

( ) Freire (2004, p. 39) afirma que "É pensando criticamente a prática de hoje ou de ontem que se pode melhorar a próxima prática. O próprio discurso teórico, necessário à reflexão crítica, tem de ser de tal modo concreto que quase se confunda com a prática".

( ) Para Freire (2004, p. 53), ensinar é construir e exige a consciência do inacabado, já que "é um tempo de possibilidades e não de determinismo".

Agora, assinale a alternativa que apresenta a sequência correta:
a) V, F, V.
b) F, F, F.
c) V, V, V.
d) F, V, V.
e) F, V, F.

5. Assinale V para as afirmativas verdadeiras e F para as falsas:
   ( ) Castells (2008, p. 448, grifo nosso) afirma que "agora temos uma pele *wireless* sobreposta às práticas de nossas vidas, de tal forma que estamos em nós mesmos e em nossas redes ao mesmo tempo".
   ( ) Conforme Gabriel, citado por Santaella (2013, p. 112), "somos *on* e *off* ao mesmo tempo, simbioticamente formando um ser maior que o nosso corpo/cérebro biológico, nos expandindo para todo tipo de dispositivo e abrangendo outras mentes e corpos".
   ( ) Para Santaella (2013, p. 134-135), "a emergência das mídias móveis dotadas de conexão aboliu os rituais, instaurou a hipermobilidade e dissipou a dicotomia, infelizmente ainda renitente, entre real e virtual. De qualquer lugar, em qualquer momento, no movimento dos afazeres cotidianos, a entrada e saída do ciberespaço tornou-se ato corriqueiro".

   Agora, assinale a alternativa que apresenta a sequência correta:
   a) V, V, V.
   b) F, F, F.
   c) F, V, V.
   d) V, F, V.
   e) F, V, F.

Questão para reflexão

1. Faça uma pesquisa entre os jovens de seu bairro ou de sua escola para indagar sobre as principais problemáticas sociais desse contexto. Pergunte a eles quais são os aspectos mais importantes a serem solucionados e como a educação e a comunicação poderiam contribuir nesse processo. Compare as opiniões com as informações apresentadas neste capítulo.

Considerações finais

A proposta deste livro consiste em evidenciar um panorama teórico e prático sobre a educomunicação, com vistas a motivar os futuros educomunicadores nessa linha estratégica de transformação, a favor da cidadania e da responsabilidade social.

A educomunicação integra a comunicação às práticas educativas com o intuito de criar estratégias de planejamento e linhas de ação que favoreçam o processo de ensino-aprendizagem, em cenários de educação formal e informal, com perspectivas democráticas e dialógicas na construção de uma sociedade justa e digna. As estratégias de planejamento da educomunicação abrangem vários níveis e espaços de atuação, que incluem não somente a ambiência escolar, mas também formas de abordagem de gestão, implementação e avaliação de projetos e processos nos variados âmbitos sociais em que se desenvolvem atividades e materiais educomunicativos.

Os vasos comunicantes da educação e da comunicação, ou seja, o fluxo de ideiais e conteúdos entre essas áreas, contribuem para a formação dos sujeitos de forma orgânica. A busca de interseções entre teoria e prática colabora para o desenvolvimento de estratégias eficientes para o processo de ensino-aprendizagem.

Nos tempos líquidos atuais, os sujeitos convivem rotineiramente num ambiente de convergência midiática, vivenciando, a todo tempo e em todo lugar, o fato de estarem conectados em redes de sociabilidade e constante intercâmbio de ideias, opiniões e informações, compartilhando conhecimentos em uma ação colaborativa. Em virtude do amplo número de informações repassadas, principalmente pela internet, caracterizando-se até mesmo um caos informativo, é conveniente que o educador seja guia, orientador e mediador na filtragem e no esclarecimento dessas referências, para que assim os estudantes possam ampliar os dados acessados e discernir sobre a veracidade e a exatidão dos conteúdos e das informações disponíveis. Exemplo dessa situação são as *fake news*, ou notícias falsas, que criam um cenário diante do qual é urgente que os educadores auxiliem, junto aos jovens estudantes, na criação de critérios de avaliação das notícias que circulam nas redes sociais digitais (RSD) e nos aplicativos de mensagens, de modo a poder averiguar a exatidão dessas informações. Essas inverdades, quando reverberadas pelos variados suportes de distribuição midiática, configuram-se como um desserviço para a sociedade.

A complexidade dessa situação estabelecida pelas *fake news* é preocupante para o diálogo democrático na sociedade. Nesse contexto, é fundamental que os educomunicadores possam contribuir na análise desses critérios e no esclarecimento das informações, principalmente porque são esses profissionais que transitam pelos múltiplos âmbitos sociais – a escola, as instituições sociais, a rua, os diferentes grupos sociais, entre outros setores – e o trabalho deles é incentivar a participação cidadã, estando sempre próximos das comunidades. Essa conjuntura é um desafio atual para os educomunicadores, sobretudo pelo seu objetivo de formar cidadãos críticos na sociedade e por sua tarefa de mediação nessas circunstâncias.

A convergência midiática proporciona aos jovens diversificadas formas de se comunicar. Além do uso e do consumo das mídias, a apropriação dos meios possibilita a criação de conteúdos na internet, os quais podem ser compartilhados infinitamente para variados segmentos da população. A apropriação e a criação das mensagens midiáticas pelos jovens como criadores de conteúdos, por meio das plataformas hipermidiáticas, podem propiciar alternativas favoráveis para o desenvolvimento do processo de ensino-aprendizagem, já que potencializam a questão da otimização do uso dos recursos comunicacionais na ação educativa.

Essa utilização é otimizada porque conduz à eficiência no alcance de metas e objetivos pedagógicos traçados na perspectiva da educomunicação e também porque favorece a formação das subjetividades jovens. Educadores e alunos podem criar em conjunto materiais educomunicativos que podem servir como recursos didáticos na sala de aula e fortalecer o diálogo democrático, assim como motivar a criação e o compartilhamento de ideias e opiniões. Nesse sentido, a criação de conteúdos muda do eixo de produção dos grandes meios de comunicação empresariais para o eixo de produção midiática do próprio sujeito receptor. No caso dos jovens, por exemplo, eles próprios se tornam produtores e sujeitos de suas histórias, de tal forma que esses conteúdos podem revelar olhares e identidades desses sujeitos.

A abordagem imagética amplia-se em alguns suportes de distribuição e é acolhida tanto na fotografia quanto na televisão e no cinema, expandindo-se nas plataformas hipermidiáticas, como nas RSD e nos aplicativos de mensagens, sendo cada vez mais usual para a população em geral utilizar-se dos dispositivos móveis para gravar ou fotografar imagens. A linguagem audiovisual incorporou-se na rotina das pessoas, as quais se apropriaram dessa forma de expressão na ampla gama de meios de comunicação. Por esse motivo, é possível perceber a relevância que a convergência midiática tem na formação das subjetividades dos jovens e, principalmente, a imagem como parte da vida cotidiana.

O cotidiano subjetivado dos jovens, compartilhado com uma série de outros sujeitos por meio da ressonância das RSD, oferece múltiplas expressões de vozes do universo juvenil. Diante dessa situação, materiais educomunicativos liderados pela imagética podem se somar aos processos de ensino-aprendizagem de variadas formas, considerando a opinião dos jovens. No campo social, a divulgação de materiais audiovisuais educomunicativos pode ser o ponto de partida de diálogos e debates sobre diversas circunstâncias sociais que precisam ser discutidas. Ao mesmo tempo, grupos de moradores de diferentes setores sociais podem realizar os próprios materiais educomunicativos com a orientação dos educomunicadores. São inúmeras as possibilidades favoráveis que a imagética traz e das quais a educomunicação pode usufruir.

No entanto, é importante situar que a utilização dos múltiplos meios comunicativos deve considerar o processo de realização e, sobretudo, o significado da proposta social que se apresenta. É necessário harmonizar as possibilidades comunicativas com as ações educativas numa parceria que mire para a construção de diálogos democráticos a favor da cidadania e dos direitos humanos. Por isso, não se deve perceber a comunicação como simples instrumentalização; ela precisa estar inserida num projeto educomunicativo de transformação e intervenção social, ou seja, de construção dialógica e pedagógica da cidadania.

Além disso, apesar das alternativas proporcionadas pelo universo midiático da internet, no país ainda existem áreas que não estão incorporadas a esse sistema, sendo por isso necessário o fortalecimento de projetos de inclusão digital não somente para que se possibilite o acesso à internet, mas também para que se aumentem o número de centros digitais e a oferta de aulas sobre programação e uso de *softwares* específicos para o aprimoramento na realização desses materiais educomunicativos. Outra questão relevante é que essa convivência constante na cultura da convergência – estar conectado a todo tempo e em todo lugar – tem gerado alguns distúrbios psicológicos diversos, como ansiedade, embora os estudos nessa área da psicologia social ainda sejam preambulares. Continuar com as análises sobre os jovens acerca dessas indisposições e desses comportamentos ainda é um desafio investigativo a ser superado.

Tendo isso em vista, reafirmamos a significativa tarefa dos educomunicadores, que, com sensibilidade social e consciência crítica, são chamados a serem mediadores e orientadores no processo de ensino-aprendizagem, nos meios formais e informais, no sentido de informar e orientar as populações sobre assuntos relevantes para a construção da cidadania na luta por melhores condições de vida e pela diminuição da desigualdade social, bem como pelo fortalecimento dos direitos humanos.

Este livro apresentou alguns conceitos e reflexões para enfrentar o desafio de sensibilizar, motivar e informar, de modo didático, os interessados na atividade do educador social e, mais especificamente, do educomunicador, uma área tão significativa para o desenvolvimento da cidadania.

A obra objetivou fornecer alicerce cognitivo relacionado principalmente à área da educomunicação, mas em especial a partir da perspectiva da educação social e de áreas afins, na tentativa de colaborar para o desenvolvimento de atividades nos contextos sociais mais complexos, que envolvem situações e pessoas vulneráveis e em risco social. Por isso, a abordagem incluiu teóricos que trouxeram contribuições pioneiras e marcantes para a educação e a comunicação, como Paulo Freire, Jesús Martín-Barbero, Ismar de Oliveira Soares, José Moran Costas, entre outros autores, que inspiraram organicamente o paradigma da educomunicação. Contemplaram-se igualmente os princípios da Declaração Universal dos Direitos Humanos, adotada em 1948 pela Organização das Nações Unidas – ONU (Unicef Brasil, 1948).

Os conteúdos abordados possibilitam compreender a natureza do campo da educomunicação, suas especificidades e características, considerando-se o propósito de entender a complexidade social com base na inter-relação entre educação e comunicação, de modo a contribuir com gestos democráticos e pautados na justiça social diante de cenários de significativa desigualdade social. A trilha da educomunicação revela sua vertente transformadora desenvolvida desde épocas de conflito social em tempos de ditadura e processos de democratização social e fruto da energia de posturas democráticas. Trata-se da ação de educadores, teóricos e ativistas na área da educação e da comunicação que foram pioneiros na compreensão desse cenário de transformações sociais. Esse panorama cognitivo sinalizava a relevância de motivar a consciência e a atitude críticas para o estabelecimento de reflexões, diálogos e intercâmbio.

Por isso, foram traçados os perfis e as funções dos educadores sociais e dos educomunicadores, elencando-se os múltiplos pontos em comum para o trabalho com as comunidades vulneráveis e em risco social, principalmente ações de gestão, intervenção e aplicação de práticas educomunicativas, de forma compartilhada. Desse modo, houve uma recontextualização histórica do percurso que a educomunicação trilhou até chegar aos novos e constantes desafios que a área mantém como parte de sua visão dialógica, de crescimento e de resiliência diante das adversidades sociais, inclusive mediante a criação de metodologias para a compreensão dessas realidades, como a pesquisa participante ou a leitura crítica da mídia, entre outras diversas estratégias que surgiram e foram sendo aprimoradas no cenário da educomunicação propriamente dita.

O entorno social da educomunicação retomou reflexões dos teóricos dessa área, criando-se núcleos, instituições orgânicas e redes de trabalhos de forma coletiva, compartilhando-se experiências e afunilando-se perseverantemente o campo da educomunicação. Dessas parcerias surgiram experiências que incluíram políticas públicas na área da educomunicação, associando governos estaduais e universidades na projeção e implementação de ações educomunicativas em rádio e em televisão nas instituições de ensino públicas, por exemplo, já indicando caminhos de fortalecimento dos trabalhos em comum.

Cabe apontar também o reconhecimento do perfil da educomunicação em distintas áreas na educação formal e não formal, atingindo-se diversos setores sociais, grupos, comunidades, indivíduos, em situações de vulnerabilidade e carentes de ações socioeducativas e educomunicativas para a melhoria da qualidade de vida nesses difíceis espaços sociais. As faces desses sujeitos sociais diversificam suas identidades a partir da exclusão de minorias sociais, como nos casos que envolvem pessoas em situação de rua, questões de discriminação racial e violência de gênero, causas do meio ambiente, refugiados, jovens e responsabilidade social, acompanhamento de crianças e jovens em casas de acolhimento provisório, entre outros que precisam da orientação da educação social e da educomunicação.

Para a compreensão dessa multiplicidade de vozes, consideramos necessário que se conheçam as mediações que permeiam as relações e as subjetividades desses sujeitos sociais, contemplando-se, primordialmente, o universo jovem na educação formal e na educação não formal. A escolha pelo aprofundamento no universo jovem deu-se pela tentativa de compreensão de como a convergência midiática e os ecossistemas comunicativos repercutem na configuração dessas subjetividades em plena formação. Os jovens interagem de forma constante e contínua com a variedade dos meios de comunicação, principalmente nas plataformas disponibilizadas pela internet, por meio de RSD, aplicativos, *sites*, dispositivos móveis, entre outros elementos que favorecem a criação de conteúdos nas mídias.

Dessa forma, a escola tem o desafio de aproximar-se das realidades dos jovens, que estão motivados para o uso, o consumo e a apropriação dessas mídias em sua rotina diária, as quais fazem parte de suas atividades e de suas relações sociais. Essas subjetividades jovens crescem e se desenvolvem por meio de uma série de mediações que atravessam suas vidas e lhes conferem a possibilidade de desenvolver autonomia diante das mensagens midiáticas. Entendemos essas mediações como a família, a escola, a mídia, a religião, a cultura, entre outras, na ampla gama de elementos que repercutem na complexidade das decisões a serem tomadas pelos jovens. A autonomia dos jovens na recepção das mensagens midiáticas é reverberada por essas mediações que auxiliam no entendimento desses discursos midiáticos. Nesse sentido, compreender a opinião dos jovens em tempos de convergência midiática repercute na forma de ler e de compreender o mundo, sendo, portanto, ponto crucial para as ações educomunicativas com os jovens.

Para pensar e aprofundar a relação e a interconexão entre educação e comunicação, é conveniente entender os atravessamentos dos processos de apropriação e recepção de conteúdo, com base na interface proporcionada pelas mediações assinaladas por Martín-Barbero (2004). Compreendendo-se que as múltiplas mediações atravessam todo o processo educomunicativo e os indivíduos e instituições envolvidos, é importante pensar sobre as formas de apropriação de conteúdos em tempos de convergência. Tanto a convergência de meios quanto a cultural dialogam com práticas educomunicativas no sentido de interconectar os meios ditos *tradicionais* e os mais tecnológicos, bem como examinar a transformação no uso desses dispositivos. Nessa perspectiva, surge ainda a reflexão sobre a identidade e o pertencimento em todo o processo de educomunicação, relacionando-se novas formas de sensibilidade, novas formas de estar juntos e os usos sociais dos meios (Martín-Barbero, 2004). Diante disso, podemos observar a sobreposição das mediações de tecnicidade, ritualidade, sociabilidade e individual (cognitiva), numa apropriação de conteúdos com possibilidades tecnológicas associadas às formas de uso em percepções coletivas e individuais.

Além das questões teóricas, consideramos relevante também apresentar o desenvolvimento dos caminhos metodológicos, mostrando formas diferenciadas de aplicação do discurso educomunicativo na convivência entre a teoria e a prática, em uma visão aplicada sobre essa área do saber educomunicativo.

Portanto, a proposta do livro toma como primordial a interação da teoria com o conhecimento aplicado, no sentido de evidenciar quando as práticas educomunicativas reverberam pela sua essência criativa e estratégica, inseridas nos caminhos metodológicos da educomunicação. Essa perspectiva aplicada visa contribuir para a integração dos conhecimentos teóricos e práticos, buscando-se formas de aproximação dos conteúdos teóricos, tendo em vista auxiliar no planejamento e na implementação de ações educomunicativas mais eficientes. Consideramos aqui que o termo *eficiência* diz respeito à consecução dos objetivos da educomunicação propostos pelos educomunicadores, após a realização prévia do processo de avaliação e diagnóstico das realidades sociais em que vão desenvolver suas atividades. Por isso, é relevante ir em direção ao resgate e à recuperação de experiências educomunicativas anteriores que possam servir como referência para futuros educomunicadores. Essas exemplificações e indicações aplicadas servem como balizadores de formas de abordagem nas trilhas educomunicativas; não se trata de simples exercícios ou banalização de práticas, mas de expressões de estratégias educomunicativas que tiveram resultados eficientes. A obra retomou experiências regionais, salientando a importância da identificação das faces brasileiras nas complexidades sociais na aplicação e implementação de estratégias educomunicativas.

Também foram apresentados os caminhos metodológicos relacionados à linguagem audiovisual, suas características, seus elementos e os diversos gêneros e formatos associados, destacando-se, assim, o leque de alternativas disponíveis para a criação educomunicativa. Tomando como pontapé inicial os formatos de roteirização das ideias, mostramos as opções que podem ser utilizadas nos gêneros da informação, do entretenimento, da publicidade e propaganda e da esfera institucional, já que essa idealização e a roteirização se aplicam aos gêneros comunicacionais e artísticos existentes.

Nesse sentido, a busca por uma linguagem educomunicativa pode se configurar com base nessas formas tradicionais e amplas, de modo a criar e recriar conteúdos e formas de expressão na perspectiva da educomunicação. Em outras palavras, a estrutura dos roteiros é diversa e ampla, e o educomunicador pode escolher qual é a melhor forma de abordagem dos conteúdos e objetivos educacomunicacionais. Dessa maneira, também verificamos a construção do pensamento audiovisual e apresentamos técnicas de planejamento, realização e produção, pós-produção e finalização de materiais educomunicativas. É importante enfatizar que os conteúdos comunicacionais e artísticos referentes à linguagem audiovisual possibilitam a produção de materiais educomunicativos e, ao mesmo tempo, permitem a análise e leitura crítica dos meios comunicacionais, visto que se mostraram, detalhadamente, os elementos para sua avaliação e crítica.

É importante salientar que, na atualidade, o planejamento e a realização de materiais educomunicativos podem contar com equipamentos cada vez mais leves e próximos aos usuários, como os dispositivos móveis ou celulares, os quais dispõem de câmeras de vídeo e microfone de significativa sofisticação tecnológica. Esses aparelhos trazem usabilidade e interação com facilidade, assim como aplicativos intuitivos, existindo até programas de edição de vídeo e áudio no próprio celular.

A equipe multiprofissional que trabalha em conjunto na educomunicação pode se apropriar desse acesso comunicacional para motivar as atividades educomunicativas entre os sujeitos e comunidades envolvidos na ação educomunicativa. Para os educadores sociais inseridos na proposta da educomunicação, essas possibilidades podem contribuir não somente para a realização de alertas ou denúncias sobre casos observados nas realidades sociais, como também para o resgate de depoimentos e histórias de vida dos sujeitos sociais a quem esses profissionais dedicam seu trabalho social. Essas referências podem proporcionar resgates históricos e de memória, séries ou sequências de relatos orais, entre outras necessidades de registro. Esses materiais educomunicativos podem sensibilizar a sociedade para essas situações sociais; igualmente, os educomunicadores podem apropriar-se dos diversos formatos, como programas feitos para a internet tendo em vista o universo da ficção ou da propaganda, para a revelação das diversas histórias que se pretende contar. Os educomunicadores, assim como os educadores sociais, devem ter essa atitude proativa na busca de tudo o que for necessário em termos de ações educomunicativas eficientes para a consecução dos objetivos da educomunicação.

A busca por uma linguagem da educomunicação relacionada ao planejamento e à realização dos materiais educomunicativos, em princípio, terá de ressignificar as alternativas que as linguagens das variadas plataformas midiáticas existentes oferecem, numa recomposição delas, utilizando-se o entretenimento e a informação para o desenvolvimento desses materiais. Considerando-se a multiplicidade de formatos, a escolha pela informação, pela ficção ou pela publicidade independe dos suportes midiáticos, existindo, aliás, ampla divulgação dos materiais educomunicativos nas plataformas digitais, seja por meio das RSD, seja por meio de aplicativos ou *sites*, por exemplo. Ou seja, a expansão proporcionada pelas plataformas na internet oferece uma variedade de maneiras de divulgação dos materiais educomunicativos. A linguagem audiovisual da educomunicação apresenta-se como um caminho de ressignificação e de busca de uma identidade da área do audiovisual que deve ser renovada e inovadora a cada passo. Portanto, o universo cognitivo referente à linguagem audiovisual apresentado no livro compreende e proporciona múltiplas facetas para futuros materiais educomunicativos, com prévia escolha de formatos, gêneros e objetivos educomunicativos.

Na especificidade da educação social e das áreas afins, é relevante manter uma atitude proativa, sem preconceito, diante das estratégias que a comunicação oferece para a ampla realização de materiais educomunicativos e de técnicas de comunicação para o aprimoramento nas ações educomunicativas. Dessa forma, poderão ser aliadas a teoria e a prática, de forma aplicada, reconhecendo-se a importante e orgânica relação entre educação e comunicação, assim como as possibilidades de uso e apropriação das tecnologias na área da educação. Reconhecemos que o educador social está interagindo nesse ecossistema comunicacional constantemente e, assim, esse espaço deve incentivar reflexões sobre a realidade, com o intuito de se estabelecerem objetivos adequados à proposição de ações educomunicativas.

É importante destacar que o fator preponderante na escolha da linguagem comunicacional deve ser a aproximação às vidas e às culturas dos sujeitos, sejam indivíduos, sejam comunidades, com o propósito de compreender suas realidades, expectativas e dificuldades, sendo esse o guia orientador das opções educomunicacionais a serem feitas, ultrapassando-se, pois, a simples escolha de um suporte tecnológico.

Além disso, consideramos como parte integrante dos caminhos metodológicos o arcabouço teórico relacionado ao campo da pesquisa, uma vez que esta constitui um conjunto de ideias que servem de base para a criação de conhecimentos novos. A pesquisa é atividade criadora e visceral que muito contribui no paradigma da educomunicação, visto que perfilou as bases angulares da construção teórica nessa área. Na integração dos saberes, é relevante que a teoria esteja cada vez mais próxima dos educomunicadores, na forma de projetos de pesquisa, artigos, relatórios, trabalhos de conclusão de curso, monografias, dissertações e teses, bem como todo tipo de projetos que sejam prósperos na área de pesquisa e apoio para a educomunicação.

Por um lado, no meio escolar, a educomunicação pode ativar processos de mobilização pedagógica com professores e alunos na construção de diálogos sobre os contextos tecnológicos e sua repercussão, seja nas atividades educativas, seja no incentivo a projetos de pesquisa na comunidade acadêmica. Esses projetos de pesquisa na área da educomunicação podem colaborar no processo de construção do saber, já que os dados obtidos nas indagações científicas vão sinalizar caminhos adequados para a implementação das ações educomunicativas. Por outro lado, as possibilidades didáticas que os recursos educomunicativos proporcionam podem promover a ampla compreensão dos conteúdos pedagógicos, sendo possível observar nesse contexto o resultado de pesquisas desenvolvidas pelos educomunicadores.

Os caminhos metodológicos descritos no capítulo relacionado à pesquisa mostram abordagens diferenciadas, como a pesquisa qualitativa e a pesquisa quantitativa, sinalizando as caraterísticas e a aplicabilidade desses tipos de pesquisa segundo o universo a ser pesquisado e focalizando as melhores estratégias diante da escolha de um problema de investigação. Questões na educomunicação devem ser avaliadas a partir de diferentes óticas de análise, sobretudo pela orgânica presença de sujeitos, comunidades, realidades e contextos sociais complexos. A interpretação dos conhecimentos surgidos nessas experiências educomunicativas deve ser integrante do panorama cognitivo da área, com o intuito de contribuir para a expansão e o fortalecimento das reflexões sobre a educomunicação. Essas análises têm repercussão no aprimoramento do agir educomunicativo, uma vez que surgem outros olhares na realização das experiências educomunicativas, fomentando-se, assim, a autoavaliação na escolha das trilhas que os educomunicadores ativam em suas atividades. Portanto, a força da pesquisa suscita múltiplas reflexões e autocrítica e constitui um campo de inovação e tecnologias criativas na área da educomunicação e de projetos sociais. Campo do saber que integra a criação e a reflexão, a pesquisa revela a trilha aplicada na busca pelo conhecimento, tão importante para a educação e comunicação e, principalmente, nas realidades sociais em tempos de convergência midiática.

Considerando-se essa perspectiva, o livro apresentou diversas faces da educomunicação, numa visão plural e ampla, na tentativa de esclarecer como se configura o contexto educomunicativo, buscando contribuir, humildemente, para o fortalecimento dos alicerces teóricos relacionados à educomunicação. Da mesma forma, a obra sinalizou questões que se abrem a novos caminhos nas práticas educomunicativas, tendo em vista a série de repercussões que as convergências midiáticas trazem para a vida contemporânea da sociedade, bem como suas reverberações culturais e sociais, decorrentes dessas transformações nas vivências e experiências das pessoas. Desse modo, surgem novos desafios e novas trilhas para a educomunicação, trilhas estas que os educomunicadores e os educadores vão modelar e aprimorar com base na perspectiva dialógica e em construção contínua.

Esta obra buscou o aprofundamento na área da educomunicação, considerando seus múltiplos matizes e partindo de interpretações teóricas disseminadas nessa área, indagando sobre o perfil, as funções, as competências e as habilidades que os educomunicadores, assim como os educadores sociais integrados no trabalho educomunicativo, devem desenvolver em seu posicionamento profissional. A educomunicação foi apresentada em suas trajetórias históricas, até o contexto atual de seu desenvolvimento, reforçando-se a importância dessa abordagem na área de ação educomunicativa, social e educativa. Relevante tema para a análise das realidades sociais e das possibilidades de transformação, acompanhamento e diálogo entre as comunidades e os sujeitos sociais atendidos, a educomunicação, na visão da educação social e de áreas afins, evidencia a relevância de seu escopo, que abrange planejamento, diagnósticos, avaliação, gestão e atividades educomunicativas, propiciando cidadania e justiça social.

Para tanto, as faces desses sujeitos sociais representam uma variedade de olhares, sendo amplos os setores acolhidos e acompanhados pela educação social e integrados a ações educomunicativas. Nesse sentido, as possibilidades de contribuição e auxílio da educomunicação em relação a esses setores é importante para a construção de cenários com menores índices de desigualdade social, tomando-se como pedra angular a educação na diversidade de suas facetas e sendo a educomunicação a integração necessária para o aprimoramento dessas questões complexas.

Os objetivos do livro abrangiam a revelação de amplos cenários contemporâneos e do modo como a educomunicação pode auxiliar na intervenção nessas realidades sociais, contemplando-se a criação e a reflexão. Assim, por meio da perspectiva aplicada, objetivamos motivar a integração da ação criativa no campo da educomunicação, tanto na área da pesquisa quanto na área da produção de materiais educomunicativos, isto é, aliar a educação e a comunicação, numa abordagem integral e expandida, para gerar uma interpretação geral sobre a educomunicação.

Este livro foi desenvolvido, prioritariamente, por meio da metodologia bibliográfica para alcançar o aprofundamento necessário das prinicpais temáticas contempladas. Ao tratar das estratégias e experiências regionais, foi utilizada, preferencialmente, a pesquisa qualitativa, sendo retratados vários depoimentos relacionados à formação das subjetividades dos jovens em tempos de convergência midiática, nos ecossistemas comunicativos e educomunicativos. Foi apontada, também, uma série de abordagens que visam auxiliar no planejamento de pesquisas a serem realizadas por futuros educomunicadores, constituindo-se em um arsenal cognitivo abrangente para ser aplicado na análise de diversos assuntos e com diversos sujeitos e setores sociais.

Fruto próspero inserido no ecossistema comunicacional, em tempos de convergência, a interpretação sobre a educomunicação nesta obra relacionou uma variedade de contextos contemporâneos e questões envolvidas num panorama desafiador em meio às complexidades sociais existentes. Para tanto, foram reunidas bibliografias adequadas e contextualizadas de modo a poder ampliar o universo cognitivo das reflexões e desafios delineados no desenvolvimento da educomunicação como protagonista temático. A obra buscou ultrapassar a questão tecnológica e, sobretudo, visou enfatizar como os sujeitos sociais usufruem de sua autonomia na apropriação das mensagens midiáticas em seu cotidiano. Por isso, foram reforçadas as análises sobre as subjetividades dos jovens, principalmente sobre a formação dos sujeitos a partir das mediações culturais, em suas diversas faces, como a escola, a família, a igreja, os amigos e a mídia, os quais constituem cenários em que as vivências acontecem. Foi necessária a articulação bibliográfica de forma inovadora, a fim de configurar novos olhares diante de um contexto contemporâneo em efervescência e próspero e caracterizar a educomunicação como fator potencializador de diálogo e de consciência crítica.

Com este livro, esperamos ter contribuído, de forma didática, para o alicerce teórico da área da educomunicação na perspectiva da cidadania, da democracia e da justiça social. O advento da pandemia de covid-19 revela que o mundo mudou, e os recentes protocolos da vida social sinalizam novos e complexos desafios, provocação em que a educomunicação poderá também contribuir nessa trilha de vivências e experiências. Seja esse pontapé esperançoso nessa trajetória da educomunicação no fortalecimento da cidadania.

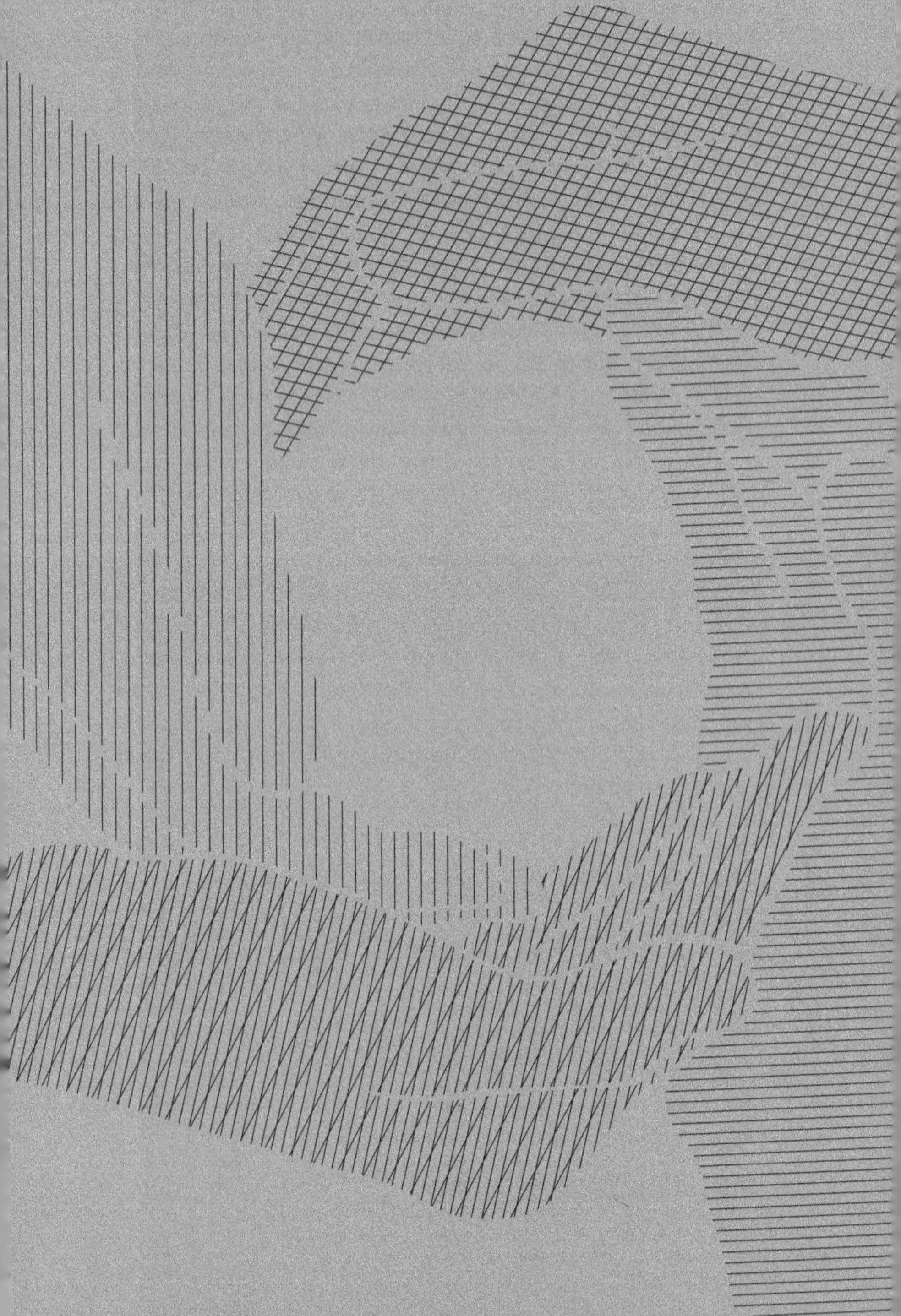

Referências

9 QUESTÕES para você saber sobre realidade virtual na educação. **Fundação Telefônica Vivo,** 24 abr. 2018. Disponível em: <http://fundacaotelefonicavivo.org.br/noticias/9-questoes-para-voce-saber-sobre-realidade-virtual-na-educacao>. Acesso em: 15 fev. 2021.

ABL – Academia Brasileira de Letras. **Academia Brasileira de Letras disponibiliza a 6ª edição do Vocabulário Ortográfico da Língua Portuguesa**. 19 jul. 2021a. Disponível em: <https://www.academia.org.br/noticias/academia-brasileira-de-letras-disponibiliza-6a-edicao-do-vocabulario-ortografico-da-lingua>. Acesso em: 20 out. 2021.

ABL – Academia Brasileira de Letras. **educomunicação**. Disponível em: <https://www.academia.org.br/nossa-lingua/nova-palavra/educomunicacao>. Acesso em: 20 out. 2021b.

ABPEducom – Associação Brasileira de Pesquisadores e Profissionais da Educomunicação. **Quem somos**. Disponível em: <http://www.abpeducom.org.br/abpeducom/quem-somos>. Acesso em: 15 fev. 2021.

ACNUR – Alto Comissariado das Nações Unidas para Refugiados. **Rumo a um Pacto Global sobre Refugiados**. Disponível em: <https://www.acnur.org/portugues/rumo-a-um-pacto-global-sobrerefugiados/#:~:text=Na%20hist%C3%B3rica%20Declara%C3%A7%C3%A3o%20de%20Nova,forma%20mais%20igualit%C3%A1ria%20e%20previs%C3%ADvel>. Acesso em: 6 maio 2021a.

ACNUR – Alto Comissariado das Nações Unidas para Refugiados. **Universidades conveniadas**. Disponível em: <https://www.acnur.org/portugues/catedra-sergio-vieira-de-mello/universidades-conveniadas>. Acesso em: 6 maio 2021b.

AGÊNCIA IBGE NOTÍCIAS. **PNAD Contínua 2017**: número de jovens que não estudam nem trabalham ou se qualificam cresce 5,9% em um ano. 18 maio 2018a. Disponível em: <https://agenciadenoticias.ibge.gov.br/agencia-sala-de-imprensa/2013-agencia-de-noticias/releases/21253-pnad-continua-2017-numero-de-jovens-que-nao-estudam-nem-trabalham-ou-se-qualificam-cresce-5-9-em-um-ano.html>. Acesso em: 15 fev. 2021.

AGÊNCIA IBGE NOTÍCIAS. **PNAD Contínua TIC 2016**: 94,2% das pessoas que utilizaram a Internet o fizeram para trocar mensagens. 21 fev. 2018b. Disponível em: <https://agenciadenoticias.ibge.gov.br/agencia-sala-de-imprensa/2013-agencia-de-noticias/releases/20073-pnad-continua-tic-2016-94-2-das-pessoas-que-utilizaram-a-internet-o-fizeram-para-trocar-mensagens>. Acesso em: 13 jun. 2021.

AIEJI – Associação Internacional de Educadores Sociais. **Marco conceitual das competências do educador social**. Tradução de Ney Moraes Filho e Margareth Morelli. Montevidéu, 18 nov. 2005. Disponível em: <http://aeessp.org.br/marcoconceitual.htm>. Acesso em: 8 abr. 2021.

ALENCAR, A. F. de. O pensamento de Paulo Freire sobre a tecnologia: traçando novas perspectivas. In: COLÓQUIO INTERNACIONAL PAULO FREIRE, 5., 2005, Recife, PE. **Anais**... Disponível em: <http://seminario-paulofreire.pbworks.com/w/file/fetch/11816006/texto_pensamentofreire_sobretecnologia_pdf.pdf>. Acesso em: 10 fev. 2021.

ALFARO, R. M. Participación: para que? Un enfoque político de la participación en comunicación popular. **Diálogos de la Comunicación**, Lima, n. 22, p. 59-78, nov. 1988. Disponível em: <http://www.bantaba.ehu.es/sociedad/scont/com/txts/alfaro2>. Acesso em: 15 fev. 2019.

ALTIERI, A. C. S. **Educomunicação e cidadania na América Latina**: a interface comunicação/educação a partir das práticas sociais no continente – estudo de caso de políticas públicas na Argentina e no Brasil. 214 f. Dissertação (Mestrado no Programa de Pós-Graduação em Integração da América Latina – Prolam-USP) – Universidade de São Paulo, São Paulo, 2012.

ALVES, R. **A alegria de ensinar**. 11 ed. Campinas, SP: Papirus, 2000.

ALVES-MAZZOTTI, A. J. Representações sociais: aspectos teóricos e aplicações à educação". **Revista Múltiplas Leituras**, v. 1, n. 1, p. 18-43, jan./jun. 2008. Disponível em: <https://www.metodista.br/revistas/revistas-ims/index.php/ML/article/view/1169>. Acesso em: 10 fev. 2021.

AMARAL, A.; RECUERO, R.; MONTARDO, S. P. (Org.). **Blogs.com**: estudos sobre blogs e comunicação. São Paulo: Momento Editorial, 2009.

ANDERSON, M.; JIANG, J. Teens, Social Media & Technology 2018. **Pew Research Center**, 31 May 2018. Disponível em: <http://www.pewinternet.org/2018/05/31/teens-social-media-technology-2018>. Acesso em: 10 fev. 2021.

ANDI – Agência de Notícias dos Direitos da Infância. **Análise de mídia**: a imprensa brasileira e as organizações da sociedade civil. Brasília, 2014. Disponível em: <http://www.andi.org.br/politicas-de-comunicacao/publicacao/analise-de-midia-a-imprensa-brasileira-e-as-organizacoes-da-soci>. Acesso em: 13 jun. 2021.

ANDI – Agência de Notícias dos Direitos da Infância. **ANDI**. Disponível em: <http://www.andi.org.br>. Acesso em: 8 abr. 2021.

ANDRADE, H. de. IBGE: um quinto dos jovens no Brasil é "nem-nem", que não estuda nem trabalha. **UOL**, 29 nov. 2013. Disponível em: <http://noticias.uol.com.br/cotidiano/ultimas-noticias/2013/11/29/um-em-cada-cinco-jovens-de-15-a-29-anos-nao-estuda-nem-trabalha-diz-ibge.htm>. Acesso em: 10 fev. 2021.

ANDRADE, M. M. de. **Introdução à metodologia do trabalho científico**. São Paulo: Atlas, 2005.

APPOLINÁRIO, F. **Metodologia da ciência**: filosofia e prática da pesquisa. São Paulo: Pioneira Thomson Learning, 2006.

ARMES, R. **On Video**. São Paulo: Summus, 1999.

ARNHEIM, R. **Arte e percepção visual**: uma psicologia da visão criadora. São Paulo: Pioneira Thomson Learning, 2005.

ASEDES – Asociación Estatal de Educación Social. Código Deontológico do Educador Social. In: ASEDES – Asociación Estatal de Educación Social. **Documentos profesionalizadores**. Barcelona, 2007. p. 19-32. Disponível em: <https://www.consejoeducacionsocial.net/wp-content/uploads/2019/11/Documentos-profes-Sept-2007.pdf>. Acesso em: 10 fev. 2021.

AUMONT, J. **A imagem**. Campinas: Papirus, 1993.

BAMBOZZI, L.; BASTOS, M.; MINELLI, R. **Mediações, tecnologia e espaço público**. São Paulo: Conrad Editora do Brasil, 2010.

BAPTISTA, D. M. T. O debate sobre o uso de técnicas qualitativas e quantitativas de pesquisa. In: MARTINELLI, M. L. (Org.) **Pesquisa qualitativa**. São Paulo: Veras, 1999. p. 31-41.

BAPTISTA, M. L. C. **Comunicação**: trama de desejos e espelhos. Caxias do Sul: Ulbra, 1996.

BARBERO, H.; LIMA, P. R. de. **Manual de telejornalismo**. Rio de Janeiro: Campus, 2002.

BARBETTA, P. A. **Estatística aplicada às ciências sociais**. Florianópolis: Ed. da UFSC, 2002.

BARBOUR, R. **Grupos focais**. Porto Alegre: Artmed, 2009.

BARDIN, L. **Análise de conteúdo**. Lisboa: Ed. 70, 1977.

BARREIRO, I. A. P.; MOREIRA, A. C. C.; ARAÚJO, M. M. de S. **Tecnologias digitais e a produção colaborativa do conhecimento**. 2018. Disponível em: <http://www.antigomoodle.ufba.br/mod/book/print.php?id=77434>. Acesso em: 6 ago. 2018.

BARRETO, T. **Vende-se em 30 segundos**: manual do roteiro para filme publicitário. São Paulo: Senac, 2004.

BARROS, A. T. de; JUNQUEIRA, R. D. A elaboração do projeto de pesquisa. In: DUARTE, J.; BARROS, A. **Métodos e técnicas de pesquisa em comunicação**. São Paulo: Atlas, 2006. p. 32-50.

BATISTA NETO, F. **A geração dos anos 90**. Florianópolis: Promover, 1990.

BAUER, M. W.; GASKELL, G. **Pesquisa qualitativa com texto, imagem e som**. Petrópolis: Vozes, 2017.

BAUMAN, Z. **Tempos líquidos**. Rio de Janeiro: Zahar, 2007a.

BAUMAN, Z. **Vida líquida**. Rio de Janeiro: Zahar, 2007b.

BELLONI, M. L. **O que é mídia-educação**. 3. ed. Campinas: Autores Associados, 2009.

BELLONI, M. L. Tecnologia e formação de professores: rumo a uma pedagogia pós-moderna? **Educação & Sociedade**, Campinas, v. 19, n. 65, 1998.

BERGER, P. L.; LUCKMANN, T. **A construção social da realidade**: tratado de sociologia do conhecimento. Rio de Janeiro: Vozes, 2004.

BERNARD, S. C. **Documentário**: técnicas para uma produção de alto impacto. Rio de Janeiro: Elsevier, 2008.

BERTH, J. **Empoderamento**. São Paulo: Pólen, 2018. (Coleção Feminismos Plurais).

BETTS, J. **Education in the Future**: VR and AR. 30 maio 2016. Disponível em: <https://www.youtube.com/watch?v=etn2zCa7n40>. Acesso em: 26 jun. 2021.

BIANCHETTI, L.; MACHADO, A. M. N. **A bússola do escrever**: desafios e estratégias na orientação e escrita de teses e dissertações. Florianópolis: Ed. da UFSC; São Paulo: Cortez, 2006.

BISTANE, L.; BACELLAR, L. **Jornalismo de TV**. São Paulo: Contexto, 2005.

BONASIO, V. **Televisão**: manual de produção e direção. Belo Horizonte: Leitura, 2002.

BORDIEU, P. **Sobre a televisão**. Rio de Janeiro: J. Zahar, 1997.

BORELLI, S. H. S.; ROCHA, R. de M.; OLIVEIRA, R. de C. A. **Jovens na cena metropolitana**: percepções, narrativas e modos de comunicação. São Paulo: Paulinas, 2009.

BOTOMÉ, S. **Pesquisa alienada e ensino alienante**. Petrópolis: Vozes, 1996.

BRAGA, J. L.; LOPES, M. I. V. de; MARTINO, L. C. **Pesquisa empírica em comunicação**. São Paulo: Paulus, 2010.

BRANDÃO, C. R.; BORGES, M. C. A pesquisa participante: um momento da educação popular. **Revista de Educação Popular**. Uberlândia, v. 6, p. 51-62, jan./dez. 2007. Disponível em: <http://www.seer.ufu.br/index.php/reveducpop/article/view/19988>. Acesso em: 10 fev. 2021.

BRANDÃO, C. R.; STRECK, D. R. **Pesquisa participante**: o saber da partilha. 2. ed. Aparecida, SP: Ideias & Letras, 2006.

BRASIL, A. **Telejornalismo, internet e guerrilha tecnológica**. Rio de Janeiro: Ciência Moderna, 2002.

BRASIL. Câmara dos Deputados. Projeto de Lei n. 5.346-C, de 2009. Dispõe sobre a criação da profissão de educador e educadora social e dá outras providências. Disponível em: <https://www.camara.leg.br/proposicoesWeb/prop_mostrarintegra;jsessionid=E7045A1871E3AC06C077BAC5BC4D8697.proposicoesWebExterno1?codteor=1602478&filename=Avulso+-PL+5346/2009>. Acesso em: 13 jun. 2021.

BRASIL. Constituição (1988). **Diário Oficial da União**, Brasília, DF, 5 out. 1988.

BRASIL. Lei n. 8.069, de 13 de julho de 1990. **Diário Oficial da União**, Poder Legislativo, Brasília, DF, 16 jul. 1990. Disponível em: <http://www.planalto.gov.br/ccivil_03/leis/l8069.htm>. Acesso em: 22 ago. 2019.

BRASIL. Lei n. 9.394, de 20 de dezembro de 1996. **Diário Oficial da União**, Poder Legislativo, Brasília, DF, 23 dez. 1996. Disponível em: <http://www.planalto.gov.br/ccivil_03/leis/l9394.htm>. Acesso em: 10 fev. 2021.

BRASIL. Ministério da Educação e do Desporto. Conselho Nacional de Educação. Câmara de Educação Básica. Parecer n. 15, de 2 de junho de 1998. Disponível em: <http://portal.mec.gov.br/seb/arquivos/pdf/Par1598.pdf>. Acesso em: 13 jun. 2021.

BRASIL. Ministério da Educação e do Deporto. Secretaria de Educação Fundamental. **Parâmetros Curriculares Nacionais**: introdução aos Parâmetros Curriculares Nacionais. Brasília, 1997. Disponível em: <http://portal.mec.gov.br/seb/arquivos/pdf/livro01.pdf>. Acesso em: 10 fev. 2021.

BRASIL. Ministério da Educação. Secretaria de Educação Básica. **Linguagens, códigos e suas tecnologias**. Brasília, 2006. (Orientações Curriculares para o Ensino Médio, v. 1). Disponível em: <http://portal.mec.gov.br/seb/arquivos/pdf/book_volume_01_internet.pdf>. Acesso em: 10 fev. 2021.

BRASIL. Ministério da Educação. Secretaria de Educação Básica. **Parâmetros Curriculares Nacionais**: Ensino Médio. Parte II: Linguagens, códigos e suas tecnologias. Brasília, 2000a. Disponível em: <http://portal.mec.gov.br/seb/arquivos/pdf/14_24.pdf>. Acesso em: 10 fev. 2021.

BRASIL. Ministério da Saúde. **Boletim Epidemiológico AIDS**. Brasília, 2000b. Disponível em: <http://bvsms.saude.gov.br/bvs/periodicos/Boletim_jul_set_2000.pdf>. Acesso em: 13 jun. 2021.

BRASIL. Ministério da Saúde. Conselho Nacional de Saúde. Comissão Nacional de Ética em Pesquisa. **Você é participante de pesquisa?** Estas orientações são para você – Cartilha dos Direitos dos Participantes de Pesquisa. Brasília, 2020. Disponível em: <http://conselho.saude.gov.br/images/comissoes/conep/img/boletins/Cartilha_Direitos_Participantes_de_Pesquisa_2020.pdf>. Acesso em: 6 maio 2021.

BRASIL. Ministério da Saúde. **Coronavírus**: covid-19. Disponível em: <https://coronavirus.saude.gov.br>. Acesso em: 15 fev. 2021.

BRECHT, B. **Poemas**: 1913-1956. São Paulo: Ed. 34, 2000.

BRUYNE, P. de; HERMAN, J.; SCHOUTHEETE, M. de. **Dinâmica da pesquisa em ciências sociais**: os polos da prática metodológica. Rio de Janeiro: F. Alves, 1977.

BUENO, R. P. M. Narrar e reinventar a história por meio das imagens: Glauber Rocha e o seu discurso fílmico dos anos de 1960. **Antíteses**, Londrina, v. 7, n. 14, p. 492-515, jul./dez. 2014.

BUITONI, D. S. **Fotografia e jornalismo**: a informação pela imagem. São Paulo: Saraiva, 2011.

BURGESS, J.; GREEN, J. **YouTube e a revolução digital**. São Paulo: Aleph, 2009.

CALDAS, G. O valor do conhecimento e da divulgação científica para a construção da cidadania. **Comunicação & Sociedade**, ano 33, n. 56, p. 7-28, jul./dez. 2011.

CANCLINI, N. G. **Consumidores e cidadãos**: conflitos multiculturais da globalização. 8. ed. Rio de Janeiro: Ed. da UFRJ, 2015.

CAPUTO, G. S. **Sobre entrevistas**: teoria, prática e experiências. Petrópolis: Vozes, 2006.

CARLON, M. **Do cinematográfico ao televisivo**. São Leopoldo: Ed. da Unisinos, 2012.

CARRIÈRE, J.; BONITZER, P. **Prática do roteiro cinematográfico**. São Paulo: JSN, 1996.

CARVALHO, A. et al. **Reportagem na TV**: como fazer, como produzir, como editar. São Paulo: Contexto, 2010.

CASTELLS, M. **A sociedade em rede**. São Paulo: Paz e Terra, 2006.

CASTELLS, M. Afterword. In: KATZ, J. E. **Handbook of Mobile Communication Studies**. Cambridge: MIT Press, 2008. p. 447-451.

CASTELLS, M. Internet e sociedade em rede. In: MORAES, D. de (Org.). **Por outra comunicação**. Rio de Janeiro: Record, 2003. p. 255-287.

CASTILLO, J. M. **Televisión y lenguaje audiovisual**. Madrid: Instituto Oficial de Radio y Televisión/RTVE, 2004.

CATALÀ, J. M. D. **A forma do real**: introdução aos estudos visuais. São Paulo: Summus, 2011.

CERVO, A. L.; BERVIAN, P. A. **Metodologia científica**. São Paulo: Makron Books, 2002.

CETIC.BR – Centro Regional de Estudos para o Desenvolvimento da Sociedade da Informação. **Tic Kids Online Brasil**: pesquisa sobre o uso da internet por crianças e adolescentes no

Brasil – 2017. São Paulo: Comitê Gestor da Internet no Brasil, 2018. Disponível em: <https://cetic.br/media/docs/publicacoes/2/tic_kids_online_2017_livro_eletronico.pdf>. Acesso em: 10 fev. 2021.

CGCEES – Consejo General de Colegios de Educadoras y Educadores Sociales. Disponível em: <https://www.consejoeducacionsocial.net>. Acesso em: 10 fev. 2021.

CGCEES – Consejo General de Colegios de Educadoras y Educadores Sociales. Educación Social y Juventud. **Revista de Educación Social**, Barcelona, n. 30, enero-jun. 2020.

CGI.BR – Comitê Gestor da Internet no Brasil. **Internet, democracia e eleições**: guia prático para gestores públicos e usuários. São Paulo, 2018. Disponível em: <https://cgi.br/media/docs/publicacoes/13/Guia%20Internet,%20Democracia%20e%20Elei%C3%A7%C3%B5es>. Acesso em: 10 fev. 2021.

CHAPARRO, M.C. **Pragmática do jornalismo**. São Paulo: Summus, 1994.

CHARAUDEAU, P. **Discurso das mídias**. São Paulo: Contexto, 2007.

CHAUI, M. **Convite à filosofia**. São Paulo: Ática, 2000.

CITELLI, A. O. Tecnocultura e educomunicação. **Rizoma**, Santa Cruz do Sul, v. 3, n. 2, p. 63-75, dez. 2015.

CNBB – Conferência Nacional dos Bispos do Brasil. **Campanha da Fraternidade 1998**: Fraternidade e Educação – a Serviço da Vida e da Esperança. Brasília, 1998. Disponível em: <https://campanhas.cnbb.org.br/campanha/fraternidade1998>. Acesso em: 13 jun. 2021.

COMPARATO, D. **Da criação ao roteiro**: o mais completo guia para arte e técnica de escrever para televisão e cinema. Rio de Janeiro: Rocco, 1998.

COMPARATO, D. **Roteiro**: arte e técnica de escrever para cinema e televisão. Rio de Janeiro: Nórdica, 1995.

CONSANI, M. **Como usar o rádio na sala de aula**. São Paulo: Contexto, 2007.

COSTA JÚNIOR, R. V. da. **Tá em casa ou na escola?** Uma leitura da prática escolar em unidade de internação socioeducativa da cidade de São Paulo. Dissertação (Mestrado em Educação) – Universidade Nove de Julho, São Paulo, 2012. Disponível em: <https://bibliotecatede.uninove.br/bitstream/tede/511/1/B_Reinaldo%20Vicente%20da%20Costa%20Jr.pdf>. Acesso em: 20 dez. 2020.

COSTA, M. E. B. Grupo focal. In: DUARTE, J.; BARROS, A. **Métodos e técnicas de pesquisa em comunicação**. São Paulo: Atlas, 2006. p. 180-192.

COUTINHO, I. A busca por critérios editoriais em telejornalismo. In: CONGRESSO BRASILEIRO DE CIÊNCIAS DA COMUNICAÇÃO, 16., 2003, Belo Horizonte. **Anais**... Disponível em: <http://www.intercom.org.br/papers/nacionais/2003/www/pdf/2003_NP02_coutinho.pdf>. Acesso em: 19 abr. 2021.

CRESWELL, J. W.; CLARK, V. L. P. **Pesquisa de métodos mistos**. Porto Alegre: Penso, 2013.

CROCOMO, F. A. **TV digital e produção interativa**: a comunidade manda notícias. Florianópolis: Ed. da UFSC, 2007.

CRUZ, J. Z. **Bullying no recreio**: desenhos de pré-adolescentes sugeridos pela leitura de um poema de Bertolt Brecht. [S.l.]: Leipzig Experts, 2016.

CRUZ NETO, J. E. da. **Reportagem de televisão**: como produzir, executar e editar. Petrópolis: Vozes, 2008.

CUIDA BEM de mim. In: ENCICLOPÉDIA Itaú Cultural de Arte e Cultura Brasileiras. São Paulo: Itaú Cultural, 2021. Disponível em: <http://enciclopedia.itaucultural.org.br/evento634476/cuida-bem-de-mim>. Acesso em: 7 mai. 2021.

CUNHA, A. M. de O. et al. **Convergências e tensões no campo da formação e do trabalho docente**: educação ambiental, educação em ciências, educação em espaços não escolares, educação matemática. Belo Horizonte: Autêntica, 2010.

CURADO, O. **A notícia na TV**. São Paulo: Alegro, 2002.

DANCYGER, K. **Técnicas de edição para cinema e vídeo**. Rio de Janeiro: Elsevier, 2003.

DANIEL FILHO, J. C. **O circo eletrônico**: fazendo TV no Brasil. Rio de Janeiro: J. Zahar, 2001.

DA-RIN, S. **Espelho partido**. Rio de Janeiro: Azougue, 2004.

DELORS, J. Os quatro pilares da educação. In: DELORS, J. **Educação**: um tesouro a descobrir. Brasília: MEC/Unesco, 2003. p. 89-102. Disponível em: <http://dhnet.org.br/dados/relatorios/a_pdf/r_unesco_educ_tesouro_descobrir.pdf>. Acesso em: 27 abr. 2021.

DENZIN, N. K.; LINCOLN, Y. S. **O planejamento da pesquisa qualitativa**: teorias e abordagens. Porto Alegre: Artmed, 2006.

DIDI-HUBERMAN, G. **O que vemos, o que nos olha**. São Paulo: Ed. 34, 1998.

DIDI-HUBERMAN, G. Quando as imagens tocam o real. **Pós**: revista do Programa de Pós-Graduação em Artes da EBA/UFMG, Belo Horizonte, v. 2, n. 4, p. 204-219, nov. 2012. Disponível em: <https://www.eba.ufmg.br/revistapos/index.php/pos/article/download/60/62> Acesso em: 20 jan. 2017.

DIEHL, A. A.; TATIM, D. C. **Pesquisa em ciências sociais**. São Paulo: Pearson Prentice Hall, 2004.

DINIZ, T. M. R. G. O estudo de caso. In: MARTINELLI, M. L. **Pesquisa qualitativa**: um instigante desafio. São Paulo: Veras, 1999. p. 41-58.

DISCOVERY VR. Disponível em: <https://www.oculus.com/experiences/gear-vr/773639796071241/?locale=pt_BR>. Acesso em: 26 jun. 2021.

DONNERSTEIN, E. Internet. In: STRASBURGER, V.; WILSON, B. J.; JORDAN, A. B. **Crianças, adolescentes e a mídia**. Porto Alegre: Penso, 2011. p. 321-348.

DORFMAN, A.; MATTELART, A. **Para ler o Pato Donald**: comunicação de massa e colonialismo. Rio de Janeiro: Paz e Terra, 1971.

DUARTE, J.; BARROS, A. **Métodos e técnicas de pesquisa em comunicação**. São Paulo: Atlas, 2006.

DUARTE, M. Y. M. D. Estudo de caso. In: DUARTE, J.; BARROS, A. **Métodos e técnicas de pesquisa em comunicação**. São Paulo: Atlas, 2006. p. 215-235.

DUBOIS, P. **O ato fotográfico**. Campinas: Papirus, 1994.

EDUCAÇÃO E CORONAVÍRUS. **Levantamento das respostas de órgãos federais e estaduais à pandemia do Coronavírus no âmbito da educação básica**. Disponível em: <http://educacaoecoronavirus.com.br/sobre-o-levantamento> Acesso em: 26 jun. 2021.

EDUSO.NET. La Puerta de la Educación Social. Disponível em: <http://www.eduso.net>. Acesso em: 8 abr. 2020.

ESTEBAN, M. P. S. **Pesquisa qualitativa em educação**: fundamentos e tradições. Porto Alegre: Artmed, 2010.

EVANGELIZAÇÃO no presente e no futuro. Conclusões da IIIª Conferência Geral do Episcopado Latino-Americano. Puebla de Los Angeles, México, de 27 jan. a 13 fev. 1979. São Paulo: Paulinas, 1979. Disponível em: <http://portal.pucminas.br/imagedb/documento/DOC_DSC_NOME_ARQUI20130906182452.pdf>. Acesso em: 10 fev. 2021.

FEITOSA, S. C. S. **Método Paulo Freire**: princípios e práticas de uma concepção popular de educação. 156 f. Dissertação (Mestrado) – Faculdade de Educação da Universidade de São Paulo, São Paulo, 1999. Disponível em: <http://acervo.paulofreire.org:8080/jspui/bitstream/7891/4274/2/FPF_PTPF_01_0923.pdf>. Acesso em: 10 fev. 2021.

FENAJ – Federação Nacional dos Jornalistas. **Código de Ética dos Jornalistas Brasileiros**. Vitória: Federação Nacional dos Jornalistas, 2007.

FERRARETTO, L. A. **Rádio**: teoria e prática. São Paulo: Summus, 2014.

FERRES, J. **Televisão e educação**. Porto Alegre: Artes Médicas, 1996.

FIELD, S. **Manual do roteiro**: os fundamentos do texto cinematográfico. Rio de Janeiro: Objetiva, 2001.

FLICK, U. Introdução à coleção pesquisa qualitativa. In: BARBOUR, R. **Grupos focais**. Porto Alegre: Artmed, 2009. p. 11-15.

FLICK, U. **Uma introdução à pesquisa qualitativa**. Porto Alegre: Bookman, 2004.

FNDC – Fórum Nacional pela Democratização da Comunicação. **Quem somos**. Disponível em: <http://www.fndc.org.br/forum/quem-somos/>. Acesso em: 13 jun. 2021.

FONSECA, W. C. J. da. Análise de conteúdo. In: DUARTE, J.; BARROS, A. **Métodos e técnicas de pesquisa em comunicação**. São Paulo: Atlas, 2006. p. 280-304.

FRAGOSO, S.; RECUERO, R.; AMARAL, A. **Métodos de pesquisa para internet**. Porto Alegre: Sulina, 2012.

FRANÇA, V. Mídias sociais ampliam oportunidades. **Pesquisa FAPESP**, São Paulo, ed. 273, p. 86-89, nov. 2018. Disponível em: <http://revistapesquisa.fapesp.br/wp-content/uploads/2018/11/086-089_M%C3%ADdias-sociais_273.pdf>. Acesso em: 13 jun. 2021.

FREIRE, P. **A importância do ato de ler**. 23. ed. São Paulo: Cortez, 1989.

FREIRE, P. **Educação como prática da liberdade**. Rio de Janeiro: Paz e Terra, 1967.

FREIRE, P. **Educação na cidade**. São Paulo: Cortez, 1991.

FREIRE, P. **Extensão ou comunicação?** 8. ed. Rio de Janeiro: Paz e Terra, 1985.

FREIRE, P. **Extensão ou comunicação?** Rio de Janeiro: Paz e Terra, 1983.

FREIRE, P. **Pedagogia da autonomia**. São Paulo: Paz e Terra, 1997.

FREIRE, P. **Pedagogia da autonomia**: saberes necessários à prática educativa. São Paulo: Paz e Terra, 2003.

FREIRE, P. **Pedagogia da autonomia**: saberes necessários à prática educativa. São Paulo: Paz e Terra, 2004.

FREIRE, P. **Pedagogia da indignação**: cartas pedagógicas e outros escritos. São Paulo: Ed. da Unesp, 2000.

FREIRE, P. **Pedagogia do oprimido**. Rio de Janeiro: Paz e Terra, 1987.

FREIRE, P. **Professora sim, tia não**: cartas a quem ousa ensinar. São Paulo: Olho d'Água, 1997.

FURB – Universidade de Blumenau. **Termo de consentimento livre e esclarecido**: para menor. 2020. Disponível em: <https://www.furb.br/web/1915/inovacao-e-pesquisa/comites-de-etica>. Acesso em: 26 jun. 2021.

GABRIEL, M. **Educar**: a revolução digital na educação. São Paulo: Saraiva, 2013.

GASKELL, G. Entrevistas individuais e grupais. In: BAUER, M. W.; GASKELL, G. **Pesquisa qualitativa com texto, imagem e som**. Petrópolis: Vozes, 2017. p. 64-89.

GAYE, L.; MEYER, C. **O filme publicitário**. São Paulo: Atlas, 1991.

GEERTZ, C. **A interpretação das culturas**. Rio de Janeiro: LTC, 1989.

GIL, A. C. **Como elaborar projetos de pesquisa**. 4. ed. São Paulo: Atlas, 2002.

GIL, A. C. **Métodos e técnicas de pesquisa social**. São Paulo: Atlas, 2006.

GOLDENBERG, M. **A arte de pesquisar**. Rio de Janeiro: Record, 2005.

GOMES, P. G. **Televisão e audiência**. São Leopoldo: Unisinos, 1996.

GOMES, P. G.; COGO, D. M. **O adolescente e a televisão**. São Leopoldo: Ed. da Unisinos, 1998.

GOOGLE CARDBOARD. Disponível em: <https://arvr.google.com/cardboard>. Acesso em: 13 jun. 2021.

GOOGLE EXPEDITIONS. Disponível em: <https://edu.google.com/expeditions/#about>. Acesso em: 13 jun. 2021.

GOOGLE. **Google Expeditions**: a realidade virtual chega às salas de aulas no Brasil. 12 nov. 2015. Disponível em: <https://brasil.googleblog.com/2015/11/google-expeditions-realidade-virtual.html?m=0>. Acesso em: 20 jun. 2021.

GOSCIOLA, V. **Roteiro para as novas mídias**. São Paulo: Senac, 2003.

GOTTLIEB, L. Da leitura crítica dos meios de comunicação à educomunicação. **Revista Trama interdisciplinar**, Mackenzie, Centro de Comunicação e Letras, Programa de Pós-Graduação em Educação, Arte e História da Cultura, v. 2, n. 1, p. 97-113, 2010.

GUIMARÃES, W. N. R.; CAVALCANTE, P. S. Análise de um aplicativo móvel para o ensino de Libras na perspectiva da Taxonomia digital de Bloom. In: GOMES, M. J.; OSÓRIO, A. J.; VALENTE, A. L. (Org.). **Challenges 2017**: aprender nas nuvens, learning in the clouds – Atas da X Conferência Internacional de Tecnologias de Informação e Comunicação na Educação. 2. ed. Braga: Universidade do Minho, 2018. p. 503-517. Disponível em: <http://repositorium.sdum.uminho.pt/handle/1822/54072>. Acesso em: 10 fev. 2021.

HENN, R. **Pauta e Notícia**. Canoas: Ed. da Ulbra, 2008.

HERSCOVITZ, H. G. Análise de conteúdo em jornalismo. In: LAGO, C.; BENETTI, M. **Metodologia de pesquisa em jornalismo**. Petrópolis: Vozes, 2007. p. 123-142.

IBGE – Instituto Brasileiro de Geografia e Estatística. **Pesquisa Nacional por Amostra de Domicílios Contínua – PNAD Contínua**: Acesso à Internet e à Televisão e Posse de Telefone Móvel Celular para Uso Pessoal. 2018. Disponível em: <ftp.ibge.gov.br/Trabalho_e_Rendimento/Pesquisa_Nacional_por_Amostra_de_Domicilios_continua/Anual/Acesso_Internet_Televisao_e_Posse_Telefone_Movel_2016/Analise_dos_Resultados.pdf>. Acesso em: 10 fev. 2021.

IBGE – Instituto Brasileiro de Geografia e Estatística. **Pesquisa Nacional por Amostra de Domicílios Contínua – PNAD Contínua**: Acesso à Internet e à Televisão e Posse de Telefone Móvel Celular para Uso Pessoal 2019. 2021. Disponível em: <https://biblioteca.ibge.gov.br/visualizacao/livros/liv101794_informativo.pdf>. Acesso em: 26 jun. 2021.

IBGE EDUCA. Disponível em: <https://educa.ibge.gov.br>. acesso em: 15 fev. 2021.

ICICT FIOCRUZ – Instituto de Comunicação e Informação Científica e Tecnológica da Fundação Oswaldo Cruz. **Emergência da COVID-19 sinaliza importância da informação e comunicação para a saúde**. 27 mar. 2020. Disponível em: <https://www.icict.fiocruz.br/content/emerg%C3%AAncia-da-covid-19-sinaliza-import%C3%A2ncia-da-informa%C3%A7%C3%A3o-e-comunica%C3%A7%C3%A3o-para-sa%C3%BAde>. Acesso em: 15 fev. 2021.

IDEIA EM MOVIMENTO E MÍDIA AUDIOVISUAL. **Domingo no jardim 360 VR (realidade virtual)**. 5 out. 2021a. Disponível em: <https://www.youtube.com/watch?v=HBNYOIur4Zs>. Acesso em: 16 nov. 2021.

IDEIA EM MOVIMENTO E MÍDIA AUDIOVISUAL. **Olá mundo** – vídeo inicial em 360 VR. 5 out. 2021b. Disponível em: <https://www.youtube.com/watch?v=m7bIhNt6vK4>. Acesso em: 20 out. 2021.

IMERSYS. Plataforma educacional multidisciplinar em Extended Reality Integrada. Disponível em: <https://www.imersys.com/ambiavr>. Acesso em: 13 jun. 2021.

INSTITUTO PENÍNSULA. **23 Recomendações para gestores públicos**. São Paulo, 2020a. Disponível em: <https://institutopeninsula.org.br/wp-content/uploads/2020/06/Recomenda%C3%A7%C3%B5es.pdf>. Acesso em: 6 maio 2020.

INSTITUTO PENÍNSULA. **Sentimento e percepção dos professores brasileiros nos diferentes estágios do Coronavírus no Brasil**. São Paulo, mar. 2020b. Disponível em: <https://www.institutopeninsula.org.br/wp-content/uploads/2020/03/Pulso-Covid-19_-Instituto-Peni%CC%81nsula.pdf>. Acesso em: 15 fev. 2021.

INTERVOZES. **Desinformação**: ameaça ao direito à comunicação muito além das fake news. São Paulo, 2019. Disponível em: <https://intervozes.org.br/publicacoes/desinformacao-ameaca-ao-direito-a-comunicacao-muito-alem-das-fake-news>. Acesso em: 13 jun. 2021.

IRETON, C.; POSETTI, J. **Jornalismo, fake news e desinformação**: manual para educação e treinamento em jornalismo. Brasília: Unesco, 2018. Disponível em: <https://unesdoc.unesco.org/ark:/48223/pf0000368647>. Acesso em: 27 abr. 2020.

ITO, M. et al. **Connected Learning**: an Agenda for Research and Design. Irvine, CA: MacArthur Foundation's Digital Media and Learning Initiative, 2013. Disponível em: <https://clalliance.org/wp-content/uploads/2018/05/Connected_Learning_report.pdf>. Acesso em: 22 ago. 2019.

JACKS, N. Repensando os estudos de recepção: dois mapas para orientar o debate. **Ilha – Revista de Antropologia**, Florianópolis, v. 10, n. 2, p. 17-35, 2008. Disponível em: <https://goo.gl/IjvIlH>. Acesso em: 10 fev. 2021.

JENKINS, H. **Cultura da convergência**. São Paulo: Aleph, 2009.

JESPERS, J. **Jornalismo televisivo**. Coimbra: Minerva, 1998.

JOLY, M. **Introdução à análise da imagem**. Campinas: Papirus, 2007.

JUNIOR, L. C. P. **A apuração da notícia**. Petrópolis, RJ: Vozes, 2006.

KAPLÚN, M. Processos educativos e canais de comunicação. In: CITELLI, A. O.; COSTA, M. C. C. **Educomunicação**: construindo uma nova área de conhecimento. São Paulo: Paulinas, 2011. p. 175-186.

KELLISON, C. **Produção e direção para TV e vídeo**: uma abordagem prática. Rio de Janeiro: Elsevier, 2007.

KOHLS, C D. **Mediações no consumo midiático de jovens em conflito com a lei e de evangélicos**: "Tipo, o dia inteiro, né?". 152 f. Dissertação (Mestrado em Comunicação) – Setor de Artes, Comunicação e Design, Programa de Pós-graduação em Comunicação, Universidade Federal do Paraná, Curitiba, 2017. Disponível em: <https://acervodigital.ufpr.br/bitstream/handle/1884/47911/R%20-%20D%20-%20CHIRLEI%20DIANA%20KOHLS.pdf?sequence=1&isAllowed=y>. Acesso em: 13 jun. 2021.

KOMESU, F. Pensar em hipertexto. In: ARAÚJO, J. C.; BIASI-RODRIGUES, B. **Interação e internet**. Rio de Janeiro: Lucerna, 2005. p. 87-108.

KOTSCHO, R. **A prática da reportagem**. 3. ed. São Paulo: Ática, 2004.

KRIPPENDORFF, K. **Content Analysis**: an Introduction to its Methodology. 3. ed. Thousand Oaks, CA: Sage, 2013.

LABJOR – Laboratório de Estudos Avançados em Jornalismo da Universidade Estadual de Campinas. **Institucional**. Disponível em: <http://www.labjor.unicamp.br>. Acesso em: 8 abr. 2021.

LAGE, N. **A reportagem**: teoria e técnica de entrevista e pesquisa jornalística. São Paulo: Record, 2001.

LAGO, C.; BENETTI, M. (Org.). **Metodologia de pesquisa em jornalismo**. Petrópolis: Vozes, 2007.

LAVILLE, C. **A construção do saber**. Porto Alegre: Artmed, 1999.

LEITE, M. H. et al. Mediações sociais e práticas escolares. In: SOUSA, M. W. de (Org.). **Recepção mediática e espaço público**: novos olhares. São Paulo: Paulinas, 2006. p. 119-140.

LEMOS, A. Cibercultura e mobilidade: a Era da Conexão. **Razón y Palabra**, México, n. 41, 2004. Disponível em: <http://www.razonypalabra.org.mx/anteriores/n41/alemos.html>. Acesso em: 9 set. 2019.

LEOTE, R. **ArteCiênciaArte**. São Paulo: Ed. da Unesp, 2015.

Educação e Coronavírus, 2021. Disponível em: <http://educacaoecoronavirus.com.br/sobre-o-levantamento> Acesso em: 29 jun. 2020.

LÉVY, P. **As tecnologias da inteligência**: o futuro do pensamento na era da informática. Rio de Janeiro: Ed. 34, 1993.

LÉVY, P. **Cibercultura**. São Paulo: Ed. 34, 1999.

LINS, C. O cinema de Eduardo Coutinho: uma arte do presente. In: TEIXEIRA, F. **Documentário no Brasil**: tradição e transformação. São Paulo: Summus, 2004a. p. 179-198.

LINS, C. **O documentário de Eduardo Coutinho**: televisão, cinema e vídeo. Rio de Janeiro: J. Zahar, 2004b.

LIVINGSTONE, S. A classe: vivendo e aprendendo na era digital. **Revista Comunicação & Educação**, ano XXIII, n. 1, p. 127-139, jan./jun. 2018. Disponível em: <https://dialnet.unirioja.es/servlet/articulo?codigo=6555745>. Acesso em: 8 abr. 2019.

LIVINGSTONE, S.; SEFTON-GREEN, J. **The Class**: Living and Learning in the Digital Age. New York: New York University Press, 2016.

LOPES, M. I. V. de. Mediação e recepção: algumas conexões teóricas e metodológicas nos estudos latino-americanos de comunicação. **MATRIZes**, São Paulo, v. 8, n. 1, p. 21-44, jan./jun. 2014. Disponível em: <https://goo.gl/p7EmRH>. Acesso em: 10 nov. 2019.

LOPES, M. I. V. de. Modelo teórico multidisciplinar. In: PERDIGÃO, D. M.; HERLINGER, M.; WHITE, O. M. **Teoria e prática da pesquisa aplicada**. Rio de Janeiro: Elsevier, 2012. p. 52-57.

LOPES, M. I. V. de. O campo da comunicação: sua constituição, desafios e dilemas. **Revista FAMECOS**, Porto Alegre, n. 30, p. 16-30, ago. 2006.

LOPES, M. I. V. de. Pesquisa de comunicação. **Revista Brasileira de Ciências da Comunicação Intercom**, São Paulo, v. XXVII, n. 1, p. 13-40, jan./jul. 2004.

LOPES, M. I. V. de. Reflexividade e relacionismo como questões epistemológicas na pesquisa empírica em comunicação. In: BRAGA, J. L.; LOPES, M. I. V. de; MARTINO, L. C. (Org.). **Pesquisa empírica em comunicação**. São Paulo: Paulus, 2010. p. 27-49.

LOPES, M. I. V. de; BORELLI, S.; RESENDE, V. **Vivendo com a telenovela**. São Paulo: Summus, 2002.

LOPES, M. I. V. de; OROFINO, M. I. R. Jesús Martín-Barbero. In: CITELLI, A. et al. (Org.). **Dicionário de comunicação**: escolas, teorias e autores. São Paulo: Contexto, 2014. p. 364-369.

LORIERI, M. A. Educação e subjetividade na cultura globalizada: ideias a partir da Teoria da Complexidade de Edgar Morin. **Notandum Libro**, n. 11, p. 76-86, 2008. Disponível em: <http://www.hottopos.com/notand_lib_11/lorieri2.pdf>. Acesso em: 10 fev. 2021.

LOSADA-PUENTE, L.; MUÑOZ-CANTERO, J. M.; ESPIÑEIRA-BELLÓN, E. M. Perfil, funciones y competencias del educador social a debate: análisis de la trayectoria de la formación de profesionales de la educación social. **Educació Social – Revista d'Intervenció Socioeducativa**, n. 60, p. 59-76, 2015. Disponível em: <https://core.ac.uk/download/pdf/61918879.pdf>. Acesso em: 8 abr. 2020.

MACEDO, J. Como a realidade virtual pode mudar a educação. **CanalTech**, 6 nov. 2015. Disponível em: <https://canaltech.com.br/mercado/como-a-realidade-virtual-pode-mudar-a-educacao-52092>. Acesso em: 13 jun. 2021.

MACHADO, A. **A televisão levada a sério**. São Paulo: Senac, 2000.
MACHADO, A. **Arte e mídia**. 3. ed. Rio de Janeiro: J. Zahar, 2010.
MACHADO, C. P. et al. Pesquisa científica: uma estratégia para a geração de inovação e consolidação das instituições de ensino superior. In: COLÓQUIO INTERNACIONAL DE GESTÃO UNIVERSITÁRIA – CIGU, 15., 2015, Mar Del Plata, AR. **Anais**... Disponível em: <https://repositorio.ufsc.br/handle/123456789/136137?show=full>. Acesso em: 26 jun. 2021.
MACHADO, D. de Q. et al. O modelo metodológico quadripolar de Bruyne, Herman e Schoutheete e as pesquisas qualitativas de fenômenos sociais. **Atas CIAIQ2016: Investigação Qualitativa em Ciências Sociais**, Porto, v. 3, p. 276-285, 2016. Disponível em: <https://proceedings.ciaiq.org/index.php/ciaiq2016/article/view/952/935>. Acesso em: 22 ago. 2019.
MACIEL, L. C. **O poder do clímax**. Rio de Janeiro: Record, 2003.
MACIEL, P. **Jornalismo de televisão**. Porto Alegre: Sagra-DC Luzzatto, 1995.
MANHÃES, E. Análise do discurso. In: DUARTE, J.; BARROS, A. **Métodos e técnicas de pesquisa em comunicação**. São Paulo: Atlas, 2006. p. 305-315.
MANOVICH, L. **Instagram and Contemporary Image**. New York: Cultural Analytics Lab, 2017. Disponível em: <http://manovich.net/index.php/projects/instagram-and-contemporary-image>. Acesso em: 10 fev. 2021.
MANOVICH, L. **The Language of New Media**. Cambridge: Massachusetts Institute of Technology, 2001.
MARANGONI, N. **Televisão**: fácil de ver, difícil de fazer. São José dos Campos: Papercrom, 2002.
MARCONDES, C. F. **Comunicação e jornalismo**: a saga dos cães perdidos. São Paulo: Hacker, 2000.
MARCONI, M. de A.; LAKATOS, E. M. **Fundamentos de metodologia científica**. São Paulo: Atlas, 2005.
MARINHO, S. P. P. et al. Oportunidades e possibilidades para a inserção de interfaces da Web 2.0 no currículo da escola em tempos de convergências de mídia. **Revista e-Curriculum**, São Paulo, v. 4, n. 2, jun. 2009.

MARQUES DE MELO, J. **Comunicação e modernidade**: o ensino e a pesquisa nas escolas de comunicação. São Paulo: Loyola, 1991.

MARQUES DE MELO, J. **Teoria e metodologia da comunicação**: tendências do século XXI. São Paulo: Paulus, 2014.

MARTÍN-BARBERO, J. **A comunicação na educação**. São Paulo: Contexto, 2014.

MARTÍN-BARBERO, J. As formas mestiças da mídia. **Pesquisa Fapesp**, São Paulo, n. 163, p. 10-15, set. 2009a. Entrevista concedida a Mariluce Moura. Disponível em: <https://goo.gl/3Qe4aP>. Acesso em: 30 jan. 2017.

MARTÍN-BARBERO, J. Comunicación, campo cultural y proyecto mediador. **Diálogos de la Comunicación**, Lima, n. 26, p. 6-15, mar. 1990.

MARTÍN-BARBERO, J. Desafios culturais: da comunicação à educomunicação. In: CITELLI, A. O.; COSTA, M. C. C. (Org.). **Educomunicação**: construindo uma nova área de conhecimento. São Paulo: Paulinas, 2011. p. 121-134.

MARTÍN-BARBERO, J. **Dos meios às mediações**: comunicação, cultura e hegemonia. 6. ed. Rio de Janeiro: Ed. da UFRJ, 2009b.

MARTÍN-BARBERO, J. **Heredando el futuro**: pensar la educación desde la comunicación. **Nómadas**, Bogotá, n. 5, p. 10-22, set. 1996. Disponível em: <http://nomadas.ucentral.edu.co/index.php/8-articulos/12-tabla-de-contenido-no-5>. Acesso em: 10 fev. 2021.

MARTÍN-BARBERO, J. **Jóvenes entre el palimpsesto y el hipertexto**. Barcelona: NED, 2017.

MARTÍN-BARBERO, J. La educación en el ecosistema comunicativo. **Comunicar**, v. 7, n. 13, p. 13-21, 1º out. 1999. Disponível em: <https://www.revistacomunicar.com/index.php?contenido=detalles&numero=13&articulo=13-1999-03>. Acesso em: 22 ago. 2018.

MARTÍN-BARBERO, J. Memoria narrativa e industria cultural. **Comunicación y Cultura**, Ciudad de México, n. 10, p. 59-73, 1983. Disponível em: <https://www.perio.unlp.edu.ar/catedras/comunicacionyrecepcion/wp-content/uploads/sites/135/2020/05/martin_barbero._memoria_narrativa_e_industria_cultural.pdf>. Acesso em: 13 jun. 2021.

MARTÍN-BARBERO, J. **Ofício de cartógrafo**: travessias latino-americanas da comunicação na cultura. São Paulo: Loyola, 2004.

MARTÍN-BARBERO, J. **Procesos de comunicación y matrices de Cultura**. México: Felafacs/GG, 1987.

MARTÍN BARBERO, J. Uma aventura epistemológica. **MATRIZes**, São Paulo, v. 2, n. 2, p. 143-162, 2009c. Entrevista concedida a Maria Immacolata Vassalo de Lopes. Disponível em: <https://goo.gl/vbtoj7>. Acesso em: 10 fev. 2021.

MARTINELLI, M. L. O uso de abordagens qualitativas na pesquisa em serviço social. In: MARTINELLI, M. L. (Org.). **Pesquisa qualitativa**. São Paulo: Veras, 1999. p. 19-29.

MARTINO, L. M. S. **Teoria das mídias digitais**: linguagens, ambientes, redes. Petrópolis: Vozes, 2014.

MARTINS, N. **Fotografia**: da analógica à digital. Rio de Janeiro: Senac, 2010.

MARX, K. **Teses sobre Feuerbach**. Transcrição autorizada por Edições Avante!. Moscou, 1982 [1845]. Disponível em: <https://www.marxists.org/portugues/marx/1845/tesfeuer.htm>. Acesso em: 12 mar. 2018.

MASI, B. **Realidade aumentada na educação**: como a PlayKids está dando vida ao aprendizado. 31 jul. 2017. Disponível em: <https://pt.linkedin.com/pulse/realidade-aumentada-na-educa%C3%A7%C3%A3o-como-playkids-est%C3%A1-dando-breno-masi>. Acesso em: 13 jun. 2021.

MATTOS, S. **A televisão no Brasil**: 50 anos de história. Salvador: Ianamá, 2000.

MAZZARELLA, S. **Os jovens e a mídia**. Porto Alegre: Artmed, 2009.

MEADOWS, E. **Roteiro para TV, cinema e vídeo**. Rio de Janeiro: Quartet, 1999.

MEDINA, C. de A. **Entrevista**: o diálogo possível. São Paulo: Ática, 2004.

MEDINA, J. F. D. Los weblogs llegan a las aulas (edublogs). In: AMARAL, S. F. do; GARCÍA, F. G.; RIVILLA, A. M. (Org.). **Aplicaciones educativas y nuevos lenguajes de las TIC**. Campinas: Ed. da Unicamp, 2008. p. 137-153.

MEDITSCH, E. **O rádio na era da informação**. Florianópolis: Insular, 2001.

MEDITSCH, E. **Rádio e pânico**: a Guerra dos Mundos 60 anos depois. Florianópolis: Insular, 1998.

MEL SCIENCE VR. Disponível em: <https://melscience.com/vr>. Acesso em: 13 jun. 2021.

MELO, C.; GOMES, I.; MORAIS, W. **O documentário como gênero jornalístico televisivo**. Disponível em: <http://www.portcom.intercom.org.br/pdfs/e969053bfccdc7be14f5e0a009b95215.pdf>. Acesso em: 13 jun. 2021.

MENEZES, M. Desinteresse afasta jovem da escola. **O Globo**, 3 abr. 2007. Disponível em: <http://oglobo.globo.com/educacao/mat/2007/04/03/295204347.asp>. Acesso em: 13 jun. 2021.

MENEZES, P. M. Articulando os programas de governo com a Agenda 2030 para o Desenvolvimento Sustentável. **Rede ODS Brasil**, 13 set. 2018. Disponível em: <https://www.redeodsbrasil.org/post/2018/09/13/articulando-os-programas-de-governo-com-a-agenda-2030-para-o-desenvolvimento-sustentavel>. Acesso em: 13 jun. 2021.

MIGUEL, G. F. **Visualização 3D como condição para aprendizagem significativa em geologia estrutural**. 141 f. Dissertação (Mestrado em Ensino e História de Ciências da Terra) – Universidade Estadual de Campinas, Campinas, 2018. Disponível em: <http://repositorio.unicamp.br/bitstream/REPOSIP/334038/1/Miguel_GiseleFrancelino_M.pdf>. Acesso em: 10 fev. 2021.

MILLER, D. et. al. **How the World Changed Social Media**. London: UCL Press, 2016. Disponível em: <http://discovery.ucl.ac.uk/1474805/1/How-the-World-Changed-Social-Media.pdf>. Acesso em: 01 dez. 2018.

MILLER, D. **Trecos, troços e coisas**: estudos antropológicos sobre a cultura material. Tradução de Renato Aguiar. Rio de Janeiro: J. Zahar, 2013.

MINAYO, M. C. de S. et al. **Fala galera**. Rio de Janeiro: Garamond, 1999.

MINAYO, M. C. **O desafio do conhecimento**: pesquisa qualitativa em saúde. São Paulo: Hucitec, 2006.

MINAYO, M. C. **Pesquisa social**: teoria, método e criatividade. Petrópolis: Vozes, 2002.

MIRANDA, A. **Estratégias do olhar fotográfico**: teoria e prática da linguagem visual. São Paulo: Paulus, 2015.

MOLETTA, A. **Criação de curta-metragem em vídeo digital**: uma proposta para produções de baixo custo. São Paulo: Summus, 2009.

MONTEZ, C.; BECKER, V. **TV digital interativa**. Florianópolis: Ed. da UFSC, 2005.

MORALES, O. E. T. **Déjame que te cuente**: os protagonistas do vídeo peruano e suas estratégias. 224 f. Dissertação (Mestrado em Cinema, Rádio e TV) – Escola de Comunicações e Artes da Universidade de São Paulo, São Paulo, 1993.

MORALES, O. E. T. Ensino de telejornalismo, jovens e cidadania: experiências na construção de um olhar diferenciado. In: ENCONTRO NACIONAL DE PESQUISADORES EM JORNALISMO, 3., 2005, Florianópolis. **Anais**... Florianópolis: SBPJor/UFSC, 2005.

MORALES, O. E. T. Experiências imersivas e realidade virtual na educação: abordagens iniciais. In: TEIXEIRA, C. S.; SOUZA, M. V. de (Org.). **Educação fora da caixa**: tendências internacionais e perspectivas sobre a inovação na educação. São Paulo: Blucher, 2018. p. 125 -138.

MORALES, O. E. T. Novas gerações, novas mídias, novos desafios: aproximações ao perfil do jovem blumenauense em tempos de convergências. In: CONGRESSO DE CIÊNCIAS DA COMUNICAÇÃO, 9., Guarapuava, 2008. **Anais**... Disponível em: <http://www.intercom.org.br/papers/regionais/sul2008/resumos/R10-0574-1.pdf>. Acesso em: 26 jun. 2021.

MORALES, O. E. T. **Perfil dos cenários midiáticos e regionalidade**: jornalismo, cidadania e jovens em Blumenau, Santa Catarina. Relatório de projeto de pós-doutorado. Cátedra Unesco da Comunicação e Universidade Metodista de São Paulo – Umesp, São Bernardo do Campo, SP: Unesco/Umesp, 2013.

MORALES, O. E. T. et al. Tribo Jovem: o perfil dos adolescentes através da pesquisa. In: CONGRESSO BRASILEIRO DE CIÊNCIAS DA COMUNICAÇÃO, 25., 2002, Salvador. **Anais**... Disponível em: <http://www.intercom.org.br/papers/nacionais/2002/Congresso2002_Anais/2002_NP13MORALES.pdf>. Acesso em: 7 maio 2021.

MORALES, O. E. T.; PEREIRA, E.; KOHLS, C. Juventude e mídias contemporâneas nos contextos escolar e familiar: perspectivas qualitativas. In: SOUZA, C. A.; MORALES, O. E. T. (Org.). **Convergências midiáticas, educação e cidadania**: aproximações jovens. Ponta Grossa: UEPG/Proex, 2015. p. 148-178. (Coleção Mídias Contemporâneas, v. 2).

MORALES, O. E. T.; SOUZA, C. A.; VIGLUS, M. V. Identidades jovens e contextos midiáticos: um perfil paranaense em tempos de convergências. In: SOUZA, C. A.; MORALES, O. E. T. (Org.). **Mídias contemporâneas**: possibilidades e desafios. Ponta Grossa: UEPG/Proex, 2014. p. 163-180. (Coleção Mídias Contemporâneas, v. 1).

MORALES, O. E. T.; WATANUKI, E.; MANUEL, M. J. R. Educação, comunicação e direitos humanos em sala de aula: a experiência da lousa digital e a coautoria de conteúdo educativo. In: SIMPÓSIO DE COMUNICAÇÃO, TECNOLOGIA E EDUCAÇÃO CIDADÃ (LECOTEC), 2., Bauru, 2009. **Anais**... Bauru: Unesp, 2009.

MORAN, J. M.; BACICH, L. (Org.). **Metodologias ativas para uma educação inovadora**. Porto Alegre: Penso, 2017.

MORAN, J. M. **Como ver televisão**: leitura crítica dos meios de comunicação. São Paulo: Paulinas, 1991.

MORAN, J. M. **Educação Transformadora**. Disponível em: <http://www2.eca.usp.br/moran/>. Acesso em: 20 jun. 2021.

MORAN, J. M. **Educar para a comunicação**: análise das experiências latino-americanas de leitura crítica da comunicação. Tese (Doutorado em Ciências da Comunicação) – Universidade de São Paulo, São Paulo, 1987.

MORAN, J. M. Ensino e aprendizagem inovadores com apoio de tecnologias. In: MORAN, J. M.; MASETTO, M. T.; BEHRENS, M. A. 21 ed. **Novas tecnologias e mediação pedagógica**. Campinas: Papirus, 2013. p. 11-72.

MORAN, J. M. Mudando a educação com metodologias ativas. In: SOUZA, C. A.; MORALES, O. E. T. (Org.). **Convergências midiáticas, educação e cidadania**: aproximações jovens. Ponta Grossa: UEPG/Proex, 2015. p. 15-33. (Coleção Mídias Contemporâneas, v. 2). Disponível em: <http://www2.eca.usp.br/moran/wp-content/uploads/2013/12/mudando_moran.pdf>. Acesso em: 20 fev. 2019.

MORIN, E. **A cabeça bem-feita**. Rio de Janeiro: Bertrand Brasil, 2002.

MORIN, E. **Educação e complexidade**: os sete saberes e outros ensaios. 5. ed. São Paulo: Cortez, 2009.

MORIN, E. Epistemologia da complexidade. In: SCHNITMAN, D. F. (Org.). **Novos paradigmas, cultura e subjetividade**. Porto Alegre: Artes Médicas, 1996. p. 274-289.

MOTA, J. C. **Da Web 2.0 ao e-Learning 2.0**: aprender na rede. 198 f. Dissertação (Mestrado em Ciências da Educação) – Universidade Aberta, Lisboa, 2009. Disponível em: <https://repositorioaberto.uab.pt/bitstream/10400.2/1381/1/web20_e-learning20_aprender_na_rede.pdf>. Acesso em: 10 fev. 2021.

MOURA, E. **50 Anos luz, câmera e ação**. São Paulo: Senac, 1999.

NAKASHIMA, R. H. R.; AMARAL, S. F. do. A linguagem audiovisual da lousa digital interativa no contexto educacional. **ETD – Educação Temática Digital**, Campinas, v. 8, n. 1, p. 33-48, dez. 2006. Disponível em: <https://periodicos.sbu.unicamp.br/ojs/index.php/etd/article/view/1107/pdf_11>. Acesso em: 10 fev. 2021.

NAPOLITANO, M. **Como usar o cinema na sala de aula**. São Paulo: Contexto, 2003.

NESLONEY, T. **Augmented Reality Brings New Dimensions to Learning**. 4 nov. 2013. Disponível em: <https://www.edutopia.org/blog/augmented-reality-new-dimensions-learning-drew-minock>. Acesso em: 26 jun. 2021.

NOGUEIRA, L. **Cinema e digital**: ensaios, especulações, expectativas. Covilhã: LabCom UBI, 2015.

NOLETO, M. J. **Abrindo espaços**: educação e cultura para a paz. Brasília: Unesco, 2003.

NOVELLI, A. L. R. Pesquisa de opinião. In: DUARTE, J.; BARROS, A. (Org.). **Métodos e técnicas de pesquisa em comunicação**. São Paulo: Atlas, 2006. p. 164-179.

O'SULLIVAN-RYAN, J. Community Vídeo Fights for Latin American Culture. **Media Development**, London, WACC, n. 1, 1985.

OBSERVADOR. **ONU aprova Pacto Global para os refugiados com voto contra dos EUA**. 17 dez. 2018. Disponível em: <https://observador.pt/2018/12/17/onu-aprova-pacto-global-para-os-refugiados-com-voto-contra-dos-eua>. Acesso em: 15 fev. 2021.

OLIVEIRA, R. C. de. **O trabalho do antropólogo**. 2. ed. Brasília: Paralelo 15; São Paulo: Unesp, 2000.

ONU BRASIL – Organização das Nações Unidas. **Objetivos de Desenvolvimento Sustentável**: sobre o nosso trabalho para alcançar os Objetivos de Desenvolvimento Sustentável no Brasil. Disponível em: <https://brasil.un.org/pt-br/sdgs>. Acesso em: 15 fev. 2021.

ONU BRASIL – Organização das Nações Unidas. **Transformando nosso mundo**: a Agenda 2030 para o Desenvolvimento Sustentável. 2015. Disponível em: <https://www.undp.org/content/dam/brazil/docs/agenda2030/undp-br-Agenda2030-completo-pt-br-2016.pdf>. Acesso em: 8 abr. 2021.

ONU NEWS. **Assembleia Geral**: Pacto Global para a Migração aprovado com 152 votos a favor. 19 dez. 2018. Disponível em: <https://news.un.org/pt/story/2018/12/1652601>. Acesso em: 15 fev. 2021.

ORIHUELA, G. M. A. **15 motivos para "ficar de olho" na televisão**. Campinas: Alínea, 1999.

OROFINO, M. I. **Mídias e mediação escolar**. São Paulo: Cortez; Instituto Paulo Freire, 2005.

OROZCO GÓMEZ, G. (Coord.). **Televidencia**: perspectivas para el análisis de los procesos de recepción televisiva. México: Universidad Iberoamericana, 1994.

OROZCO GÓMEZ; G. Medios, audiencias y mediaciones: el reto de conocer para transformar. **Comunicar**, Huelva, Espanha, v. 5, n. 8, p. 25-30, 1997. Disponível em: <https://goo.gl/CNwdDD>. Acesso em: 10 fev. 2021.

ORTRIWANO, G. S. Rádio: interatividade entre rosas e espinhos. **Novos Olhares**, n. 2, p. 13-30, 1998. Disponível em: <http://www.revistas.usp.br/novosolhares/article/view/51314/55381>. Acesso em: 15 fev. 2021.

OSHIMA, F. Y. Uma nova realidade em educação. **Época**, 20 jan. 2016. Disponível em: <https://epoca.globo.com/ideias/noticia/2016/01/realidade-virtual-na-sala-de-aula.html>. Acesso em: 13 jun. 2021.

PACETE, L. G. Mobile impulsiona demanda por micro movies. **Meio & Mensagem**, 15 ago. 2018a. Disponível em: <http://www.meioemensagem.com.br/home/midia/2018/08/15/mobile-impulsiona-demanda-por-micro-movies.html>. Acesso em: 13 jun. 2021.

PACETE, L. G. Plataforma de vídeos do Facebook chega ao Brasil. **Meio & Mensagem**, 29 ago. 2018b. Disponível em: <http://www.meioemensagem.com.br/home/midia/2018/08/29/plataforma-de-videos-do-facebook-chega-ao-brasil.html>. Acesso em: 13 jun. 2021.

PACTO GLOBAL – Rede Brasil. **Ação pelos ODS**. Disponível em: <https://www.pactoglobal.org.br/solucao/1>. Acesso em: 13 jun. 2021.

PASSARELLI, B.; AZEVEDO, J. **Atores em rede**. São Paulo: SENAC, 2010.

PATERNOSTRO, V. I. **O texto na TV**: manual de telejornalismo. Rio de Janeiro: Campus, 1999.

PATRÍCIO, D. **Curso básico de fotografia**. Blumenau: Ed. da Furb, 1999.

PAULO, F. dos S. **Pioneiros e pioneiras da educação popular freiriana e a universidade.** Tese (Doutorado em Educação) – Universidade do Vale do Rio dos Sinos, São Leopoldo, 2018. Disponível em: <http://www.repositorio.jesuita.org.br/handle/UNISINOS/7120>. Acesso em: 13 jun. 2021.

PENAFRIA, M.; MADAÍL, G. **Novas linguagens audiovisuais tecnológicas**: o documentário enquanto gênero da experimentação. 1999. Disponível em: <http://bocc.ubi.pt/pag/panafria-madail-linguagens-tecnologicas.html>. Acesso em: 10 fev. 2021.

PERES-NETO, L. Guillermo Orozco Gómez. In: CITELLI, A. et al. (Orgs.). **Dicionário de comunicação**: escolas, teorias e autores. São Paulo: Contexto, 2014. p. 358-364.

PERUZZO, C. M. K. Comunicação comunitária e educação para a cidadania. **Comunicação & Informação**, v. 2, n. 2, p. 205-228, jul./dez. 1999. Disponível em: <https://www.revistas.ufg.br/ci/article/view/22855/13596>. Acesso em: 10 fev. 2021.

PERUZZO, C. M. K. Direito à comunicação comunitária, participação popular e cidadania. **Lumina**. v. 1, n. 1, jun. 2007. Disponível em: <https://periodicos.ufjf.br/index.php/lumina/article/view/20989>. Acesso em: 10 fev. 2021.

PERUZZO, C. M. K. Ideias de Paulo Freire aplicadas à comunicação popular e comunitária. **Revista Famecos** (Online), Porto Alegre, v. 24, n. 1, 2017. Disponível em: <http://revistaseletronicas.pucrs.br/ojs/index.php/revistafamecos/article/view/24207>. Acesso em: 10 fev. 2021.

PERUZZO, C. M. K. Observação participante e pesquisa-ação. In: DUARTE, J.; BARROS, A. (Org.). **Métodos e técnicas de pesquisa em comunicação**. São Paulo: Atlas, 2006. p. 125-145.

PETER, J. **Cadernos do mestre Peter**: um curso de fotografia na sua essência. Rio de Janeiro: Mauad, 1999.

PETRUS, A. J. **Educación social y perfil del educador social**. Murcia: Universidad de Murcia, 1994.

PNUD – Programa das Nações Unidas para o Desenvolvimento; IPEA – Instituto de Pesquisa Econômica Aplicada. **Plataforma Agenda 2030**. Disponível em: <http://www.agenda2030.com.br>. Acesso em: 13 jun. 2021.

POLINO, C. **Manual de Antigua**: indicadores de percepción pública de la ciencia y la tecnología. Buenos Aires: Red Iberoamericana de Indicadores de Ciencia y Tecnología, 2015.

POLITI, C. **Curso de videorrepórter**. Salvador: Comunique-se/FTC, 2004.

POUPART, J. A entrevista de tipo qualitativo: considerações epistemológicas, teóricas e metodológicas. In: POUPART, J. et al. **A pesquisa qualitativa**: enfoques epistemológicos e metodológicos. Petrópolis: Vozes, 2008. p. 215-253.

PRADO, F. **Ponto eletrônico**: dicas para fazer telejornalismo com qualidade. São Paulo: Publisher, 1996.

PRETTO, N. **Escritos sobre educação, comunicação e cultura**. Campinas: Papirus, 2008.

PUCCINI, S. **Roteiro de documentário**: da pré-produção à pós-produção. Campinas: Papirus, 2012.

RABIGER, M. **Direção de cinema**: técnicas e estética. Rio de Janeiro: Elsevier, 2007.

RABIGER, M. **Directing the Documentary**. Wobrun: Focal Press, 1998.

RAMALHO, Â. M. C.; MARQUES, F. L. M. **Classificação da pesquisa científica**. Natal: UFRN, 2009. (Programa Universidade a Distância, Disciplina Pesquisa e Ensino em Geografia, aula 5). Disponível em: <http://www.ead.uepb.edu.br/arquivos/cursos/Geografia_PAR_UAB/Fasciculos%20-%20Material/Pesquisa%20e%20Ensino%20de%20Geografia/PESQENSINOAULA5.pdf>. Acesso em: 20 out. 2021.

RECUERO, R. **Redes sociais na internet**. Porto Alegre: Sulina, 2009.

REDE GLOBO. **Geração Brasil**: tudo sobre Geração Brasil. 2014. Disponível em: <http://gshow.globo.com/novelas/geracao-brasil/plantao>. Acesso em: 8 abr. 2021.

REY, M. **O roteirista profissional**: televisão e cinema. São Paulo: Ática, 2006.

REZENDE, G. J. de. **Telejornalismo no Brasil**: um perfil editorial. São Paulo: Summus, 2000.

REZENDE, S.; KAPLAN, S. **Jornalismo eletrônico ao vivo**. Petrópolis: Vozes, 1995.

RIBAS, B. Blogs como ferramentas de ensino do jornalismo. In: MACHADO, E.; PALACIOS, M. **O ensino do jornalismo em redes de alta velocidade**. Salvador: EDUFBA, 2007. p. 159-176.

RICARDO, R. C. **A(s) realidade(s) do educador social no Algarve**. 168 f. Dissertação (Mestrado em Educação Social) – Universidade do Algarve, Algarve, Portugal, 2013. Disponível em: <https://sapientia.ualg.pt/bitstream/10400.1/3363/1/disserta%C3%A7%C3%A3o_RuteR.pdf>. Acesso em: 10 fev. 2021.

RICHARDSON, R. J. **Pesquisa social**: métodos e técnicas. São Paulo: Atlas, 1999.

RIVOLTELLA, P. C. A formação da consciência civil entre o "real" e o "virtual". In: FANTIN, M.; GIRARDELLO, G. (Org.) **Liga, roda, clica**: estudos em mídia, cultura e infância. Campinas: Papirus, 2012. p. 41-56.

RODRIGUES, C. **O cinema e a produção**: para quem gosta, faz ou quer fazer cinema. 3. ed. Rio de Janeiro: Lamparina, 2007.

RODRIGUES, R. M. **Pesquisa acadêmica**. São Paulo: Atlas, 2007.

RODRÍGUEZ ILLERA, J. L. (Comp.). **Educación y comunicación**. Barcelona: Paidos, 1988.

RODRÍGUEZ, J. M. C. Introducción a las comunidades virtuales de enseñanza e aprendizaje. In: AMARAL, S. F. do et al. **Aplicaciones educativas y nuevos lenguajes de las TIC**. Campinas: Ed. da Unicamp, 2008. p. 165-176.

ROMANS, M.; PETRUS, A. J.; TRILLA, J. **Profissão educador social**. Porto Alegre: Artmed, 2003.

RONSINI, V. M. A perspectiva das mediações de Jesús Martín-Barbero (ou como sujar as mãos na cozinha da pesquisa empírica de recepção). In: ENCONTRO DA ASSOCIAÇÃO NACIONAL DOS PROGRAMAS DE PÓS-GRADUAÇÃO EM COMUNICAÇÃO (COMPÓS), 19., 2010, Rio de Janeiro. **Anais eletrônicos**... Rio de Janeiro: Compós, 2010. Disponível em: <https://goo.gl/TXh8To>. Acesso em: 10 fev. 2021.

ROSA, H. A.; ISLAS, O. Contribuição dos blogs e avanços tecnológicos na melhoria da educação. In: AMARAL, A.; RECUERO, R.; MONTARDO, S. P. (Org.). **Blogs.com**: estudos sobre blogs e comunicação. São Paulo: Momento Editorial, 2009. p. 161-178.

ROSENTHAL, A. **Writing, Directing, and Producing Documentary Films and Videos**. Illinois: Southern Illinois University Press, 2002.

RUEDIGER, M. A.; RICCIO, V. Grupo focal: método e análise simbólica da organização e da sociedade. In: VIEIRA, M. M. F.; ZOUAIN, D. M. (Org.). **Pesquisa qualitativa em administração**. Rio de Janeiro: FGV, 2004. p. 151-172.

RUMMEL, J. F. **Introdução aos procedimentos de pesquisa em educação**. Porto Alegre: Globo, 1977.

SABOYA, J. **Manual do autor roteirista**. Rio de Janeiro: Record, 1992.

SALA, X. B.; CHALEZQUER, C. S. **A geração interativa na Ibero-América**: crianças e adolescentes diante das telas. Navarra: EducaRed; Universidade da Navarra, 2008. (Coleção Fundación Telefónica). Disponível em: <https://criancaeconsumo.org.br/wp-content/uploads/2014/02/134183342-A-Geracao-Interativa-Na-Ibero-America-Criancas-e-Adolescente-diante-das-telas-Fundacao-Telefonica-1.pdf>. Acesso em: 10 fev. 2021.

SAMARA, B. S.; BARROS, J. C. de. **Pesquisa de marketing**: conceitos e metodologia. São Paulo: Prentice Hall, 2002.

SANTAELLA, L. **Comunicação e pesquisa**. São Paulo: Hacker, 2001.

SANTAELLA, L. **Comunicação ubíqua**: repercussões na cultura e na educação. São Paulo: Paulus, 2013.

SANTAELLA, L. **Culturas e artes do pós-humano**: da cultura das mídias à cibercultura. São Paulo: Paulus, 2010.

SANTAELLA, L. **Linguagens líquidas na era da mobilidade**. São Paulo: Paulus, 2007.

SANTAELLA, L.; NOTH, W. **Imagem**. São Paulo: Iluminuras, 1999.

SANTORO, L. F. **A imagem nas mãos**: o vídeo popular no Brasil. São Paulo: Summus, 1989.

SANTOS, A. R. dos. **Metodologia científica**: a construção do conhecimento 5. ed. Rio de Janeiro: DP&A, 2002.

SANTOS, B. de S. Dilemas do nosso tempo: globalização, multiculturalismo e conhecimento (entrevista com Boaventura de Sousa Santos). Entrevista à Luís Armando Gandin e Álvaro Moreira Hypolito. **Currículo sem Fronteiras**, v. 3, n. 2, p. 5-23, jul./dez. 2003a. Disponível em: <http://www.curriculosemfronteiras.org/vol3iss2articles/boaventura.pdf>. Acesso em: 10 fev. 2021.

SANTOS, B. de S. Para uma sociologia das ausências e uma sociologia das emergências. In: SANTOS, B. de S. (Org*).* **Conhecimento prudente para uma vida decente**: um discurso sobre as ciências. Porto: Afrontamento, 2003b. p. 1-50.

SANTOS, K. C. dos. et al. As competências pedagógicas do educador social no processo de desenvolvimento humano na educação social. CONGRESSO INTERNACIONAL DE PESQUISADORES E PROFISSIONAIS DA EDUCAÇÃO SOCIAL, 2017, Maringá. **Anais**... Disponível em: <http://www.ppe.uem.br/educacaosocial/trabalhos/eixo_3/pdf/3.08.pdf>. Acesso em: 10 fev. 2021.

SANTOS, M. As cidadanias mutiladas. In: LERNER, J. (Ed.). **O preconceito**. São Paulo: Imprensa Oficial do Estado de São Paulo, 1996/1997. p. 133-144.

SANTOS, M. P. dos. Extensão universitária: espaço de aprendizagem profissional e suas relações com o ensino e a pesquisa na educação superior. **Conexão**, v. 8, n. 2, p. 154-163, 2012. Disponível em: <http://www.revistas2.uepg.br/index.php/conexao/article/viewFile/4547/3091>. Acesso em: 16 jun. 2021.

SÃO PAULO. Decreto n. 46.211, de 15 de agosto de 2005. **Diário Oficial da Cidade de São Paulo**, 16 ago. 2005. Disponível em: <http://legislacao.prefeitura.sp.gov.br/leis/decreto-46211-de-15-de-agosto-de-2005>. Acesso em: 26 jun. 2021.

SÃO PAULO. Lei n. 13.941, de 28 de dezembro de 2004. **Diário Oficial da Cidade de São Paulo**, 28 dez. 2004. Disponível em: <https://leismunicipais.com.br/a/sp/s/sao-paulo/lei-ordinaria/2004/1395/13941/lei-ordinaria-n-13941-2004-institui-o-programa-educom-educomunicacao-pelas-ondas-do-radio-no-municipio-de-sao-paulo-e-da-outras-providencias>. Acesso em: 26 jun. 2021.

SÃO PAULO. Secretaria Municipal de Educação. Portaria n. 5.792, de 14 de dezembro de 2009. **Diário Oficial da Cidade de São Paulo**, 15 dez. 2009. Disponível em: <http://legislacao.prefeitura.sp.gov.br/leis/portaria-secretaria-municipal-da-educacao-5792-de-15-de-dezembro-de-2009>. Acesso em: 26 jun. 2021.

SÃO PAULO. Secretaria Municipal de Educação. Portaria n. 7.991, de 13 de dezembro de 2016. **Diário Oficial da Cidade de São Paulo**, 14 dez. 2016. Disponível em: <http://legislacao.prefeitura.sp.gov.br/leis/portaria-secretaria-municipal-de-educacao-7991-de-14-de-dezembro-de-2016/detalhe>. Acesso em: 26 jun. 2021.

SÃO PAULO. Secretaria Municipal de Educação. **Educomunicação**: projetos. Disponível em: <https://educacao.sme.prefeitura.sp.gov.br/educomunicacao/educomunicacao-projetos> Acesso em: 11 jan. 2021.

SCHMIDT, M. L. S. Pesquisa participante: alteridade e comunidades interpretativas. **Psicologia USP**, ano 17, v. 2, p. 11-41, 2006.

SECCHI, L. O que são políticas públicas. **Politize!**, 22 fev. 2018. Disponível em: <https://www.youtube.com/watch?time_continue=504&v=tWnZrMRLtCQ>. Acesso em: 11 jan. 2021.

SEPAC – Serviço à Pastoral da Comunicação. **Mídias digitais:** produção de conteúdos para a web. São Paulo: Paulinas, 2012.

SERRA, P.; SÁ, S.; SOUZA FILHO, W. **A televisão ubíqua**. Covilhã: LabCom UBI, 2015.

SHANER, P.; JONES, G. E. **Aprenda vídeo digital**. Rio de Janeiro: Campus, 2003.

SILVA, S. R. **Estar no tempo, estar no mundo**: a vida social dos telefones celulares em um grupo popular. Tese (Doutorado em Antropologia Social), Universidade Federal de Santa Catarina, Florianópolis, 2010.

SMITH, A.; ANDERSON, M. Social Media Use in 2018. **Pew Research Center**, 1º Mar. 2018. Disponível em: <https://www.pewresearch.org/internet/2018/03/01/social-media-use-in-2018/>. Acesso em: 13 jun. 2021.

SOARES, I. de O. **Educomunicação**: o conceito, o profissional, a aplicação – contribuições para a reforma do ensino médio. São Paulo: Paulinas, 2011.

SOARES, I. de O. Educomunicação: um campo de mediações. **Comunicação & Educação**, São Paulo, n. 19, p. 12-24, set./dez. 2000.

SOARES, I. de O. La comunicación/Educación como nuevo campo del conocimiento y el perfil de su professional. In: VALDERRAMA, C. E. H. **Comunicación – educación**: coordenadas, abordajes y travesías. Bogotá: Siglo del Hombre; Universidad Central – DIUC, 2000. p. 22-47. Disponível em: <https://books.openedition.org/sdh/185#bodyftn26>. Acesso em: 13 jun. 2021.

SOARES, I. de O. **Mas, afinal, o que é educomunicação?** São Paulo: Núcleo de Comunicação e Educação/USP, 2004. Disponível em: <http://www.usp.br/nce/wcp/arq/textos/27.pdf>. Acesso em: 13 jun. 2021.

SOARES, I. de O. Sobre educomunicação e seus procedimentos e metodologias. In: PEREIRA, J. **Novas tecnologias de informação e comunicação em redes educativas**. Londrina: ERD Filmes, 2008.

SOARES, J. A. Os movimentos sociais e suas interfaces na conjuntura político nacional. In: ETAPAS/SOS CORPO. **Seminário Movimento Popular e os Meios de Comunicação de Massa**. Relatório Final. Olinda, 30 nov. e 1 dez., 1991.

SONTAG, S. **Sobre fotografia**. São Paulo: Cia. das Letras, 2004.

SORIANO, R. **Manual de pesquisa social**. Petrópolis: Vozes, 2004.

SOUSA, J. P. **Elementos de teoria e pesquisa da comunicação e da mídia** Florianópolis: Insular; Letras Contemporâneas, 2004a.

SOUSA, J. P. **Fotojornalismo**. Florianópolis: Letras Contemporâneas, 2004b.

SOUZA, E. de. Confira cinco óculos de realidade virtual por menos de R$100. **TechTudo**, 22 fev. 2016. Disponível em: <https://www.techtudo.com.br/noticias/noticia/2016/02/confira-cinco-oculos-de-realidade-virtual-por-menos-de-r-100.html>. Acesso em: 27 abr. 2021.

SOUZA, E. F. de; CONTRERAS, H. S. H. A formação do educador social sob a perspectiva da educação integral. **Cadernos de Pesquisa: Pensamento Educacional**, Curitiba, v. 12, n. 30, p. 92-110 jan./abr. 2017. Disponível em: <https://webcache.googleusercontent.com/search?q=cache:VRg3Yl2S85wJ:https://seer.utp.br/index.php/a/article/download/506/452/+&cd=15&hl=pt-BR&ct=clnk&gl=br>. Acesso em: 27 abr. 2021.

SOUZA, H. de. A alma da fome é política. **Jornal do Brasil**, Rio de Janeiro, 12 set. 1993. Suplemento Especial. p. 1. Disponível em: <http://www.ijsn.es.gov.br/ConteudoDigital/20160929_aj11863_pobreza_fome_.pdf>. Acesso em: 27 abr. 2021.

SPYER, J. **Social Media in Emergent Brazil**: How the Internet Affects Social Change. London: UCL Press, 2017. Disponível em: <http://discovery.ucl.ac.uk/10025054/1/Social-Media-in-Emergent-Brazil.pdf>. Acesso em: 27 abr. 2021.

STANGELAAR, F. Comunicación alternativa y video cassette: perspectivas en America Latina. **Comunicación: Estudios Venezolanos de Comunicación**, Caracas, n. 49-50, p. 58-69, abr. 1985. Disponível em: <http://gumilla.org/biblioteca/bases/biblo/texto/COM198549-50_58-69.pdf>. Acesso em: 27 abr. 2021.

STERN, S. R.; WILLIS, T. J. O que os adolescentes estão querendo on-line? In: MAZZARELLA, S. **Os jovens e a mídia**. Porto Alegre: Artmed, 2009. p. 256-272.

STRASBURGER, V. **Os adolescentes e a mídia**. Porto Alegre: Artes Médicas, 1999.

STRASBURGER, V.; WILSON, B. J.; JORDAN, A. B. **Crianças, adolescentes e a mídia**. Porto Alegre: Penso, 2011.

STUMPF, I. R. C. Pesquisa bibliográfica. In: DUARTE, J.; BARROS, A. **Métodos e técnicas de pesquisa em comunicação.** São Paulo: Atlas, 2006. p. 51-61.

TAPSCOTT, D. **A hora da geração digital.** Rio de Janeiro: Agir Negócios, 2010.

TARSO, S.; CARVALHO, T. **O uso do documentário como possibilidade dialógica e de interferência na prática e no ensino de jornalismo de TV.** 2003. Disponível em: <http://www.professoresjornalismo.jor.br/Fórum-Natal/Programação_GT_Natal.pdf>. Acesso em: 23 fev. 2018.

TELLES, O. **Comissão aprova regulamentação da profissão de educador social.** Brasília, DF, 2011. Disponível em: <https://www.camara.leg.br/noticias/226922-comissao-aprova-regulamentacao-da-profissao-de-educador-social>. Acesso em: 20 out. 2019.

TEMER, A. C. **Notícias e serviços.** Rio de Janeiro: Sotese, 2002.

TILT BRUSH. Disponível em: <https://www.tiltbrush.com>. Acesso em: 26 jun. 2021.

TOURAINE, A. **Palavra e sangue.** São Paulo: Trajetória; Campinas: Ed. da Unicamp, 1989.

TRAVANCAS, I. Fazendo etnografia no mundo da comunicação. In: DUARTE, J.; BARROS, A. (Org.). **Métodos e técnicas de pesquisa em comunicação.** São Paulo: Atlas, 2006. p. 98-109.

TRIVIÑOS, A. N. S. **Bases teórico-metodológicas da pesquisa qualitativa.** Porto Alegre: Faculdades Integradas Ritter dos Reis, 2001.

TV CULTURA. **Jornalismo público.** São Paulo: Fundação Padre Anchieta, 2004.

UNESCO – Organização das Nações Unidas para a Educação, a Ciência e a Cultura. **Relatório Global de Balanço Intermediário da LIFE 2006-2011:** Seguindo em frente com LIFE, Iniciativa de Alfabetização para o Empoderamento. Brasília: Unesco, 2012. Disponível em: <https://unesdoc.unesco.org/ark:/48223/pf0000215163_por>. Acesso em: 10 fev. 2021.

UNICEF BRASIL. **30 anos da Convenção sobre os Direitos da Criança**: avanços e desafios para meninos e meninas no Brasil. São Paulo: Unicef, 2019. Disponível em: <https://www.unicef.org/brazil/media/6276/file/30-anos-da-convencao-sobre-os-direitos-da-crianca.pdf>. Acesso em: 13 jun. 2021.

UNICEF BRASIL. **A voz dos adolescentes**. Brasília: Unicef, 2002.

UNICEF BRASIL. **Declaração Universal dos Direitos Humanos**. Paris, 10 dez. 1948. Disponível em: <https://www.unicef.org/brazil/declaracao-universal-dos-direitos-humanos>. Acesso em: 13 jun. 2021.

UNICEF BRASIL. **ECA 25 anos**: avanços e desafios. 5 ago. 2015. Disponível em: <https://crianca.mppr.mp.br/2015/08/12102,37/>. Acesso em: 13 jun. 2021.

UNICEF BRASIL. **O uso de internet por adolescentes**. Brasília, 2013. Disponível em: <https://crianca.mppr.mp.br/arquivos/File/publi/unicef/br_uso_internet_adolescentes.pdf>. Acesso em: 13 jun. 2021.

USP – Universidade de São Paulo. Departamento de Comunicações e Artes. **Ismar de Oliveira Soares**. Disponível em: <http://www.cca.eca.usp.br/cca/docentes/soares>. Acesso em: 13 fev. 2021.

VAN DIJK, T. A. **Cognição, discurso e interação**. São Paulo: Contexto, 2002.

VAN DIJK, T. A. **Discurso e poder**. São Paulo: Contexto, 2008.

VAN DIJK, T. A. **La noticia como discurso**: comprensión, estructura y producción de la información. Barcelona: Piados, 1996.

VIVARTA, V. **Direitos da infância e direito à comunicação**: fortalecendo convergências nos marcos legais e nas políticas públicas. Brasília: Andi, 2013. Disponível em: <http://www.andi.org.br/node/59858>. Acesso em: 13 fev. 2021.

VIVARTA, V. **Os jovens na mídia**: pesquisa Andi/IAS/Unesco. Brasília: Andi/IAS/Unesco, 2000.

VIVARTA, V. **Relatório "A mídia dos jovens"**. Brasília: Andi, ano 9, n. 12, nov. 2007.

VIZEU, A. **Decidindo o que é notícia**: os bastidores do telejornalismo. Porto Alegre: EDIPUCRS, 2003.

VON STAA, B. **Sete motivos para um professor criar um blog**. Disponível em: <http://www.educacional.com.br/articulistas/betina_bd.asp?codtexto=636>. Acesso em: 10 fev. 2021.

WATTS, H. **Direção de câmera**: um manual de técnicas de vídeo e cinema. São Paulo: Summus, 1999.

WATTS, H. **On camera**: o curso de produção de filme e vídeo da BBC. São Paulo: Summus, 1990.

WELLMAN, B.; RAINIE, L. If Romeu and Juliet Had Mobile Phones. **Mobile Media & Communication**, v. 1, n. 1, p. 166-171, 2013.

WOLF, M. **Teorias da comunicação**. 3. ed. Lisboa: Presença, 1994.

WOLF, M. **Teorias da comunicação**. 5. ed. Lisboa: Presença, 1999.

YIN, R. K. **Estudo de caso**: planejamento e métodos. 3. ed. Porto Alegre: Bookman, 2005.

YORKE, I. **Jornalismo diante das câmeras**. São Paulo: Summus, 1998.

YORKE, I. **Telejornalismo**. São Paulo: Roca, 2006.

ZAGURY, T. **O adolescente por ele mesmo**. São Paulo: Record, 1999.

ZANATTA, R. et al. Fake news: ambiência digital e os novos modos de ser. **IHU On-Line**, São Leopoldo, ano XVIII, n. 520, 23 abr. 2018. Disponível em: <http://www.ihuonline.unisinos.br/media/pdf/IHUOnlineEdicao520.pdf>. Acesso em: 10 fev. 2021.

ZANCHET, D. J.; MONTERO, E. F. de S. Realidade virtual e a medicina. **Acta Cirúrgica Brasileira**, v. 18, n. 5, p. 489-490, 2003. Disponível em: <http://www.scielo.br/pdf/acb/v18n5/17446.pdf>. Acesso em: 10 fev. 2021.

ZICKUHR, K. Generations 2010. **Pew Research Center**, 16 Dec. 2010. Disponível em: <https://www.pewresearch.org/internet/2010/12/16/generations-2010>. Acesso em: 10 fev. 2021.

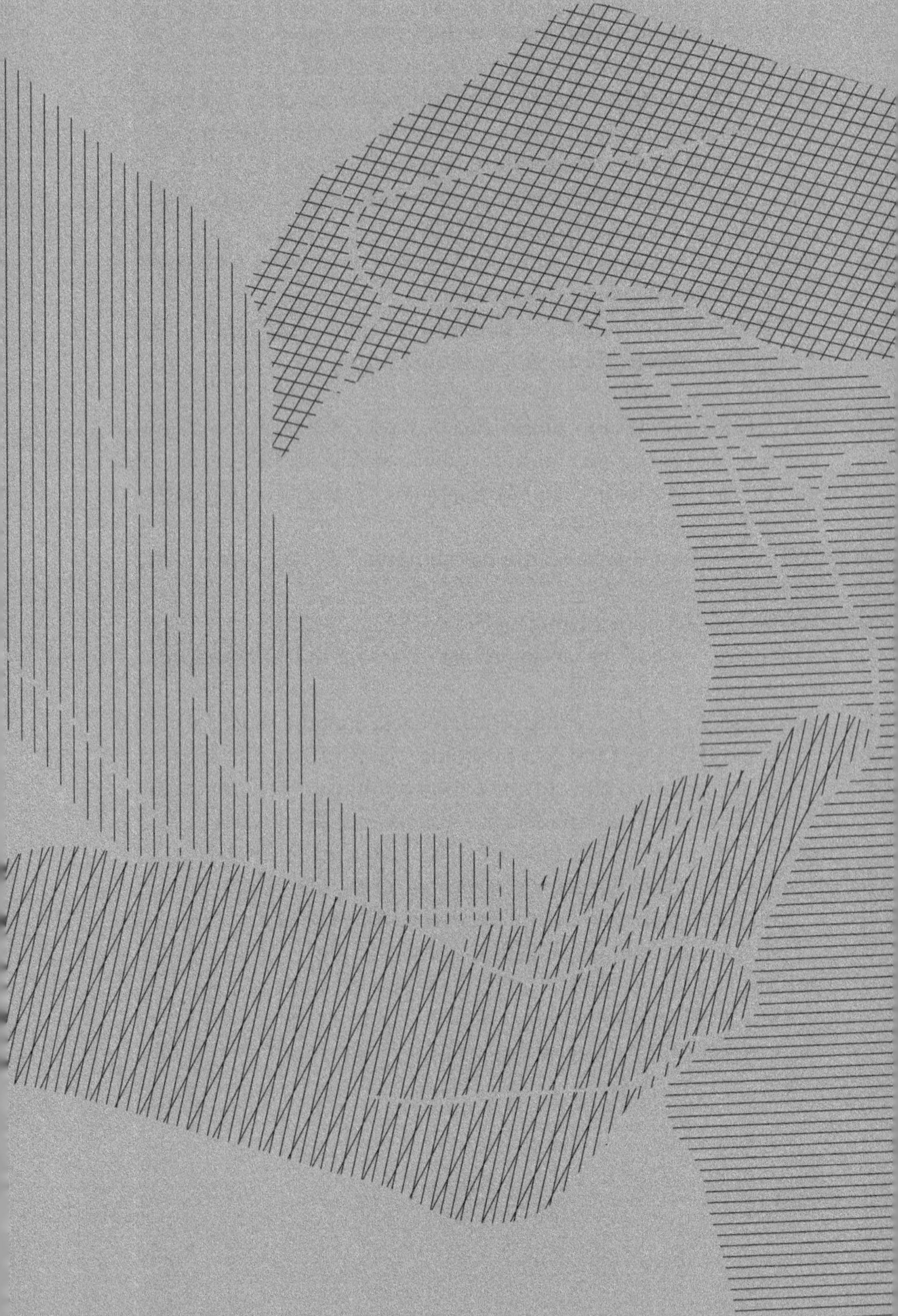

Apêndices

Apêndice 1 – Termo de consentimento livre e esclarecido para participação em projeto de pesquisa

TERMO DE CONSENTIMENTO LIVRE E ESCLARECIDO

Você está sendo convidado a participar, como voluntário, em uma pesquisa. Depois de ser esclarecido sobre as informações a seguir, no caso de aceitar fazer parte do estudo, assine ao final deste documento, que consta em duas vias. Uma delas é sua e a outra é dos pesquisadores responsáveis.

INFORMAÇÕES SOBRE A PESQUISA

Título do projeto: Perfil dos Cenários Midiáticos e Regionalidade: Jornalismo, Cidadania e Jovens em Blumenau, Santa Catarina

Pesquisadores responsáveis: _____

Telefones para contato: _____

E-mails: _____

Natureza da pesquisa: O(a) senhor(a) está sendo convidado(a) a participar desta pesquisa, que inclui a realização de um grupo focal.

(continua)

(Apêndice 1 – conclusão)

Participantes da pesquisa: Serão entrevistadas de 8 a 12 pessoas por meio de grupo focal, ou seja, um diálogo grupal com os estudantes nas escolas, que visa identificar opiniões dos jovens sobre os meios de comunicação da região, como TV, rádio, jornal e internet.

Envolvimento na pesquisa: O(a) senhor(a) tem a liberdade de se recusar a participar e, ainda, de se recusar a continuar participando em qualquer fase da pesquisa sem qualquer prejuízo. Sempre que quiser, poderá pedir mais informações sobre a pesquisa por meio de telefone ou *e-mail* do pesquisador.

Confidencialidade: Todas as informações coletadas neste estudo são estritamente para fins acadêmicos, sendo divulgadas apenas na pesquisa à qual se refere o estudo. A referida pesquisa objetiva revelar o perfil dos jovens em Blumenau, Santa Catarina, sendo sua divulgação principalmente no meio acadêmico, assim como festivais e mostras universitárias *on-line*, atendendo a fins didáticos e sem fins lucrativos.

Estou ciente de que o referido trabalho tem o acompanhamento de docentes do curso citado e, portanto, as imagens, as fotos e os depoimentos ora autorizados não implicarão constrangimento de qualquer espécie para as pessoas envolvidas, sendo trabalhados conforme preceitua o Código de Ética.

Nome do aluno: _____

Nome da escola: _____

_____
Assinatura dos pais ou responsável.

Blumenau, SC, 22 de agosto de 2021.

Fonte: Elaborado com base em Furb, 2020.

Apêndice 2 – Cronograma de atividades do projeto de pesquisa

CRONOGRAMA DE ATIVIDADES

CIÊNCIA NA ESCOLA: O que os jovens e os professores pensam sobre ciência e tecnologia em tempos de convergência midiática – estudo qualitativo e quantitativo com alunos do ensino médio e do ensino técnico do curso de Informática, de 14 a 19 anos, e com professores da região paranaense, Cidade/Estado, no ano de 2021.

ATIVIDADES	I*	II	III
PRIMEIRA ETAPA: Diagnóstico e perfil			
a) Levantamento bibliográfico e revisão geral.	X		
b) Levantamento de dados do colégio e aplicação dos critérios estatísticos para seleção de amostra dos jovens que participarão na pesquisa quantitativa.	X		
c) Elaboração dos questionários: ajustes, pré-teste e aprimoramento dos questionários.	X		
d) Aplicação dos questionários com estudantes e professores.	X		
e) Planejamento e execução da tabulação dos dados obtidos.	X		
f) Análise e interpretação dos dados.	X		
g) Redação do relatório sobre a pesquisa de opinião.		X	
SEGUNDA ETAPA: Grupos focais			
a) Levantamento bibliográfico e revisão geral.		X	
b) Análise dos dados da pesquisa de opinião para detectar os achados que serão aprofundados nos grupos focais.		X	
c) Escolha dos alunos participantes dos 4 grupos focais e professores de 1 grupo focal.		X	
d) Elaboração do roteiro das perguntas das entrevistas em grupo. Pré-teste do grupo focal.		X	
e) Aplicação dos grupos focais com jovens e professores escolhidos, com prévio consentimento dos responsáveis. Acompanhamento de diário de campo com observações durante as reuniões.		X	
f) Gravação dos grupos focais em vídeo e áudio.		X	
g) Transcrição do material gravado.		X	
h) Inserção dos dados no programa de informática específico para facilitar a categorização e a análise dos dados.		X	
i) Análise e interpretação dos dados qualitativos.			X
j) Redação do relatório sobre a pesquisa dos grupos focais.			X
*Redação de artigos relacionados à pesquisa (bimestralmente).			
Unidade: Quadrimestral (2021)			

Apêndice 3 – Sugestão inicial de roteiro de perguntas para grupo focal sobre o uso do celular com jovens estudantes do ensino médio da rede pública (cidade, estado)

ROTEIRO DE PERGUNTAS PARA GRUPOS FOCAIS

1. Para quem você envia mensagens de WhatsApp e com quem interage nesse aplicativo: com sua família ou com outros jovens? E qual é o objetivo do uso das mensagens de WhatsApp que você mais envia para outros jovens? Para namorar? Para entrar em contato com seus amigos? Para marcar encontro? Para se distrair? Qual outro motivo?

2. As mensagens de WhatsApp tendem a ser curtas pela capacidade desse aplicativo, e vários jovens têm criado a própria linguagem para se comunicar com sua turma. Algumas vezes, os textos das mensagens de WhatsApp de outra turma de amigos são pouco compreensíveis. Você acha que os jovens criaram seu próprio linguajar nessas mensagens, com muitos símbolos, apelidos, entre outros elementos? O que você acha disso? Você também usa texto "especializado" com sua turma pelo WhatsApp? Você utiliza *emojis* frequentemente? O que o motiva a utilizar *emojis* em suas mensagens de WhatsApp? Seus pais impõem regras em relação ao uso do celular, no que diz respeito ao gasto que você tem com sua conta de celular ou ao tempo que você gasta para conversar com seus amigos pelo celular? Qual é sua opinião sobre isso?

3. Alguma vez você utilizou a câmera de vídeo de seu celular? Em quais ocasiões? Com qual regularidade você usa sua câmera de vídeo? Quais são os principais objetos ou pessoas que você grava em vídeo? Você costuma inserir seus vídeos nas redes sociais digitais, como o YouTube? Onde e para quê? Você já foi fotografado ou gravado em vídeo sem saber se o material foi divulgado na internet? O que você acha disso: é uma invasão de privacidade ou não há problema em se expor diante de pessoas não conhecidas?

4. Sua escola tem alguma regra em relação ao uso do celular durante as aulas? Você envia mensagens pelo seu celular durante as aulas na escola? Quais você acha que são os principais motivos para a utilização de mensagens de WhatsApp no celular durante as aulas? Você acha que, quando você ou algum colega usa o celular durante as aulas, isso atrapalha sua atenção?

Apêndice 4 – Roteiro de entrevista em profundidade sobre o uso da internet e de dispositivos móveis

ROTEIRO DE ENTREVISTA EM PROFUNDIDADE INDIVIDUAL SOBRE O USO DA INTERNET E DAS REDES SOCIAIS DIGITAIS

1. Quando você entra numa página da internet, o que mais chama sua atenção? As imagens? As cores? O desenho? O que o leva a acessar um *link*? Quais são seus hábitos quando navega pela internet (usabilidade, interatividade...)? Vamos entrar num *site* juntos e comentar comigo como você navega pela internet? Pode ser um *site* sobre uma temática jovem... (com detalhes...).

2. Você prefere usar o YouTube para ver vídeos na internet? Por quê? Você já inseriu na internet alguma produção sua feita em vídeo, com câmera de vídeo ou com a câmera do celular? Conte para mim como foi essa experiência.

3. Com qual das redes sociais digitais, como Facebook, Instagram, YouTube, Twitter e WhatsApp, você se sente mais motivado a utilizar a internet? Por quê?

4. Qual é sua opinião sobre o fato de a escola incentivar, ou não, o uso da internet no laboratório de informática? Existe alguma regra na escola sobre o uso da internet? Há alguma disciplina específica que usa a internet dentro da sala de aula? O que você acha disso?

Apêndice 5 – Sugestão inicial para pesquisa quantitativa: questionário

I. HÁBITOS DE CONSUMO DE MÍDIA
1. Você usa internet? ☐ Sim   ☐ Não

2. Por quantas horas ao dia você usa a internet?
   ☐ Até 1 hora diária   ☐ Até 3 horas diárias
   ☐ De 4 a 8 horas diárias   ☐ Mais de 8 horas diárias
   ☐ 1 vez por semana   ☐ Não utiliza   ☐ Outros

II. FORMAÇÃO DE OPINIÃO
3. Qual é sua opinião sobre a redução da maioridade penal de 18 anos para 16 anos?
   ☐ Sou contra   ☐ Sou a favor
   Por quê? _____

4. Como você se informou sobre essa questão? (pode escolher mais de uma opção)
   ☐ Igreja   ☐ Família   ☐ TV
   ☐ Escola   ☐ Imprensa escrita ☐ Internet
   ☐ Amigos   ☐ Outros _____

Fonte: Elaborado com base em Gomes, 1996; Gomes; Cogo, 1998; Minayo et al., 1999; Batista Neto, 1990.

Respostas[1]

Capítulo 1

Questões para revisão

1. Sugerimos leitura de Ricardo (2013, p. 39), autor que se refere às funções do educador social em sua pesquisa sobre esse tema.

2. Podemos perceber o pensamento desse autor no sentido de que a educomunicação articula teoria e prática para dialogar com o campo da educação.

3. c
4. d
5. b

---

[1] Todas as fontes citadas nesta seção constam na lista final de referências.

Questões para reflexão

1. Sugerimos que você pesquise informações sobre o documento da Declaração Universal dos Direitos Humanos em *sites* como o da Organização das Nações Unidas (ONU) e o do Fundo das Nações Unidas para a Infância (Unicef).

2. Recomendamos que você leia com atenção o Estatuto da Criança e do Adolescente (ECA) e verifique os artigos a serem considerados para auxiliar na análise do caso escolhido relacionado ao universo da infância e da juventude.

3. Recomendamos que você leia com atenção a Agenda 2030 para o Desenvolvimento Sustentável para depois identificar os artigos que possam ser vinculados a projetos educomunicativos a serem realizados futuramente em sua comunidade.

Capítulo 2

Questões para revisão

1. c

2. A resposta pode relacionar as mediações e as múltiplas mediações propostas por Martín-Barbero e Orozco Gómez com práticas da educomunicação.

3. A resposta deve contemplar a discussão proposta por Citelli (2015) com base na circulação do processo de midiatização nos ambientes escolares.

4. a

5. d

Questões para reflexão

1. É necessário abordar os atravessamentos dos processos de apropriação e recepção de conteúdo e, nesse sentido, o espaço e a interconexão da educação e da comunicação.

2. É preciso analisar as implicações das mediações nos contextos socioculturais e a compreensão desse aspecto em ações e práticas mais assertivas.

3. É importante considerar as novas formas de sensibilidade, as novas formas de estar juntos e os usos sociais dos meios sugeridos por Martín-Barbero (2004). Também podem ser relacionadas as sobreposições das mediações na apropriação de conteúdos, que também são ligadas ao processo de educomunicação.

Capítulo 3

Questões para revisão

1. É necessário abordar a educomunicação com base nas linhas de ação da proposta de aprendizagem conectada. Segundo Ito et al. (2013), a aprendizagem conectada considera a importância da vida cotidiana dos jovens e a diversidade de formas de interatividade favoráveis para sua aprendizagem ativa, compreendendo o sujeito de forma integral, em sua totalidade vivencial.

2. É preciso considerar que os jovens estão em processo de formação e de construção de sua identidade mediante o reconhecimento de sua subjetividade e, muitas vezes, a construção de sua subjetividade é mediada pelas redes sociais digitais (RSD) e por variados dispositivos da convergência midiática que colaboram no processo da educomunicação, principalmente a partir da ótica debatida em Santaella (2013).

3. d
4. c
5. b

Questões para reflexão

1. É necessário abordar, em primeiro lugar, a importância da ética na educação e na comunicação com base em Chaui (2000) e Moran (2013). Em segundo lugar, sugerimos considerar alguns caminhos nas reflexões na perspectiva da ação educomunicativa, a saber: a) diante de assuntos de relevância social, destacar as possibilidades de uso das redes sociais digitais (RSD) e dos aplicativos de mensagens na divulgação desses assuntos ou temáticas; b) diante de problema de emergência sanitária e de saúde pública, como na pandemia de covid-19, avaliar o uso das possibilidades das plataformas de comunicação midiática (por exemplo, com relação aos professores, trocar os quadros pelas telas e pelos aplicativos digitais, gravar em vídeo os conteúdos das disciplinas, criar canais próprios em RSD) para o ensino remoto nas escolas, considerando-se textos da ICICT Fiocruz (2020), do Instituto Península (2020a, 2020b), entre outras publicações divulgadas na mesma época.

2. Sugerimos abordar a questão dos jovens como criadores de conteúdo de forma a exemplificar o uso e a apropriação das RSD, assim como grupos de aplicativos de mensagens, como formas de expressão e de criação dos jovens. É importante comentar um caso a ser estudado e avaliado com base na perspectiva das subjetividades jovens e da educomunicação.

Capítulo 4

Questões para revisão

1. É necessário analisar as categorias criadas por Comparato (1995, p. 80-86) e sua relevância para a realização de um roteiro audiovisual com fins educomunicativos.

2. É conveniente apresentar reflexões feitas depois de assistir a alguns vídeos de realidade virtual (VR) para vivenciar essa experiência imersiva, identificando-se as caraterísticas que podem contribuir para o planejamento de materiais educomunicativos.

3. e
4. b
5. d

Questões para reflexão

1. Sugerimos a leitura de Comparato (1995), Rabiger (1998) e Watts (1999), entre outros autores referenciados no capítulo, para fazer atividades de reflexão e criação sobre as temáticas relacionadas, da ideia inicial ao roteiro técnico.

2. Sugerimos a leitura de autores como Bistane e Bacellar (2005), Carrière e Bonitzer, (1996), Comparato (1995), Field (2001), Henn (2008), Prado (1996), Rey (2006) e Saboya (1992), assim como outros autores referenciados no capítulo, para ter uma orientação inicial sobre os assuntos.

3. Sugerimos leitura de autores como Bonasio (2002) e Moletta (2009), entre outros autores referenciados no capítulo, para aprofundar os conhecimentos sobre produção audiovisual.

Capítulo 5

Questões para revisão

1. É necessário abordar os critérios para o desenvolvimento do grupo focal na pesquisa qualitativa segundo autores como Bauer e Gaskell (2017), Flick (2004), Minayo (2006), Ruediger e Riccio (2004), Triviños (2001), entre outros, com o intuito de aplicar esses conceitos à área da educomunicação.

2. É preciso abordar as características de uma pesquisa de opinião com base nos critérios da pesquisa quantitativa segundo autores como Appolinário (2006), Barbetta (2002), Novelli (2006), Richardson (1999), Rodrigues, R. M. (2007), Samara e Barros (2002) e Sousa (2004a), entre outros referenciados neste livro.

3. c
4. b
5. d

Questão para reflexão

1. Recomendamos a reflexão sobre o planejamento do projeto de pesquisa, principalmente da justificativa do tema e de sua relevância para se tornar um objeto científico, com base na leitura de autores como Bauer e Gaskell (2017), Duarte e Barros (2006), Esteban (2010), Sousa (2004a), Goldenberg (2005) e Lopes (2012). É conveniente também recorrer a leituras sobre as abordagens da pesquisa quantitativa (Novelli, 2006; Richardson, 1999; Rodrigues, R. M., 2007; Sousa, 2004a) e da pesquisa qualitativa (Bauer; Gaskell, 2017; Flick, 2004; Minayo, 2006). O aprofundamento na leitura desses autores vai servir como apoio teórico para a escrita da resposta.

Capítulo 6

Questões para revisão

1. É necessário abordar as características de sua região para identificar as necessidades, os problemas e as soluções para esse contexto regional, assim como traçar e implementar estratégias de ações educomunicativas específicas. A leitura dos autores indicados no capítulo, como Freire (1991, 1997, 2004) e Morin (1996), vai auxiliar na identificação de alguns apontamentos importantes e contribuir na reflexão comparativa e intertextual das situações regionais.

2. É preciso considerar os principais critérios utilizados pelas principais agências de verificação de dados e informações no país, indicadas no capítulo, para a identificação das *fake news*, também chamadas de *notícias/informações falsas*.

3. d

4. c

5. a

Questão para reflexão

1. Sugerimos a leitura de Freire (1991, 1997, 2004) e de Morin (1996) como apoio teórico para identificar e interpretar as situações observadas em sua região. Além disso, os textos apresentados no capítulo revelam evidências, assim como exemplificam aspectos relativos a questões regionais que podem auxiliar na orientação de estratégias de práticas educomunicativas.

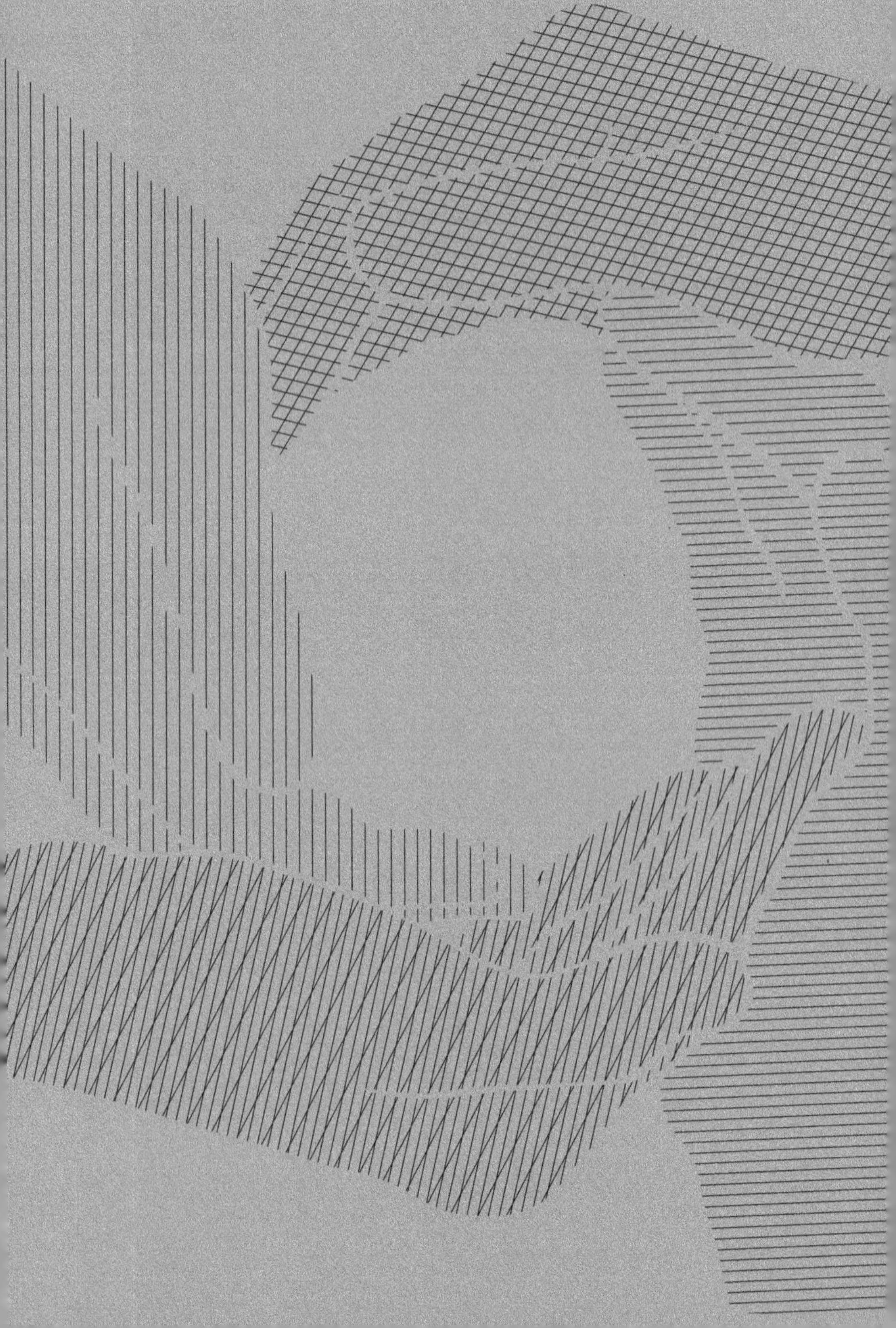

Sobre as autoras

Ofelia Elisa Torres Morales tem pós-doutorado em Comunicação Social pela Cátedra Unesco de Comunicação e Universidade Metodista de São Paulo (Umesp), doutorado em Jornalismo e mestrado em Rádio e TV pela Escola de Comunicações e Artes da Universidade de São Paulo (ECA-USP), sob a orientação dos professores José Marques de Melo e José Manuel Moran Costas, respectivamente, e graduação em Ciências da Comunicação, com habilitação em Cinema, Rádio e TV, pela Universidade de Lima, Peru. Ao longo de 25 anos de docência no ensino superior, atuou como professora no Departamento de Comunicação Social (Decom) da Universidade Federal do Paraná (UFPR), no Instituto Blumenauense de Ensino Superior (Ibes-Sociesc), na Universidade Regional de Blumenau (Furb), entre outras instituições. Atua como produtora audiovisual, pesquisadora, professora universitária, roteirista e produtora de conteúdos digitais e de materiais com a tecnologia de realidade virtual (VR). É autora e organizadora da Coleção Mídias Contemporâneas e da Coleção Imagética: Lições de Fotografia e Fotojornalismo e é integrante do Colégio de Brasilianistas da Comunicação, da Sociedade Brasileira de Estudos Interdisciplinares da Comunicação (Intercom).

Chirlei Diana Kohls tem mestrado em Comunicação pela Universidade Federal do Paraná (UFPR) e especialização em Novas Mídias, Rádio e TV. É jornalista e, atualmente, editora na Agência Escola de Comunicação Pública UFPR. As pesquisas desenvolvidas envolvem principalmente consumo midiático, mídias sociais, mediações, convergência e jovens. Atuou como professora universitária e tem experiência em reportagem, edição, fotografia e assessoria de comunicação e de imprensa no mercado jornalístico.

Contato das autoras: educacomtk@gmail.com

Os papéis utilizados neste livro, certificados por instituições ambientais competentes, são recicláveis, provenientes de fontes renováveis e, portanto, um meio **respons**ável e natural de informação e conhecimento.

FSC
www.fsc.org
MISTO
Papel produzido a partir de fontes responsáveis
FSC® C103535

Impressão: Reproset
Fevereiro/2023